五代と宋の興亡

周藤吉之
中嶋　敏

目次

〈執筆分担〉

周藤吉之

五代十国の推移と節度使体制　宋政権の成立と官僚体制　北宋をめぐる国際関係の第三節（宋代の高麗朝）　官戸形勢戸の土地所有と貨幣経済・財政の拡大　王安石の新法――神宗朝の政治・財政改革　新旧両党の抗争と北宋の滅亡

中嶋　敏

はじめに　北宋をめぐる国際関係の第一・二節（創業の宋と遼・宋と西夏）　南宋の政治状勢と金との関係　南宋の滅亡　宋代の農業の発展　商業の発達と都市の発展　宋代の文化　おわりに　再刊に際して

五代と宋の興亡

はじめに――中国君主独裁制の確立

文官政治体制の確立と冗官・冗兵の弊

唐の後半から五代を経て宋にわたる期間、八世紀半ばから約一世紀の期間は、中国の歴史の上で一つの大きな変革期をなしている。均田《きんでん》制が崩れて地主佃戸《でんこ》制の社会に移行し、律令体制から武人政治体制へ変わり、さらに強固な皇帝権力による官僚政治体制が具現してゆく過程である。すなわち本書は、武人政治の最盛期であった五代期から、皇帝権力が確立し、専制体制が樹立される宋一代、およそ三百八十年間を対象とする。

その専制体制を支える重要な柱は文人官僚体制であった。文人官僚はおもに科挙《かきょ》試験の合格者で、科挙は文人官僚の供給路であった。科挙試験を受けるのは主として地主層の子弟である。かれらは名誉と特権をともなう官僚をめざし、一門親族の期待を負うて多年の刻苦勉《こっくべん》励《れい》の末、科挙試験に合格して官途についた。教養ある地主層すなわち士人層は、官僚の母胎であり、宋代皇帝権力の基盤であった。

国家の体制が充実し、活動が拡大すると、当然官制が膨張し、機構も複雑となり、必要な官僚の数も多くなるのだが、宋の特殊事情として、皇帝権力確立のために、官制をことさらに複雑化し、かつ重複させたから、ますます多数の官僚を必要とした。

いっぽう、前述のように士人層の子弟は官途につくことを熱望した。それはまた士人層全般ののぞみであった。皇帝は、そうした士人＝地主層を存立の基盤としている。したがって、その熱望をできるだけ叶《かな》えてやらなければならなかったが、このような事情からも官僚の数は増加せざるをえなかった。また宋朝は、他の時代にくらべて、官僚に対する俸禄《ほうろく》などの待遇も厚かった。

人員が増加し、そのうえ待遇が優厚であれば、給与人件費が膨大《ぼうだい》することはいうまでもない。官僚に対する給与は国家の財政支出の大きな部分を占め、財政の重い負担となった。しかも上述のように宋の官僚組織はむだが多く非能率的であった。冗官《じょうかん》が多かったのである。冗官の弊は北宋中期の政論の対象となった。

皇帝の専制体制を支える他の一つの柱は軍事力である。宋は文官政治が行われたから、軍政に対しても文官優先の統制がゆきとどいていた。しかし反面、これは弱兵の原因ともなった。

当時北方には遼《りょう》や西夏《せいか》という強国が宋と対立していた。かれらは遊牧社会に基盤をおく強力な軍事国家であった。そしてその侵入を防御するためには、宋は国家の総力をあげて対応しなければならなかった。その方策の第一は兵数の増加である。北宋中期、西夏との戦争がおこると、宋の兵数は激増し、膨大な兵員を養う費用を中心とする軍事費は財政を重く圧迫することとなった。そこで当然おこるのが、冗兵を論じ、兵制を改革して財政を救おうとする論議であった。

神宗・王安石の新法改革

こうした冗官・冗兵を改め、窮乏する財政を立て直す議論とならんで朝野の論議の対象となったのは、大地主・大商人の跋扈《ばっこ》の問題である。多くの中小地主・商人が大地主・大商人のために圧迫されて没落していく状況は、まさに宋の皇帝の権力の基盤をゆるがすものとして、宋朝にとっての重大問題であった。中小地主の没落には職役《しょくえき》の過重がこれに拍車をかけていた。

職役というのは、徴税や警察など行政の末端をなす職務が、無償労働として有産農民に割り当てられるもので中小地主層はその負担の重圧にあえいでいた。農民が悪徳大地主・大商人やこれと結託する官僚の悪政に苦しみ、窮乏して草賊《そうぞく》となり、官憲に反抗するさまは、有名な『水滸伝《すいこでん》』にまざまざと描写されているとおりであった。

神宗＝王安石《おうあんせき》の新法改革は、この重大な社会問題を解決し、生産力の増進、財政難の打開をはかり、富国強兵を成就しようとするものである。それは国初以来、中国統一の最終仕上げとして努力したがまだ実現していない燕雲《えんうん》地方の遼からの奪還を実現し、積年の対外的屈辱を一洗する道にもつながるものであった。

1　士大夫　山東省曲阜県出土　高さ30cm

王安石の新法は、『周礼《しゅらい》』の精神に還ることを標榜《ひょうぼう》した。『周礼』をもち出すのはたぶんに中国伝統の尚古《しょうこ》主義によるものである。内容的には社会進歩の方向に合致するものが多く、大官と結託する大地主・大商人の跋扈を抑え、君主権強化に役立てようとするものであった。

しかし、新法・旧法の党争は、宋の国運に大きな影響を及ぼさずにはおかなかった。新法の流れに乗る蔡京《さいけい》の悪政は、新興の金《きん》国の鋒先《ほこさき》の前に宋を亡国の悲運に導いた。宋の皇族たちはあげて捕虜となって金国へつれ去られたが、ただ一人捕虜のうき目を免れた康王構《こう》は、宋復興をめざす士人の中心となって南宋を再興した。復興した南宋の政局は旧法党政治家の手に握られるようになるのは当然の成り行きであった。

南宋時代になると、国家の生死を制する重大問題である金国との関係が政局の上に大きくクローズアップされ、金国と和すべきか戦うべきか、意見の対立が政治上の主題となる。主戦を唱える軍閥勢力と主和を唱える文官たちとの対立ともなった。北宋以来の新法旧法の政策上の争いに没頭する暇はなくなってしまった。学問や思想上の問題としてはなお残るが、政治上の問題としての新法旧法の党争はやがて消失してしまうこととなる。

宋朝の対外関係

宋朝三百年にわたって、対外関係は宋朝にとって重大な問題であった。たんに外国との関係自体の面に限定されず、対外関係は宋の国内政治・社会問題とも緊密な関連をもっていた。

唐の初め、中国周辺の諸民族は多く唐の武力の下に制圧されてこれに服属し、唐の文化圏にはいり、その文化文物を摂取してみずからの文化の向上と国づくりに努めた。その結果、十世紀の初めには契丹《きったん》族が結集して強国を興し、唐滅亡後、分裂した中国の五代王朝に対して優勢をもって臨んだ。宋が興って分裂した中国を統一したが、契丹（遼）の対宋軍事優位の形勢は変わらなかった。

2　宋代（11世紀）の国際関係

いっぽう、西北辺境にはチベット系のタングート（党項）族が夏《か》国（西夏《せいか》）を建て、宋と対抗して譲らなかった。宋の軍隊は素質劣弱で、軍事的実力では遼・夏に比して遜色があった。宋は、歳幣《さいへい》・歳賜《さいし》の名目のもとに実利をこれに与えて、かろうじて名目的、儀礼的な対外優位を保つにすぎなかった。

ついで、金《きん》国が東北奥地に興り、遼を滅ぼすにいたって宋の劣勢は名実ともに決定的となり、中国の北半（淮水以北《わいすい》）を奪われ、宋は金に対して、臣、あるいは甥《おい》の立場におかれることとなった。

遼・夏・金ともに中国に対する文化的独立の精神も強化された。これら三国がいずれも独自の文字を制定して使用したことにその一端が表れている。唐代に唐の文化圏の中にはいることを喜んでいたころの状態とくらべて大きな相違である。

このように、五代・宋の時期に、中国周辺の諸民族は民族的自覚にめざめ、中国と対等の国家意識をもって活躍するものが多くなった。朝鮮半島では、高麗《こうらい》が宋と和親関係を保ちつつ国家体制を整えた。

ベトナムの建国もこの時期に属する。ベトナムでは、十世紀中ごろの呉《ご》王朝の後、九六八年、丁部領《ていぶりよう》が大瞿越《だいくえつ》国を建て、黎《れい》氏を経て李氏が政権をうけつぎ、一〇五四年大越《だいえつ》と国号を改め、一一七四年、宋から安南《あんなん》国王に封ぜられた。一二二五年、陳氏が代わって王となった。それは、南宋の冊封《さくほう》国という形式をとってはいたが、事実上独立国としての位置を保持していた。

宋は遼・夏・金からつねに圧迫され、あるいはその侵入をうけ、これを防御するための軍事費はひじょうに大きな額に上った。すなわち、つねに国家財政の大きな負担となり、宋の財政・経済、国民の生活に大きな影響を与えたのが、これら諸国との関係であった。

また従来、中華思想にもとづき、夷狄《いてき》として賤《いや》しんできた諸外国につねに圧迫され、あるいはこれに臣事し、その下風に立たざるをえなくなったことは、伝統的観念に大打撃を与えるものであった。したがって、一面にはこれに反発して華夷名分を分別すべしとする民族主義的主張も強く起こってくることとなる。

遼・夏・金にあいついで苦しめられた宋は、ついにモンゴル族＝元の武力の前に国家滅亡の淵に沈み、三百年の歴史の幕を下ろすのである。

唐宋変革期の重要性

一九二二年、京都大学の内藤虎次郎《ないとうとらじろう》博士は「概括的唐宋時代観」によって、唐と宋との間には歴史事象上多くの相違があることを指摘した。たとえば、唐代の貴族政治から宋代以降の君主独裁政治への移行、宋代における貨幣経済の盛行、奴隷小作人が解放されて人民の土地所有が可能となったこと、庶民的文化が盛んになったことなどにその相違があらわれており、この相違は唐宋両期間に時代の変化があったことを示すものとした。

内藤博士の所説は、中国史の時代的変化を王朝の交替に求めるにすぎなかった従来の『十八史略』式の王朝史観に対して、時代相の変化を指摘し、唐宋両時代の間に性格的相違が存在することを明らかにしたもので、中国史における唐宋の変革の重要さを学界に認識させた業績であった。しかしその時代というのは、それ自体完結した個体として、主として文化史を中心にとらえられたもので、一時代からつぎの時代への必然的発展の法則によって把握されたものにまではなっていなかった。

内藤学説の後継者は京都大学をおもな舞台として多く出たが、なかでも宮崎市定《みやざきいちさだ》博士の業績が注目される。宮崎博士は内藤学説を社会経済的な面で補強し、さらに中国史以外のアジア諸国家（イスラム、インドを含めて）の時代区分をも考慮して、総括的時代区分のなかで宋代の時代性をとらえた。

たとえば、一九五〇年に公にされた『東洋的近世』は、唐宋の変革を中世社会から近世社会への変革として社会経済史的な意味でとらえ、宋代をヨーロッパ史におけるルネサンス期に対比した。

いっぽう東京大学においては、加藤繁博士《かとうしげし》が中国経済史の開拓者として、堅固にして緻密な実証的研究を進め、とくに唐宋時代の社会経済史研究に精力を傾注した。同博士は時代区分論に立ち入ることにはきわめて慎重であったが、『支那経済史概説』（一九四四年）のなかで、

「戦国秦漢は勿論、南北朝時代までは、小作人はさまで多からず、大官豪族の大地面は主として奴僕によって耕種されたのであるが、均田法《きんでん》の崩壊と前後して農耕に奴僕を用いることが衰え、小作人の使用が流行した。大地主の所有する大地面すなわち荘園の土地を耕作したのは主として小作人（佃戸《でんこ》）であった。……宋代に入って奴僕を耕作に用いることはいよいよ衰え、小作制度がますます発達した。北宋時代における全国の自作農と小作人との割合は二対一ぐらいであったようである」

とされた。すなわち奴隷労働の時代から、地主佃戸制への移行期を唐末五代に設定し、唐宋の変革の理解へつながる構想が予想されるものである。

第二次世界大戦後、前田直典《まえだなおのり》氏の「東アジアに於ける古代の終末」（一九四七年）が出されて以来、中国史の時代区分論はいちだんと盛んとなった。前田氏の説は、東アジアの歴史を一体としてとらえ、諸民族の歴史発展の理解には相互間の連関性を重視すべきものとし、中国史における古代社会の終末は唐末・五代すなわち十世紀前後の時期にあるとした。この前田説を契機に、以後、東アジア史の一環たる中国の社会構成を継起的諸段階として時代区分を考えようとする方向はいよいよ顕著になってきている。

唐宋の間が中国史上顕著な変革期にあたることは明瞭である。そして、これをどう評価するか、中国史発展全体の中で、また東アジアの歴史の一環として、どう把握するかが問題となる。宋代は独裁的君主による中央集権的官僚支配の確立期で、以後の中国史の発端をなす位置にある。これが、宋代を近世の初めとする時代観、中世の初めとする時代観といかに整合して説明されるかは議論の分かれるところで、今後の研究に待つべきものが多い。

日宋貿易の盛行

八九四年、遣唐使が廃止されて以来、日本と中国との公的関係は失われた。五代を経、北宋・南宋を通じて、日中両国の政府間には持続的な公的関係は回復しなかった。しかし両国民の間の交渉は頻繁《ひんぱん》であった。中国で五代の紛乱が収拾されて宋の統一の世となると、貿易の面においても文化面においても、日本と中国は深い関係をもつことになった。

日宋貿易は、平和的関係をもって行われる民間貿易として発展した。日本では、平安時代

3　平清盛像　六波羅蜜寺蔵

の貴族社会が武家社会に移行発展する時代にあたり、中国に対する受動的貿易からしだいに能動的貿易への移行態勢を整え、ついには彼我《ひが》商人の往来による相互貿易へと飛躍する時期で、室町時代の日本人の盛んな海外発展の萌芽を用意するにいたったのである（森克己《もりかつみ》氏『日宋貿易の研究』）。

　南宋時代、日宋交通はおおいに盛んとなり、商船の往来が頻繁となった。その口火を切ったのは平清盛《たいらのきよもり》である。かれは保元の乱の功によって大宰大弐《だざいだいに》となると、日宋貿易の利益に着目してこれを奨励した。かれが摂津《せっつ》福原《ふくはら》に別荘を構え、巨大な財力と工力とを投入して兵庫の港を修め、音戸《おんど》の瀬戸《せと》を開通し、あるいは宋人を福原の別荘に招き、後白河《ごしらかわ》法皇の臨観を請うたごときは、宋国との交通貿易を振興させようとの考えによるものである。

　一一七二年、宋の明州《めい》の官が方物と牒書《ちょうしょ》を贈って来たが、その牒書には「日本国王に賜わる物色」の文句があり、「賜」という上下関係を示す文字を使用していることが、朝廷諸卿間の論議の対象となり、一部には、文書を受理せずそのまま返却すべしとの議論もあったが、清盛はこれを顧みず、翌年には返書と答礼品を贈っている。形式的な名辞にとらわれず、貿易の実利を収め、往来を盛んにしようという清盛の意志によるものであった。

4　霊隠寺（浙江省杭州市）宋代臨済派総本山。晋代の創建で，五代に呉越王が再興。写真は本殿にあたる大雄宝殿で近年再建された

日本の禅宗受容

このようにして日本と南宋との交通は盛行に赴いた。南宋の中ごろになると宋に赴く日本の商船も増加した。日本に来往する宋船が多かったことはいうまでもない。そして、これらの商船に搭乗して日本から南宋に赴く入宋僧や、宋から日本への帰化僧の数も多かった。

入宋僧・帰化宋僧で現在その名の知られているものは九十余人の多数に及んでいる。木《き》宮《みや》泰《やす》彦《ひこ》氏（『日華文化交流史』）は南宋時代における入宋僧として、史籍に見えるものを百九人あげている。唐末五代から北宋時代に渡海した僧侶は多くの従僧を伴って行くのが例であったが、南宋時代の入宋僧は単身往来するのがふつうであった。それだけ入宋が一般化し、簡便に行える気運となったのであろう。

かれら入宋僧は、罪障《ざいしょう》消滅《しょうめつ》後生菩《ごしょうぼ》提《だい》のため仏跡を巡拝することを目的とするものもあったが、南宋においては律宗を伝えるために入宋するものがあり、とくに禅宗を学ぶために入宋したものが大部分を占めている。禅宗は入唐僧や帰化唐僧が

すでにいくたびか日本に伝えているが、他の宗派に付随してのみ伝えられ、また奈良平安の人心に適合していないこともあって、日本で禅宗が発展するにはいたっていなかった。

ところが中国においては、五代・北宋を経て禅宗はいよいよ盛大となり、南宋では仏教宗派の大宗をなすにいたった。日宋交通が頻繁化するにともなって、当然中国の禅宗が日本仏教界に強く影響することとなり、多くの名僧が入宋して禅を学びこれを日本に伝えた。

当時日本においては、平安朝の文化はすでに衰退し、新しい時代の精神としての新宗教が求められていた。栄西《えいさい》や道元《どうげん》が入宋帰国して臨済《りんざい》・曹洞《そうとう》禅をわが国に伝え、日本新文化の形成に貢献することとなるのもこのような機縁のなかにおいてのことである。

世界史的意義をもつ宋の新文化

仏教ばかりでなく、道教においても、儒教においても、宋代は中国思想史上重要な時期であった。とりわけ儒教においては、従来の伝統儒学から新しい儒学として宋学（朱子学）が生まれ、これが東アジア諸国に伝えられて、各国の思想界や政界に大きな影響を与えることとなるのである。

また科学技術の領域についてみても、活字印刷などの印刷術が発達し、羅針盤《らしんばん》を航海術に応用することが起こり、火薬の兵器としての使用が考案されるなど、世界史的意義をもつ科学技術の発達を宋代にみることができる。それは新しい時代としての宋代を特徴づけるものであった。

本書は右のような五代から宋への中国の姿を描こうとして構成し叙述した。第一・二章・第三章第三節（宋代の高麗朝）・第四・五・六章は、周藤吉之《すどうよしゆき》氏が執筆し、第三章第一・二各節と第七・八・九・十・十一各章は、中嶋敏《なかじまさとし》が執筆した。

（中嶋記）

第一章　五代十国の推移と節度使体制

この章の内容

この第一章では、まず五代の政治的大勢について、つぎに五代諸王朝の支配体制である節《せっ》度《ど》使《し》体制についてしるし、最後に武人政治の下での農民の生活について述べたい。

九〇七年に唐が二十主二百九十年をもって滅亡すると、華北には朱全忠《しゅぜんちゅう》の建てた後梁《こうりょう》にはじまり、後周《こうしゅう》に終わる五つの王朝が興亡し、その他の地方には、前蜀《ぜんしょく》・後蜀《こうしょく》・呉《ご》・南唐《なんとう》などの十国が互いに抗争をくり返して、世は群雄割拠の混乱時代に突入した。しかし、この五代十国の分裂も、九六〇年に後周に代わって宋が成立することによって終わりをつげ、中国はふたたび統一された。

この章では節度使体制について詳述したが、これは節度使体制が五代においていちばん重要な、政治の基礎となる体制であり、これが理解できなければ五代の政治はわからないからである。すなわち唐末から五代にかけては、中国史上の重要な転換期で、中国では珍しい武人政治の時代であり、新興地主層の台頭した時期でもあった。この間に、旧来の門閥貴族の多くは、かれらの生活の基盤をなしていた荘園を節度使などに奪われ、しばしば武人に殺害されたということもあり、政治的・経済的実権を失って没落し、代わって節度使とその部下、およびそれに依存する商工業者ならびに新興地主層が台頭した。すなわち、南北朝・隋より唐の初めにわたって、中国では門閥貴族による貴族政治が行われてきたが、唐の中期に起こった安史《あんし》の乱の後は、節度使の勢力が台頭して、地方の軍事・民政・財政の権を掌握し、あたかも封建諸侯のごとくであったので、藩鎮《はんちん》とよばれた。こうして出現した軍閥割拠の形勢、すなわち藩鎮の跋扈《ばっこ》の状況は、唐朝の衰亡の原因となった。

五代においても、節度使はいずれも数州を統轄して観察使《かんさつし》を兼ね、管下諸州県の軍事・民政・財政の三権をにぎり、武人政治を行った。節度使は身辺を護衛する牙兵《がへい》または親軍《しんぐん》といわれる最精鋭部隊をもち、これを節度使体制の中核としたが、これらは節度使が天子となると、その禁軍《きんぐん》となった。牙兵出身で節度使武人体制の軍事的中枢をなす牙将《がしょう》や牙吏《がり》は、軍政・軍隊の指揮・財政・外交・刑獄のことをつかさどり、節度使が帝位につくと、禁軍の大将や、軍政・財政の長官などの要職に登用された。節度使はまた鎮将《ちんしょう》を管内の各地に駐屯させてその勢力の基盤としていたので、文官である県の長官にはほとんど実権がなかった。こうして節度使体制では、上部から末端にいたるまで、武人が権力を掌握していた。

5　呉越王の印

このように五代は武人政治の時代であったが、いっぽう、節度使や観察使の幕僚には文官、すなわち官僚もおか

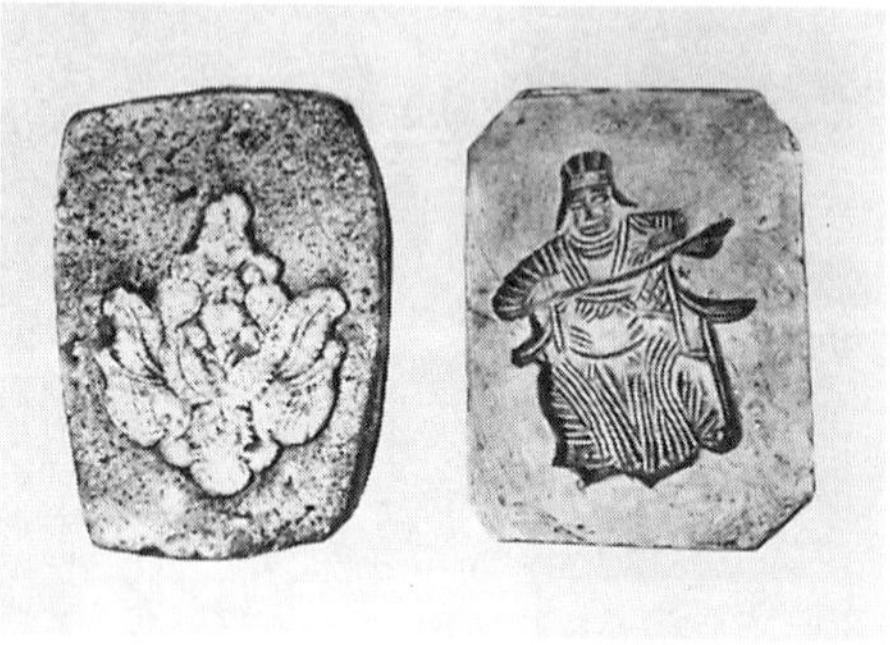

6　花紋の陶印　湖南省長沙出土

れていて、軍事・民政・財政の補佐にあたり、節度使が天子となると、中央の官僚の要職に任用された。これによると官僚もそうとうに重視され、五代の終わりに近づくにつれて力をたくわえ、宋代における文治政治の基礎をなしたのである。こうして節度使は牙軍を養い、武力によって主君を倒して新王朝をたて、節度使体制を中央にとり入れたから、五代諸王朝の支配体制は、節度使支配体制を拡大発展させたという性格を持った。

すなわち、唐の中央官制は、唐末・五代の間におおいに変化して、唐制には見られなかった官が多く出現した。その長官は使とよばれるものが多かったので、これを「使の体制」という。すなわち民政をつかさどる中書門下省《ちゅうしょもんかしょう》、軍政をつかさどる枢密院《すうみついん》（長官は枢密使）、国家財政をつかさどる三司《さんし》（長官は三司使）などがそれであり、三司などは、内部の機構は節度使体制のそれに類似したものであった。

唐の中期以後、均田制が壊れて租庸調制が行われなくなり、両税法が施行された。五代の農民の生活は、きわめて苦痛に満ちていた。すなわち、両税の負担が重くなっただけではなく、沿徴《えんちょう》という付加税の数が多くなり、くわえて、各地の節度使も前記のほかに農民から多くを収奪したからである。

　このようにして、武人政権の重税や節度使の誅求《ちゅうきゅう》に苦しんだ農民の流亡するものは多く、そのほとんどは大土地所有者の荘園にはいって佃戸《でんこ》（小作人）となり、土地の兼併《けんぺい》はいっそう進んだ。こうして台頭したのが、形勢戸《けいせいこ》とよばれる新興地主層であった。また当時節度使の部将・幕僚となったもののなかには、新しく勢力をえてきた有力戸《ゆうりょくこ》・力及戸《りききゅうこ》・富戸《ふこ》などとよばれる新興の地主層があり、節度使や官僚となるものがあらわれてきたが、これもかれら新興地主層の発展をものがたるものであった。このように、節度使体制は、新しい時代をはぐくむ働きをしたのである。

一　五代王朝の興亡と十国の推移

後梁から後唐へ

九〇七（天祐《てんゆう》四）年、宣武《せんぶ》軍節度使朱全忠《しゅぜんちゅう》は唐朝を滅ぼして帝位につき、治所汴《べん》州（河南・開封《かいほう》）を都とした。これが後梁《こうりょう》の太祖である。それ以後九六〇（建隆《けんりゅう》元）年に宋朝が興るまでの五十四年間に、華北の地には後梁・後唐《こうとう》・後晋《こうしん》・後漢《こうかん》・後周《こうしゅう》の五王朝が興亡したので、この時代を五代という。

　しかしこの五代王朝の支配力は黄河の近傍のみに限られ、その他の諸地方には前蜀《ぜんしょく》・後《こう》

7　李克用（後唐の太祖）

蜀《しょく》・呉《ご》・南唐《なんとう》・閩《びん》・楚《そ》・荊南《けいなん》・南漢《なんかん》・呉《ご》越《えつ》・北漢《ほくかん》の諸国が割拠した。これを十国といい、中原の諸王朝と合わせて五代十国と呼ぶ。

以下、まずこの五代十国の推移からみていこう。

唐末には、沙陀《さだ》族出身の河東《かとう》節度使で山西《さんせい》の太原《たいげん》に鎮した李克用《りこくよう》（後唐太祖）と、もと黄巣《こうそう》の部将で唐に降り、宣武軍節度使として汴《べん》州に鎮した朱全忠とは、八八四（中和四）年に黄巣を滅ぼしたが、その後互いにその勢力を争って対抗していた。

李克用は片目が小さいために独眼龍の渾名《あだな》があり、突厥《とっけつ》沙陀部の酋長《しゅうちょう》李昌国《りしょうこく》（朱邪赤《しゅじゃせき》心《しん》）の第三子で、勇猛をもって知られていた。かれは長安《ちょうあん》（陝西《せんせい》省西安《せいあん》市）を回復（八八三年）した功によって同平章事《どうへいしょうじ》・河東節度使となったが、その後陳《ちん》州（河南省淮陽《わいよう》県）で黄巣を討伐したさい、軍糧を得るために汴州に行き、ともに黄巣を討つ朱全忠にはかられて九死に一生を得た。両者はこれより後宿敵となり、唐室を挟んで激闘《げきとう》を続けた。そのうちに朱全忠の勢力が強くなり、その支配は河南《かなん》・淮西《わいせい》・山東《さんとう》から河北にまで及んで、李克用を抑えてきた。

当時唐室では宦官《かんがん》が政権を握って、天子の廃立を行っていた。このころ、帝位にあったのは昭宗《しょうそう》（在位八八八〜九〇四）であるが、宦官はこれをも廃しようとした。そこで九〇三（天復《てんふく》三）年、朱全忠は宰相《さいしょう》崔胤《さいいん》の要請で長安にはいって宦官をことごとく殺し、ついで翌天祐元年には崔胤以下の官僚を殺し、さらに昭宗をも殺害して、十三歳の太子を帝位につけた。これが唐朝最後の皇帝の哀《あい》帝（在位九〇四〜〇七）である。やがて朱全忠はこの哀帝にせまって譲位を行わせ、国を梁《りょう》と号し、開平《かいへい》と改元した（九〇七年）。

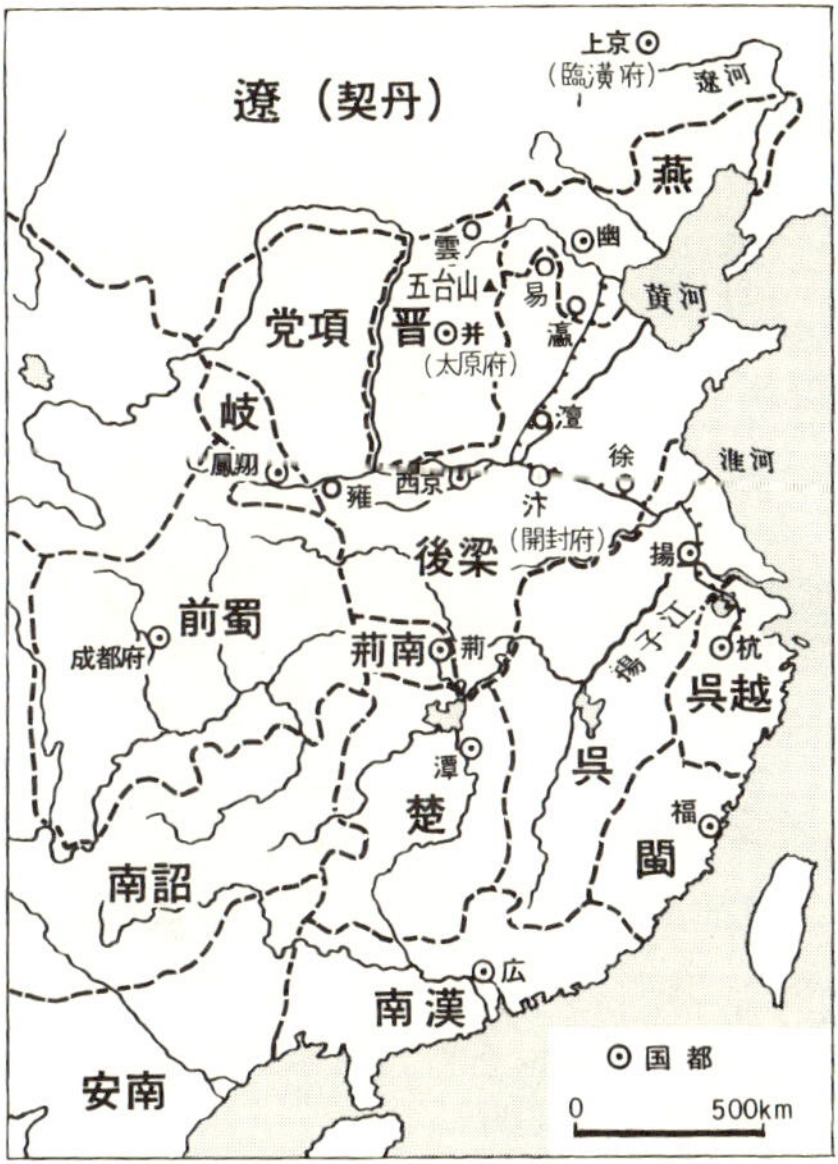

8　後梁時代の五代十国

李克用ら各地に割拠する新興の軍閥はもとよりこれを承認せず、各自独立を宣言し、ここにいわゆる五代十国の争乱時代の幕が切って落とされた。

このころ、後述するように、華北以外の四川《しせん》には前蜀が国を建てており、華中・華南には呉・呉越・楚・閩・南漢などがあり、呉越以下の諸国は、後梁から王に封ぜられた。

9　李存勗（後唐の荘宗）
「歴代帝王像」より

さてすでに述べたように、後梁の太祖は河東節度使晋王李克用と相争ったが、九〇八（開平二）年、李克用が死去し、その子李存勗《りそんきょく》がこれを継ぐと、存勗の勢力が強くなってきた。

後梁の太祖は財政を養子の朱友文《しゅゆうぶん》に、民政・兵政を宰臣敬翔《けいしょう》に委ねて、みずからは李克用・李存勗や淮南の楊行密《ようこうみつ》・楊渥《ようあく》父子の強敵との抗争に力を注いだ。しかし、盗賊出身の武人であった太祖は女性関係にも節度がなく、諸子が地方に赴いて不在なのをよい機会として、かれらの妻を閨中《けいちゅう》に引き入れた。

やがて太祖が洛陽《らくよう》（河南省洛陽市）で病床に親しむようになると、郢《えい》王朱友珪《しゅゆうけい》の妻張氏と太祖の寵を争っていた博王《はくおう》朱友文の妻王氏に命じて、友文を汴州から呼び、代わりに友珪を地方に出そうとしたので、友珪は恐れて病床の太祖を殺害し、その罪を友文にきせて、これを殺して即位した。しかし、この政変で禁軍（近衛軍）の一部が反乱を起こし、それを見た太祖の第三子朱友貞《しゅゆうてい》は、太祖の甥《おい》で洛陽に駐在していた侍衛親軍都指揮使《じえいしんぐんとしきし》袁象先《えんしょうせん》と結んで、友珪を殺してとって代わった。これが後梁の末帝（在位九一三～二三）である。

このように後梁が太祖の死後混乱している間に、梁の領域はしだいに北方の晋に奪われ、燕《えん》（河北・北京《ペキン》）の軍閥劉守光《りゅうしゅこう》を滅ぼした晋王李存勗は、河北の魏《ぎ》州（河北・大名府《だいめいふ》）で帝位につき、国号を唐と称し、同光《どうこう》と改元した。九二三年のことである。さらにこの年のうちに梁を滅ぼして中原を支配し、都を洛陽に定めた。李存勗を後唐の荘宗《しょうそう》（在位九二三～二六）という。梁国は建国後わずかに三主十六年の短命に終わった。

後唐・後晋と契丹の活動

こうなると華中の諸国は後唐《こうとう》に使者を遣わしてきたが、前蜀《ぜんしょく》はこれを行わなかった。そこで同光三年、荘宗は大兵を遣わして前蜀を攻めて、これを滅ぼした。そうして孟知祥《もうちしょう》を西川《せいせん》節度使とした。後に述べるようにこれが後蜀の高祖である。

荘宗は勇猛果敢な武人であったが、深慮遠謀に欠け、政治家としての資質に乏しかった。四川《しせん》を征服して後は驕侈《きょうし》の心が出て政治を怠り、音楽にふけって、宦官《かんがん》に権力をほしいままにさせたために人心を失った。しかも宮廷では、荘宗みずから贅《ぜい》をつくしていながら、兵士に対する給与は滞りがちであったから、将兵のあいだに不満がひろがり、枢密使《すうみつし》郭崇韜《かくすうとう》が宦官の讒言《ざんげん》によって四川の陣中で倒れると、各地に不穏の状況があらわれた。

このとき鄴都《ぎょうと》（河北・大名府《だいめいふ》）に反乱が起こり、これを平定するために遣わされた李克用の養子李嗣源《りしげん》は、部下や反軍に擁立され、ついに荘宗に反抗して、開封《かいほう》に進んできた。荘宗はこれを討とうとしたが、反軍は首都への補給の道を絶ったので、洛陽《らくよう》にいた荘宗の禁軍は戦意を失い荘宗を殺して降伏した。李嗣源は洛陽にはいってついに帝位についた。これが後唐の明宗《めいそう》（在位九二六～三三）である。

明宗はこのときすでに六十に近い歳であった。もと代北《だいほく》（山西《さんせい》省大同《だいどう》市の北方）の微賤《びせん》な遊牧民の子に生まれ、無教養ではあったが、人格の誠実なことを李克用に認められて養子となった人物で、下情にも明るく、後に述べる後周の世宗《せいそう》とともに、五代の諸天子の中でもすぐれた存在といわれている。

明宗は内政の改革につとめ、業績をあげた。これは五代の政局の一時期を画したもので、まず宦官・宮人を減らし、諸道の監軍使《かんぐんし》（天子のために節度使の軍隊の監視監督にあたる官）を廃し、侍衛親軍《じえいしんぐん》（天子の親衛軍）の制度を確立し、全国的な検田を行って土地を把握し、課税の公平をはかり、また財政機関としての三司《さんし》を創設した。しかし帝権はけっして強力ではなく、それは明宗の死後、ただちに証明されることになる。

九三三（長興《ちょうこう》四）年、明宗が死んで、その子閔《びん》帝（在位九三三～三四）が立ったが、翌年明宗の養子李従珂《りじゅうか》（廃帝）がその位を奪った。当時明宗の女婿《じょせい》で河東節度使であった石敬瑭《せきけいとう》は、李従珂のこのような行動に警戒の念を深め、李従珂も石敬瑭の実力をおそれた。李従珂が石敬瑭をその根拠地晋陽《しんよう》（山西省太原《たいげん》市）から引き離すべく、天平《てんぺい》節度使に任じて山東への移駐を命ずると、石敬瑭は廃帝の意図を察知して、部将劉知遠《りゅうちえん》らにすすめられ、反旗をひるがえした。廃帝の大軍に晋陽を攻囲され、糧食がつきかけた石敬瑭は、謀臣桑維翰《そういかん》を契丹《きったん》（遼）に派遣してその援助を請うた。

契丹の太宗徳光《とくこう》（在位九二六～四七）は援助の代償として石敬瑭の契丹への臣従・歳貢・北辺の幽《ゆう》（北京）・薊《けい》（河北省薊県）など十六州（燕雲《えんうん》十六州）の割譲を要求した。石敬瑭がこの条件を受諾すると、太宗はただちに五万の騎兵をひきいて南下し、内外呼応して後唐の晋陽攻囲軍を潰滅《かいめつ》させた。

石敬瑭は契丹軍の援助をうけて首都洛陽に進撃し、九三六（清泰《せいたい》三）年十一月これを占領して後唐を滅ぼし、後晋を建国して天福《てんぷく》と改元し、開封《かいほう》に都した。これが後晋の高祖である。即位の事情がこのようであったから、高祖の権力は弱く、盧文進《ろぶんしん》・范延光《はんえんこう》らの強力藩鎮《はんちん》があいついで反乱を起こした。

高祖石敬瑭（在位九三六～四二）は契丹の援助にむくいるために、約束に従って、契丹に対して臣礼をとり、燕雲十六州を契丹に割き、毎年帛《はく》（絹織物）三十万匹を贈ることにした。高祖の世にもこれに反対するものがあったが、その死後、少帝（在位九四二～四六、出帝ともよばれる）は禁軍の大将景延広《けいえんこう》の言に動かされて、契丹に叛《そむ》いた。そこで契丹の太宗は後晋を討ち、九四六（開運《かいうん》三）年、少帝を捕虜にして後晋を滅ぼした。

英主、周の世宗と統一への歩み

契丹《きったん》の太宗は開封にいて、河南の地を略奪したが、河東《かとう》節度使劉知遠《りゅうちえん》が晋陽《しんよう》（山西省太原《たいげん》市）で帝位について、後漢《こうかん》を建国し、開封に攻めてくる状勢を見て、開封を引き揚げた。そこで劉知遠は開封にはいって、これを都とした。後漢の高祖（在位九四七～四八）である。

高祖の死後、隠帝《いんてい》（在位九四八～五〇）が位をついだが、当時文臣派と武臣派の対立が激しく、九五〇（乾祐《けんゆう》三）年、帝は文臣派の側近とともに在京の武臣派を滅ぼし、さらに山東

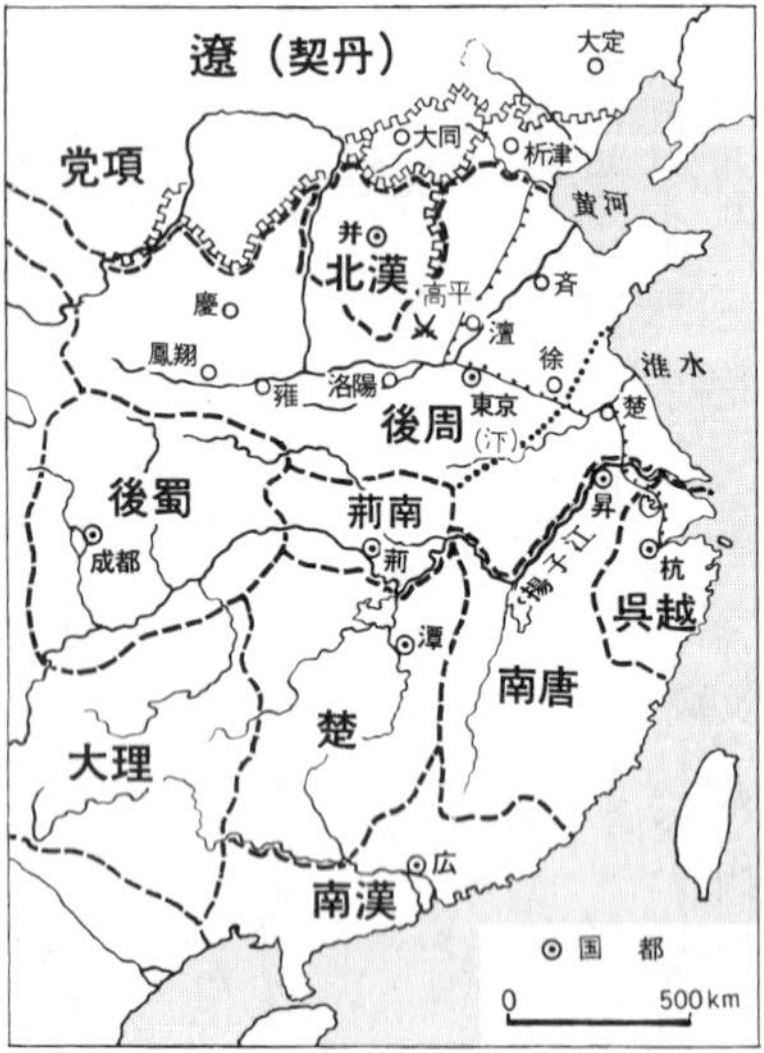

10　後周時代の五代十国

の鄆《うん》州（山東省東平《とうへい》県）に鎮していた天平軍《てんぺいぐん》節度使郭威《かくい》を除こうとした。郭威が開封に攻めてきたので、隠帝はこれを防ごうとして、部下に殺された。

郭威は高祖の弟劉崇《りゅうすう》の子劉贇《りゅういん》を立てたが、契丹南侵の報に北上し、澶《せん》州（河南省濮陽《ぼくよう》県）にいたって部下に擁立され、開封にはいって帝位につき、後周《こうしゅう》を建国した。後周の太祖（在位九五一～五四）である。このとき劉崇が晋陽で独立して、北漢《ほくかん》を建てた。

後周の太祖の死後、養子柴栄《さいえい》が位を継いだ。後周の世宗《せいそう》（在位九五四～五九）である。世宗は五代の中の名君であって、太祖の死去を聞き、世宗の若年をあなどった北漢の世祖劉崇が契丹《きったん》の援兵とともに侵寇すると、群臣の止めるのを押し切って親征し、山西沢《たく》州の北東にある高平《こうへい》（山西省高平県）に迎撃した。

戦いが始まると北漢軍の騎兵の猛攻によって、おびえた将校たちが逃亡したために頼みとする禁軍が内部崩壊の危機に陥ったが、趙匡胤《ちょうきょういん》の殿前軍《でんぜんぐん》とともに矢石を冒して奮戦して形勢を逆転させ、進んで北漢の首都太原《たいげん》を包囲した。

そして、これを陥れることはできなかったが、このときの教訓によって禁軍の大改革を行い、老弱者、年長者をやめさせ、地方の精鋭を抽出して趙匡胤を長官とする殿前諸班《でんぜんしょはん》の強化をはかった。そしてこの強勢な禁軍の武力にものをいわせて節度使の横暴を抑制し、江南諸国や北方の契丹に対して積極政策に出ることになった。

すなわち、北漢の劉崇の軍を高平に破ってから、謀臣王朴《おうぼく》の言に従って、中国を統一しようとした。王朴は、

「中国を攻取する道は、易いところより始めることとし、まず南唐を討って、揚子江《ようすこう》以北の地を取り、さらに江南を平らげる。江南を取れば、南漢《なんかん》を従わせることができる。つぎに蜀《しょく》を平らげ、契丹を攻め、終わりに北漢を取らん」

といった。そこで世宗はまず後蜀を討って秦《しん》（甘粛省天水県《かんしゅくしょうてんすいけん》）・鳳《ほう》（陝西《せんせい》省鳳県）二州を取り、つぎに南唐を征して九五六（顕徳《けんとく》三）年には、江北の地方を割譲させた。そうして九五九年、契丹を攻めて益津関《えきしんかん》（覇《は》州・河北省覇県）・瓦橋関《がきょうかん》（雄《ゆう》州・河北省雄県）を取り、さらに後晋が割譲した十六州のうち、莫《ばく》州（河北省任邱《にんきゅう》県）・瀛《えい》州（河北省河間《かかん》県）を奪取して、幽州を取ろうとしたが、病のため引き返した。

世宗はこの病がもとになって若くして死んだ。在位五年、三十九歳であった。このほか世宗は租税の軽減、土地の開墾、治水に努め、綱紀を粛正して冗費の節約をはかり、九五五

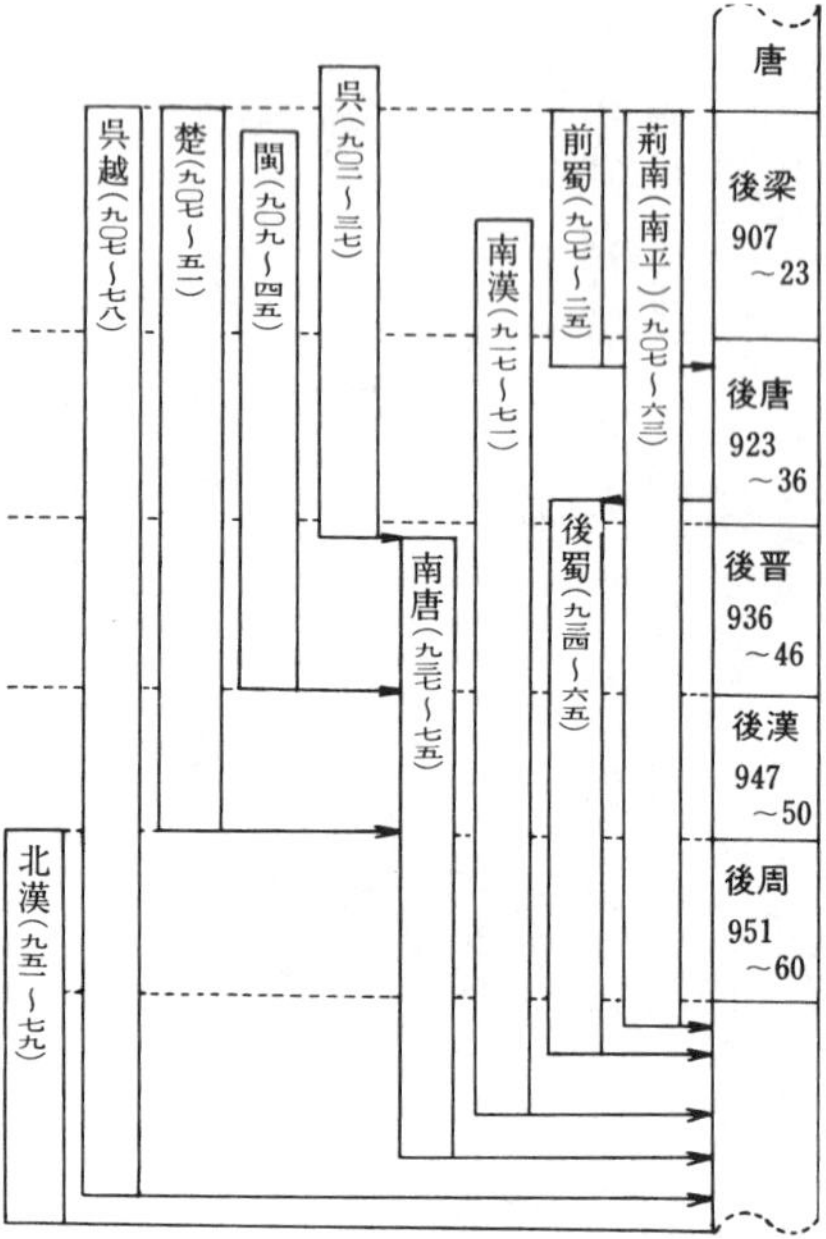

11　五代十国の興亡

（顕徳二）年、仏教に大弾圧をくわえてひそかに僧尼となることを禁じ、多くの寺院を廃止し、土地・銅器・仏像を没収して銅銭を鋳造するなど、寺院の財産を利用し、遊食の徒輩を生産労働に駆りたてようとした。

この事件は、北魏《ほくぎ》の太武帝・北周《ほくしゅう》の武帝・唐の武宗の仏教弾圧に比すべきものとして「三武一宗の法難」といわれ、仏教徒の側から多大の非難を蒙った。

それはともかく、五代の混乱も、このような世宗の努力によってもたらされた社会秩序の安定によって、新しい統一の時代へと歩み始めたのであった。

後周の世宗が没すると七歳の恭帝《きょう》（在位九五九～六〇）が位を継いだ。しかしやがて禁軍の大将趙匡胤《ちょうきょういん》が衆に推されて帝位につき、宋を建国した。

すなわち恭帝即位の翌年の九六〇年の初め、契丹《きったん》軍侵入の報が開封《かいほう》にはいったので、さっそく殿前都点検《でんぜんとてんけん》・帰徳《きとく》軍節度使趙匡胤は、大軍をひきいて前線に出動した。しかしそのときすでに後周の諸将たちの間には、五代武人政権の慣例に従って、幼帝を廃して趙匡胤を擁立しようとする空気が強かった。

12　運河を利用しての物資の運搬　「清明上河図」より

これを察知した趙匡胤の弟趙匡義《ちょうきょうぎ》は、名臣趙普《ちょうふ》らと策略をめぐらし、開封城外陳橋《ちんきょう》駅で、諸将が暁《ぎょう》闇《あん》をついて趙匡胤の寝所に赴き、天子の位につくことを懇願し、かれに天子の黄袍《こうほう》をかぶせて万歳を三唱した。趙匡胤はただちに都に引き返し、恭帝の譲りをうけて天子となった。これが宋の太祖（在位九六〇～七六）である。かれが節度使であった帰徳軍は、春秋時代の宋国の故地に置かれていたので、これを国号としたのである。

以上のように華北では五王朝が交替したが、このうち、後唐・後晋・後漢は沙陀《さだ》族であり、後梁・後周は漢民族の王朝であった。そうしてこれらの天子はほとんどみな節度使の出身であって、この時代は節度使体制の時代でもあった。

またこれら五代の王朝は、後唐が洛陽《らくよう》に都したほか、みな汴京《べんけい》すなわち開封《かいほう》府を都としていた。これは開封府が大運河の要衝にあたっていて、水陸の便があり、経済上の要地をなしていたためであったようである。

華中・華南・四川・山西の十国

五代の世には華北の五王朝のほか、華中・華南や四川《しせん》・山西《さんせい》では、十国が交替していた。

呉《ご》（九〇二〜三七）——唐末、淮南《わいなん》節度使（江蘇《こうそ》・揚州《ようしゅう》に鎮す）楊行密《ようこうみつ》は、江蘇・安徽《あんき》・江西《こうせい》などの地を支配していたが、後梁《こうりょう》の末帝の貞明《ていめい》五（九一九）年、その子隆演《りゅうえん》が呉国を建てて王位についた。隆演の弟楊溥《ようふ》のとき、徐知誥《じょちこう》が政権を握り、九二七（後唐《こうとう》の明宗・天成《てんせい》二）年に、楊溥を帝位につかせた。

南唐《なんとう》（九三七〜七五）——徐知誥は九三七（後晋《こうしん》の高祖・天福《てんふく》二）年になって、ついに呉を滅ぼして南唐を建国し、その姓名を李昪《りべん》と改め、金陵《きんりょう》（江蘇省南京《ナンキン》市）に都した。その子李璟《りえい》は九四六（後晋の少帝・開運三）年に、閩《びん》を滅ぼして、福建《ふっけん》を合わせた。さらに九五一（後周《こうしゅう》の太祖・広順《こうじゅん》元）年には、楚《そ》を滅ぼして、湖南《こなん》をも合わせた。南唐では比較的に平和が続いたため、文化が栄えた。

呉越《ごえつ》（九〇七〜七八）——唐末、杭州《こうしゅう》刺史銭鏐《せんりゅう》は、鎮海軍節度使（江蘇・潤州、後に浙江省杭州に鎮す）となり、ついで威勝《いしょう》軍節度使（浙江・紹興《しょうこう》）董昌《とうしょう》の乱を平らげて、鎮東軍《ちんとうぐん》節度使（威勝軍を鎮東軍に改む）をもかね、杭州にいて、浙江と江蘇の一部を領有した。そし

13　観世音経の扉絵と巻首　呉越国杭州刻本より

て後梁の太祖のとき、呉越王に封ぜられた。銭鏐は仏教を信仰し、その孫銭俶《せんしゅく》はとくに仏教を保護したので、ここでは仏教が栄えた。

楚《そ》（九〇七～五一）——唐末、蔡《さい》州（河南省汝南《じょなん》県）の一部将馬殷《ばいん》が湖南にはいり、長沙《ちょうさ》（湖南省長沙市）に拠って潭《たん》州刺史となり、昭宗のとき武安《ぶあん》節度使に、そして後梁の太祖のとき、楚王に封ぜられた。そののち楚は前述のように、後周の初めに南唐によって滅ぼされた。しかし周《しゅう》行逢《こうほう》が立って、武安節度使となった。

閩《びん》（九〇九～四五）——河南の人王潮《おうちょう》・王審知《しんち》兄弟が盗賊となって福建《ふっけん》にはいり、昭宗のとき、王潮は泉州刺史から福建観察使となった。王潮の死後、八九七（乾寧《けんねい》四）年王審知が跡を継いで、武威軍節度使（福建・福州に鎮す）となり、後梁の太祖のとき、閩王に封ぜられた。その後、後晋の世に、前に述べたように閩は南唐に滅ぼされた。

南漢（九一七～七一）——河南の人劉謙《りゅうけん》が南海の商人となって広州《こうしゅう》（広東省広州市）に住し、黄巣《こうそう》の乱後、封《ほう》

14　王建像

州刺史となった。劉謙の死後、その子隠《いん》が継ぎ、哀《あい》帝のときに清海軍《せいかいぐん》節度使（広東・広州に鎮す）となり、後梁の太祖の世に、南平王、さらに南海王に封ぜられた。劉隠の死後、弟の巌《げん》（後に龑《げん》と改む）が継ぎ、後梁の末帝のとき独立して大越《だいえつ》国と称し、ついで国号を漢（南漢）と改めた。その後、その子孫が継承していた。

荊南《けいなん》（九〇七～六三）――後唐の荘宗のときに荊南節度使（湖北・江陵《こうりょう》に鎮す）高季興《こうきこう》が南平王に封ぜられたのがはじまりで、その子従誨《じゅうかい》も後唐から荊南節度使に任ぜられた。その後、子孫が荊南節度使を継承した。

前蜀（九〇七～二五）・後蜀（九三四～六五）――唐末昭宗のとき、王建《おうけん》が永平軍節度使（四川・邛州《きょう》に鎮す）となったのに始まる。王建は西川《せいせん》節度使（成都《せいと》に鎮す）陳敬瑄《ちんけいせん》を破って八九一（大順二）年、西川節度使となり、ついで東川《とうせん》を合わせて、四川を領有し、後梁の太祖の開平元（九〇七）年、独立して大蜀《たいしょく》と号した。

王建は、当時黄巣の乱を避けて、四川に来ていた唐の士大夫を任用し、書物を木版で印刷して、文化を盛んにした。しかし後唐の荘宗の同光三（九二五）年、前蜀は後唐の兵を受けて滅ぼされた。

荘宗は北都留守《ほくとりゅうしゅ》（河北・大名府《だいめいふ》に鎮す）孟知祥《もうちしょう》を西川節度使に任じて、四川を治めさせた。ところが閩《びん》帝の応順元（九三四）年、孟知祥は独立して後蜀を建国した。後蜀でもひきつづいて文化が栄えていた。

北漢（九五一〜七九）——前に述べたように、後漢が滅んで後周が建国したとき、後漢の高祖の弟劉崇《りゅうすう》が晋陽で独立したものである。

以上のように、これらの十国のうちでも、五代と同じく節度使体制が行われた。

二　五代の節度使体制

民政・軍事・財政の三権を掌握

上述のように、五代の天子は多く節度使出身であり、五代の世には節度使体制が重要であった。

時代	地域	節度使数	天子数	節度使出身の天子数
唐末	中国全土	29〜31		
後梁	黄河以南の華北	28	3	1
後唐	華北	39	4	3
後晋	華北	38	2	2
後漢	華北	36	2	1
後周	華北	38	3	2

15　唐末五代の節度使体制

そこで、唐末から五代王朝の節度使の数についてみると、唐末には唐は中国の全土を領していて、節度使の数は二十九ないし三十一にすぎなかったが、五代の初めの後梁《こうりょう》は、ただ華北の、しかもおもに黄河《こうが》以南の地を領有するだけであったにもかかわらず、その節度使の数は二十八に及んだ。

り、後唐《こうとう》ではこれが増して三十九、後晋《こうしん》では三十八、そして、後漢《こうかん》になると減じて三十六となり、後周《こうしゅう》の世宗（在位九五四〜五九）のときには三十八になっていた。
すなわち五代には、唐末に比較して、四川《しせん》・江南を失っていたにもかかわらず、節度使の数は唐末よりかえって多くなっていたのである。

これらの節度使は元来軍事を統轄するものであって、多いものは六〜七州、少ないものは三〜四州の軍事を統率していた。そうして節度使の置かれていた州、すなわち治所《ちしょ》を使府《しふ》といい、節度使の統轄していた諸州を属州または支郡《しぐん》といった。

したがって節度使は使府に鎮していて、六〜七以下三〜四の支郡を統轄していたのである。また五代の節度使は一般に観察使《かんさつし》を兼任していた。観察使は管下の諸州の民政を監察するものであったから、節度使はこれを兼ねることによって管下の民政の権をも掌握したのである。

さらに当時、地方の財政は上供《じょうきょう》・留使《りゅうし》・留州《りゅうしゅう》に分けられ、上供は中央に送って、中央政府の費用にあてられ、留使は節度使の鎮する使府に送られてその費用に、そして留州は節度使管下の属州の費用にあてられるものであった。

しかしこのうち、上供の額は少なくて、留使・留州が多かった。しかも節度使は、管下の使府はもちろん、属州の財政権をも掌握し、属州は節度使を通してのみ政府に上供を納めていたため、地方の財源の多くは節度使に占められた。

こうして節度使は各地に割拠して、管下の軍事・民政・財政の三権を握り、強大な権力を一身に集中していたのである。

節度使はこれら民政・軍事・財政の三権を行使するためにいろいろな機関を設けていたが、これらの機関には武人ばかりでなく、文官も任用されて、重要な役割を果たしていた。

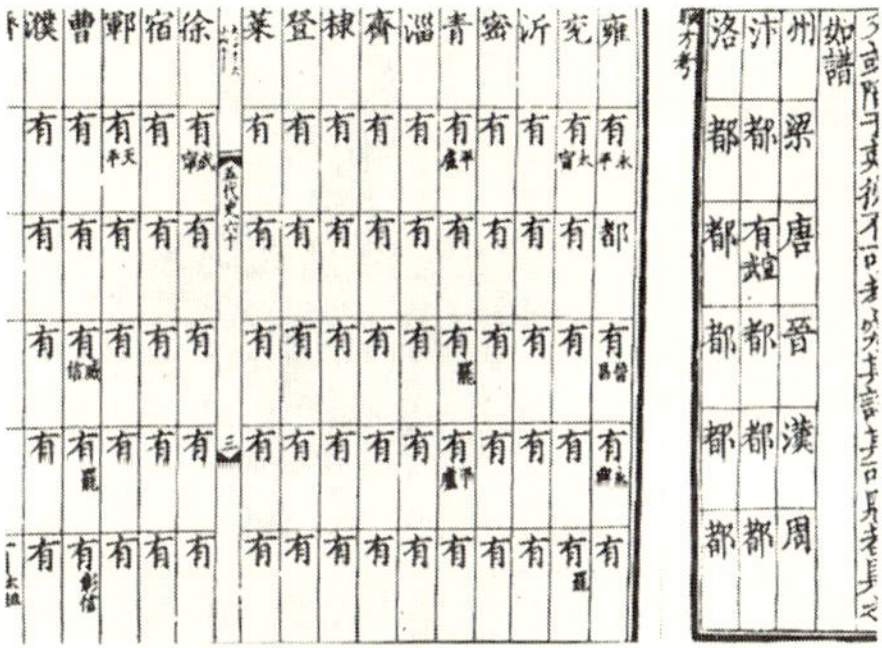

州	梁	唐	晉	漢	周
汴	都	有	都	都	都
洛	都	都	都	都	都

州	梁	唐	晉	漢	周
雍	有	都	有	有	有
兗	有	有	有	有	有
沂	有	有	有	有	有
密	有	有	有	有	有
青	有	有	有	有	有
淄	有	有	有	有	有
齊	有	有	有	有	有
棣	有	有	有	有	有
登	有	有	有	有	有
萊	有	有	有	有	有
徐	有	有	有	有	有
宿	有	有	有	有	有
鄆	有	有	有	有	有
曹	有	有	有	有	有
濮	有	有	有	有	有

16　「新五代史」職方考の州の一覧表　帰徳軍（宋州）武寧軍（徐州）平盧軍（青州）などの藩鎮の名が見えている

節度使体制の成立過程

節度使は元来、唐朝において府兵制が弛《ゆる》んできた八世紀の初めごろに、異民族の侵入を防ぐため、国境地帯の要所に配置された傭兵軍団の総司令官としておかれたものである。すなわち、節度とは軍隊指揮を意味し、節度使は皇帝の命を受けて派遣された軍司令官であった。そして、七一〇（景雲《けいうん》元）年の河西《かせい》節度使の設置をはじめとして、開元・天宝のかわりめ（七四一～四二）には、范《はん》陽《よう》・河西・隴右《ろうゆう》など十節度使がおかれた。かの安《あん》禄山《ろくざん》は范陽・平盧《へいろ》・河東の三節度使をかねて、強大な兵力を有していた。安史《あんし》の乱が起こってからは、節度使は国内の要地にも多く置かれるようになった。

17　黄巣像

節度使は、唐代においてすでに観察処置使をかね、管下諸州の民政および財政権を兼掌していた。こうして節度使の勢威は封建諸侯にも比すべき強大なものとなったので、これを藩鎮《はんちん》と呼ぶようになった。

安史の乱後、代宗《だいそう》・徳宗《とくそう》二代の間は節度使の横暴がはなはだしく、しばしば反乱をひきおこした。反乱の中心となったものに安史の乱の降将の後身である魏《ぎ》博《はく》・成徳・盧龍《ろりょう》の、いわゆる河北三鎮がある。これらの藩鎮は租税を中央に送らず、官吏をほしいままに任命して、唐代を通じて自立しており、これを称して「河北の旧事《きゅうじ》」といった。このほかにも黄河の南北の諸藩鎮の中には、はじめ自立していたものがあった。

憲《けん》宗の時代（八〇五～二〇）には唐朝の権威が一時復活し、八一九（元和十四）年以後、節度使管内の州・県その他の要地におかれた外鎮軍は各州の刺史《しし》の支配に帰し、節度使はその治所の州におかれた使府所在の軍を管轄して、管下諸州の兵力を総轄するだけとし、節度使自体も文官や中央禁軍出身者を任命する方針をとった。また、両税も刺史から上供《じょうきょう》されるようになって、強大な藩鎮の反抗は少なくなった。

しかし、節度使と兵士との対立は拡大激化し、これに藩鎮との結託を強めた新興土豪層の旧貴族に対する反感などがからんでいた。黄巣《こうそう》の乱が始まると、文官出身節度使は作戦、統率のうえで無能ぶりを露呈し、すべて失脚してしまった。これに代わったのが、土豪・兵士・盗賊出身の武人節度使で、かれらには唐朝の権威や社会的伝統を尊重する気持ちはなく、前記のような事情もあって、唐朝と藩鎮とのむすびつきは絶ち切られた。

　そして、このような新しい節度使のなかから、先述した五代十国の諸王朝が形成されたのである。だから、五代諸王朝の支配体制は、節度使の支配体制の拡大発展型ともいうべき特徴をもつのである。

　以上の経過からも知られるように、五代の節度使は一般に武人であったから、その節度使体制では武人体制が基本的なものであった。節度使の管下には多数の軍隊が置かれていたが、その中心をなすものは「牙兵《がへい》」または「親軍《しんぐん》」といわれるものであった。節度使の武人体制はこの牙兵を中核としてできあがっていた。

体制の中核――牙兵・親軍

　牙《が》（衙）兵《へい》または親軍は節度使の身辺を護衛するもので、その居城である衙城《がじょう》に配置され、もっとも精鋭な兵士が選ばれていて、節度使と私的主従関係を結んでおり、当時「部《ぶ》曲《きょく》」あるいは「私属《しぞく》」ともいわれていた。したがってこれらの牙兵は他の兵士よりもはるかに優遇されていた。

　牙兵の中心となっていたのは、子弟・親族や養子（義児《ぎじ》）、あるいは「元従人《げんじゅうにん》」といって、節度使が武人として起こった当時から従ってきたものなどであったが、さらに、それにくわえてその使府の武将の家の子、下級官吏、またはその募兵に応じて来た富家、商人、農家、売薪人《ばいしんにん》から群盗、罪人、逃亡人、俘虜《ふりょ》や雇人、廝養《しよう》(小者・召使い)、僕従《ぼくじゅう》(奴隷の従者)なども入れられていた。

かれらは「軍」または「都」という軍号をもつ軍団に編成されていた。たとえば、宣武軍《せんぶぐん》節度使朱全忠《しゅぜんちゅう》(後梁の太祖)は、左右長直《さゆうちょうちょく》・左右内衙《ないが》・左右堅鋭《けんえい》・夾馬《きょうば》・突将《とっしょう》・左右親随《しんずい》軍・馬軍などの牙軍をもっており、これらは即位の後には禁軍となった。

また河東《かとう》節度使李克用《りこくよう》・存勗《そんきょく》(後唐の荘宗)父子の牙軍には、衙内《がない》軍・義児《ぎじ》軍・鉄林《てつりん》軍・突陣《とつじん》軍・雄威《ゆうい》軍・万勝《ばんしょう》軍・横衝都《おうしょうと》など多くの軍・都があり、そのなかでも義児軍はもっとも有名なものであった。一般的に節度使の牙兵は多いものは数万、少ないものも千に及んでいた。

つぎに、節度使の牙兵と、その管下にあるその他の兵士との関係について見ると、たとえば、後唐のときに西川《せいせん》節度使となった孟知祥《もうちしょう》(後蜀の高祖)は、左右牙兵十六営一万六千人をもっていて、成都《せいと》(四川省成都市)の衙城を護衛させており、その後この牙内親軍すなわち牙兵は二万人に増加した。これに対して、成都の羅城《らじょう》(外城)を守らせたのは、元の前蜀の騎兵であった左右驍衛《ぎょうえい》など三営三千人と、歩兵である左右寧遠《ねいえん》など二十営二万四千人、および新設の左右衝山《しょうざん》など六営六千、合計三万三千人であった。

また、義寧《ぎねい》など二十営一万六千人を置いて、管内の州県に分駐して守衛させ、さらに左右牢城《ろうじょう》四営四千人を置いて、成都の境内に分駐させた。また左右飛棹《ひとう》兵六営六千人を江河に沿うた諸州に分屯させて水戦を習わせ、水軍を設けていた。これによって節度使管下の牙兵とその他の兵士との配置の状態ならびにそれらの兵士の役割の相違をうかがうことができる。

武人の職制

以上のように、牙兵《がへい》または親軍《しんぐん》は節度使にもっとも信頼された兵士であったから、この牙兵出身の牙将《がしょう》や牙吏《がり》がその武人体制を形成し、その軍事的最高組織を構成した。すなわち中《ちゅう》門使《もんし》・都押牙《とおうが》・馬歩軍都指揮使《ばほぐんとしきし》・都孔目官《とこうもくかん》・客将《かくしょう》・馬歩都虞候《ばほとぐこう》などがそれであり、節度使の中央の支配体制の中心をなした。

職制	職務の内容
中門使	軍政を担当
都押牙	武官の幕僚として軍事上の機密に参画
馬歩軍都指揮使	諸軍を指揮する総大将
都孔目官	孔目院の武将。軍事・財政事務を担当
客将	客司の武将。対外交渉・賓客の接待
馬歩都虞候	馬歩院の武将。刑獄を担当

18　武人の職制（重要なもの）

中門使——後唐《こうとう》の節度使に多く置かれていて、節度使管内の軍政の権を握っていた。たとえば、河東《かとう》節度使李存勗《りそんきょく》（後唐・荘宗）の中門使郭崇韜《かくすうとう》、鎮博《ちんはく》節度使（河北・真定《しんてい》に鎮す）李嗣源《りしげん》（後唐・明宗）の中門使安重誨《あんじゅうかい》らはとくに有名で、郭崇韜は荘宗即位の後に枢密使《すうみつし》となった。これは枢密使が天下の軍政の権を握り、節度使の任免、軍隊の移動などをつかさどっていたためである。

19　五代の武人像
欽陵出土

都押牙《とおうが》・押牙《おうが》――これは元来節度使の牙将の一種であって、衙前《がぜん》（牙前とも書く）ともいわれた。衙前には左右《さゆう》都押牙《とおうが》・押牙《おうが》・都知《とち》兵馬使《へいばし》・教練使《きょうれんし》などがあった。衙前は軍事ばかりでなく、倉庫の出納をつかさどり、商税や酒税の徴収を行うこともあった。

この衙前のなかでは都押牙がもっとも重要であって、武官の幕僚として節度使の軍事上の機密に参画した。そこで節度使が天子になったときには、都押牙は武官の最高の職につき、あるいは財政の長官となった。

たとえば、後唐の明宗のとき、河東節度使石敬瑭《せきけいとう》（後晋・高祖）は部将劉知遠《りゅうちえん》（後漢・高祖）と周瓌《しゅうかい》を都押牙とし、軍事は劉知遠にまかせ、出納のことは周瓌につかさどらせた。そうして石敬瑭が即位すると、劉知遠を侍衛馬歩軍都指揮使《じえいばほぐんとしきし》（禁軍の大将）とし、周瓌を権判《けんはん》三司事《さんしじ》（財政の長官）とした。また劉知遠が後漢を建てたときには、左都押牙楊邠《ようひん》を権枢密使とし、右都押牙劉銖《りゅうしゅ》を河陽節度使（河南・孟《もう》州に鎮す）とした。

後周《こうしゅう》の太祖郭威《かくい》が即位したときにも、元従《げんじゅう》都押牙鄭仁晦《ていじんかい》を客省使《かくしょうし》（対外交渉を行う）とし、ついで権枢密副使とした。さらに、宋の太祖趙匡胤《ちょうきょういん》が皇帝に擁立されたとき、都押牙李処耘《りしょううん》は掌書記趙普《しょうしょきちょうふ》らと謀って帝位につかせ、その後趙普についで枢密使となった。このように、都押牙は重要な職であった。
馬歩軍都指揮使《ばほぐんとしきし》・牙内都指揮使《がないとしきし》・諸軍指揮使《しょぐんしきし》——これらはそれぞれ馬歩軍・牙内軍・諸軍を実際上統率して、指揮する武将であった。馬歩軍都指揮使は節度使管下の諸軍を指揮する総大将である。これは節度使が天子になったときには、禁軍の長である侍衛親軍《じえいしんぐん》都指揮使に多く任用された。また牙内都指揮使は牙軍の長であって、節度使の子弟が多く任命されていたようである。

都《と》孔目官《こうもくかん》・孔目官・勾押官《こうおうかん》・糧料官《りょうりょうかん》——これらは、孔目院《こうもくいん》の官であって、元来節度使の牙吏であり、宋代になると「人吏《じんり》」といわれた。孔目官はいろいろな事務を行うものであったが、とくに軍事・財政上の書計（記録と計算）をつかさどり、銭、穀の出納をまかされ、あるいは章奏《しょうそう》や鋳銭などのことも行っていた。すなわち都孔目官は軍事・財政をつかさどる職であった。

たとえば、後唐の荘宗のとき租庸使《そようし》（財政長官）となった孔謙《こうけん》は、もと魏《ぎ》州（河北省大名《だいめい》県）の孔目吏であったが、計数に明るく、簿書をよく治めたので、天雄軍《てんゆうぐん》節度使（魏州に鎮す）の支度務使《したくむし》となり、ついに租庸使となった。

また、張延朗《ちょうえんろう》は明宗のときに枢密副使となったが、かれはもと鄆州《うんしゅう》（山東省東平《とうへい》県）の糧《りょう》料使《りょうし》（兵糧をつかさどる）であって、明宗が天平軍《てんぺいぐん》節度使（鄆州に鎮す）のとき、その元従《げんじゅう》孔目官となっていたものである。張延朗はその後三司使《さんしし》（財政の長官）ともなった。また、後漢の高祖が即位したときには、蕃漢《ばんかん》都《と》孔目官《こうもくかん》郭威《かくい》（後周・太祖）は権副枢密使《けんふくすうみつし》となり、両《りょう》使孔目官王章《おうしよう》は権三司使となった。

このように孔目官は節度使下の重要な職であって、節度使が天子になったときには、中央政府の枢密副使や租庸使または三司使となったのである。

なお節度使の管下には回図軍将が置かれることがあった。これは回図務《かいとむ》といって、節度使相互間の貿易のための官庁が置かれ、これをつかさどるために、節度使腹心の武将が任命されたものである。

客将《かくしよう》――これは節度使の客司《かくし》の武将であって、一に知客《ちかく》ともいった。客司は中央政府の客省司にあたるもので、他の節度使との対外交渉をつかさどり、賓客の接待などを行った。客将もまた節度使の軍機に参与する重要な武職であった。

たとえば、後唐の明宗が即位すると、客将范延光《はんえんこう》を宣徽使《せんき》(宮廷の武官の任命をつかさどる)とし、ついで枢密使とした。また後晋の高祖も即位すると、客将景延広《けいえんこう》を侍衛歩軍都指揮使《じえいほぐんとしき し》(禁軍の歩軍の長)とした。したがって客将も節度使が天子となったときには、中央の重職についたのである。

また通引官《つういんかん》(通賛官《つうさんかん》ともいう)も置かれていて、これも客将と同じような職で、他の節度使の礼物を受け、使臣の引見などをつかさどっていたようである。

馬歩都虞候《ばほとぐこう》――これは馬歩院の武将であって、刑獄をつかさどった。都虞候はその州の衙《が》前《ぜん》のなかで刑獄のことに通じているものから選ばれた。したがって押牙のなかから都虞候になるものが多かった。

節度使の官僚体制

節度使は観察使《かんさつし》をかねて、軍事・財政の権ばかりでなく、民政の権をも握っていたから、その幕僚には文官すなわち官僚をも置いていた。これらの官僚には、節度使の幕僚として、節度判官《はんがん》・掌書記《しょうしょき》・節度推官《すいかん》があり、観察使の職掌のため幕僚として、観察判官《かんさつはんがん》・観察支《かんさつし》使《し》・観察推官《かんさつすいかん》があった。したがって節度使の観察使をかねているものには、これらの幕僚がことごとく置かれていた。

　このうち、節度判官と観察判官は両使判官《りょうしはんがん》といわれて、節度使の文官の最高幕僚であり、これについで節度掌書記、観察支使があり、その下に節度推官と観察推官があった。これらの節度観察判官以下、掌書記、支使や両使推官は、節度使が自由に任用した。このうち、節度判官・掌書記・節度推官は節度使の軍事上の輔佐を行い、あるいは機密に参画して参謀となった。

職制	職務の内容
節度判官 掌書記 節度推官	節度使の幕僚・軍事上の輔佐・機密に参画
観察判官 観察支使 観察推官	観察使の幕僚・節度使の民政・財政を輔佐

20　節度使の官僚体制（重要なもの）

　このように、節度判官と掌書記は軍事上の参謀となったので、重要な幕職官となり、ことに掌書記はその参謀としてもっとも重要なものとなった。したがって五代の天子となったものの下には、ほとんどすべて有能な掌書記が任用されていた。

たとえば、宣武軍《せんぶ》節度使（河南・開封《かいほう》に鎮す）朱全忠《しゅぜんちゅう》を帝位につかせた敬翔《けいしょう》や、河東《かとう》節度使（山西《さんせい》・太原《たいげん》に鎮す）李存勗《りそんきょく》の掌書記馮道《ふうどう》、河東節度使石敬瑭《せきけいとう》を天子にさせた桑維翰《そういかん》、澶《せん》州節度使柴栄《さいえい》（後周の世宗）をして大業をとげさせた王朴《おうぼく》らは、そのなかでももっとも有名なものである。かれらはその推戴《すいたい》した天子が位につくと、いずれも中央政府の枢要な地位を占めた。

すなわち、敬翔は後梁の太祖が即位すると、崇政院使《すうせいいんし》（後の枢密使《すうみつし》）となり、後には同《どう》中書門下《ちゅうしょもんか》平章事《へいしょうじ》すなわち宰相となった。馮道は荘宗の世には翰林学士《かんりんがくし》となり、明宗の世に同中書門下平章事となって、これより後晋・後漢をへて、後周の世宗の初めまで宰相となった。桑維翰も後晋の高祖の世に同中書門下平章事で枢密使をかねた。王朴は後周の世宗の世に、前に述べたように天下を統一する策を献じ、ついに枢密使となった。なお趙普《ちょうふ》も宋の太祖の節度掌書記であり、のちに同中書門下平章事となり、枢密使となった。

このように、かれらはいずれも中央政府の民政の長官である宰相や崇政院使、または枢密使となったのである。

また観察判官・観察推官は節度使の民政や財政を輔佐《ほさ》した。すなわち観察判官は節度使の管轄州県の民政事務ばかりでなく、租税徴収の事務をも監察し、観察支使は諸倉庫の出納を監督していた。こうして観察判官・観察支使は節度使の民政や財政方面をつかさどっていたので、機密にも参与するようになり、節度使が天子になったときに、民政や財政の重要な地位につくものが多かった。

たとえば、河東節度使李存勗の下で、河東観察支使であった盧程《ろてい》は観察判官となり、荘宗が位につくと、中書侍郎同平章事《ちゅうしょじろうどうへいしょうじ》すなわち宰相となった。また、魏博鎮冀《ぎはくちんき》観察推官（河北・大名に鎮す）であった張憲《ちょうけん》は工部侍郎《こうぶじろう》となって、租庸使《そようし》に任ぜられた。租庸使は当時国家財政の最高の官である。

さらに、当時の沢潞《たくろ》観察支使任圜《にんえん》も潞州観察判官（山西・潞州に鎮す）となり、後に中《ちゅう》書侍郎兼工部尚書同中書門下平章事判三司《しょじろうけんこうぶしょうしょどうちゅうしょもんかへいしょうじはんさんし》となった。これは同中書門下平章事すなわち宰相であって、三司すなわち財政の長官を兼任したものである。これは、このときに租庸使が廃止され、三司が国家財政をつかさどるようになったためである。また、河東節度使劉知遠《りゅうちえん》（後漢の高祖）が即位したとき、その参謀となっていた河東観察判官蘇禹珪《そうけい》も中書侍郎同平章事となった。

以上のように、節度判官・掌書記・節度推官および観察判官・観察支使・観察推官などは節度使の幕僚として、文官の重職であって、節度使もこれらの文官すなわち官僚を重視して、人材を任用していた。そうして節度使が天子になると、これらの官僚は宰相および枢密使や租庸使または三司使のような民政・軍政・財政の長官にも任用された。

したがって五代は武人政治の世とはいえ、官僚もそうとう重要視されていた。そしてこれが、宋代に官僚が登用されるようになる基礎をなすものである。

鎮　将

節度使は管下の各地に鎮将《ちんしょう》を配置しており、これが節度使の地方的地盤となっていた。鎮将は鎮遏兵馬使《ちんあつへいばし》・鎮遏都兵馬使《ちんあつとへいばし》あるいは鎮使《ちんし》といわれ、また捕賊将《ほぞくしょう》ともいわれた。

鎮将は県城や関《かん》（関所）・津《しん》（船着場《ふなつきば》をいう）および要害の地、または経済上の要地などに置かれ、鎮や郷村《きょうそん》の盗賊を捕らえ、獄訟をつかさどるものであったが、五代のころには県城・関津の商税や酒課（酒の税）をも徴収し、また配率《はいしゅつ》（臨時の賦課）を行い、さらに両税を徴収しているものもあった。

節度使はこれらの鎮将に多く前述の元従人《げんじゅうにん》・僕従《ぼくじゅう》などを任命した。またその地方の豪族を任命することもあった。節度使は鎮将を通して、管下にその勢力を扶植し、それらの税の一部を取り上げていた。このため県には県令《けんれい》がいても、県令は鎮将に対抗することができず、失職の状態であった。このようにして節度使は鎮将を通して管下の州県を管轄していた。

すなわち、五代の節度使は管下の州県の民政・軍事・財政の三権を握り、その牙兵を中心として武人政治を行い、武将をして軍政・軍隊の指揮を行わせ、財政・外交・刑獄のことをもつかさどらせ、また文官を置いて、民政を施行させた。また鎮将を管内の各要地に置いて、網の目のように管内を監視させ、徴税権をも握らせて、その勢力の基盤としていた。そうして中央の勢力が衰えると、それらの節度使はこれをたおして、新しい王朝をたてて、その節度使体制を中央に取り入れた。

五代の中央官制

唐の官制は唐末五代の間におおいに変化してきて、唐制に見えない官、いわゆる「令外《れいがい》の官」が多くできた。すなわち、中書門下省《ちゅうしょもんかしょう》（中書省ともいう）・枢密院《すうみついん》・三司《さんし》や、侍衛親軍《じえいしんぐん》・宣徽院《せんきいん》・客省司《かくしょうし》などがそれである。

まず中書門下省についていうと、唐末以後には、唐制の中書・門下・尚書《しょうしょ》の三省は有名無実となって、中書門下省の長官である同中書門下平章事《へいしょうじ》が宰相《さいしょう》となった。これが民政をつかさどって、文官が任命された。また枢密院は唐末に新設され、宦官《かんがん》が枢密使に任命されて、軍政をつかさどっていたが、五代には武将がこれに任用された。枢密院は後梁《こうりょう》では崇政《すうせい》院と改められたが、後唐の九二三（同光《どうこう》元）年また枢密院に改められた。

以上の中書省（中書門下省をさす）と枢密院は、中央のもっとも重要な官庁であった。これについで三司《さんし》が重要な官庁であった。

三司は国家財政をつかさどるもので、後梁のときには、はじめ建昌宮使《けんしょうきゅうし》が財政をつかさどり、ついで国計使《こくけいし》がこれに代わったが、後唐《こうとう》の荘宗・同光二年に租庸使《そようし》をして塩鉄・度《たく》支《し》・戸部《こぶ》の三司を管轄させた。その後、明宗の天成《てんせい》元（九二六）年に租庸院を廃し、宰相一人にこの三司を管轄させたが、九三〇（長興《ちょうこう》元）年にいたり、はじめて塩鉄・度支・戸部を総轄する三司使《さんしし》を置いたのである。この三司使には多く武将が任命された。

また唐末以後、天子を守衛する北衙六軍《ほくがろくぐん》が置かれていたが、後梁の太祖はこの北衙六軍にならって、前に述べたように、宣武《せんぶ》軍の牙兵《がへい》でもって、左右羽林《さゆううりん》・神武《しんぶ》・龍虎《りゅうこ》・龍驤《りゅうじょう》などの諸軍を編成し、いわゆる禁軍を設置した。しかしその後、このほかにその牙兵でもって侍《じ》衛親軍《えいしんぐん》（侍衛司）を編成し、侍衛親軍馬歩軍都指揮使《じえいしんぐんばほぐんとしきし》を置いた。その後、後唐の明宗のときになって侍衛親軍が禁軍の中心となり、左右羽林軍以下の諸軍は軍名を改めて、侍衛親軍のなかに吸収された。

またこのころから侍衛親軍の将は節度使をもかねることとなり、侍衛親軍は強力なものとなった。たとえば、この明宗朝には宣武軍節度使石敬瑭《せきけいとう》（後晋・高祖）は侍衛親軍馬歩軍都指揮使であった。また後晋の高祖の世には、陝《せん》州節度使劉知遠《りゅうちえん》（後漢・高祖）は侍衛親軍馬歩都虞候《とぐこう》となり、後には鄴都留守《ぎょうとりゅうしゅ》兼侍衛親軍馬歩軍都指揮使となった。

後漢の隠帝《いんてい》のときには、この侍衛司が権力を掌握して、朝廷の大事を決定した。そこで後周の太祖のとき、この侍衛司のほかに、殿前司《でんぜんし》を置いて、禁軍を二司とした。つぎの世宗のときになって、北漢の軍を高平《こうへい》（山西省高平県）で破った後に、侍衛司の弱兵を削り、殿前司には武芸のすぐれたものを募集して、これに編入させ、殿前司の強化をはかった。そうして従来の殿前都指揮使《でんぜんとしきし》のうえに都点検《とてんけん》・副都点検《ふくとてんけん》を置いた。

ここにおいて禁軍の兵力は強大なものとなり、地方の節度使も反抗することがむずかしくなってきた。宋の太祖趙匡胤《ちょうきょういん》はこの世宗のときに、殿前都点検兼忠武《ちゅうぶ》軍節度使となり、恭《きょう》帝の世に帰徳《きとく》軍節度使（宋州）をかねて、ついに宋を建国するのである。

五代王朝では以上のほかに宣徽院《せんきいん》・客省司も置かれた。宣徽院は宮廷の武官や宴会・内外の進奉の物などのことをつかさどり、客省司は対外交渉を取り扱っていた。これらの長官の宣徽使・客省使は武官の重職であった。

節度使体制の拡大

これら五代の中央官制を見ると、地方の節度使体制を拡大したもののように見えるので、両者を比較して、表示しておく。

中央官制	節度使体制
中書門下省……同中書門下平章事	幕職官……節度判官・観察判官・節度掌書記など
枢密院……枢密使	中門使 都押牙
三司……三司使	都押牙 都孔目官
侍衛司……侍衛親軍馬歩軍都指揮使 殿前司……殿前都指揮使	馬歩軍都指揮使
宣徽院……宣徽使	牙内都指揮使ないし通引官
客省司……客省使	客将
地方体制	
節度使	鎮将

21　中央・地方官制の比較

上の表のように、中央の中書《ちゅうしょ》門下省《もんかしょう》は節度使の幕職官の節度判官《はんがん》・観察《かんさつ》判官・節度掌書記《しょうしょき》などに相当し、枢密使《すうみつし》は節度使の中門使、中門使のいないときには都押牙《とおうが》にあたり、三司使《さんしし》は節度使の都孔目官《とこうもくかん》にあたっていた。中央の侍衛親軍馬歩軍都指《じえいしんぐんばほぐんとし》揮使《きし》は節度使の馬歩軍都指揮使にあたっていた。そのほか宣徽《せんき》使《し》は牙内《がない》都指揮使ないし通引官《つういんかん》などにあたり、客省使《かくしょうし》は節度使の客将《かくしょう》に相当していた。なお各地の節度使は、節度使体制からいえば、その管下の県・鎮に置かれた鎮将に相当していた。

以上のように五代の中央官制は、節度使体制を拡大したもののように見えるが、実際上にもこのように行われていた。

すなわち前にも述べたように、節度使が天子になったばあいには、節度使の幕職官のなかから、中央の中書省の同中書門下《どうちゅうしょもんか》平章事《へいしょうじ》が任用され、中門使または都押牙《とおうが》が多く枢密使に任命された。また、都押牙または都孔目官が三司使に任用された。そうして節度使の馬歩軍《ばほぐん》都指揮使《としきし》は、多く侍衛親軍馬歩軍都指揮使《じえいしんぐんばほぐんとしきし》に任命された。そのほか節度使の客将は多く客省使・宣徽使に任命された。

このような中央官制は宋初にも踏襲されたのである。

三　武人政治下の農民生活

きびしい両税と多種の付加税

唐代中期以後、均田《きんでん》制が壊れてきて、租庸調《そようちょう》の法が行われなくなり、両税《りょうぜい》法が施行された。両税法では土地所有者は夏・秋の二度に分かって、畝《うね》ごとに税を納めた。夏には銭を納めさせたが、多くこれを絹・麻布または小麦などに換算して納め、秋には粟《あわ》または米を納めさせた。これらの両税は唐末以後五代にかけて重くなってきた。

しかもこのころには、豪族・武人・官僚などは多くの土地を兼併《けんぺい》しながら、その両税の負担はひじょうに軽く、中小農民は重い負担を受けて苦しんでいて、そのなかには逃亡するものも多かった。唐末の咸通《かんつう》年間（八六〇～七三年）に、すでに聶夷中《しょういちゅう》は「田家を傷《いた》む詩」において、

「二月に新しい糸を売り、五月には秋の穀を糶《う》る。眼下の瘡《かさ》を医《い》やすため、心頭の肉を剜却《えぐりと》っている。我願わくは君王の心が、化して光明の燭《ともしび》となり、綺羅《きら》の筵《えん》を照らさず、偏《あまね》く逃亡の屋を照らさんことを」

22　粟をつく農民（敦煌窟61号壁画模写）

といっている。これは、農民が二月に田地の耕作をはじめるときに、秋にできる粟とか稲の種子や食糧がなくて、五月にできる絹糸を前売りして、これを得て生活し、五月のまだ麦ができない端境期《はざかいき》には、秋にできる粟や稲を前売りして、やっと目前の急場をしのいでいる苦境を述べ、天子や諸王が綺羅の宴会に心を用いず、広く逃亡しなければならない農民の窮状を思いやるようにといったものである。

なお「眼下の瘡を医やすため、心頭の肉を剜却る」は、自分の肉を削り取って自分の瘡の治療にあてることで、応急の手当をする意味である。このような農民の状態は五代

でも同様であり、五代の武人政治の下ではもっときびしくなってきたようである。

すなわち五代においては、農民の両税負担が重くなっただけでなく、「沿徴《えんちょう》」といって、両税に対する付加税の数がひじょうに多くなり、農民をすこぶる苦しめた。

唐末の両税でも沿徴として地頭《ちとう》銭があったが、五代になると、北方では牛皮銭・橋道《きょうどう》銭・農器銭・麴《きく》銭・蚕塩《さんえん》または塩《えん》銭・加耗《かこう》米・頭子《とうし》銭・麻鞋《まけい》銭・公用銭・甲料銭など多くの沿徴が徴収され、南方の呉《ご》・南唐《なんとう》では塩博《えんはく》紬絹・塩博斛斗《こくと》・戸口塩銭・醞酒《うんしゅ》麴銭・加耗糸綿・加耗斗面米・脚《きゃく》銭・紙筆銭・甲料糸・鞋銭・蘆《ろ》蔽《はい》銭米・率分《りつぶん》銭・公用銭などが徴収された。

牛皮銭は武器に使用する牛皮を徴収し、橋道銭は橋道を修築するもの、農器銭は農民に農具をつくらせる代わりに徴収するもの、麴銭は農民に麴《こうじ》をつくる代わりに納めさせるものであり、麻鞋銭は軍兵の麻鞋《あさのくつ》の費にあて、公用銭は官庁の費用にあてたものであった。

これらは多く田畝に対して割り当てられた。また加耗米は秋税に割り当てられ、頭子銭は両税の穀物・絹綾・銭・草などに割り当てて徴収された。蚕塩または塩銭は資産によったり、丁口によって塩を支給し、その代わりに銭・絹・穀物を徴収していた。甲料銭は武器をつくるため徴収したものであった。

南唐の沿徴にも塩博紬絹、塩博斛斗（塩でもって絹・穀物に換える）・戸口塩銭・醞酒麴銭・加耗米・甲料糸・鞋銭・公用銭など北方と同じものが多かった。しかしこれと多少異なるものもあり、斗面米は一斗マスを山盛りにして量り取るもの、脚銭は税を運ぶ賃銭を納めさせるもの、紙筆銭は官庁の紙筆の費用を徴収するものであった。また、蘆蔆銭米は秋税に付属して葦《あし》を加徴し、率分銭は租税を十分の一増徴して、官吏の俸給としたものである。これらの沿徴は多く宋でもひきつづいて徴収され、宋ではこれを「沿納《えんのう》」または「雑銭」といった。

節度使による収奪

以上のように五代では両税が重くなっただけでなく、沿徴《えんちょう》の数が増加したため、農民の負担が増してきたが、さらに各地の節度使がこれらのほかに、多く収奪した。すなわち、節度使は私宅をつくり、あるいは城池や庁舎を修理するといって、農民にその費用を徴科し、かってに税目を設けて、徴税した。

たとえば、後唐の末に宋州節度使趙在礼《ちょうざいれい》が永興《えいこう》軍節度使（陝西《せんせい》・長安《ちょうあん》）に移されたとき、趙在礼は不法が多かったので、百姓が喜んで「眼中の釘子《ていし》（くぎ）を抜いたようだ」といったため、趙在礼は怒って、もう一年宋州にいることとし、すべての百姓の戸から「抜釘銭《ばっていせん》」一千文ずつを徴収し、一年にして百万銭を収めたともいわれている。

また節度使のなかには穀物や絹糸を農民に高利で貸しているものもあった。たとえば、後《こう》晋《しん》の天福八（九四三）年に、成徳《せいとく》軍節度使（河北、真定に鎮す）杜重威《とじゅうい》は軍食が足らないといって、農民から穀物を徴収して、百万石を得たが、中央政府にはただ三十万石を得たと報告して、その余をみなその家に納めた。そうして、それを民に高利で貸して、百万石に満たし、翌年春にこれを売って、二百万銭を得ていた。

また、後周の広順《こうじゅん》三（九五三）年に宋州節度使常思《じょうし》が青《せい》州節度使に移されたとき、宋州で農民に高利で貸していた糸十余万両を朝廷に進めて、官がこれを徴収督促するようにいった。さらに節度使は邸店《ていてん》（倉庫や店舗）を多くもち、多数の荘園をもっているものもあった。

後唐明宗・後周世宗の善政

このような収奪に苦しむ農民の生活に対して、五代の天子のなかには、これに深い考慮をはらったものもあった。後唐の明宗や後周の世宗がそれである。後唐の明宗は九二六（天成《てんせい》元）年から二七年にかけて、均《きん》税法を行い、民に自己の所有地を申告させ、五家を一保とし、その州をして帳簿にこれを記入させて、中央に送らせ、民のこれを欺隠《ぎいん》（欺《あざむ》き隠《かく》すこと）したものは倍徴させることとした。これは豪族・武人・官僚が土地所有を欺隠して、多く両税を免れて、中小農民が重い負担に苦しんでいたので、両税を公平に負担させようとしたものであった。

また、後周の世宗はとくに農事に心を用い、農夫・蚕婦を木に刻して殿庭《でんてい》に置いており、九五八（顕徳《けんとく》五）年から翌五九年にかけて、均税法を行った。これは唐末に同州刺史《しし》元稹《げんしん》が行った均田法（均税法をさす）を図にした均田図を各地の節度使・刺史に分給し、中央から使いを遣わして施行させたものであった。これも豪族、武人、官僚以下農民に自己の土地を申告させて、両税を公平に負担させようとしたもので、この結果、後周の領内では墾田百八万五千余頃《けい》（一頃は五・六ヘクタール）を得たのである。

第二章　宋政権の成立と官僚体制

この章の内容

本章では、まず宋の太祖・太宗朝における中国の統一と、節度使体制の解体・中央集権体制の確立について述べ、つぎに宋初の中央官制の特色、元豊《げんぽう》の官制改革、地方官制についてしるし、最後に宋の科挙《かきょ》制と官僚制との関係について論ずることにする。

すなわち、太祖は帝位につくと、残存地方政権の征服にのりだして、つぎの太宗の時代にいたって、全国を統一した。

さらに太祖は、節度使体制を解体して、中央集権的な官僚体制を樹立しようとした。まず節度使のなかで、禁軍である侍衛司《じえいし》や殿前司《でんぜんし》の大将を兼任して強大な軍隊を握るものについては、かれらの禁軍の兵権を収め、また禁軍を殿前司・侍衛馬軍司《じえいばぐんし》・侍衛歩軍司《じえいほぐんし》に三分して武将の統兵権を分割し、その反乱を予防した。いっぽう、地方の節度使については、配下の軍隊から精強なものを引き抜いて中央の禁軍を増強し、牙兵《がへい》の弱体化をはかり、いわゆる強幹弱枝の策をとるなどの施策を行い、節度使の兵権を奪った。また太祖から太宗の時代にかけて、節度使の民政・財政の権をうばい、節度使体制を解体させた。

このように、唐代中期から台頭してきた武人によって現出された五代の武人政治は終わり

23　永熙（太祖）陵全景

をつげ、中央から地方にいたるまで文官が多く任用されて、ふたたび官僚の政治が行われることとなった。これはひとたび武士が勢力をえたのち、ひじょうな長期にわたって武家の政治がつづいた日本のばあいと比較して、興味ある相違といわねばならない。

この章では、宋の官制について詳記したが、それは前章の冒頭でも述べたように、制度というものは、その時代を理解するのにもっとも重要なものであるからにほかならない。唐代には選挙の制が行われ、それによって官僚を採用したが、まだ門閥貴族の勢力が強く、科挙出身の官僚を抑えており、また選挙の制そのものが門閥貴族に有利なようにつくられていた。しかし五代を経過して宋の時代になると、貴族は没落して勢力を失い、新興の地主層である形勢戸《けいせいこ》の子弟が科挙によって採用されて官僚となった。つまり、宋の官僚体制は、新興地主層である官戸・形勢戸と深い関係を持っていた。さらにいうならば、宋の官僚体制は、第四章で述べる官戸形勢戸の土地所有と、一種の封建的従属関係である地主・佃戸《でんこ》の関係の上に成立しており、そのような宋代社会の基礎的構造の上にあって、その上部

24　三彩琉璃舎利塔
河南省密県出土

構造を形成していたのである。

宋初においては、唐末・五代の制度を踏襲していわゆる「使《し》の体制」がとられ、中央に中書門下省《ちゅうしょもんかしょう》・枢密院《すうみついん》・三司《さんし》がおかれてそれぞれ民政・軍政・財政をつかさどり、唐制である三省・六部・九寺・五監などの制度は、ただ官名のみをとどめて実際の職掌はなく、俸禄や位序をあらわすのみであった。

地方では路に転運使《てんうんし》（民・財政）・安撫使《あんぶし》（軍政）・提点刑獄《ていてんけいごく》・提挙常平使《ていきょじょうへいし》などが置かれていた。

その後、神宗の元豊五（一〇八二）年に中央官制が改革され、唐制のように三省・六部が復活し、唐末・五代以来の名残であった使の体制がまったく消滅し、名実ともに官僚体制が完成したが、これは中国史上に一大転機をもたらすものであった。文治政治による官僚組織の拡大によって科挙の制度も発展し、太祖は府・州で行われる解試《かいし》をへて中央の省試《しょうし》に合格した人々にみずから試験を行い、以後解試・省試・殿試《でんし》の三層制が完成した。これより科挙合格者は天子の門生（弟子）となり、それだけ官僚に対する天子の立場は強くなった。太宗は科挙の受験者を多量に合格させ、これを優遇したが、かれらが官界に進出することによって、官僚群の主流は天子に絶対服従を誓う科挙出身者によって占められるようになったが、これは科挙の制に画期的な改革を行ったものであった。

　北宋では、宰相《さいしょう》および執政《しっせい》には進士《しんし》出身者が多く任用されたが、この間に南北官僚の勢力の消長にともなう対立抗争がつづき、政策の施行にも影響した。宋初には華北の官僚が権力を握っていたが、仁宗朝になると江南の官僚が進出し、名臣も輩出した。神宗朝の新法施行のさいには江南官僚がおおいに勢力をはったが、これに対して旧法党には華北官僚が多かった。こうして北宋の末には、江南官僚が権力を握った。このような南北官僚の抗争は、北宋の滅亡にいたるまでつづけられた。

一　中国統一と中央集権

十国の残存王朝を征服

　宋の太祖趙匡胤《ちょうきょういん》は、九六〇年、宋を建国した後、五代以後分裂していた中国の統一を志し、九七九年、つぎの太宗のときに、これをなしとげた。また太祖・太宗は、国内では唐末五代以来、各地で権力を振るっていた武人、とくに節度使の権力を奪って、武人のかわりに、文官すなわち官僚を任用し、武人政治に代わって、文治政治を行った。

　さきに後周のあとを譲り受けて、宋王朝を建てた太祖は、まず、従来の節度使体制を解体させるとともに、禁軍の強化をはかった。そうして謀臣趙普《ちょうふ》の策を用いて、中国を統一しようとした。すなわち、九六三（乾徳《けんとく》元）年、楚《そ》に内乱が生じたのに乗じて慕容延釗《ぼようえんしょう》を遣わ

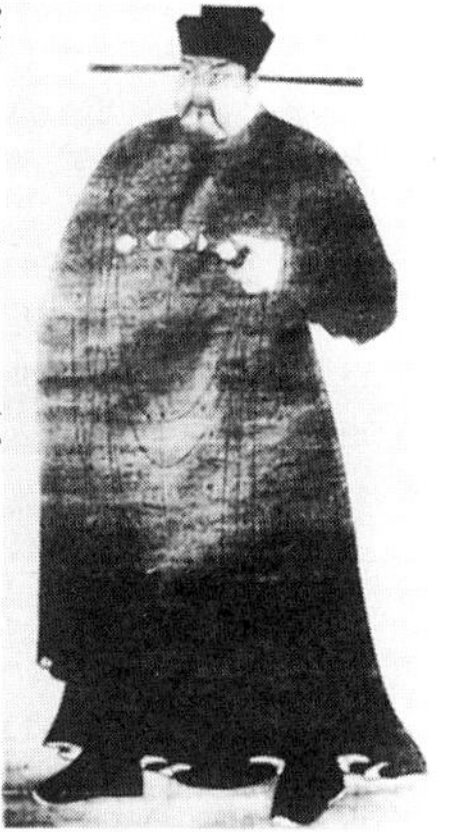

25　太　祖
「歴代帝王像」より

し、荊南《けいなん》の高継沖《こうけいちゅう》を攻め降し、楚の周保権《しゅうほけん》を虜《とりこ》にして、湖北・湖南の地を合わせた。九六五（乾徳三）年には、王全斌《おうぜんひん》に命じて後蜀《こうしょく》を攻めさせ、後蜀の孟昶《もうちょう》を降服させて、四川《しせん》の地を領有した。

その後九七一（開宝四）年、太祖は潘美《はんび》を大将として南漢を征討させ、南漢の劉《りゅう》鋹《ちょう》を降して広東《こうとう》・広西《こうせい》の地を合わせた。さらに九七五（開宝八）年には、曹彬《そうひん》を大将として南唐を攻めさせ、南唐の李煜《りいく》を降して江蘇《こうそ》・安徽《あんき》・江西《こうせい》などの地を合わせた。

つぎの太宗の太平興国三（九七八）年には、呉越《ごえつ》の銭俶《せんしゅく》が入朝して、呉越の地（江蘇・浙《せっ》江《こう》・福建《ふっけん》など）を宋に献上した。ついで翌四（九七九）年、太宗は北漢《ほくかん》を親征して北漢の劉《りゅう》継元《けいげん》を降し、山西の地を領有した。

このようにして宋の太祖・太宗は、唐末・五代以来分裂していた諸国をことごとく征服して、中国の統一を達成したのである。

宋の太祖・太宗は地方の節度使の権力をだんだん奪っていったが、これも謀臣趙普の策に従ったところが多かった。

太祖とその謀臣趙普

趙普は宋朝建国の第一の功臣で、太祖が帰徳《きとく》節度使であった当時掌書記《しょうしょき》として仕え、太祖の弟で後の太宗趙匡義《ちょうきょうぎ》とともに太祖擁立の主謀者の一人であった。宋朝建国の後は軍政をつかさどる枢密院《すうみついん》の諸高官を歴任して宰相《さいしょう》の地位についた。趙普は性深沈、剛毅果断にして吏道に精通した現実主義的政治家で、政治目的を遂げるためには人情を無視し、皇帝に直言することが多かった。

太祖は有力な節度使であった李筠《りいん》・李重進《りじゅうしん》の反乱を鎮定するとともに、天下の兵を息《やす》め、長久の計をはかることを考えた。趙普は太祖が即位した翌年、九六一（建隆《けんりゅう》二）年に、節度使対策を献じて、

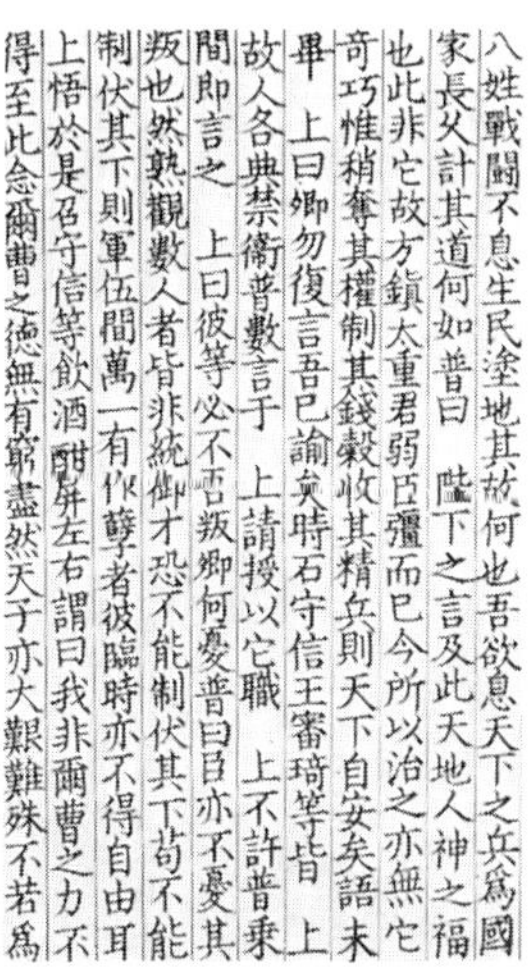
八姓戰鬪不息生民塗地其故何也吾欲息天下之兵爲國家長久計其道何如普曰　陛下之言及此天地人神之福也此非它故方鎮太重君弱臣彊而已今所以治之亦無它奇巧惟稍奪其權制其錢穀收其精兵則天下自安矣語未畢　上曰卿勿復言吾已諭矣時石守信王審琦等皆　上故人各典禁衞普數言于　上請授以它職　上不許普乘間即言之　上曰彼等必不吾叛卿何憂普曰臣亦不憂其叛也然熟觀數人者皆非統御才恐不能制伏其下苟不能制伏其下則軍伍間萬一有作孼者彼臨時亦不得自由耳上悟於是召守信等飲酒酣屏左右謂曰我非爾曹之力不得至此念爾曹之德無有窮盡然天子亦大艱難殊不若爲

26　趙普の献策　『続資治通鑑長編』巻2　建隆2年7月戊辰

「方鎮《ほうちん》（節度使をさす）がはなはだ重きをなしているのは、君が弱くて臣が強くなっているだけのことである。いまこれを治めようとすれば、ほかに奇巧（変わった策）はない。ただその権を奪い、その銭穀を制し、その精兵を収めれば、天下は自然に安定するであろう」

といった。すなわち趙普は節度使の民政の権を奪い、その財政を制し、その精兵を中央に収めるよりほかに策は

ないと進言した。したがってこれより後には節度使対策はこの線に沿って施行されたのである。

趙普はまた、しばしば当時禁軍を統《す》べた殿前都指揮使《でんぜんとしきし》の石守信《せきしゅしん》や王審琦《おうしんき》を他の職に移すことを請い、それが太祖の容《い》れるところとならなかったとき、かれらは叛《そむ》くことはないけれども部下を制することはできないであろうといったと伝えられている。こうして九六一年、太祖は酒宴の席でかれらに説いてその地位を辞せしめた。九六二(建隆三)年、太祖は符彦卿《ふげんけい》に統兵権を与えようとした。趙普はしばしばこれを諫《いさ》めたが聴かれなかった。すると趙普は、「陛下何を以て能《よ》く周の世宗に負《そむ》く」と言い放ったので、太祖も黙然としてこれを中止した。

ともかく、こうして後に述べるように太祖は殿前都点検《でんぜんとてんけん》慕容延釗《ぼようえんしょう》をやめさせ、さらに宴席で有力節度使で殿前副都点検をかねた高懐徳《こうかいとく》以下の者を説得し、かれらを辞任させて、禁軍の機構改革にのりだしたのである。趙普は実務家上がりであったが、太祖に奨められて書に親しむようになり、ついには無類の読書好きとなった。つねに机中に『論語』を入れておき、大事を決するにあたってはつねにこれを読んだ逸話は有名である。しかしかれは進士出身の官僚とはそりがあわず、かれらが要職に登用されることに反対し、策をもってこれを排斥しようとしたので、しだいに疎《うと》ぜられるようになった。

禁軍の将の権力を削る

節度使の民政・財政・軍事の三権のうち、その基本的なものは、いうまでもなく軍事上の権力であった。そこで太祖はまずこの権力を削ることをはかった。

五代末期から節度使のなかには、天子の禁軍、すなわち侍衛司《じえいし》や殿前司《でんぜんし》の大将をかねていたものが多く、このような節度使は強大な軍隊をもっていて、しばしば反乱を起こし、あるいは時の王朝をたおして、新王朝を建てた。

太祖趙匡胤《ちょうきょういん》自身も、前に述べたように、後周《こうしゅう》の世宗のとき、同《どう》州節度使（陝西《せんせい》・同州に鎮す）で殿前都指揮使《でんぜんとしきし》（殿前司の将）をかね、それから殿前都点検《でんぜんとてんけん》（殿前司の最高武将）に進んで、忠武節度使（河南・許《きょ》州に鎮す）をかね、恭帝《きょうてい》のときには、殿前都点検で帰徳軍節度使（河南・宋州に鎮す）をかねて、ついに殿前司や侍衛司などの禁軍に推されて天子の位についたのである。したがって、この太祖を推戴《すいたい》したものや、その後太祖に帰服してきたもののなかにも、このように節度使で禁軍の大将をかねたものが多かった。

元来太祖はおもに後周の禁軍のなかの殿前司の推戴を受けており、侍衛司は太祖に対して

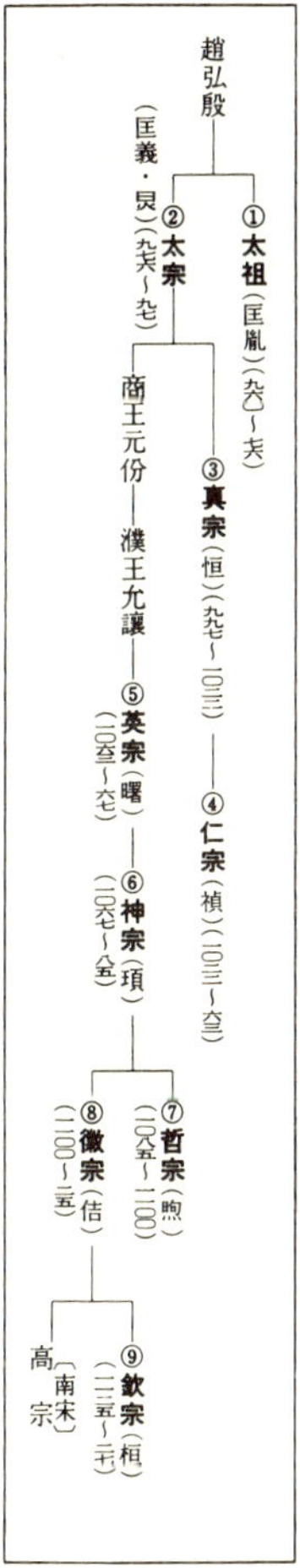

27　北宋系図

28　宋の禁軍（侍衛司）の軍官の印　右は神衛軍のもの（河北省滄州県出土）で，左は帰化軍のもの（河北省昌黎県出土）である。神衛軍は五代の虎捷軍に後蜀の降兵をくわえ，太宗の太平興国 2 （977）年に改称したもので，帰化軍は開宝 7 （974）年に南唐の軍をもってたてた

必ずしもよくは思っていなかった。そうしてこれらの禁軍の武将も多くの節度使をかねていた。

すなわち殿前副都点検慕容延釗《ぼようえんしょう》は澶《せん》州節度使（河南・澶州に鎮す）、殿前都指揮使石守信《せきしゅしん》は滑州節度使（河南・滑州）をかねていた。侍衛親軍馬《じえいしんぐんば》歩軍都指揮使《ほぐんとしきし》李重進《りじゅうしん》は淮南《わいなん》節度使（江蘇《こうそ》・揚《よう》州）をかねていたが、太祖に叛いて殺され、侍衛親軍馬歩副都指揮使、鄆《うん》州節度使（山東・鄆州）韓通《かんつう》も太祖の即位に反対して殺された。しかし侍衛親軍馬歩軍都虞候《ぐこう》・陳州節度使（河南・陳州）韓令《かんれい》坤《こん》は太祖に従っていた。

そこで太祖はまずこれら節度使をかねた殿前司や侍衛司など、禁軍の大将の強大な権力を削ろうとして、すでに述べたようにかれらを呼び、話し合いの間にかれらの禁軍の兵権をおさめた。そうして殿前司の最高の武将である都点検・副都点検を廃して、ただ都指揮使以下の武将を置き、侍衛司でも、侍衛親軍馬歩軍都指揮使・副都指揮使、馬歩軍都虞候を廃して、侍衛司を侍衛馬軍司《じえいばぐんし》と侍衛歩軍司《じえいほぐんし》との二司に分け、おのおのに侍衛馬軍都指揮使《じえいばぐんとしきし》・侍衛歩軍都指揮使《じえいほぐんとしきし》以下の武将を設けて、禁軍の将が強大な権力を一手に握って、朝廷に反抗するのを防止した。

すなわち、太祖は禁軍の兵力を分散させて、禁軍の将が反乱を起こさないようにさせたのである。そうして後に、外方の節度使の兵権を奪う政策をとった。

節度使の兵権剝奪と禁軍・廂軍

太祖はまず外方の節度使の権力を奪うために、節度使をしばしば他の鎮《ちん》に移して、かれらが一ヵ所にながくいて、そこに勢力を扶植しないようにはかった。そうして節度使の管下の勇敢な兵士を選んで、都下すなわち京師《けいし》に送らせて、禁軍を充実させ、節度使の兵力を弱体化することに努めた。

このようにして地方の強兵は京師に取り上げられて、禁軍はますます充実し、節度使の牙兵《がへい》は弱化してきて、後にはこれらは廂軍《しょうぐん》といわれて、雑役に使用されるようになった。

また太祖は機会あるごとに、地方の節度使をやめさせて、文官すなわち官僚を派遣して、これに代わらせた。さらに太祖は節度使の鎮将《ちんしょう》任命権をも奪った。

節度使管下の鎮将は前に述べたように、節度使管下の県城や関津ならびに要害の地、さらに経済上の要地に置かれて、盗賊を捕らえ、徴税の権を握って、節度使体制の基盤をなしていた。そこで太祖は県ごとに県尉《けんい》一員を置いて、従来鎮将が盗賊を捕らえていたのをやめさせて、県尉にこれをつかさどらせた。そうして郷村《きょうそん》の農民を役して、弓手《きゅうしゅ》とし、県尉は弓手を役使して、盗賊を捕らえさせることとした。

このようにして鎮将はそのおもな職務を県尉に奪われた。また節度使が鎮将を任命する権

29　武人像

をも取り上げて、鎮将は中央から派遣し、後には文官を任命して、監鎮《かんちん》官といった。宋では五代の世に多く設けられていた鎮は整理されて、ただ商業上の要地だけが残され、監鎮官が商税を徴収することとなった。

また宋代には牙兵《がへい》が雑役に使用される廂《しょう》軍《ぐん》となったため、従来、牙兵を統率していた都知《とち》兵馬使《へいばし》・都《と》押牙《おうが》・押牙《おうが》などの衙前《がぜん》や孔目《こうもく》官《かん》・勾押官《こうおうかん》などの牙吏《がり》は、その軍事上の権力を失って、府・州の役に使用され、後には郷村の民戸を役してこれに替えるようになった（第五章参照）。このようにして宋代には節度使管下の武将も節度使の兵権が奪われるとともに、その権力を失ったのである。

以上のように宋初には禁軍と廂軍が置かれたが、禁軍のなかには地方を防衛するために分遣されたものもあって、かれらを屯駐《とんちゅう》禁軍・駐泊《ちゅうはく》禁軍ともいった。真宗・仁宗朝には北辺の諸路の兵士を選んで禁軍に入れ、あるいは各地の民兵を募集して禁軍を強化しようとした。このため禁軍は数においては増加したが、その素質は低下して外敵に対抗できなくなったのである。

廂軍は府・州に属していて、工作営繕《えいぜん》・水陸の運送・橋梁・郵駅・牧馬・堤防・堰埭《えんたい》（せき）などの雑役に使用された。真宗・仁宗朝には廂軍を選んで禁軍に入れ、あるいは流民を募集して廂軍に入れた。そうして兵役にたえるものは、これに軍事訓練をさせて、いわゆる

「教閲廂軍《きょうえつ》」を置いた。そこで廂軍には「教閲廂軍」と「不教閲廂軍」とができた。その後「不教閲廂軍」は整理されて、諸路でそれぞれの軍号が定められた。

節度使の民政権剝奪と通判

太祖は五代以来の節度使の民政の権をも奪った。まず太祖は府や州の民政を監督させるため、中央から通判《つうはん》を派遣した。通判は府・州の長官（後述の知府州事）と共同で府・州を治め、権限を明らかにせず、もって知府州事の権限を牽制《けんせい》した。すなわち通判は知府州事より官秩は一段低いが、権限は同じで、知府州事の属官ではなく、通判の署名（簽書《せんしょ》）がなければ長官は決定ができず、以後、目付役として知府州事に恐れられ、「監郡《かんぐん》」ともいわれた。

この通判はまた節度使管下の諸府州にもおかれ、節度使の民政を監督した。したがって、節度使も管下の民政をほしいままにすることができなくなった。さらに『宋史』趙普《ちょうふ》伝に、節度使体制の改革を述べたところに、

「諸道の丁壮《ていそう》を京に送って守衛（禁軍）に充当し、諸州に通判を置いて、銭穀をつかさどらせた。これから兵甲は精鋭、府庫は充実した」

といわれているように、通判は諸州の銭穀をもつかさどっていた。とにかく、諸州に通判を置いたことは、節度使の牙兵を中央に送って、禁軍を強化したこととならんで、節度使体制を切りくずすことにおおいに役立った。

さらに太祖は節度使の幕僚である「幕職官《ばくしょく》」すなわち節度判官《せつどはんがん》・掌書記《しょうしょき》・節度推官《せつどすいかん》および

観察判官《かんさつはんがん》・観察支使《かんさつしし》・観察推官《かんさつすいかん》などをみな中央から任用し、これには科挙《かきょ》に及第したものを用いることとした。また太祖は県令（県の長官）の職を重んじ、これには中央から常参官《じょうさんかん》（後述の朝官《ちょうかん》）をも任命した。県令は従来、節度使管下の鎮将にその民政の権を抑えられていたが、鎮将の権が削られ、さらに県令には常参官も任命されたので、節度使も県政に干渉することができなくなった。このようにして節度使の民政の権も奪われたのである。

また太祖は従来、節度使管下の馬歩都虞候《ばほとぐこう》が州の刑獄（裁判）をつかさどっていたのをやめさせた。すなわち馬歩院を改めて、司寇《しこう》院を設けて、司寇参軍《しこうさんぐん》を置いた。司寇院はその後司理《しり》院に改められ、司理参軍《しりさんぐん》には文官を任用して、刑獄をつかさどらせた。したがってこれから後には、牙兵の将である武官が刑獄をつかさどらないようになり、科挙出身の官僚がこれを行うこととなった。

節度使の財政権を回収

太祖は節度使の財政の権をも奪った。五代以来諸州の財政は、前に述べたように、政府にはいる上供《じょうきょう》、節度使にはいる留使《りゅうし》、州に留めておく留州《りゅうしゅう》に分けられていた。そしてこのうちの上供が少なくて、留使・留州が多く、ことに留使が多額を占めていた。

そこで太祖は諸州の民田の租税や塩・酒などの税は、その州の諸経費を除くほか、みな上供させることとした。そうして従来、節度使が徴収していた民戸の租税や塩酒の税は中央から官を遣わして徴収し、またはこれを監督させ、転運使《てんうんし》を置いて、禁令を定め、帳簿を厳重に調査させた。以後、節度使はこれらの租税収入を、必要な経費を除いて、みな上供することとなり、その財政の権をも削られた。

つぎの太宗は即位の翌年、九七七（太平興国《たいへいこうこく》二）年に従来、節度使が管轄していた支郡（属州）を中央に直属させた。これは節度使が管下の属州に多く親吏《しんり》（牙将または牙吏をいう）を派遣して、関津などの市をつかさどらせ、租税や商税・酒税などを徴収させ、その財政収入をはかっていたので、これをやめさせるためであった。このようにして節度使はその属州からの収入をも失った。

30　太宗「歴代帝王像」より

官僚体制の整備と君主独裁制の確立

以上のようにして唐末・五代以来ながくつづいていた節度使体制は、宋の太祖・太宗の世にその民政・軍事・財政の三権を奪われて、解体するにいたった。また従来、武官が占めていた官には、文官すなわち官僚が任用されるようになり、これから宋の官僚制が確立することとなった。

すなわち中央では、五代の中央官制を受けついで中書省《ちゅうしょしょう》（中書門下省《ちゅうしょもんかしょう》をさす）と枢密《すうみつ》院《いん》および三司《さんし》を置いた。中書省は民政、枢密

31　文官像

院は軍政、三司は財政をつかさどった。

宋初には、中書省は文官が任用されたが、枢密院と三司は五代の制を踏襲して武官が多く用いられた。しかしこれらも真宗朝以後にはほとんど文官が任用された。こうして中央では官僚体制が確立した。

地方でも、前に述べたように節度使体制が解体されるとともに、路や府・州・県の官には文官すなわち官僚が多く任用されて、官僚制が布かれた。

このようにして宋では中央から地方にいたるまで文官が多く任用されて、中央集権的な官僚体制が成立した。これを君主独裁制ともいっている。以下、宋代の官僚組織と、文官任用のための科挙制、官僚の間の権力闘争などについて述べよう。

二　宋初の中央官制

中書省

宋初の中央官制は、さきにも触れたように、唐末・五代の官制を踏襲したもので、中央政府には中書門下省《ちゅうしょもんかしょう》（中書省ともいう）・枢密院《すうみついん》・三司《さんし》があって、民政・軍政・財政をつかさどっていた。そこで、唐制の三省（中書省・門下省・尚書省《しょうしょしょう》）・六部（吏部・戸部・礼部・兵部・刑部・工部）・九寺（太常寺《たいじょう》・宗正寺《そうせい》・太僕寺《たいぼく》・大理寺《だいり》・鴻臚寺《こうろ》・光禄寺《こうろく》・司農寺《しのう》・太府寺《たいふ》・衛尉寺《えいい》）・五監（国子《こくし》監《かん》・将作《しょうさく》監・都水《とすい》監・軍器《ぐんき》監・少府《しょうふ》監）などの制度は、ただ官名だけを残していて、実際の職掌はなく、これらの官名は俸禄や位序を表すだけであった。

　すなわち、中書・門下・尚書の三省の名はあっても、各省に長官は置かれず、宰相《さいしょう》の任にあたる二、三名の同中書門下平章事《どうちゅうしょもんかへいしょうじ》と、これを助ける参知政事《さんちせいじ》（執政という）二名があって、これが民政の実際上の最高の職であった。そうして門下省に置かれた給事中《きゅうじちゅう》は、唐の制度では臣下の上奏を封駁《ふうはく》（上書してその非を反駁《はんばく》）する職をつかさどっていたが、これも名だけ残っていて、この職事は枢密院に属する通進銀台司《つうしんぎんだいし》が行った。また中書省の中書舎人《しゃじん》も、唐の制度では詔勅《しょうちょく》（天子が臣民に頒つ書）・制誥《せいこう》（官吏任命書）を起草する職であったが、これも官名だけ残っていて、後述の「館職」から選ばれた知制誥がこの職事を行った。唐制の翰林《かんりん》学士院は宋でも踏襲されており、前述の知制誥の中から翰林学士となった。そうして翰林学士の久しくその地位にあるものは、翰林学士承旨《しょうし》となり、ここにいてまだ翰林学士・知制誥とならないものは直学士院といった。翰林学士は執政に陞進《しょうしん》（昇進）する重要な職であった。

　また、中書・門下両省には、もと天子の行為を諫諍《かんそう》する左右諫議《かんぎ》大夫・左右正言《せいげん》などがあったが、これも官名だけ残っていて、他の官で兼任する知諫院《ちかんいん》・同知諫院がこの職を行っていた。また、天子の言動などを記録する起居舎人《ききょしゃじん》・起居郎《ききょろう》も同様で、他官の兼任する起居院の同修起居注がこれを行った。

ただ朝廷の監察をつかさどるものは、唐の制度を受けついでいて、御史台《ぎょしだい》が置かれた。その長官は御史中丞《ぎょしちゅうじょう》で、これも執政に陞進《しょうしん》する重要な職であった。

また枢密院・三司が軍政・財政をつかさどっていたために、唐制の六部・九寺・五監の職が大きな変化をうけた。すなわち六部・九寺・五監の職は多くこの二司に合わせられ、その残った職掌は他の官をもってつかさどらせ、これを判部事《はんぶじ》・判寺事《はんじじ》・判監事《はんかんじ》などといった。そうして六部・九寺・五監の官は名だけあって、これらの官に任ぜられたものは、この官名を帯びて、中央の他の職事をつかさどり、あるいは地方に行って、地方官の職事を行ったのである。

枢密院

これは中書省《ちゅうしょしょう》とならぶ重要な官庁であって、枢密使《すうみつし》・枢密副使《すうみつふくし》以下の官がおかれ、これらは参知政事《さんちせいじ》と同じく執政《しっせい》といわれた。枢密院が兵政をつかさどったため、従来の兵部の職はほとんどなくなって、ただ官名を残すのみとなった。

なお、宋では勾当皇城司《こうとうこうじょうし》という特殊な官も設置されて、外戚《がいせき》や宦官《かんがん》が長官となり、親従《しんじゅう》・親事官数千人の軍士を率いて、宮城を警備するほか、外交・軍事の秘密から民間の小事件にいたるまで、諜報や探索の活動を行ってこれを摘発した。

三　司

　これは国家の財政をつかさどる官で、中書省・枢密院の両者（両府と称す）につぐ重要な官庁であり、中国歴朝のなかでも特有のものであった。三司は塩鉄《えんてつ》・度支《たくし》・戸部《こぶ》の三部からなり、各部には諸案《しょあん》（部局）があった。長官は三司《さんし》使《し》であり、その下に塩鉄副使・度支副使・戸部副使がおかれ、各部の諸案には判官《はんがん》・推官《すいかん》があり、また三部には人吏（孔目《こうもく》官などの胥《しょ》吏）がおり、その付属の衙司《がし》には大将・軍将や客司《かくし》・通引《つういん》官などもあって、前述の節度使体制と同じ体制をとっていた。

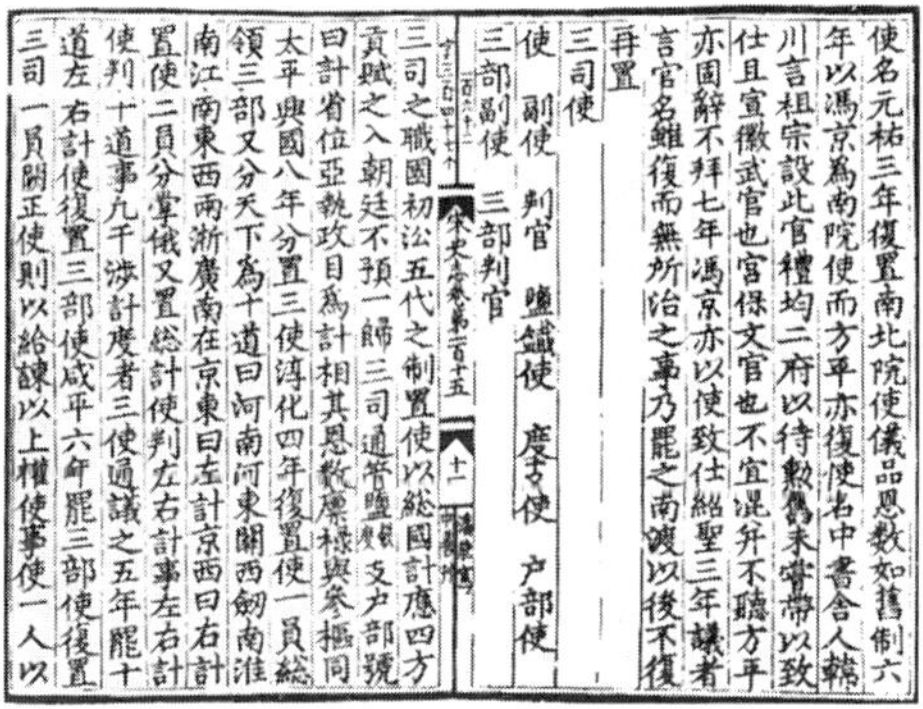
使名元祐三年復置南北院使儀品恩數如舊制六
年以馮京爲南院使而方平亦復使名中書舍人韓
川言祖宗設此官禮均二府以待勲舊未嘗帯以致
仕且宣徽武官也宮保文官也不宜混幷不聽方平
亦固辭不拜七年馮京亦以使致仕紹聖三年議者
言官名雖復而無所治之事乃罷之南渡以後不復
再置
三司使
使　副使　判官　鹽鐵使　度支使　戸部使
三部副使　三部判官
三司之職國初沿五代之制置使以総國計應四方
貢賦之入朝廷不預一歸三司通管鹽鐵度支戸部號
曰計省位亞執政目爲計相其恩數廩祿與參樞同
太平興國八年分置三使淳化四年復置使一員総
領三部又分天下爲十道曰河南河東關西劒南淮
南江南東西兩浙廣南在京東曰左計京西曰右計
置使二員分掌儀又置総計使判左右計事左右計
使判十道事九千涉計度者三使通議之五年罷十
道左右計使復置三部使咸平六年罷三部使復置
三司一員開正使則以給諫以上權使事使一人以

32　『宋史』職官志中の三司の部分の冒頭

　このうち三司使は執政に陞進《しょうしん》するものが多く、三司副使には三司に属する地方の発運使《はつうんし》・転運使《てんうんし》から任用されるものが多かった。三司にはこのほか、三部勾院《こういん》・提挙帳司《ていきょちょうし》・都理欠司《とりけんし》・都憑由司《とひょうゆうし》・開拆司《かいたくし》・衙司《がし》・推勘公事《すいかんこうじ》などが付置された。

　このようにして、三司は六部の中の戸部・工部のことを行い、礼部・刑部の一部分や後述の諸寺監の職事をつかさどった。このため、三司には多くの人吏が置かれ、大将・軍将がいて、中国各地の租税および官物の漕運や河川工事・工匠・官有の店宅の管理、倉庫の管理などを行っていた。
なお三司には、外局ないし付属機関として、提挙在京諸司庫務司《ていきょざいけいしょしこむし》と提点在京倉草場所《ていてんざいけいそうそうじょうしょ》（司）もあった。前者には京師《けいし》（開封《かいほう》府）の諸司・諸庫・諸務・諸場・諸院・坊作・諸駅など百三十余所ないし八十二・七十二所が属していた。これらの諸司務場院坊駅を管理するため、後述の朝官《ちょうかん》と諸司使《しょしし》（宦官武官）を任用して、提挙諸司庫務司官《ていきょしょしこむしかん》が置かれた。また、後者は京師の倉二十五、草場十を管轄し、これらの管理のため提点倉草場官が置かれていた。

臨時・付属の諸官庁

つぎに唐制の吏《り》部は官吏の任免をつかさどっていたが、宋では審官《しんかん》（東）院《いん》や吏部流内《りぶりゅうない》銓《せん》（ただ流内銓ともいう）が設けられて、文官の京朝《けいちょう》官と選人との任免を行った。また三班《さんはん》院《いん》が置かれて、元来兵部の行うべき小使臣《しょうししん》（下級武官）の任免をつかさどっていた。その後、審官西院が置かれて大使臣《だいししん》（中級武官）の人事をも行うことになった。礼部でも礼儀のことは礼儀院で行われ、刑部の職も審刑院がこれを行った。かように六部の官はほとんど有名無実であった。

唐制の九寺についても同様で、太常寺《たいじょう》では儀礼は太常礼儀院が行い、祭祀の宴会をつかさどる光禄《こうろく》、倉庫の貯蔵をつかさどる司農《しのう》、庫蔵の貿易・出納をつかさどる太府《たいふ》三寺の職事はほとんどみな三司やその付属機関である提挙在京諸司庫務司《ていきょざいけいしょしこむし》・提点在京倉草場司《ていてんざいけいそうそうじょうし》に属して、これらの寺は名ばかり存していた。また鴻臚《こうろ》寺・衛尉《えいい》寺のことはそれぞれ客省司《かくしょうし》・左右金吾《さゆうきんご》街仗司《かいじょうし》に帰し、太僕《たいぼく》寺の職事では、馬の牧養のことは群牧《ぐんぼく》司に属していた。ただ大理《だいり》寺と宗《そう》正《せい》寺には、実際の職務が存していた。

五監《ごかん》のなかでも工作をつかさどる将作監《しょうさくかん》や河川をつかさどる都水監《とすいかん》や軍器監《ぐんきかん》のことは三司《さんし》に属し、少府監《しょうふかん》のことは提挙在京諸司庫務司の文思院《ぶんしいん》・後苑造作所《こうえんぞうさくしょ》に分属し、ただ国子監《こくしかん》が実際に職事を行っていた。このように五監の官も多くは有名無実であった。

さらに唐制の秘書《ひしょ》省は、宋では昭文館《しょうぶんかん》・史館《しかん》・集賢院《しゅうけんいん》のいわゆる三館と秘閣《ひかく》であり、昭文・史館の直館《ちょっかん》、史館・集賢院の修撰《しゅうせん》、秘閣の直閣《ちょっかく》・校理《こうり》などを館職《かんしょく》といった。これらの職は文学の士のなかから有為の人材を選んであてており、このなかから知制誥《ちせいこう》となるものが出た。

なお、北宋では観文殿《かんぶんでん》大学士・学士、資政殿《しせいでん》大学士・学士、端明《たんめい》殿学士、翰林侍読《かんりんじどく》・侍講《じこう》学士や龍図閣《りゅうとかく》・天章閣《てんしょうかく》・宝文閣《ほうぶんかく》（太宗・真宗・仁宗の各蔵書閣）など三閣《さんかく》学士・直学《ちょくがく》士・待制《たいせい》があって、侍従《じじゅう》官となっていた。これらの三閣学士・直学士・待制は文学の士の俊英なものを選んでいて、他官がこの職を帯びていた。

宋初官職概要表（元豊官制改革以前）

A 中央

a 中書門下省

民政をつかさどる

- 同中書門下平章事（宰相）二・三名
- 参知政事（執政）二名
- **翰林学士院**
  - 翰林学士（内制）・直院
    - 天子の命をうけて詔勅を起草
- **舎人院**
  - 知制誥（外制）・直院
    - 宰相の命をうけて制詞を起草
  - （翰林学士・知制誥を）両制という
- **館職** 図書を所蔵する館閣に勤務
  - 昭文館
    - 直館
  - 史館
    - 修撰・直館・検討
  - 集賢院
    - 修撰・直院・校理
  - （昭文館・史館・集賢院を）三館 図書・記録の所蔵と出版
  - 秘閣 太宗が建てた貴重書籍・書画の庫
    - 直閣・校理
  - 館閣校勘
- **大学士・学士・直学士・待制**
  - 侍従官
  - 観文殿大学士・学士
  - 資政殿大学士・学士
    - （観文殿・資政殿）旧宰相・執政などに授く
  - 端明殿学士
  - 翰林侍読学士
  - 翰林侍講学士
    - （翰林侍読・侍講学士）儒術を論ず
  - 龍図閣学士
  - 天章閣学士
    - 三閣学士・直学士・待制
    - 天子の顧問に備え、あるいは
- **知諫院・同知諫院**
  - 天子の行為を諫争する
- **起居院**
  - 天子の言動を記録する
  - 同修起居注
- **判省事**
- **審官院**（後の審官東院）
  - 朝官（唐の常参官—朝廷の謁見や宴座に参与する官—六部郎中以下、太子洗馬以上）や京官（未常参官—未だ朝謁に参与しない官—著作佐郎以下、将作監主簿以上）の任免をつかさどる
  - 知審官院事
- **流内銓**
  - 選人（府州軍監の幕職官・州県官）の任免をつかさどる
  - 判吏部流内銓・同判吏部流内銓
- **三班院**
  - 小使臣（下級武官）の任免をつかさどる
  - 勾当三班院
- **審官西院**
  - 大使臣（中級武官）の任免をつかさどる
  - 知審官西院事
- **太常礼儀院**
  - 礼儀のことをつかさどる
  - 知礼儀院事
- **審刑院**
  - 刑獄のことをつかさどる
  - 大理寺判決の再検討
  - 知審刑院事・詳議官

b **御史台**
朝廷の監察をつかさどる
御史中丞

殿院
殿中の百官の失敗を正す
殿中侍御史・裏行

察院
百官の誤謬を正す
監察御史・裏行

唐制の九寺・五監の中で、実際の職事のあるおもな官衙

大理寺
天下の奏獄を裁断することをつかさどる
判大理寺事・詳断官

宗正寺
宗室のことをつかさどる
判宗正寺事

国子監
国立大学
判国子監事・直講

c **枢密院**
軍政をつかさどる
枢密使・枢密副使・知枢密院事・同知枢密院事
簽書枢密院事・同簽書枢密院事（執政）、枢密直学士・都承旨

通進銀台司
臣下上奏文の封駁
知通進銀台司門下封駁事

皇城司
宮城の警備をつかさどり、かねて各種の諜報活動を行う
勾当皇城司

客省司
外民族の朝貢・宴享などをつかさどる

群牧司
馬の牧養のことをつかさどる

左右金吾街仗司
儀衛の軍器をつかさどる

d **三　司**
財政をつかさどる
三司使・副使・判官

塩鉄部
河川・軍器・商税・塩・茶の専売・坑冶・鋳銭・祭祀の飲食施設などをつかさどる
塩鉄副使・判官・推官

度支部
官吏の俸給・軍粮の支給・官物租税の運送（漕運）をつかさどる
度支副使・判官・推官

次頁へつづく

前頁のつづき

- 戸　部
  - 田税・酒の専売・各種の工作修理をつかさどる
  - 戸部副使・判官・推官
  - 三部勾院・提挙帳司
    - 三部の帳簿の検査
  - 都理欠司
    - 欠税の督促をつかさどる
  - 都憑由司
    - 帳簿の照合
  - 開拆司
    - 各種文書の承受・発送
  - 衙　司
    - 三司大将・軍将の衙役をつかさどる
  - 推勘公事
    - 三部の職事を推勘する
- 提挙在京諸司庫務司
  - 提挙諸司庫務司官
  - 諸司
    - 東西八作司（八種の工作を行う）
    - 翰　林　司（天子の酒茶や宴会の施設ならびにその役使の人の管理）
    - 専　勾　司（諸軍の俸給・賜衣を審計する）　など
  - 諸庫
    - 内蔵庫（歳計の余剰を蓄積する）
    - 左蔵庫（賦税の収入を受けて、官吏・兵士の俸禄を支給する）　など
  - 諸務
    - 左右廂店宅務（官の倉庫・店舗を貸し、修理を行う）
    - 権　貨　務（塩・茶の手形を取り扱う）

都塩院（塩の専売をつかさどる）
都商税院（商税の取り立て）
文思院（金銀などの飾りや駕・服などを供給する）　など
坊作
作坊（軍器の製造）
後苑作（宮中や皇族の品物を造作する）　など
諸駅
都亭駅（西藩の貢物をつかさどる）
懐遠駅（南蛮の貢物をつかさどる）　など

提点在京倉草場司
提点倉草場官
諸倉
船般倉（四方から京師に漕運される穀物を収納する）
税倉（開封府管内の租税を収納する）
折中倉（商人が穀物を入中する）
など二十五倉（後には茶や馬料を入れることもあった）
草場（馬料を貯える）
十箇所

B 地方

路
- 府 ― 県
- 州 ― 県
- 軍 ― 県
- 監

a 路

路の監司

転運使（漕司）　民政・財政をつかさどる

　転運使・副使・判官

安撫使（辺境では経略安撫使）（帥司）　軍政をつかさどる

安撫使（馬歩軍都総管を兼ねる。一路の最重要な府州の知府州事の兼任）

副　使（武官・戦時には総指揮官）

提点刑獄（憲司）　監察をつかさどる（獄訟の監察・囚徒の審問・官吏の不正の弾劾）

　文武官を参用

提挙常平使（倉司）　常平倉の運営など、新法のことを取り扱う

b 特殊な官府

江淮制置発運使　東南六路の転運使を指揮し、大運河の漕運や政府への上供を行う

　中央の三司（元豊以後は戸部）に属す

提挙市舶司　海上貿易・貿易行政・貿易からの徴税をつかさどる

　市舶使（その地の知州が兼任）提挙市舶（元豊以後、転運使が兼任）提挙市舶官（崇寧以後・専任）

c 府

東都開封府（特別区——開封府界）　路と同等
　知開封府事
西京河南府（洛陽）・南京応天府（宋州）・北京大名府（特別区）
　知府事は留守司公事を兼任

府
　知府事（府の民政・財政・刑獄・兵権を統轄）
　通　判（知府事を補佐し監督する）

d 州

　知州事（州の民政・財政・刑獄・兵権を統轄）
　通　判（知州事を補佐し、監督する）

e 軍（五代に軍の置かれていたところ）

　知軍事（軍の民政・財政・刑獄・兵権を統轄）
　通　判（知軍事を補佐監督）

f 監（塩や鉱山の所在地におかれた）

　知監事

g 県

赤県（畿内）・望県（四千戸以上）・緊県（三千戸以上）・上県（二千戸以上）・中県（一千戸以上）・中下県（一千戸未満）
知県事（大県・中県）・県令（小県）県の民政・財政・刑獄を統轄し、守備兵あれば兵馬都監を兼ねる
　県丞（県の次官）

h 鎮（県下の商業の盛んな場所）

　監鎮官

i 砦（辺境険要の軍事上の要地に置く、多くは県に属す）

　知　砦（土軍を招集し、武芸を閲習し、盗賊を防ぐ）

幕職官

府州軍監
　東都開封府
　　京判官・推官
　西京河南府・南京応天府・北京大名府
　　留守司判官・推官
　もと節度使の置かれた府州
　　節度判官・掌書記・推官
　もと観察使の置かれた府州
　　観察判官・支使・推官
　もと防禦使・団練使・刺史の置かれた府州
　　防禦・団練・軍事判官・推官
　軍・監判官
幕職官の下にいる官
　　録事参軍（庶務をつかさどる）
　　司戸参軍（賦税倉庫をつかさどる）
　　司法参軍（刑獄をつかさどる）
　　司理参軍（訴訟をつかさどる）

県
　主簿　文書をつかさどる
　県尉　盗賊を捕らえる
監当官　州県鎮などの塩・茶・酒の専売事務・商税をつかさどり、消防、警察のことも行う

三　元豊の官制改革とその後の変遷

唐令の復活

以上のように、宋初の中央官制では唐制の官名は残っていても、それらの実際上の職事はなく、多く枢密《すうみつ》院・三司《さんし》ならびにその付属の提挙在京諸司《ていきょざいけいしょし》庫務司《こむし》・提点在京倉草場司《ていてんざいけいそうそうじょうし》や審官《しんかん》院《いん》以下の臨時の諸官によって、それらの職事が行われていた。これは当時の実際上の事務に適応するものでもあった。

ところが、このような中央官制は神宗《しんそう》の元豊三（一〇八〇）年から同五年にかけて改革され、唐制のように、三省・六部・九寺・五監などが復活した。

それは、従来これらの官が官名だけあって、実際の職事がなく、ただ俸禄や位序を表すだけであったため、これを改革して、唐制を復活しようとする議論がしばしば起こり、これを実現しようとしたためでもあった。そうして、そのさいに議論の中心となったのは三司であって、三司がかつての節度使体制と同じ体制であるため、これを改めて、尚書《しょうしょ》省・六部や九寺などを復活しようとするものであった。

そのため、神宗朝の初めに新法が行われたときには、新法関係の財政は司《し》農《のう》寺に管轄させて、三司に属させず、三司のなかからも、その河川のことは都《と》水監《すいかん》、軍器《ぐんき》のことは軍器監、工作のことは将作監《しょうさくかん》を新設して、これらを行わせ、推勘公事《すいかんこうじ》も大理《だいり》寺に属させるなどして、その権限を縮小させていた。

そうしてこの元豊官制で三司を廃止し、提挙在京諸司庫務司と提点在京倉草場司を解体させて、それらの職事を戸《こ》部・工部・礼部・刑《けい》部や太常《たいじょう》・光禄《こうろく》・大理・衛尉《えいい》・太僕《たいぼく》・鴻臚《こうろ》・司農・太府《たいふ》などの諸寺ならびに少府監《しょうふかん》に分散させた。

また、元豊改革では中書《ちゅうしょ》・門下《もんか》・尚書《しょうしょ》の三省が復活したため、宰相《さいしょう》の同中書門下平章事《どうちゅうしょもんかへいしょうじ》、執政の参知政事《さんちせいじ》がやめられて、宰相は尚書左僕射《しょうしょさぼくや》兼門下侍郎《もんかじろう》・尚書右僕射《うぼくや》兼中書侍郎となり、これを輔佐する執政は、門下侍郎・中書侍郎・尚書左丞《さじょう》・尚書右丞《うじょう》となった。また、枢密院は残されたが、執政は知枢密院事・同知枢密院事・簽書《せんしょ》枢密院事となり、従来の枢密使・副使はやめられた。

さらに、審官東西院・吏部流内銓《りぶりゅうないせん》・三班院および礼儀院・審刑院なども廃止され、これらの職事は吏部・礼部・刑部が行った。このうち、とくに吏部は審官東西院の人事を尚書左選（文官）・右選（武官）とし、吏部流内銓を侍郎左選（文官）、三班院を侍郎右選（武官）として、四選に分けて、文武官の人事を行うこととした。

改革前との対比

上述したところを総合して、元豊官制の三省・六部・九寺・五監と、それ以前に、これらの事務をおもに行っていた官庁とを対比して表示すると、表33のようになる。

元豊官制以前の旧制	元豊官制（三省，六部，九寺，五監）
中書門下省	中書，門下，尚書三省
枢密院	枢密院
審官東・西院	吏部 尚書左選 尚書右選
流内銓，三班院	吏部 侍郎左選 侍郎右選
三司	戸部 左曹
司農寺	戸部 右曹
礼儀院，三司設案	礼　部
枢密院	兵　部
審刑院，三司衙司	刑　部
三　司	工　部
太常礼儀院	太常寺
宗正寺	宗正寺
群牧司	太僕寺
大理寺	大理寺
客省司	鴻臚寺
三司設案	光禄寺
三司，提挙諸司庫務司	司農寺
提点倉草場司	
三司，提挙諸司庫務司	太府寺
金吾街仗司	衛尉寺
国子監	国子監
旧三司修造案	将作監
旧三司冑案	都水監
旧三司冑案	軍器監
提挙諸司庫務司	少府監

33　元豊改革以前・以後の中央官制

元豊寄禄官

また前述のように北宋初期の官制では、三省・六部・九寺・五監はただ俸禄や位序を表すだけであったが、この元豊官制ではこれらの官が実際の職事をもってきたので、これらの官の俸禄や位序を表すために、「元豊寄禄格（官）」が新たに設けられた。これは唐制の散官（実際の職掌のない官）名をもとにして俸禄や位序の階級（階官）を表したもので、表34のようになる。

このうち、宣徳郎《せんとくろう》以下承務郎《しょうむろう》まではもとの京官《けいかん》にあたるが、この改革では京官の名は除かれて、ただ承務郎以上といった。通直郎《つうちょくろう》以上朝請大夫《ちょうせいたいふ》までは朝官（升朝官）であった。そして太中大夫以上は侍従《じじゅう》官であった。

そこでその俸禄を見ると、たとえば、一〇一二（大中祥符《たいちゅうしょうふ》五）年には、吏部尚書は月俸六十貫、元豊寄禄官では吏部尚書は金紫光禄《きんしこうろく》大夫にあたるので、同じく月に六十貫であり、また太子洗馬《せんば》は月俸十八貫、元豊寄禄官では太子洗馬は通直郎にあたるので、月に二十貫となり、将作監主簿は月俸五貫、元豊寄禄官では主簿は承務郎にあたるので、月に七貫となっている。

元豊以前寄禄官①	元豊寄禄官②	③
使　相	開府儀同三司	従1品
左右僕射	特進	〃
吏部尚書	金紫光禄大夫	正2品
五部尚書	銀青光禄大夫	従2品
左右丞	光禄大夫	正3品
六部侍郎	正議大夫	従3品
給事中	通議大夫	正4品
左右諫議大夫	太中大夫	従4品
秘書監	中大夫	正5品
光禄卿，衛尉卿，少府監	中散大夫	従5品
太常・光禄少卿，左右司郎中	朝議大夫	正6品
前行（吏・兵部）郎中	朝請大夫	従6品
中行（戸・刑部）郎中	朝散大夫	〃
後行（礼・工部）郎中	朝奉大夫	〃
前行員外郎，侍御史	朝請郎	正7品
中行員外郎，起居舎人	朝散郎	〃
後行員外郎，左右司諫	朝奉郎	〃
太常・国子博士，左右正言	承議郎	従7品
太常・秘書・殿中丞，著作郎	奉議郎	正8品
太子中允・賛善大夫・洗馬	通直郎	〃
著作佐郎，大理寺丞	宣徳郎	従8品
光禄・衛尉寺丞，将作監丞	宣義郎	〃
大理評事	承事郎	正9品
太常寺太祝・奉礼郎	承奉郎	〃
校書郎，正字，将作監主簿	承務郎	従9品

34　寄禄官（元豊以前・以後）の比較　元豊以前寄禄官①は元豊寄禄官②と一致し，ともにこれによって俸禄が支給された。品③は②と一致するが，①とはかならずしも一致しない

北宋末・南宋の改革と廃合

これらの元豊官制はひじょうに繁雑であって、それらの職事には相互の間に重複しているところが多かった。そこで北宋末の徽《き》宗のときになってこれが改革され、南宋にいたってその廃合が行われた。

すなわち、徽宗の政和二（一一一二）年には、尚書左僕射《しょうしょさぼくや》は大宰《たいさい》、尚書右僕射は少宰《しょうさい》と改められたので、宰相は大宰兼門下侍郎《もんかじろう》・少宰兼中書侍郎《ちゅうしょじろう》となったが、南宋のはじめの高宗・建炎《けんえん》三（一一二九）年には旧に復して、宰相は左僕射同平章事《どうへいしょうじ》、右僕射同平章事となり、執政《しっせい》では門下侍郎・中書侍郎・尚書左丞《さじょう》・尚書右丞がやめられて、また参知政事となった。その後、孝宗の乾道《けんどう》八（一一七二）年には、左僕射同平章事を左丞相、右僕射同平章事を右丞相とした。枢密院でも、知枢密院事・同知枢密院事・簽書《せんしょ》枢密院事のほかに、枢密使・副使がまた置かれた。

南宋では、宰相がほとんど知枢密院事または枢密使を兼任しており、参知政事が同知枢密院事を兼任することも多かった。

そののち、六部はあまり改革されなかったが、九寺は六部の職と重複していたため、南宋では鴻臚《こうろ》寺・光禄《こうろく》寺を礼部に合わせ、衛尉《えいい》寺・太僕《たいぼく》寺を兵部に入れ、そのほかの太府《たいふ》寺・宗《そう》正《せい》寺などを廃したり、あるいは復活したりした。

また五監の中でも国子監は一時省かれて復活し、将作監は実際の職事がなく、軍器監《ぐんきかん》はあるいは工部に帰し、あるいは復活し、都水監《とすいかん》は工部に合わせられた。

以上のように元豊官制では、中央官制は唐の旧に復したが、実用に適しないところがあって、そののちふたたびその廃合が行われた。

四　地方官制

「路」の運営

宋の太祖・太宗が節度使体制を解体させ、四川《しせん》・江南《こうなん》・山西《さんせい》の地を征服して天下を統一すると、太宗は中国を十五路に分けて、路ごとに転運使《てんうんし》を置いて路の民政・軍政・財政・刑獄をつかさどらせた。その後この転運使の権限を分けて、軍政は安撫使《あんぶし》（辺境では経略安撫使という）に行わせ、刑獄のことは提点刑獄《ていてんけいごく》につかさどらせた。王安石《おうあんせき》が新法を行った後には、新法を取り扱う提挙常平使《ていきょじょうへいし》が置かれて、その後常置された。

これらの官は、転運使が漕司《そうし》、安撫使が帥司《すいし》、提点刑獄が憲司《けんし》、提挙常平使は倉司《そうし》とそれぞれ略称された。路は太宗以後増して、神宗の元豊三（一〇八〇）年には二十三路、徽《き》宗の宣和四（一一二二）年には二十六路となった。

なおこのほかに、東南の六路（淮《わい》河・揚子《ようす》江《こう》流域の地方）の転運使を指揮して、大運河の漕運を行う江淮制置《こうわいせいち》発運使《はつうんし》や、海上の貿易を管轄する提挙市《ていきょし》舶司《はくし》もあった。

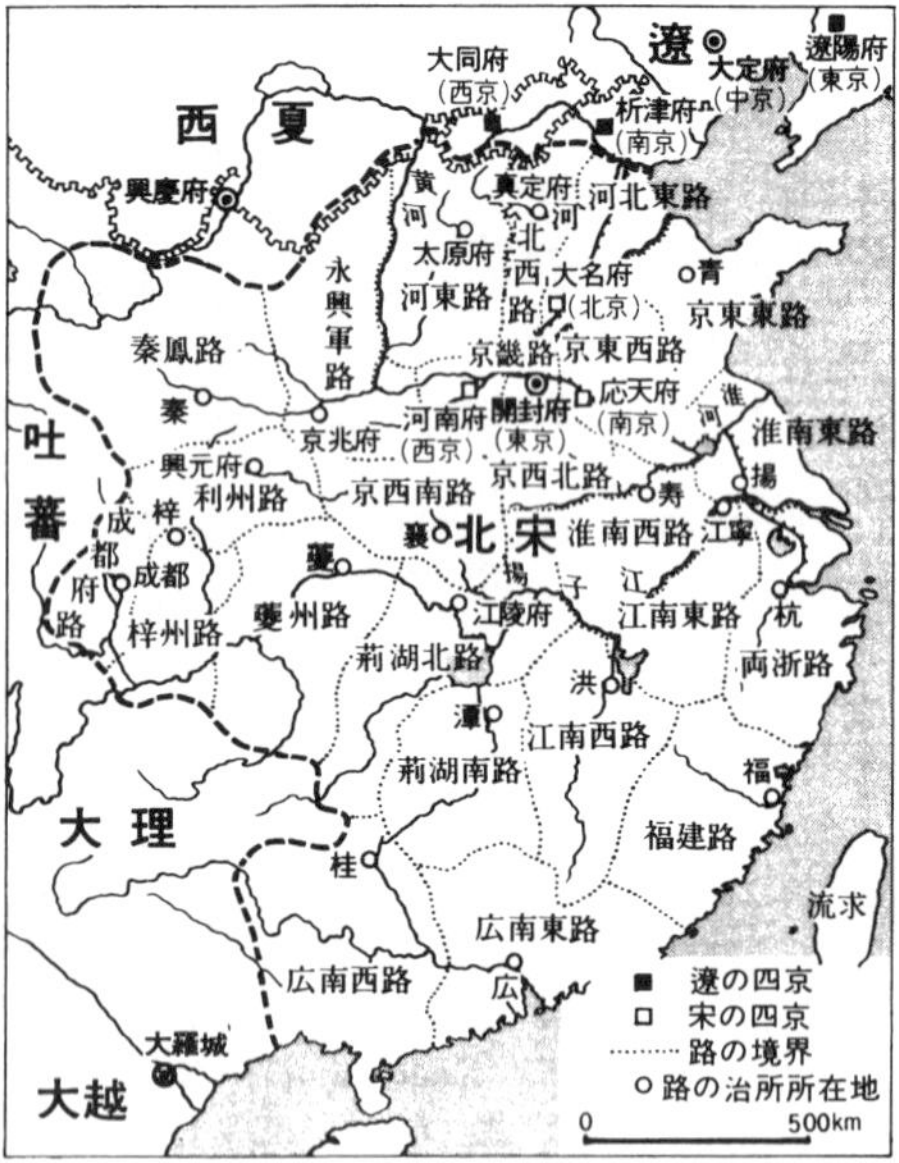

35　北宋の路地図

府・州・軍・監・県・鎮

路の下には、一般に府・州・軍・監があり、府・州・軍の下には県や鎮があったが、監の下には県はなかった。府の中でも特別区である東都開封《かいほう》府の長官である知開《ちかい》封府《ほうふ》事《じ》は、翰林《かんりん》学士・三司《さんし》使《し》・御史中丞《ぎょしちゅうじょう》とともに、「四《しに》入頭《ゆうとう》」ともいわれて、執政《しっせい》に陞進《しょうしん》する官であった。

これらの府・州・軍・監および県は、徽《き》宗朝には四京府・三十府・二百五十四州・六十三軍・千二百三十四県あった。府州には判官・推官などの属官が置かれ、これらを「幕《ばく》職《しょく》官」といい、その下には録事《ろくじ》参軍・司戸《しこ》参軍・司法参軍・司理参軍などが置かれ、それぞれ庶務・賦税・断獄・訴訟をつかさどった。

県では、大・中の県には知県事が、小県には県令が置かれていた。県にはこのほか県丞《けんじょう》が置かれることもあり、文書をつかさどる主簿・盗賊を捕らえる県尉《けんい》が置かれていた。以上の府・州・県などの属官、すなわち「幕職州県官」を「選人」といった。

鎮はかつての節度使体制下の鎮将のいたところであるが、宋代には県下の商業の盛んなところに置かれ、商業小都市として時代が下るとともにその数を増した。多くは監官（監当官）を置いて、商税を徴収させた。この監当官は府・州・県・鎮・市などにも置かれて、塩・茶・酒の専売や商税を徴収し、警察のことをも行っていた。

崇寧以前選人寄禄官	崇寧選人寄禄官
留守・節度・観察判官	承直郎
節度掌書記，観察支使，防禦・団練判官	儒林郎
留守・節度・観察推官，軍事判官	文林郎
防禦・団練推官，軍監判官	従事郎
録事参軍，県令	通仕郎(従政郎に改む)
知録事参軍，知県令	登仕部(修職郎)
軍巡判官，司理・司法・司戸・参軍，簿尉	将仕郎(廸功郎)

36　選人寄禄官七階

崇寧寄禄官

このような地方制度は、前に述べた元豊官制では改革されなかったが、これらの幕職州県官も俸禄を表す階官すなわち寄禄《きろく》官ともなっていた。

たとえば、京西《けいせい》路某県令の階官で、河北東路転運司《てんうんし》の勾当《こうとう》公事となっており、陝西《せんせい》路某軍節度判官《はんがん》の階官で、河東《かとう》路某州の州学教授となったり、無為《むい》軍軍事判官の階官で、秘書省校書郎《こうしょろう》となったり、あるいは河中府司録参《しろくさん》軍《ぐん》の階官で、楚《そ》州塩場《えんじょう》の監当官《かんとうかん》となったり、瀛《えい》州防禦推官《ぼうぎょすいかん》・知大名府元城県の階官で、濮《ぼく》州教授になっているものもあった。そこで徽宗の崇寧二（一一〇三）年になって、選人の階官すなわち寄禄官七階が表36のように新設された。

これら選人の俸禄は、もと留守判官《りゅうしゅはんがん》三十貫以下簿尉《ぼい》六貫であったが、承直郎《しょうちょくろう》二十五貫以下廸功郎《てきこうろう》十二貫となった。そして、これらの地方制度は南宋になると、いろいろな臨時の官が置かれ、それがやがて常置されることとなった。

以上のように、宋代には中央・地方を通じて、武官を抑えて、文官を多く登用したので、官僚制がひじょうに発達した。そうしてこれらの官僚は科挙《かきょ》によって多く採用された。そこでつぎに、宋代の科挙制と官僚制との関係について述べねばならない。

五　科挙制と官僚制との関係

宋代科挙制の確立

上述したように、宋代には文治政治が行われて、官僚組織がおおいに拡大した。そのため多くの官僚が任用されたが、それら官僚はおもに科挙によって採用された。しかも宋代の官僚は、科挙、ことに進士《しんし》科の及第者でなければ高位、高官になることがむずかしかった。

科挙は隋・唐からすでに行われていたが、宋代になって大いに整備され、かつ拡大されて、宋の官僚制の発達におおいに貢献した。

宋初には、科挙には進士科と諸《しょ》科（経義科ともいう）とがあった。進士科は詩賦《しふ》と論および帖経《ちょうけい》・墨義《ぼくぎ》でもって試験が行われ、諸科（経義科）は経書・礼書・史書などの帖書・墨義で試験された。

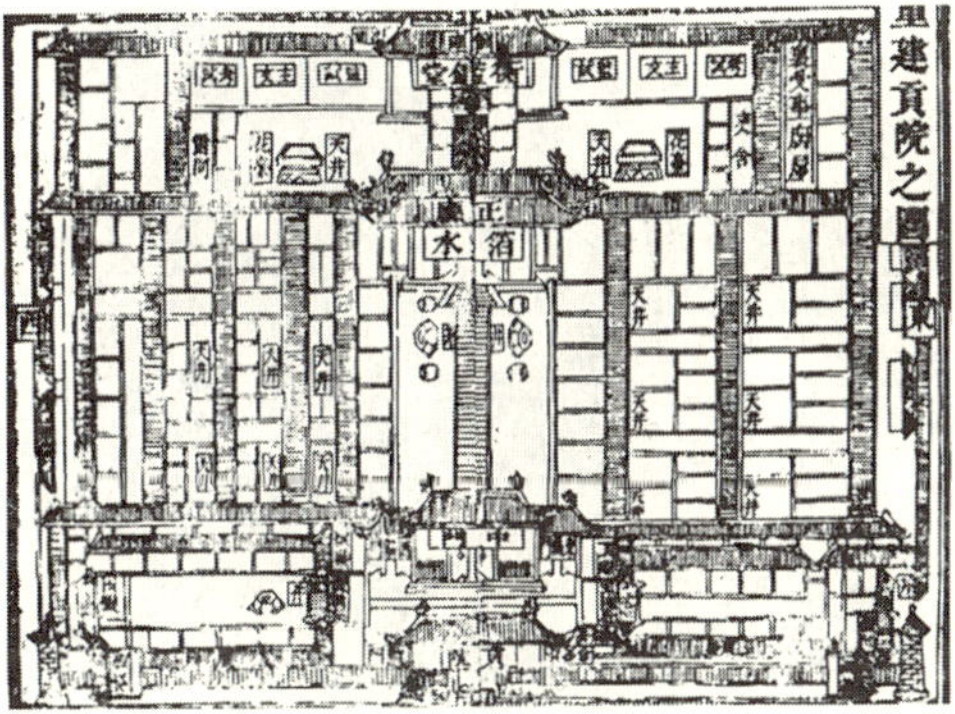

37　科挙の試験場　南宋の建康府の貢院「建康府志」より

詩賦というのは詩や賦（詩の一種）を作るものであり、論は論文である。帖経というのは、経書や礼書・史書などの本文について、前後をかくして、一行だけをあらわし、その一行のなかでまた三字をかくして、それらの字をいいあてさせるものをいい、墨義は、経書・礼書・史書の作者の名を答えさせ、あるいはこれらの書物の語句を出して、これにつづく下文を答えさせるものをいった。つまり、詩賦および論は自分で作るものであり、帖経・墨義は暗記に類似したものであった。

宋の太祖朝には、進士科と諸科とが行われたが、それらの合格者はまだ少なく、進士の合格者は七、八人から二十人までの間であり、九七三（開宝六）年に二十六人、九七五（同八）年には三十一人であった。

38　科挙の受験生

諸科は九七三年にはじめ十七人の合格者を取り、後に九十六人を取り、九七五年には三十四人が合格した。

これらの進士や諸科は、まず地方の府や州で試験を行って、その合格者（貢挙《こうきょ》人）を中央の礼部に送り、礼部の貢院でこれらの貢挙人を試験して、その合格者の姓名を成績順に張り出す。これを「榜《ぼう》（合格者の名を書いたもの）を放つ」といった。この礼部貢院の試験が「省試」である。

ところが太祖は、九七三（開宝六）年はじめて講武《こうぶ》殿《でん》においてさらに試験を行った。これを「覆試《ふくし》」といい、以後、宋歴代の天子は、省試のほかに、みずから進士を覆試した。

このように天子がみずから試験するのを「御試《ぎょし》」または「殿試《でんし》」といった。ただこのとき太祖は、礼部が省試で取った進士十人のほかに、省試で落第したもののなかから十六人を取って、合計二十六人を取り、省試の成績を殿試の成績とした。ところが九七五（開宝八）年にはこれを改めて、省試の成績に関係なく、殿試だけの成績によって、進士および諸科の榜を放った。

ここにいたって省試と殿試とはまったく別なものとなり、殿試の成績の第一人である「状《じょう》元《げん》」は、とくに優遇されて官途についた。このように、太祖が殿試を行って進士および諸科の合格者に特別な名誉を与えたことは、宋代に科挙が官吏の登龍門として、ひじょうに尊ばれるようになるもとをなしたのである。

科挙合格者、高位高官を占める

つぎの太宗朝になると、進士および諸科はひじょうに多く取られ、しかも特別な優遇を受けた。すなわち太宗即位の翌年九七七（太平興国二）年には、太宗は「科場にて俊彦を取り、十に五を得なくとも、一、二を取らば、治を致す具（手段）となる」といって、講武殿《こうぶでん》にて御試《ぎょし》を行い、進士呂蒙正《りょもうせい》以下百九人、諸科二百七人を取って、「及第」を賜った。そのほか、進士および諸科に及第しなかったが、十五挙（十五たび試験を受ける）以上のものには「出身《しゅっしん》」という称号を与えた。

このとき諸道の貢挙人は五千二百余人であって、そのうちの五百余人を取ったのである。そうして進士の及第者はとくに優遇し、呂蒙正以下四人は将作監丞（表34参照）、その余は大理評事《だいりひょうじ》で（同上）、諸州通判《つうはん》に任用した。これを太祖朝の開宝六年の進士に比較すると、このときの状元宋準《そうじゅん》は校書郎直史館《こうしょろうちょくしかん》（同上）であり、その余は諸州府の司寇参軍《しこうさんぐん》（後の司理参軍）であった。すなわち校書郎は大理評事より二階官ほど下の官であり、司寇参軍はもちろん通判の下の官であった。

このように太宗は即位の翌年に従来と比較にならないほど多数の進士および諸科を取り、

しかも、これにひじょうな優遇を与えた。これは宋の科挙制に画期的な改革を行ったもので、この榜《ぼう》からは太宗朝の宰相呂蒙正・張斉賢《ちょうせいけん》や参知政事李至《りし》・王化基《おうかき》らが出ている。そして太宗はこれから八回にわたって、進士および諸科五千余人を取り、とくに九九二（淳化《じゅんか》三）年には、諸道の貢挙人は一万七千余人に達したが、そのうち進士孫何《そんか》以下三百五十三人、諸科七百七十四人を取ったのである。

このようにして太宗朝においては、上は中書門下の宰相から台省《だいしょう》（御史台《ぎょしだい》・諸省の官）・府州の諸官、そして下は県の主簿および県尉にいたるまで、多く進士および諸科の合格者から任用されることとなった。

太祖・太宗の科挙政策は真宗・仁宗朝にも踏襲された。そうして真宗朝には進士科の合格者を成績によって第一甲から第三甲に分け、それぞれ任官させることとしたが、後にこれは五甲に分けられた。

仁宗朝においては、進士科は従来の詩賦・論・帖経・墨義のほかに策《さく》が課せられることとなった。策とは時務に処する対策を論ずるものである。仁宗朝には進士科および諸科は十三榜が放たれたが、宰相・執政および枢密使・副使らはほとんどみな進士科の合格者であった。（後述参照）

これについて蘇東坡《そとうば》は、

「仁宗朝の十三榜において上位の三人を数えると、三十九人になる。そのうち、公卿にいたらなかったものは、ただ五人ばかりであって、誠に盛なりというべし」

といっている。このように仁宗朝の十三榜の上位の三人をとると、三十九人になり、そのうち三十四人が宰相・執政などの高官に上ったのである。そうしてつぎの英宗（一〇六三〜六七）のときから、科挙は三年に一回行われることとなり、以後、南宋末までこのとおりに行われた。

科挙制改革の推移

以上のように真宗・仁宗朝以後、進士科がだんだん重視されてきて、宰相・執政などは進士科から多く出たが、当時の状況では進士科は江南の人が多く合格し、諸科には華北の人が多く合格した。

これは江南の人は文を好むので、進士が多くて経学（諸科）が少なく、華北の人は質を尚《たっと》ぶので、進士が少なくて経学が多かったためであるといわれている。そして、このままいくと、進士科に多く合格した江南の官僚が高官を占めて、経学を主とする華北の官僚の勢力が衰えるようになるので、華北の官僚はこれに対して不満を示すにいたった。

そこで科挙制を改革して、華北や江南の諸州に進士の数を割り当てて、華北の官僚の不平を緩和しようとしたが、これには反対があって、実行されるにいたらなかった。

神宗は、このように進士科が重んぜられて、諸科が軽視されるようになると、人々は詩賦を重んじて、経学を習わず、かつ華北の人材が多く進士科に及第できないのを恐れて、科挙の改革を行った。

すなわち、従来の諸科を廃止して進士科に合わせ、従来の進士科で行われていた詩賦《しふ》・帖経《ちょうけい》・墨義《ぼくぎ》をやめて、経義・論・策をもって試験することとした。

これは従来の諸科の中の経義を進士科のなかに取り入れて、経学を奨励しながら、華北の人材をも進士科に及第させようとしたものである。しかも、これによれば、策すなわち時務策《じむさく》がひじょうに尊重されて、これによって実用に適する人材を取ろうとしたのである。

ところが、つぎの哲宗のはじめになると、旧法党が政権を握ったため、これが改められて、進士科は詩賦進士と経義進士とに分けられた。しかし、哲宗がみずから政治を行い、新法党が政権を握ると、詩賦進士が省かれて、経義進士ばかりとなったのである。

官吏の任用と科挙との関係

上述のように、北宋では、科挙によって多く官僚が採用され、それらは中央の宰相・執政以下、地方の県の県尉《けんい》や主簿《しゅぼ》にまで及んだ。しかし、このほかにも「任子《にんし》」といって、父祖の蔭《いん》によって官に採用されたものもあった。たとえば、宰相の子は承事郎《しょうじろう》（表34参照）、執政の子は承奉郎《しょうほうろう》（同上）の官を与えられた。また「進納《しんのう》」といって買官したものや、「流外官《りゅうがいかん》」といって、胥吏《しょり》で長年の間勤務して、官に任用されたものもあった。さらに軍功によるもの、宗室の親戚であるためや、妻の家の恩沢によって官になるものなどもあった。

しかしこれらのなかでは、科挙出身のものが優遇され、多く官僚になった。そうして科挙出身のもののなかでも、進士科に及第したものがもっとも多く高位・高官になっていた。

そこで、北宋における最高官僚すなわち宰相・執政および枢密院の執政などのなかで、進士科に合格したものをあげると表39のようである。

これによると、北宋では宰相および執政には、科挙のなかの進士科の出身が多かったことがわかる。枢密院の執政には、太祖・太宗・真宗の三朝では進士科の合格者が少なかったが、これは、宋初においては前に述べたように五代の制を受けついで、武将が多く枢密使、枢密副使に任用されたためである。しかし仁宗朝以後には、これにも文官が多く任用されるようになったため、進士科の出身が多くなった。これについては、北宋の名臣司馬光《しばこう》も、

	宰相	執政	枢密院
太祖	6(3)人	4(3)人	8(0)人
太宗	9(6)	21(19)	20(11)
真宗	12(11)	14(14)	23(13)
仁宗	22(19)	37(30)	56(40)
英宗	2(2)	2(2)	7(3)
神宗	9(8)	17(15)	15(11)
哲宗	10(10)	20(19)	10(9)
徽宗	13(11)	32(25)	15(11)
欽宗	7(4)	14(8)	15(6)

39　進士科出身官僚一覧
（カッコ内の数字は進士及第者）

「国家の用人の法では、進士でなければ美官を得ることができず、詩賦・論・策をよくするものでなければ進士に及第することができない」

といっている。ところがこの詩賦をよくするものは、江南のものが多く、したがって江南出身のものが進士に多く合格した。

これに対して、前述のように、華北のものは経学をよくして、諸科に合格するものが多かった。そのために、神宗朝になって試験科目の改正が行われ、進士科だけとなって、華北のものも進士科に及第しやすいようになったのである。このような科挙制の

	宰相			執政				執政（枢密院）			
	華北	江南	四川	華北	江南	四川	不明	華北	江南	四川	不明
太祖	6人			4人				8人			
太宗	9			19	1人	1人		19	1人		
真宗	10	2人		11	3			19	2	2人	
仁宗	13	8	1人	25	9	3		37	17	2	
英宗	1	1		1	1			6	1		
神宗	3	5	1	6	9	2		9	6		
哲宗	6	4		12	5	3		5	5		
徽宗	6	6	1	12	16	4		5	8	2	
欽宗	5	1	1	6	5	2	1	7	4	3	1

40　北宋の宰相・執政

改革の背景には、宋初以来の北方官僚と南方官僚との権力争いがあったのである。

北方官僚と南方官僚の抗争

宋初以来、官僚の間には、北方官僚と南方官僚との権力争いがあった。いま、北宋の宰相・執政の出身地によって、これを華北・江南・蜀《しょく》（四川）に分けて表示すると表40のようになる。

この表を見ると、太祖・太宗の両朝（九六〇～九七）には華北の人が圧倒的に多く、真宗朝になってようやく江南や蜀の人が任用された。つまり、宋初には華北官僚が権力を握っていたのである。

たとえば、後に述べるように、真宗の景徳《けいとく》元（一〇〇四）年契丹《きったん》が大挙して宋を攻めてきたとき、華北官僚の領袖《りょうしゅう》である宰相寇準《こうじゅん》は、南方官僚の執政王欽若《おうきんじゃく》や蜀の官僚の執政陳堯叟《ちんぎょうそう》が江南か蜀に都を遷すべきことを提案したのを退けて、真宗の親征を請うて、ついに契丹との間に澶淵《せんえん》の講和を結んだ。これは北方官僚が権力を握っていて、華北の地を死守したことをあらわすものである。

また、真宗がこの執政王欽若を宰相に任用しようとしたとき、宰相王旦《おうたん》も「祖宗朝には未だかつて南人の国にあたったものはいない」といって、これを拒否した。ところが、仁宗朝（一〇二二〜六三）になると江南の官僚が進出して、范仲淹《はんちゅうえん》・欧陽脩《おうようしゅう》らの名臣が多く出てきた。さらに神宗朝（一〇六七〜八五）になると、あとで述べるように、王安石・呂恵卿《りょけいけい》・蔡《さい》確《かく》らの江南出身の官僚が新法を行って、おおいに勢力を得た。

哲宗朝（一〇八五〜一一〇〇）の初め、宣仁太皇太后の摂政時代には、司馬光《しばこう》らの旧法党が勢力を得て、華北官僚が多く任用されたが、哲宗が親政すると新法党が重用されて、江南官僚がまた任用され、徽《き》宗朝（一一〇〇〜二五）においては新法党の蔡京《さいけい》が権力を握って江南官僚が政権を独占した。そして欽宗朝（一一二五〜二七）においては旧法党が勢力を得たが、二年にして北宋は滅んだ。

以上のように、北宋ではじめ華北官僚が権勢を握っていたが、その後、江南官僚が進出してきて、北宋末には江南官僚が権力を握ることとなった。このことについて、南宋の人陸《りく》游《ゆう》はつぎのように論評している。

「天聖《てんせい》（仁宗最初の年号）以前には人材を選び用いるには、多くの北人を取り、寇準がもっともこれをつとめた。そのため南方の士大夫の沈抑されるものが多かった。仁宗はその弊害を知り、ひろく人材をとり、南北の相異をなくした。そこで范仲淹は呉《ご》（江蘇《こうそ》・蘇州）に、欧陽脩は楚《そ》（江西・吉州）に、蔡襄《さいじょう》は閩《びん》（福建《ふっけん》・莆田）に、杜衍《とえん》は会稽《かいけい》（浙江《せっこう》・

紹興《しょうこう》）に、余靖《よせい》は嶺南《れいなん》（広東《こうとう》・広州）に起こり、一時の名臣となって、聖宋が人を得ることの盛んであることを称賛させた。しかるに紹聖《しょうせい》（哲宗親政後の年号）・崇寧《すうねい》（徽宗の年号）の間には、南人を取ることがさらに多くなり、北方の士大夫がまた沈抑する歎《なげ》きがあった。そこで陳瓘《ちんかん》（徽宗朝の名臣で、福建・南剣州の人）は独りその弊害を見て、朝廷において南を重んじ、北を軽んずれば、国家が分裂する萌《きざし》があるといった。これは天下の至言である。……」

この論評は、北宋の南北官僚の対立関係を要領よく述べている。このなかの陳瓘は徽宗朝に宰相蔡京の政治をきびしく批判した人であるが、この言のように宋は分裂して、北宋が滅んで、南宋が成立したのである。

第三章　北宋をめぐる国際関係

一　創業の宋と遼

契丹の南進と後晋の燕雲十六州割譲

宋と契丹《きったん》（遼《りょう》）との国際関係を考察するにあたり、さかのぼってまず五代諸王朝と遼の関係をみよう。契丹の太祖耶律阿保機《やりつあぼき》（在位九一六～二六）は、渤海《ぼっかい》国を滅ぼし（九二六年）領域を東方にひろめるいっぽう、中国への南進を試み、燕《えん》国（幽《ゆう》州、いまの北京《ペキン》に拠る）の劉仁恭《りゅうじんきょう》・守光《しゅこう》父子を攻め、後梁《こうりょう》と晋《しん》（後唐）との攻争に乗じて、灤《らん》河流域の平《へい》・灤《らん》・営《えい》諸州の地を取り、中国進出の基地を築いた。

後唐と契丹との間には戦争状態が続いていた。後唐皇帝李従珂《りじゅうか》（廃帝）は河東《かとう》節度使石敬瑭《せきけいとう》と仲が悪かった。李従珂は石敬瑭が晋陽《しんよう》（山西《さんせい》省太原《たいげん》市）にあるのを不利として、これを天平《てんぺい》（山東《さんとう》省東平《とうへい》県付近）に移鎮させようとした。石敬瑭は契丹と結んでこれに対抗しようとし、契丹に対して臣と称して援助を求め、土地割譲をもってこれに報いることを約した。

契丹の太宗（在位九二六～四七）はこの申し出を受け入れ、みずから大兵をひきいて南下

41　遼の仏宮寺釈迦塔　山西省応県

し晋陽にいたった。そして、ときに来攻中の後唐軍を撃破し、石敬瑭を立てて皇帝とし、黄河《こうが》を渡り洛陽《らくよう》を降して後唐を滅ぼした（九三六年）。石敬瑭の国が後晋《こうしん》で敬瑭は後晋高祖（在位九三六～四二）と呼ばれる。

契丹は翌年、国号を中国風に改めて大遼と称した（この後、聖宗の九八三年国号を契丹に復し、さらに道宗の一〇六六年にはふたたび大遼と改めた）。

石敬瑭が後唐に代わって後晋を建てることができたのは、もっぱら契丹の援助の賜《たまもの》である。敬瑭は約束によって中国の東北隅、燕雲《えんうん》十六州（燕すなわち今の北京を中心とする幽《ゆう》・薊《けい》・瀛《えい》・莫《ばく》・涿《たく》・檀《だん》・順《じゅん》・新《しん》・嬀《き》・儒《じゅ》・武《ぶ》十一州と、雲《うん》すなわち今の大同《だいどう》地方の雲・寰《かん》・応《おう》・朔《さく》・蔚《うつ》五州）を契丹に割譲し、毎年金帛三十万を贈ることとなった。

石敬瑭は契丹に恭順につかえ、契丹はますます傲慢《ごうまん》な態度で後晋に臨んだ。後晋のなかにはこれに憤慨して臣服に反対する者もあった。やがて高祖が死んで少帝（在位九四二～四六）が位につくと、後晋は臣と称することをやめ、孫と称して契丹に喪を告げた。宰相《さいしょう》景《けい》延広《えんこう》の主張によるものであった。

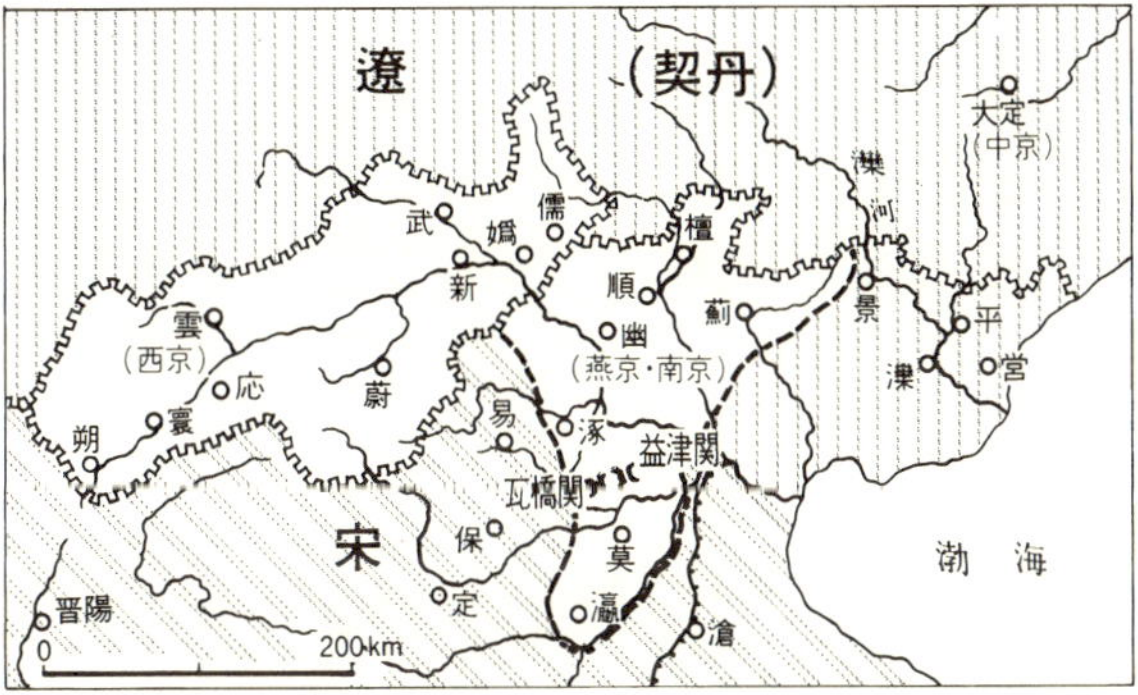

42　燕雲十六州図

契丹の太宗は前例に違うことを責めた。景延広は不遜《ふそん》のことばでこれに答え、晋国領内に居住する契丹商人を殺した。ここにおいて太宗は南侵を決意し、九四六（後晋開運《かいうん》三・遼会同《かいどう》九）年、契丹軍は長駆南下して黄河を渡り、晋都汴京《べんけい》（河南省開封《かいほう》市）を陥れ、少帝を捕虜として本国に送った。そこで少帝は出帝とも呼ばれる。

河東節度使劉知遠《りゅうちえん》は晋陽に即位して後漢を建て、契丹軍を伐《う》とうとした。すると契丹軍は北へ引き揚げ、劉知遠（高祖）は汴京にはいった。高祖劉知遠の子隠《いん》帝は、実権を握る郭威《かくい》に攻められて部下に殺された。郭威は、南唐と結んで後漢を攻撃しようとして南下した契丹を防ぐために澶《せん》州（河北省濮陽《ぼくよう》県）にいたり、兵士に擁立されて帝位につき、後《こう》周《しゅう》を建てた（九五一年）。

後漢隠帝の叔父劉崇《りゅうすう》は晋陽にいたが、郭威（太祖）が後周を建てると、かれも国を建てて北漢と号した。劉崇の北漢はつねに契丹と結んで郭威の後周と対抗した。

後周の第二代世宗は天下一統の歩みを着々と進め、九五九（後周顕徳《けんとく》六・遼応暦《おうれき》九）年には契丹と戦い、燕雲十六州回復の第一歩として、瀛《えい》・莫《ばく》二州を収めたが、病にかかり、志半ばにして死去した。統一の大業は宋の太祖によってうけつがれた。

燕雲十六州の回復めざす宋の対遼戦

北漢《ほくかん》は劉崇《りゅうすう》の子孫が王位にあったが、契丹《きったん》はつねにこれを援《たす》けて宋に対抗していた。はじめ宋の太祖（在位九六〇～七六）は、南方の南唐《なんとう》攻略に主力を傾け、その全力を北方に向けるにいたらなかったが、太宗にいたって九七九（宋太平興国《たいへいこうこく》四・遼乾亨《けんこう》元）年、みずから北漢を伐った。そして、契丹の援軍を破って晋陽《しんよう》（山西省太原市）を囲み、北漢国王劉継元《りゅうけいげん》を降した。

こうして五代以来の地方独立政権はことごとく平定され、宋による全国統一の業はほとんどなった。燕雲《えんうん》十六州の回復は、一統の龍を画くに点睛《てんせい》の実をあげるものとなった。

燕雲諸州を異民族契丹に奪われたことは中国にとっての大きな痛手となっていた。まず第一に、それは中国の面子《メンツ》（体面）に関する問題であった。この地方は古くから中国の領域として漢民族の居住する地域であることは疑いないところである。それを、漢民族にとって夷《い》狄《てき》である契丹の手に委《ゆだ》ねたことは、中華を尊び夷狄を賤《いや》しみ、華夷《かい》別ありとする中華的名分論から認めることのできない事実であった。

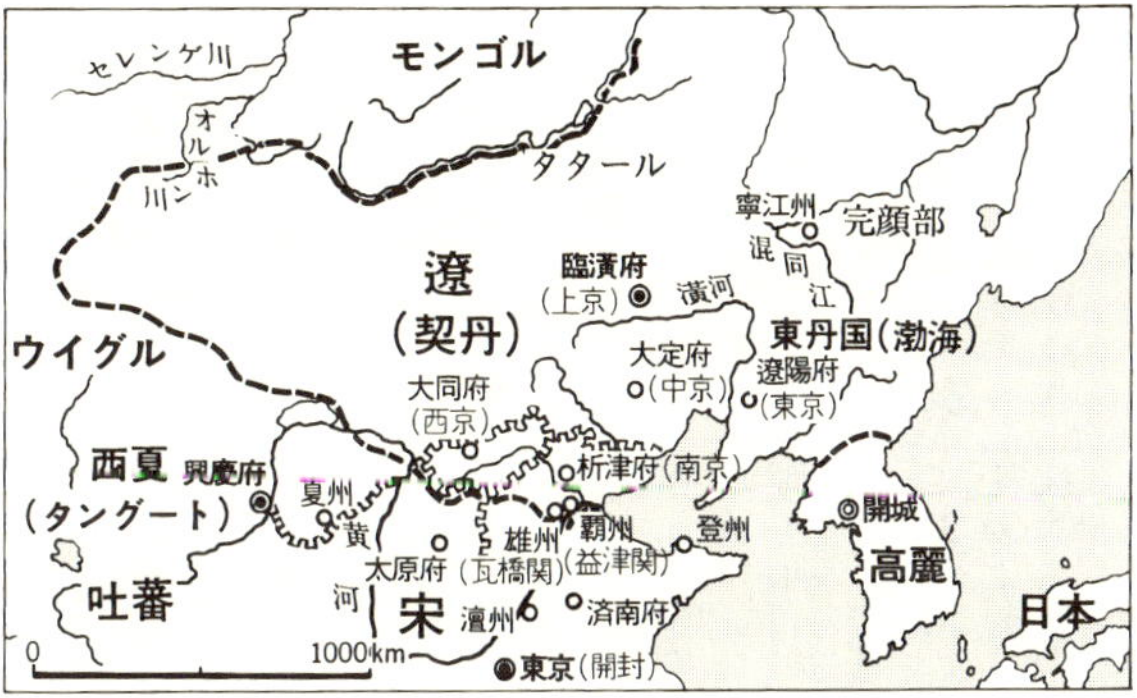

43　遼の領域図

第二に、それは中国国土を北敵から守るための戦略上の大損失であった。北辺の長城線一帯の山脈は、外敵侵入から中国を防守するための天然の要害である。この長城線を南に越えた燕雲十六州地方を敵手に握られ、長城線上の戦略的要地である諸関を抑えられていることは、中国にとって国土防衛上重大な欠陥をもつことになる。逆に、契丹側にとっては、同地域が、中国内地を窺《うかが》う上の重要拠点であったことはいうまでもない。

このような理由から、宋にとって、燕雲諸州回復は国家的課題であり、また天下統一を完成させる最終段階でもあった。すなわち、宋の太宗は北漢を滅ぼした勢いに乗じて、契丹軍と戦い、易《えき》州・涿《たく》州を取り、ついで幽州を囲んだが敗れて退いた。以後、両軍の攻防は十余年にわたった。

ところが当時、契丹の東方では渤海《ぼっかい》の残党が鴨緑《おうりょっ》江《こう》・佟佳《とうか》江《こう》流域に安定国《あんていこく》を建て、高麗《こうらい》とともに宋に通じており、こうした脅威のため、契丹は全力をもって宋と対決することができなかった。

そこで契丹の聖《せい》宗(在位九八二～一〇三一)は、まず安定国を征し(九九四年)、高麗を服従させて、対宋侵入の機会を窺っていた。いっぽう、宋側では、このころ西北辺に党項《タングート》族が興り(後述)、これが宋の辺患をなし、そのため契丹への攻勢を阻まれていた。こうしたおり、党項の李氏が契丹の封冊を受け、これと結んだことは、契丹の南侵を促すこととなった。

九九九(宋咸平《かんぺい》二・遼統和《とうわ》十七)年、契丹の聖宗は宋を伐つ詔を下し、宋の北辺を侵した。これから連年両国は戦いを交えたが、一〇〇四(宋景徳《けいとく》元・遼統和二十二)年にいたって聖宗は大挙南進した。

宋の真《しん》宗(在位九九七～一〇二二)は群臣を召集して対策を問うた。王欽若《おうきんじゃく》は金陵《きんりょう》(江蘇《こうそ》省南京《ナンキン》市)への行幸《ぎょうこう》を、また陳堯叟《ちんぎょうそう》は成都《せいと》(四川省成都市)への行幸を請うた。帝はさらに宰相寇準《こうじゅん》の意見を求めた。

寇準は、このような退避消極策を献ずる者を血祭りにあげたうえで北伐の親征軍を進むべきことを主張した。真宗はこの寇準の方策を採用した。

契丹軍は進んで定《てい》州を攻囲した。寇準はともすれば逡巡《しゅんじゅん》する真宗を励まして澶《せん》州にいたり、黄河を渡って、二十万と号する契丹の大軍と対峙した。皇帝の親征・前線出動を迎えて宋軍の士気はおおいにあがった。

澶淵の盟

いっぽう、契丹《きったん》と宋のあいだでは、外交交渉も続けられていた。契丹は、宋の使節曹利用《そうりよう》に対して、関南の地（後周の世宗が回復した瓦橋関《がきょうかん》・益津関《えきしんかん》以南の地域）を返すことを主張し、宋の側では、真宗は土地の割譲は承認せず貨財を与えることで契丹を納得させようとし、寇準《こうじゅん》はもっとも強硬で、貨財を与えることにも反対し、契丹をして臣を称し、幽薊《ゆうけい》（今の北京《ペキン》地方）を献じさせるよう主張した。

すなわち、こうすることによってのみ百年の無事を保つことができ、そうでなければ、数十年後、ふたたび契丹に異心を抱かせることになるだろうとしたのである。

真宗は、数十年後のことはそのときのことにして、いまは現在の戦いをやめて人民の苦しみを救うために和平を進めたいといったが、寇準はきかなかった。

宋の内部には、この強硬な寇準を陥《おとしい》れようとして、「寇準は戦争に託して自分の権力拡大を企てているのだ」といい立てる者が出てきた。寇準はやむを得ず、和平に賛成した。しかし、曹利用を契丹軍のもとに派遣するにあたって、真宗が「和平が実現するなら、百万の財物を与えてもよい」といったのを聞いた寇準は、利用を呼びつけて申し渡した。

「帝は百万を与えてもよいとはいわれたが、三十万を過ぎることを許さぬ。それ以上の歳《さい》幣《へい》で和平を結んできたら汝を斬る」

曹利用は契丹軍前に赴いて折衝にあたった。契丹は関南の地を強く要求したが、利用は断固としてこれをしりぞけ、金帛《きんはく》を贈ることで和平の締結に成功した。これを澶淵《せんえん》の盟という

44　澶淵の盟成りて　陣中での宴会

(澶淵とは澶州の古名)。盟約の内容はつぎのようなものであった。

(1) 国境は変更しない(関南の地は宋のものとし、関以北の地は契丹のものとする)。

(2) 宋は兄、契丹は弟の礼をもって交際する。

(3) 宋は歳幣(毎年の贈り物)として銀十万両・絹二十万匹を、国境の雄州《ゆう》(河北省雄県)において契丹に交付する。

両国皇帝間に誓書が交換され、城濠は旧によって新たに造らないこと、また、水路を開掘しないことを相互に誓っている。以後、毎年皇帝生誕日・元旦には、相互に使節を派遣して祝意を表することが例となり、宋は国信司《こくしんし》を設けて契丹との外交事務を扱わせ、国書において、みずから南朝と称し、契丹を北朝と呼んだ。

澶淵の盟は、双方の主張を妥協折中する外交交渉の産物である。契丹は関南の地に対する要求をやめて実利を取ったもので、宋軍を決定的に打ち破ることのできない契丹の実力の現状からすれば、むしろ賢明な選択であったといえよう。宋は燕雲《えんうん》地方回復の宿願を果たしえなかったうえに、契丹を臣服させることもできず、その中華的自尊心を損なったが、わずかに弟に対する兄という名目的優位をかちえたことに満足しなければならなかった。

しかし翻って考えれば、和平実現によって、泥沼のような永年の戦争に終止符をうつことができたのは、大局からみれば宋にとっても利益をもたらすものであった。

西夏の勃興と遼宋の和平維持

澶淵《せんえん》の盟によって宋・契丹《きったん》両国間の関係はいちおう安定し、四十年近くにわたって毎年使節を定期的に送迎し、和好を続けた。ところが、一〇四二（宋慶暦《けいれき》二・遼重熙《じゅうき》十一）年三月、契丹は、盟約を改めて関南の地の割譲を宋に要求した。ときに党項《タングート》の李元昊《りげんこう》が大夏《たいか》皇帝を号し、さかんに宋の西北境に侵入し、宋はこれに対して必死の防衛戦をしており、契丹はこうした宋の苦境に乗じたのである。契丹の皇帝は、聖宗のあとを継いだその子興宗《こうそう》（在位一〇三一～五五）であった。

興宗は蕭特末《しょうとくまつ》・劉六符《りゅうろくふ》を宋に遣わして関南十県の地を求め、かつ、軍隊を動員して宋に圧力をくわえつつ、西夏《せいか》討伐の理由を問い、沿辺で水沢を浚《さら》い水路を開いたこと、守備軍を増強したことを責めた。

宋の仁《じん》宗（在位一〇二二～六三）は富弼《ふひつ》を使節として契丹に赴かせ、交渉にあたらせた。

富弼は興宗に謁《えっ》して、

「戦争は臣下に利をもたらすにすぎず、和平を保って歳幣を得ることが人主の利である」

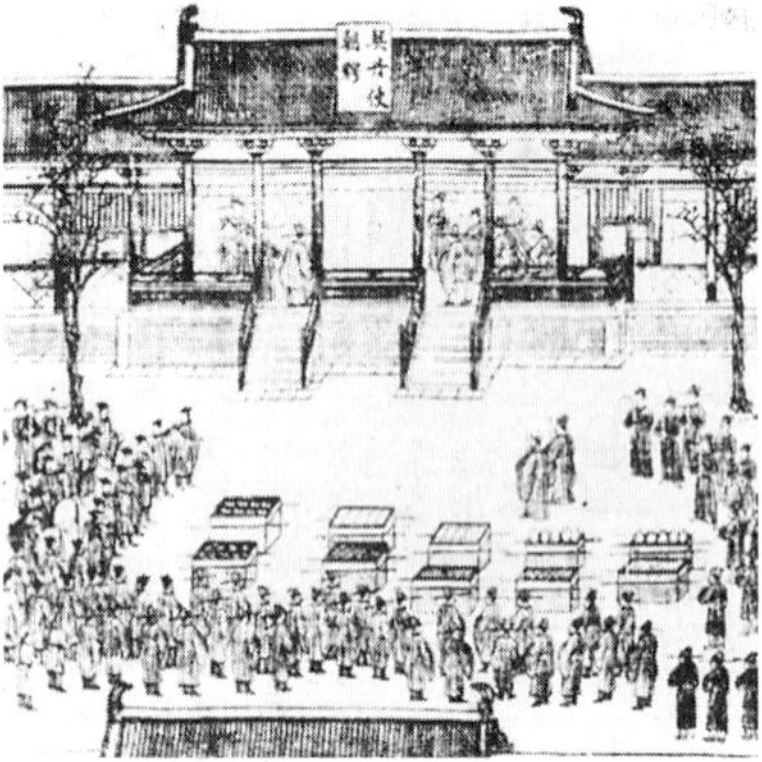

45　来朝した契丹使節

ことを説き、

「関南十県を割譲すれば契丹は地を得て栄誉とするであろうが、宋は失地をもって恥辱となすであろう。兄弟の国が、いっぽうは栄えいっぽうは恥辱とするようなとりきめでは和平は保てない。契丹の欲するものは十県の租賦であろうから、そのためには歳幣増加を考慮する」

旨を提案し、契丹も増幣で満足することに同意した。

なお契丹は宋の公主（皇女）を契丹に嫁せしめる提案をしたが、富弼は、結婚は今後両国の紛争の種となる、持参金も十万緡《びん》にすぎぬ、歳幣を増すことによって契丹は永遠の利益を得るものであると主張して、契丹の公主要求を断念させることができた。

こうして歳幣を銀絹各十万増し、宋は銀二十万両・絹三十万匹を毎年契丹に納《い》れることが決定して、両国間に誓書が交換され、澶淵の盟によって樹立された通好和平の関係は、その後も継続されることとなった。

この増幣について、これを宋の弱腰の結果として非難し、契丹が虚勢を張って宋を脅迫したにすぎないのに、宰相呂夷簡《りょいかん》がこれにおびえて過度の譲歩をし、無窮の害を残したとする見方もあった。

しかし、当時の宋は西夏の侵入に苦しみ、その対応に朝野をあげて忙殺されていた時期で、両面作戦はとうてい不可能であったことを思えば、この譲歩もやむをえなかったものといわざるをえない。むしろ、領土割譲・公主出嫁などを却《しりぞ》け、増幣を許すという一事で契丹を納得させえたことを相当に評価すべきであろう。すなわち、ここまでこぎつけえたのは、富弼の毅然たる態度とすぐれた外交手腕のたまものであった。

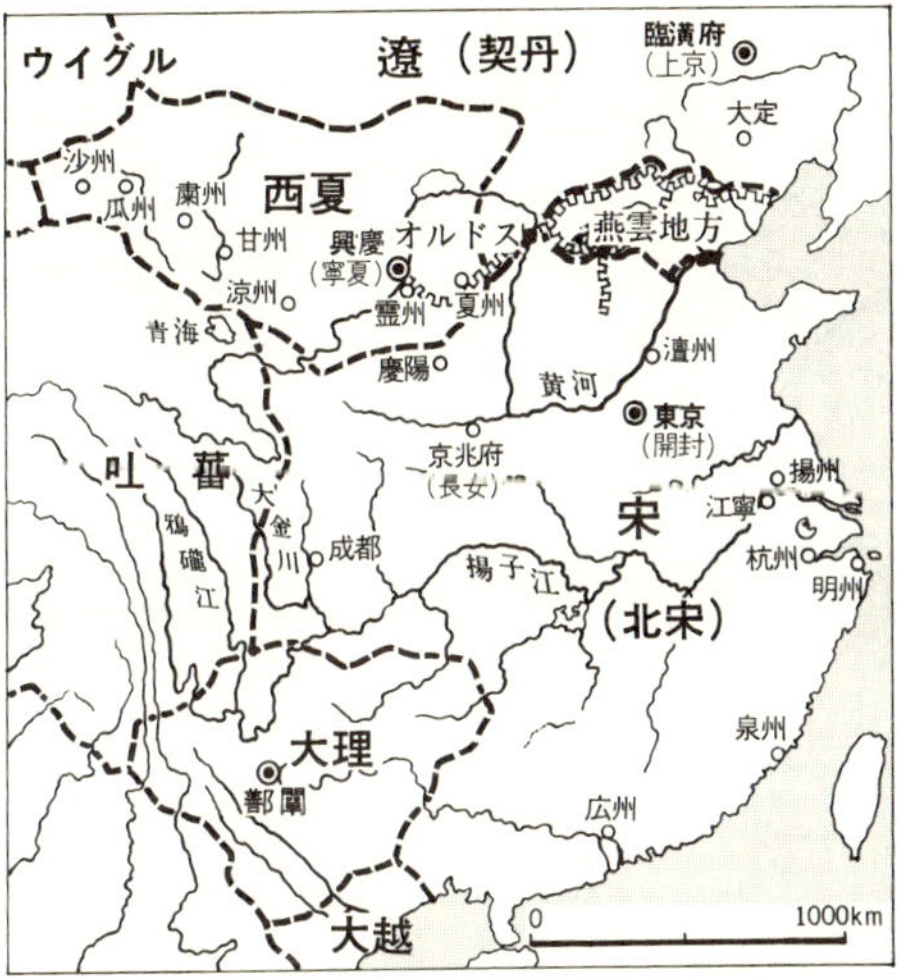

46　宋・遼・西夏の対立

二　宋と西夏

宋初の党項族拓抜李氏

上述のように、宋は北方に強敵契丹《きったん》(遼《りょう》)をひかえ、西北方に新興の西夏《せいか》をも敵とした。この二敵に対し、宋は

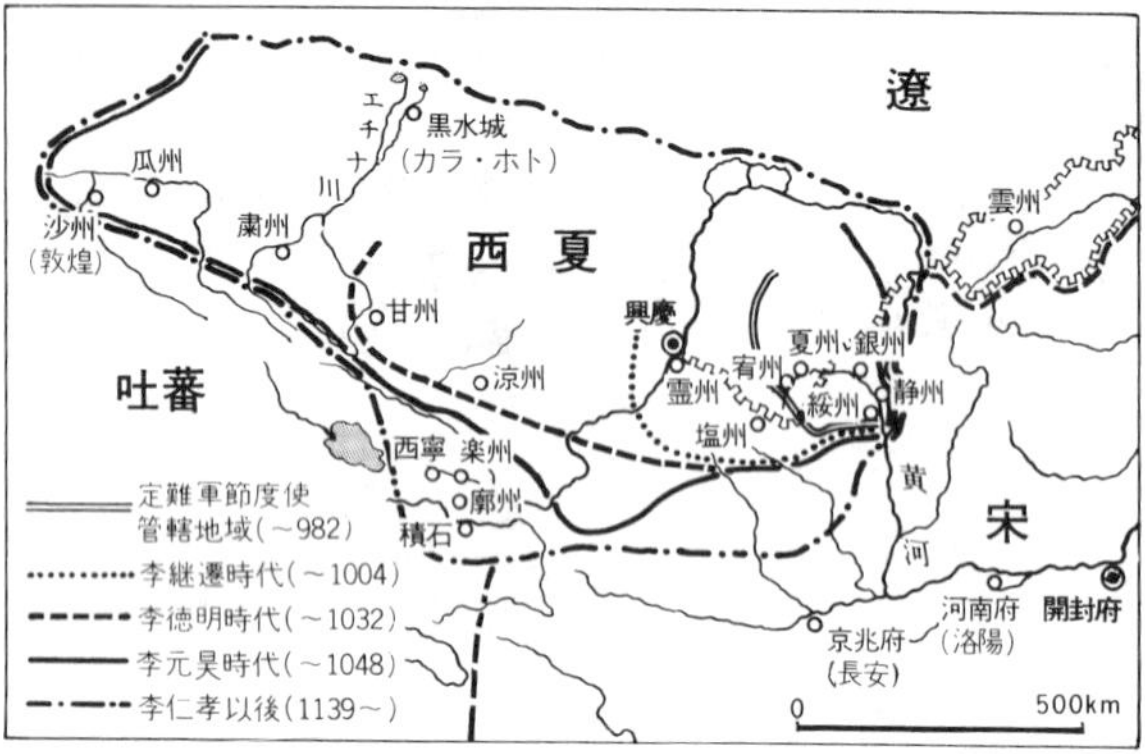

47　西夏領域図

たえず緊張した姿勢と備えを保ち続けねばならなかった。

西夏はチベット系タングート（党項）族の建てた国で、陝西《せんせい》の辺外、すなわちオルドスから銀川《ぎんせん》市地方をふくみ、甘粛《かんしゅく》全省にわたる地域を領土とした。かれら党項族は、元来、四川《しせん》辺外の東部チベット地方（四川省西北部）を住地としていた。そこは大金《だいきん》川と鴉礱《あろう》江の上流地域一帯から黄河《こうが》の上源地方におよぶ山地で、そこに多くの部族に分かれて生活していた。

七世紀の初め、チベット本地（ブラマプトラ川上流ツァンポ川流域）にソンツェンガンポのチベット族の国（吐蕃《とばん》）が創建され、勢力を拡大すると、党項族の一部はこれに服属したが、拓抜《たくばつ》氏など諸部族は、吐蕃の圧力を避けて東北方へ移動し、八世紀の半ばには陝西辺外におよび、さらに移動を続けてオルドスにはいった。

オルドスにはいった党項族の中心をなしたの

は、オルドス南部の夏州《かしゅう》に拠った拓抜氏《たくばつし》で、平夏部《へいかぶ》と呼ばれた。九世紀後半、拓抜思恭《しきょう》はみずから刺史《しし》（州の長官）を称し、黄巣《こうそう》を伐って功があり、唐はこれを賞して節度使の職を授け、李姓を賜《たまわ》った。

思恭以後、唐末・五代期を通じて、この党項の拓抜李氏は、定難軍《ていなんぐん》節度使としてその勢力を夏州に確立し、夏《か》・綏《すい》・銀《ぎん》・宥《ゆう》諸州、すなわちオルドスから陝西北部にわたる地域を支配下に置いた。

夏州の拓抜李氏は、宋の世となっても、事実上独立した権力をオルドス地方に維持していた。宋の太祖は李彝興《りいこう》に太尉の位を与えて綏撫《すいぶ》につとめ、その子光叡《こうえい》、光叡の子継筠《けいいん》の三代を通じて宋と夏州拓抜氏とは和好関係にあった。これは山西に北漢があって宋の敵となっており、宋は北漢牽制《けんせい》のために李氏との和親を利としたためであろう。李氏はしばしば北漢軍と戦い、九七九年、宋の太宗が北漢を親征してこれを滅ぼしたときにも、継筠は兵を出して宋を助けた。

翌九八〇年、継筠が死んで弟の継捧《けいほう》が立った。九八二年、継捧は所管の夏・綏・銀・宥四州の地を宋に献じて入朝した。太宗はおおいに喜んで、白金千両・帛千匹・銭百万をこれに賜った。

従来、宋と友好関係であったとはいえ、独立政権として唐以来百年にわたって続いた定難軍節度使の支配する四州八県が先方から献上され、酋豪《しゅうごう》二百七十余人、五万余帳が内付（帰属）したのである。太宗が大喜びをしたのは当然であろう。

48　西夏人

継捧納土の直接原因は、継捧承襲に関連しての意見の対立という李氏内部の事情にあった。すなわち、継筠が死んでその子は幼かった。そこで継筠の末弟継捧が継いだが、一族内にはこの継承に反対するものが多く、継承の翌年には銀州刺史李克遠《こくえん》が弟克順《こくじゅん》とともに兵をひきいて夏州を襲撃した。これは、継捧の伏兵にあって、克遠の敗死に終わったけれども、継捧の地位は安定していなかった。宋の誘いもあって継捧が領土献上を決意した背後には、こうした地位の不安定と三年前に宋が北漢を滅ぼして天下平定をなしとげたという、統一国家建設への大きな時世の流れがあったのである。

李継遷の活動

李《り》継捧《けいほう》は一族の不信を考えて、宋都開封にとどまりたいと宋に請うた。宋はこれを彰徳《しょうとく》軍《ぐん》節度使とし、また使いを夏《か》州に遣わし、継捧の親族たちを都に移らせた。納土を機会に李氏の一族を永年の根拠地から引き離し、宋の命令と支配が徹底するようにというねらいであった。

李氏一族は内地に移されたが、継捧の一族の継遷《けいせん》はこれを喜ばず、親信の参謀張浦《ちょうほ》の策に従い、数十人の党与とともに銀《ぎん》州を出奔《しゅっぽん》して、夏州の東北三百里の地斤沢《ちきんたく》にはいり、捲土重《けんどじゅう》来《らい》を期して独立の旗を掲げた。ときに継遷は二十歳であった。継遷は思恭の弟思忠《しちゅう》の子孫で九六三年に生まれ、勇敢にして知謀にすぐれ、騎射をよくした。宋に対抗して独立を維持し、西夏建国の基を開き、太祖と追称された。

継遷は党項《タングート》人を集めて宋軍と戦うとともに、宋の強敵契丹《きったん》の援助を求めてこれに降り、契丹の義成公主《ぎせいこうしゅ》を迎えて妃とし、夏国王に封ぜられた。そして、契丹の後援を得てその勢力を強化し、党項諸部の族人のこれに応じる者が多かった。

宋は、宰相趙普《ちょうふ》の建議によって継捧を定難軍《ていなんぐん》節度使とし、姓名趙保忠《ちょうほちゅう》を与え、夏州に帰って党項諸族を鎮撫《ちんぶ》させた。

ところが継捧は、表面は継遷と戦ったが、裏ではたがいに連絡をとり、継遷の誘いを受けて契丹に降ってその臣となり、西平《せいへい》王に封ぜられた。宋は継捧を捕らえて都に送還し、夏州城を破壊して放棄した。夏州城は後魏の道武《どうぶ》帝の末、オルドス地方に割拠した夏の赫連勃勃《かくれんぼつぼつ》が土を蒸して築いた統万《とうまん》城で、オルドス第一の堅城であった。これを放棄することは、オルドス地方の支配を断念したことを意味する。

継遷はオルドスを席巻《せっりん》し、その鋒先を西方の霊《れい》州に向けた。霊州は宋にとって軍馬補給の重要基地で、西北辺最前線の要地であり、力をつくして防衛したが、一〇〇二（宋咸平《かんぺい》五）年ついに継遷によって奪取された。継遷はここに都をうつし西平《せいへい》府と改名した。

霊州占領によって李氏西進の路は開かれた。遷都は前進の方向を示すものであった。すでに夏《か》・綏《すい》・銀・宥《ゆう》・静五州の地を領有した継遷は、霊・塩地方の塩池から産出する青白塩の利益をその手に収め、主力を西方の河西《かせい》の吐蕃《とばん》・回鶻《ウイグル》に向けた。

　河西は東西交通の要地である。当時ここの東部の涼州《りょう》（甘粛《かんしゅく》省武威《ぶい》県）地方には吐蕃の大酋長《しゅうちょう》六谷大首領の潘羅支《はんらし》がおり、西方の甘州《かん》（甘粛省張掖《ちょうえき》県）には回鶻の可汗《かかん》がいて、河西中部地域を支配していた。宋は潘羅支と結んで継遷の西進を食い止め、また、ここから軍馬をえようとした。

　一〇〇三年、継遷は涼州を急襲してこれを陥れたが、再挙した潘羅支のために破られ、流れ矢にあたって退軍の途上、霊州境上の砂漠のなかで死去した。年四十一であった。

　潘羅支はこの機に乗じ、宋軍と呼応してその部族と回鶻の兵をひきい、党項の本拠を衝こうとした。しかし継遷党の部族に逆襲されて戦死した。六谷の諸酋豪は議して潘羅支の弟厮《し》鐸督《たくとく》を立てて六谷大首領としたが、その勢いはふたたび振るわなかった。

李徳明と青白塩と馬

李継遷《りけいせん》のあとは、その子徳明《とくめい》が継いだ。継遷時代の宋との攻防に部内は疲れていた。徳明は宋との和平を実現しようとし、一〇〇六年、宋はこれをいれて徳明を定難軍《ていなんぐん》節度使西平《せいへい》王に封じ、宋と李氏のあいだの戦いはひとまず収まった。

　また、その前々年の一〇〇四年には宋と契丹《きったん》とのあいだに澶淵《せんえん》の盟が結ばれて、長年にわたる両国の交戦に結末がつけられ、東アジアには和平のムードが流れていた。契丹を親の国として仕える李氏も、このムードに乗って宋との和親にはいったともみられよう。徳明は、

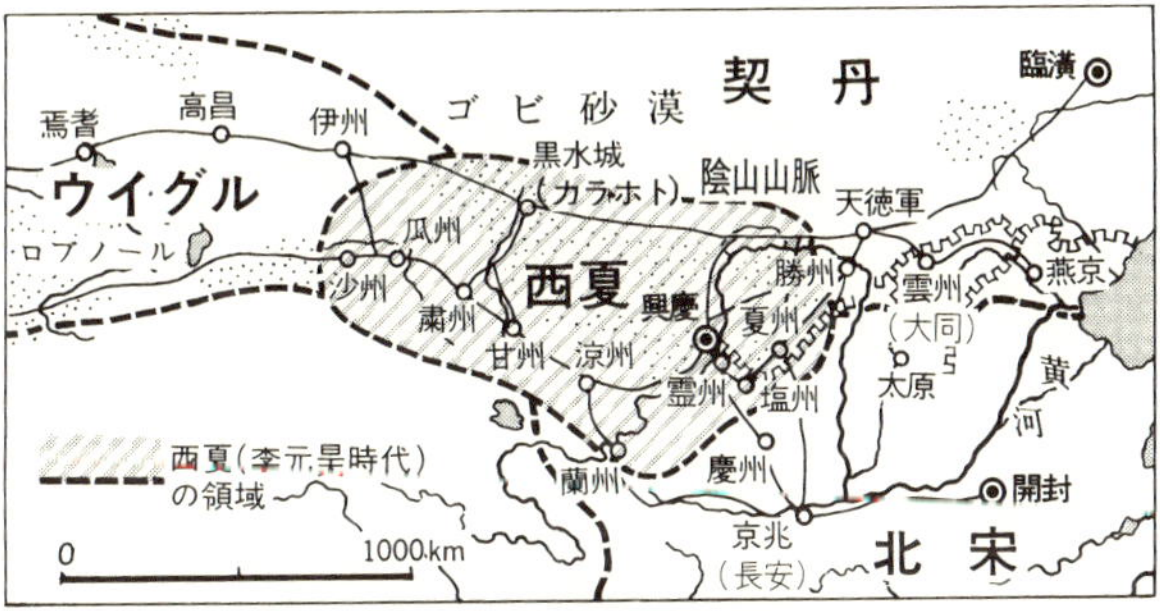

49　東西貿易路

これより先、契丹から西平王に封ぜられていたから、宋・遼二大国に両属する関係で和親を結び、両国との貿易によって利益を収め、富力の充実をはかろうとしたものである。

徳明の兵力は西方河西の地に指向された。当時河西の涼《りょう》州には斯《し》鐸督《たくとく》を中心とする吐《と》蕃《ばん》族の勢力があり、その西の甘《かん》州には、可汗《かかん》の下に回鶻《ウイグル》族の勢力が結集され、さらに西方の沙《さ》州・瓜《か》州には漢族出身の帰義軍《きぎぐん》節度使曹《そう》氏が拠っていた。涼州吐蕃と甘州回鶻は李氏の累世《るいせ》の仇《かたき》である。

徳明はしばしばこれと戦い、まず涼州を取ったが、甘州回鶻に奇襲されてこれを失った（一〇一六年）。以後、甘州回鶻可汗《かかん》とのあいだに交戦がくり返されたが、一〇二八年、徳明の子元昊《げんこう》は独力甘州を襲うてこれを奪いさらに涼州を取った。

河西全地帯領有は元昊時代にはいって達成されるが、河西の支配は東西交通の要衝掌握を意図したものであった。

50　塩池廟

河西の大道は李氏の根拠地夏州に通じ、夏州は東すれば契丹にいたり、南下すれば宋の陝西《せんせい》・河東《かとう》方面にいたる隊商路の要衝となっていた。李氏は内陸東西貿易の利を握ることによって、国力の充実をねらっていたのである。

李氏の対宋貿易における重要商品に青白塩があった。青白塩とは、塩州（寧夏《ねいか》回族自治区塩池県）の諸塩池に産出する良質の塩で、その色によって青白塩と呼ばれ、味がよくて価格が低廉であった。党項《タングート》はこれを陝西の穀物と交換して有利な貿易を営んでいた。

しかし、これは宋の塩法（塩の専売制度）をみだすものであった。宋は解《かい》州（山西《さんせい》省運城《うんじょう》県）の塩池産出の塩を陝西に供給して重要な財政収入源としていた。党項による青白塩の流入は宋の財源確保を妨げるものとして禁止していた。徳明は青白塩の輸出をしばしば請うたが、宋はついにこれを許さなかった。しかし、密貿易による青白塩の流入は根絶できなかったのである。

また、涼州地方は河西の咽喉を扼《やく》し、東西交通路の要衝であるとともに、湟《こう》水（黄河支流）流域の羌人《きょう》（吐《と》蕃《ばん》）を制する軍事的要地でもあった。ここは水草豊かな農牧の適地で、古来「涼州の畜牧は天下に甲（第一等）たり」と称せられ、良馬の産地として聞こえていた。宋軍の戦闘力充実のために欠くことのできない軍馬の供給地であり、馬はこの地の回鶻《ウイグル》にとって有利な対宋貿易品となっていた。

いまこの地を李氏は手中に収め、宋に対する軍事的要点を確保し、貿易上の利益を握ったのである。

李元昊の西夏建国

一〇三一年、李徳明《りとくめい》が死去して太子元昊《げんこう》が嗣いだ。年二十九歳。同年契丹《きったん》においても聖宗が死んで興宗が即位し、興平公主《こうへいこうしゅ》が元昊の妃として来嫁している。

李元昊は西夏《せいか》建国の英主である。『宋史』夏国伝は、その人となりを「雄毅にして大略多し」と評している。かれは対宋屈従を潔しとせず、早くから宋に臣事することに反対した。父徳明は元昊を諭して、

「わが国はいま戦いに疲れている。わが族が三十年にわたって錦や絹物を着ることができたのは宋の恩だ。これに背《そむ》いてはならぬ」

といった。これに対して元昊は、

51　西夏文官印　印文は西夏文字篆体陰文，未解読。1956年伊古昭盟イチンホロ旗（オルドス）出土

「皮衣や毛衣を着、畜牧を仕事とするのがわれわれの本来の姿です。人生まれて王覇《おうは》となるのが英雄というもの、錦や絹物なんぞ問題にもなりません」

と答え、あくまで屈しなかったと伝えられる。

前述のように、李氏は宋遼二国に臣事して両属の状態であった。しかしそれは、貿易の利をねらった名目だけの和平であった。事実上は独立政権で、国内では皇帝を称していたのである。そして元昊は、臣服・藩臣の名を捨て、名実ともに独立国として宋と同等の立場に立とうとした。徳明の三十年に近い対宋和平によって蓄積した国力がその基礎となった。

まず国家の体制を整えねばならない。元昊は、徳明のときに定めた都興州《こう》を昇格して興慶《こうけい》府とし、宮殿を造営し、中国にならって官制を整え、服式・朝儀・礼楽を制定して皇帝の威儀を厳かにした。一〇三四年、年号を建てて開運《かいうん》(ついで広運《こううん》と改める)とし、兵制を定め、軍の編成配備を整えて左廂《さしよう》・右廂《うしよう》・十二監軍とした。

党項《タングート》族は部民皆兵であった。戦争があれば、十五歳から六十歳までの男子はすべて出動した。元昊は正軍一人負担《ふたん》一人を一組にし、これを一抄《しよう》と名づけて従軍させた。負担とは運輸・雑役にあたるもので、強健な者は正軍となり、馬・駱駝《らくだ》各一頭を給せられた。

諸軍の兵数は五十余万人で、東方契丹《きったん》に対して七万、宋に対して十万、甘州路にあって吐《と》蕃《ばん》・回鶻《ウイグル》に備えるもの三万、極西の瓜《か》州方面五万を配備し、中央は、興慶府七万、賀蘭《がらん》山五万をもって守りを堅め、その他に捕虜をもって編成した擒生《きんせい》軍十万があった。漢人の従軍する者も多く、勇健な者は前軍となり、弱怯か特殊技術のない者は農耕に従事させた。農耕は、主として甘州・涼《りょう》州のオアシス地方か、興慶付近の灌漑《かんがい》農地で行われた。
旋風《せんぷう》砲の部隊もあった。旋風砲は、駱駝《らくだ》の鞍に装着して拳大の石を発射する武器である。その砲手を潑喜《はっき》陡《し》と称し、兵力二百人で、党項兵の得意とする騎射とあいまって、戦場に威力を発揮した。

また、元昊のころに文字が創製された。これには元昊自身があずかっており、『宋史』夏国伝は元昊が制定したものとしている。

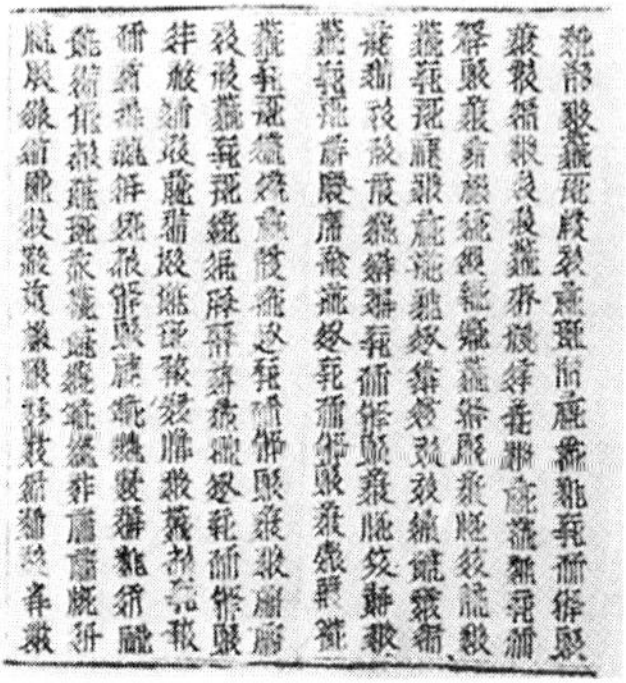

52　西夏文字

当時、契丹も独自の文字をもっていた。元昊は、文化の上でも宋や契丹に対抗しようとしたのにちがいない。党項文字すなわち蕃字《ばんじ》（西夏文字）を国字とし、国内の官用文書はすべてこれを使うこととし、蕃字で中国の儒学の経典を翻訳し、蕃学を開いて子弟に教えさせた。漢字院・蕃字院を置き、漢字院は宋との往来文書をつかさどり、漢字を用い、蕃字を傍書した。蕃字院は吐蕃・回鶻などとのあいだの文書を扱い、蕃字を用い、チベット・回鶻などの文字を傍書した。蕃漢両字院は中国の翰林院《かんりんいん》に相当するものであった。

このような国家体制の整備とならんで、河西方面への進出が続けられた。すなわち一〇三六（西夏大《たい》慶《けい》元・宋景祐《けいゆう》三）年には瓜《か》州・沙《さ》州を攻略して、河西の回廊《かいろう》の全部を掌握し、さらに祁連《きれん》山脈を越えて、湟水流域の吐蕃族（青唐羌《せいとうきょう》）に圧力をくわえる態勢となっていた。河西全域を制圧した李元昊は、後顧の憂いなく宋と対決できることとなったのである。

一〇三八年、元昊は皇帝を称し、国号を大夏《だいか》と号し、元号を制定して天授礼法延祚《てんじゅれいほうえんそ》といい、祖父継遷《けいせん》を太祖、父徳明《とくめい》を太宗と追称した。そして翌年正月、使いを宋に遣わしてこれを告げた。

大夏という名称は、直接には李氏発祥の地夏州に由来し、すでに継遷のとき以来契丹から夏国王の封冊《ほうさく》を受けていた。中国古代に夏朝があり、夏とは元来中国の雅称である。宋としては、辺外の〝小戎《しょうじゅう》〟党項が夏を称するなど、僭越《せんえつ》の極みと考えざるをえなかった。宋はその西方に位置するところからこれを西夏と呼んだ。

宋夏の攻防と慶暦の和約

宋は元昊《げんこう》の官爵を削り、国境貿易を禁止した。元昊は「朕親《みずか》ら渭《い》水に臨み、直ちに長安に拠らん」と呼号し、西夏軍は宋の国境に殺到した。

宋は夏竦《かしょう》を陝西経略安撫招討使《せんせいけいりゃくあんぶしょうとうし》とし、韓琦《かんき》・范仲淹《はんちゅうえん》をこれに副として侵入を防がせるいっぽう、吐蕃青唐羌《とばんせいとうきょう》の首長唃厮囉《かくしら》と連繫《れんけい》し、涼《りょう》州方面に進出して西夏の背後を衝かせる策をとった。

黄河の上流に湟《こう》河という支流があり、その流域を中心として青海《せいかい》（ココノール）の東方地域から黄河本流・洮河《とうか》流域の甘粛《かんしゆく》省地方にかけてチベット族が住んでいた、かれらは唐代の吐蕃賛普《さんぷ》の後裔《こうえい》、欺南陵温籛逋《ぎなんりようおんせんぽ》の下に結集し、党項《タングート》の圧力に対抗しようとした。籛逋は賛普の訛《なま》ったものである。時人かれを唃厮囉と呼んだ。仏の子の意である。唃厮囉の根拠地は青唐（青海省西寧《せいねい》）にあったので、この吐蕃族を青唐羌ともいう。

　涼州方面に進出していた吐蕃は西夏に破られて南に退き、同じく李元昊に追われた回鶻《ウイグル》兵とともに唃厮囉の下に収容されていた。青唐には西方の高昌《こうしよう》商人が来て貿易に従事し、唃厮囉は東西貿易の利によって富強となった。

53　范仲淹像「歴代功臣像」より

　李元昊と唃厮囉との戦いは、たがいに勝敗があって容易に決着がつかなかった。しかし元昊は蘭《らん》州南方に進出して、宋と吐蕃の連絡路を遮断、または脅威することに成功した。また唃厮囉の統一勢力は諸子分立によって弱められるという欠陥があり、宋の唃厮囉にかける希望も空頼みに終わった。

　西夏軍の侵入にあって宋軍はしばしば破れた。元昊の呼号する長安《ちようあん》（陝西《せんせい》省西安《せいあん》市）占領もかならずしも夢ではない。宋は急ぎ潼関《どうかん》に築城して守りを堅めるというあわてぶりである。宋軍の弱体は暴露され、渭《い》州好水川《こうすいせん》における任福《にんふく》の大敗、定川砦《ていせんさい》における葛懐敏《かっかいびん》の戦没のような大打撃をうけた。

　宋は陝西一路を四分して、鄜延《ふえん》・環慶《かんけい》・涇原《けいげん》・秦鳳《しんぽう》の四路に分け、知延《ちえん》州龐籍《ほうせき》・知慶《ちけい》州范《はん》仲淹《ちゅうえん》・知渭《ちい》州王沿《おうえん》・知秦《ちしん》州韓琦《かんき》をそれぞれの路の総指揮官に任命して防備を固めた。とくに范・韓二人の防御の処置は有効適切で、両人は対西夏戦争の中枢となって活動し、侵入阻止に貢献するところが多かった。

　しかし宋の軍隊は弱かった。これを補強するには兵数を増すほかはない。その結果、西北辺に集中された宋の兵数は五十万を超え、この大軍を養う軍費は莫大な額にのぼって国家財政を圧迫し、そのため、陝西の民は戦争の苦しみに堪《た》えられなくなっていた。

　いっぽう、西夏もまた苦しくなっていた。局部戦闘には多く勝っていたが、即戦即決によって全局的勝利を決定することはもはや望めなくなっていた。もともと物的、人的資源に乏しい西夏の戦力である。長期戦争による損耗には堪えられなかった。

　こうした宋と西夏との和平実現に直接の契機となったのは、宋と契丹との関係の推移である。契丹は、宋が対夏戦にその国力を傾注しているのに乗じ宋に対して関南十県の地を要求し、けっきょく歳幣《さいへい》を増額する利を収めて和親を回復した（一二三ページ以下参照）。

　これは、西夏にとって好ましくない成り行きであった。契丹（遼）が友好国の西夏の血戦を利用してひとり利益を収めたことになるからである。しかし、宋遼の和平が実現した現在、西夏はその国内状況をも顧慮して、対宋和平を考慮せざるをえなかった。和平は、いうまでもなく、宋にとっても望むところであった。和平交渉は進んだ。交渉にあたっての難関は、西夏が対等外交を期するのに対し、宋が西夏を臣事させようとすることであった。

一〇四四（宋慶暦《けいれき》四・西夏天授礼法延祚《てんじゅれいほうえんそ》七）年、元昊は宋に臣礼をとって夏国主の冊命《さくめい》を受け、国境を画定し、毎年歳賜として絹十三万匹、銀五万両、茶二万斤を賜り、なお、毎年つぎのような財物を得ることとなった（総計、銀など七万二千両、絹など十五万三千匹、茶三万斤）。

進奉乾元節回賜《けんげんせつかいし》（宋の皇帝誕生日の、夏国主からの進奉に対する返礼の賜物）

　銀一万両、絹一万匹、茶五千斤

賀正貢献回賜《こうけんかいし》（元日の祝賀の貢献に対する回賜）

　銀五千両、絹五千匹、茶五千斤

仲冬賜時服（冬服の賜り物）

　銀五千両、絹五千匹

賜臣生日礼物（夏国主の誕生祝い）

　銀器二千両、細衣着一千匹、雑帛二千匹

また、国境貿易を復活し、保安《ほあん》軍（陝西省保安県）・鎮戎《ちんじゅう》軍（寧夏回族自治区固原《こげん》県）安《あん》平砦《ぺいさい》の二ヵ所に榷場《かくじょう》（国の管理する国境貿易場）を置くこととなった。

西夏への巨額の歳賜は、遼に対する歳幣とあいまって、宋の国家財政の負担となったが、これよりさらに重大な圧迫となったものは、対夏軍費の支出であった。慶暦《けいれき》の和平は実現されたが、西夏と宋との関係は、とかく安定を欠き、国境では局部戦闘がくりかえされた。宋

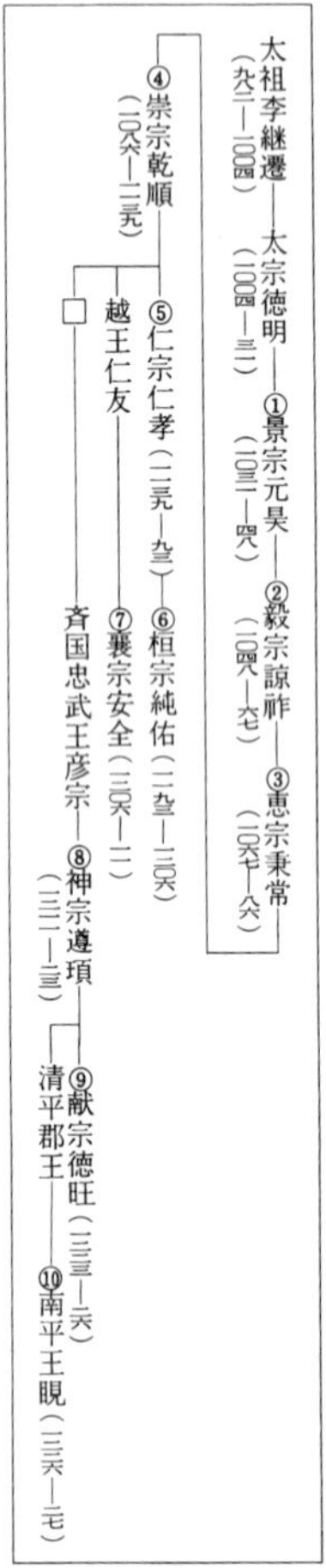

54　西夏系図

は陝西方面に大軍を配置することをやめるわけにはいかなかった。したがって、大軍を養うための費用は減らなかったのである。

北宋と西夏の関係の推移

一〇四八（宋慶暦八・西夏天授礼法延祚十一）年、元昊《げんこう》が死去して、その子諒祚《りょうそ》（在位一〇四八～六七）が立った。ときに青唐《せいとう》の吐蕃は、首長唃厮囉《かくしら》の死後、諸子分立して分裂に陥っていた。西夏《せいか》はこれに乗じて、その勢力を青海《せいかい》方面に伸ばした。宋では神宗が即位して王安石に新法を実施させ、対外積極策をとった。王韶《おうしょう》という者が策を献じ、「西夏を取るには、まず河湟《かこう》を回復すべきである。夏が青唐を取ったら、危険は巴蜀《はしょく》(四《し》川《せん》）にもおよぶであろう。いま吐蕃《とばん》が分裂しているのに乗じてこれを併合領有しよう」と主張した。王安石はこれに賛成し、王韶をして吐蕃を征服させた（一〇七二年）。王韶は西進して黄河本流にいたる地域の吐蕃人を伐ち、ここに熙河路《きかろ》を置いた。

一〇八一（宋元豊《げんぽう》四・西夏大安《たいあん》七）年には、西夏王秉常《へいじょう》（諒祚の子）が外戚梁《りょう》氏のために政権を奪われ、その国内が騒然としているのに乗じ、王安石は、李憲《りけん》をして大軍をもって道を分かって西夏に進撃させ、積年の怨《うら》みを晴らそうとしたが、各方面とも功なくして敗退し、新法政治の対外積極策に大きなつまずきを与えた。

熙河進出は新法派による対外政策であったから、政局が旧法派によって握られると熙河路は放棄された。険阻な山野を遠くへだたる熙河路の維持は、各所に蜂起する吐蕃人の反抗にあって困難な事業であったのである。その後、新法政治復活の時世になると河湟への進出は再興される。すなわち元符《げんぷ》中、章惇《しょうとん》が政を執り、王瞻《おうせん》を用いて熙河を復し、湟河流域青唐城にまでいたり、州県を置いたが、中央政局の転換にともなって放棄された。ついで崇寧《すうねい》中、蔡京《さいけい》が宰相となると王厚《おうこう》が用いられて三たび西進し、唃厮囉《かくしら》の故地をことごとく州県とするにいたった。しかし、吐蕃人は西夏と結んで反抗し、前途多難を思わせる状況であった。

南宋と西夏

東アジアの国際状勢は大きく転回しつつあった。宋と結んだ金の軍勢に攻め立てられ、遼の天祚《てんそ》帝は都を追われて西に走り、世々親密な関係にあった西夏にたよろうとした。

天祚帝は一族のむすめを西夏王乾順《けんじゅん》に降嫁させ、舅甥《しゅうとむこ》の関係にあった。天祚帝は、西夏の援助を得て金に対抗し、もし失敗したら西夏に逃げこもうと考えていたのであろう。ところが、金の宗望《そうぼう》は使いを西夏に遣わして和好を説き、遼帝援助を断念させた。一一二四年、西夏は金に誓表を奉り、従来遼につかえていたときの礼（臣礼）をもって金に事《つか》え、藩を称することとなり、割地を乞い、下寨《かさい》以北、陰山《いんざん》以南、乙室耶剌部《おつしつやらぶ》、吐禄濼《とろくはく》以西の地を与えられることとなった。さらに翌年、宋金の戦いに乗じて天徳《てんとく》・雲内《うんない》・金粛《きんしゅく》・河《か》清《せい》四軍と武州等河東八館の地を取った。ついで一一三六年には、西夏は湟河流域に進出し、楽《らく》州（青海省碾伯《てんはく》県）・西寧《せいねい》州・積石《せきせき》州を取り、金もこれを許した。これが西夏の最大版図であろう（一二八ページ、西夏領域図参照）。

　南宋にはいると南宋は西夏と直接境を接しなくなり、両国関係も疎遠になるが、ここで西夏滅亡までの南宋と西夏との関係を以下に一瞥《いちべつ》しておこう。

一一四四（紹興《しょうこう》十四）年、西夏王仁孝がひそかに宋に使いを送ったことがある。十二世紀中ごろ（紹興末）、陝西方面で多少の接触があり、一一六三年には、宋帝の国書が西夏に送られている。これらは宋の対金戦争にからんだできごとであろう。宋夏の交通は青海河湟を通じてなされたらしく、これは金の警戒するところとなっていた。

　十三世紀になると、蒙古《モンゴル》のチンギス汗はしきりに金を攻めた。一二一四年、西夏王遵頊《じゅんきょく》は密書を宋の四川《しせん》に送り、金に対する夾攻《きょうこう》を提議したが、宋は答えなかった。

　西夏は金と戦い、陝西に侵入し、一二一九年には宋の四川に使いを出して夾攻を申し入れた。利《り》州安撫《あんぶ》使丁焴《ていいく》はこれを許した。一二二二年、四川安撫使安丙《あんぺい》は書を送って、西夏と結び金を攻めることを議し、両国軍は鞏《きょう》州（甘粛省隴西《ろうせい》県）に会い、共同作戦を行った。

金夏の交戦は一二二四年まで続いた。この年、西夏王徳旺《とくおう》は金と和を議し、従来の君臣の名を変えて兄弟の国となり、西夏は弟を称し、各本国の年号を用いることとした。これより先、宋金間に和親が回復し、西夏はモンゴルの重圧に苦しんでいたので、このような局面が生まれたものと思われる。しかしモンゴルの勢いはいよいよ強く西夏を圧し、一二二七年、西夏の末主晛《けん》はモンゴル軍に降り、西夏は李元昊が一〇三八年皇帝を称してから十主百九十年にして滅亡した。

三　宋代の高麗朝

王建の建国

唐王朝が中国で栄えていたころ、朝鮮半島では新羅《しんら》の国勢が盛んであった。新羅は半島の東南部の韓《かん》族が形成した辰韓《しんかん》諸国が、貊《はく》族の高句麗《こうくり》による楽浪《らくろう》郡攻略の刺激をうけて、四世紀半ばごろ統一してできた国で、同じ韓族の馬韓《ばかん》諸国から成立した百済《ひゃくさい》や、北方の高句麗と抗争していた。そして中国に唐朝が興ると、これと提携して、六六〇年にまず百済を、ついで六六八年に高句麗を滅ぼし、さらに唐の勢力を駆逐して半島を統一した。しかしその後、新羅は唐を宗主国と仰ぎ、使節や留学生・留学僧を派遣して唐の制度文物の摂取に努め、全国を九州に分かち、さらにそれを郡県に分かって中央集権的な政治を行った。

八世紀末ごろからの新羅王は、実力で王位につくものが多くなり、王位の争奪がつづいて国家の支配機構が混乱したが、地方では微弱ながら豪族が成長してきた。そして九世紀の末に隷民の全国的な一揆が起こると、地方の有力者は一揆《いっき》を利用し、あるいは一揆にかつがれて勢力を張り、新羅はわずかに慶州《けいしゅう》を中心とする一地方勢力に堕し、他の地域は群雄の割拠するところとなった。

なかでも北原《ほくげん》（江原道原州）の梁吉《りょうきつ》や武珍州《ぶちん》（全羅南道光州《ぜんら》）の甄萱《けんけん》は勢いが盛んで、甄萱は全羅道方面を支配下に収めて、九〇〇年、完山《かんざん》（全州）に都し、後百済《こうひゃくさい》王と自称した。江原道方面を攻略していた梁吉は新羅の憲安《けんあん》王の庶子僧弓裔《きゅうえい》に倒され、弓裔は鉄円《てつえん》（鉄原）によって泰封《たいふう》国をたてた。九一一年のことである。弓裔は新羅王朝を模した内外官職を設け、つづいて新羅の品等の名称をとりこんで部下に与え、さらに新羅の制度にならって百官の制を作った。かれは、最初は兵士と甘苦をともにしたのでおおいに衆望をあつめたが、王を称するようになると凶暴無道な振舞いが多くなり、人望を失った。要するに弓裔は農民蜂起の波に乗って出現しながら、やがて専制君主になり上がり、新羅王朝の再現をはかったものので、質的に新羅と異なる新しい勢力とはなりえなかった。

このようにして九一八年、弓裔は松嶽《しょうがく》郡（開城《かいじょう》）の豪族でかれの部将となって活躍し、多くの戦功をたてていた王建《おうけん》に倒された。王建は即位して国を高麗《こうらい》と号した。これが高麗の太祖である。太祖は全土に割拠する大小無数の豪族を征服・懐柔してかれらを味方につけ、後百済やそれに服属している豪族を攻撃した。九三五年、後百済に脅かされてみずから保つことができないのを知った新羅の敬順王金溥《きんぷ》は、百僚をひきいて高麗に投降した。

高麗と後百済との抗争は後者に有利に展開していたが、この年、後百済に王位継承問題から内紛が起こり、甄萱《けんけん》は長子の神剣《しんけん》に幽閉された。甄萱はすきをみて脱出し、高麗に投じた。太祖はこれを厚遇するとともに、翌年甄萱の仇をうつことを名目に十万余の軍をひきいて南下し、一利川（慶尚《けいしょう》北道善山《ぜんざん》郡）に神剣の軍と決戦しておおいにこれを破り、神剣を降伏させた。こうして朝鮮全土の統一は、太祖の即位後十九年にしてようやくなった。

55　太祖陵墓

中国風の支配体制

太祖は降伏してきた新羅《しんら》の貴族を厚遇し、その伝統的な権威を吸収して高麗《こうらい》朝の権威を高めることに努めた。新羅貴族ははじめ高麗朝の官人の中核として国家建設に寄与した。はじめ高麗王朝は、新羅やそのもとをなした唐王朝の制度を採用して古代的王朝を再建したもので、新羅の旧貴族や地方豪族をふくむ広汎な支配層を官人として組織し、その力で農民を奴隷的地位につなぎとめることを政策の根本とした。

すなわち太祖の時代には、各地の豪族は高麗朝に従ってはいたが、おのおの独自の武力と経済的地盤を

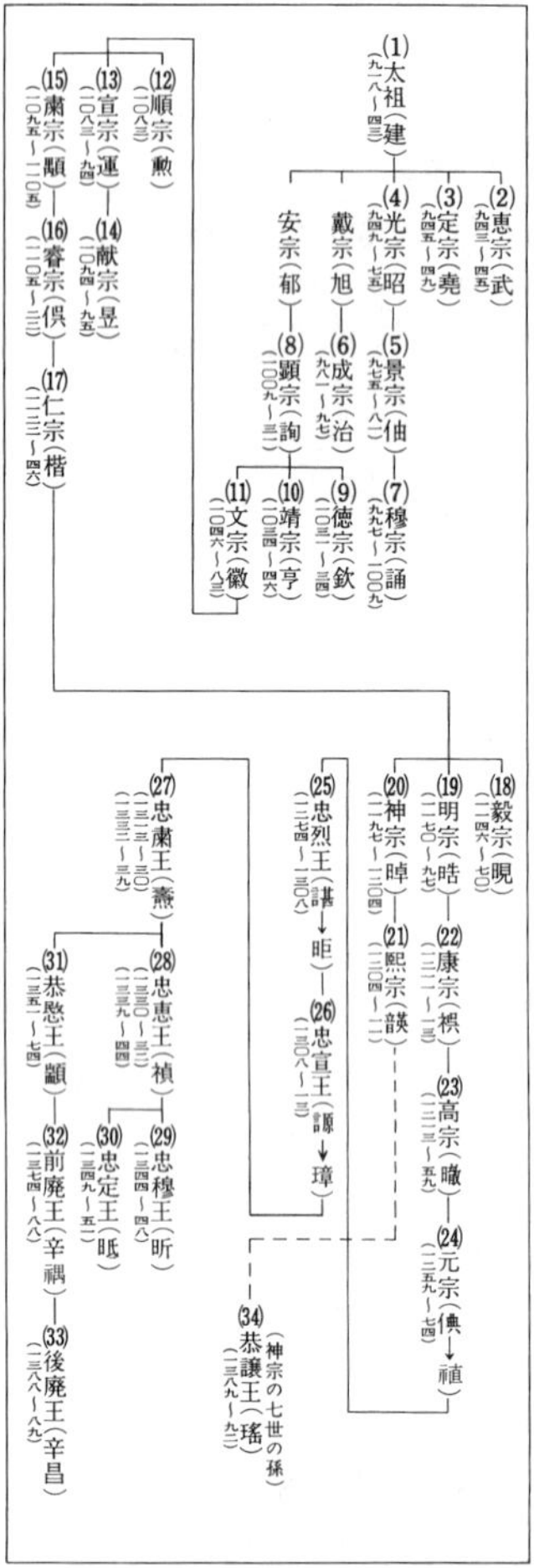

56　高麗系図

もっており、太祖はかれらに官爵・姓・名・賞物などを与え、婚姻によってかれらを味方につけ、かれらを利用して地方を治めた。豪族は太祖に貢物を献じ、宿衛、助戦の兵を送り、太祖と結びつくことによって自己の勢力を温存、拡大した。

しかし、太祖が死ぬと豪族間の争いが起こり、王や王妃の廃立事件が頻発し、第二代恵宗は異母弟の第三代定宗の手で非業の死を遂げ、第七代穆宗《ぼくそう》は殺された。第六代成宗の即位のころまでつづいた内紛によって、太祖の功臣や有力豪族の多くが倒れ、中小豪族が残った。成宗はそこで未熟な支配体制の整備に着手し、唐・五代・北宋の制度にならって法律、官制、地方制度、田制、兵制、科挙の制などを全面的に改革した。

中央官制

中央においては太祖がほぼ唐制にならって立てた三省・六尚書・九寺・六衛を改編、拡充して、省・部・台・院・寺・司・館・局を整備した。

高麗《こうらい》の官僚制度は、初期の成宗・顕宗・文宗の治世の間にほぼ完成され、睿《えい》宗朝に多少の改正が行われた。この時代は北宋の太宗から徽《き》宗の治世にあたっている。これらの高麗の諸王は、後にも述べるように宋と遼との対抗関係や、遼と高麗との力関係によって遼の冊封《さくほう》を受けてはいたが、かれらはみな中国に対して強い慕華思想を抱いていた。したがって、成宗・顕宗・文宗の三朝に行われた中央・地方の諸官制やそれらの運営については、中国の唐・五代から宋にいたる官制にならって実施されたものが多いようである。さらに、このころ高麗朝で行っていた諸種の儀礼も、唐・宋の礼制を多く用い、諸官の冠服も宋制に遵《したが》っていた。

すなわち中央官制をみると、このころ高麗では、五代・宋初の制にならって両府、すなわち中《ちゆうしよもんかしよう》書門下省と中枢院《ちゆうすういん》または枢密院《すうみついん》を置いて最高の官庁とし、そこの宰枢《さいすう》が官僚機構の頂点を成していた。したがって高麗でも宋と同じく、文官優位の制が採られており、これは官人の田柴科《でんさいか》や俸禄の制によっても明瞭に看取できる。これにつづいて六部・御史台《ぎよしだい》・翰林院《かんりんいん》・御があり、これらの官は宰枢に進む路であった。高麗の六部の規模は唐制に比して小さく、御史台・翰林院には唐宋と同様に御史大夫・雑端・学士《がくし》承旨《しょうし》・学士・知制誥《ちせいこう》がおかれた。さらにこれら三官庁にならぶものとして三司《さんし》が置かれ、高麗でも重要な官庁であった。また判《はん》事《じ》・知事が多く置かれ、宰枢は六部・御史台・翰林院・三司・秘書監《ひしょかん》などの判事に、六部の尚書は六部・御史台・翰林院・司天太史局などの判事になったが、これも五代・宋の制にならったものである。また宰枢以下中書門下省・枢密院・尚書都省・六部・御史台・翰林院・三司や秘書・殿中・国子監・少府監の諸官が相互にそれらの官を兼ねていることがすこぶる多く見られるが、これは宋の「差遣」にあたっているようである。

地方官制

地方官制においても、唐・五代・宋の官制が多く取り入れられた。成宗のときには、まず九八三年に全国を十二牧に分けて戸口制を施行し、国初以来の地方割拠の勢力を郡県制度のなかに解消させた。さらに十二牧を十二州と改め、各州に節度使をおき、開城府を除いて全国を十道に分けて転運使《てんうんし》を置いた。その後十道は五道・両界となって、転運使をやめて安撫《あんぶ》使《し》をおき、ついで安撫使もやめて都部署《とぶしょ》・按察使をおいた。高麗初期には州に節度・観察・防禦・団練・刺史の等級があったが、その後節度州はやめられて、一部は都護府《とごふ》に、多くは州牧《しゅうぼく》となり、他は防禦鎮・防禦州を残してみな廃止されて州・郡となった。都護府・牧・防禦鎮・州・郡には使・副使・判官（通判）がおかれ、都護府や牧の判官の下には司録《しろく》兼掌書《けんしょうしょ》記《き》と法曹《ほうそう》が、防禦鎮・州・郡では法曹のみがおかれた。県には県令《けんれい》・尉が置かれ、睿《えい》宗朝では監務《かんむ》（宋の務と監当官の制を兼ねたもの）も設けられた。さらに防禦鎮以外の鎮には鎮将・副将がおかれた。なお都護府・牧・鎮の使・副使・知州郡事・判官は、宋の地方官と同様に、中央の官を帯びてこれらの官に差遣された。さらに科挙《かきょ》及第者をもって地方の県尉や州牧の司録・鎮将・副将に任用したのも、宋制にならったものと考えられる。

文武百官をはじめとして、府兵・郷吏《きょうり》にいたるまで、国家の職役に関係するものには、田地と柴地《さいち》がその地位に応じて支給され、これを田柴科《でんさいか》と称した。功臣や官人には功蔭田柴《こういんでんさい》が与えられ、その世襲をゆるされたものがあった。賜田《しでん》は王公・貴族や寺院に与えられ、額の制限もなく世襲を許された。これらはいずれも土地そのものの支給ではなく、土地から出る租の支給であった。すなわち国家は権力によって土地を支配し、官人に土地の収益を分け与えたのである。租が国庫にはいる土地は公田といわれ、私にはいる土地を私田といった。このような制度は文宗にいたるまでに整備されたが、やがて中期以後、王公・貴族・寺院が賜《し》田《でん》・兼併《けんぺい》・投托《とうたく》などによって農荘《のうしょう》という私的所有地を拡大するに及んで崩壊していった。また官人には国庫にはいる米・麦・粟などの中から一定の俸禄を支給した。

階層社会

官人は、地方官として赴任する者以外は国都開城《かいじょう》に集まり、全国の良民や賤民《せんみん》が租や貢賦《こうふ》として納めた富を消費した。官人はまた、その地位に応じて、国家が所有して宮殿・官衙《かんが》の下吏や雑役に使用していた官奴婢《かんぬひ》を支給され、また、かれら自身が私有して雑役・家事・土

57　開城にのこる宮城址　満月台

地の差配などを行わせる私奴婢《しぬひ》をもっていた。官人の子孫は科挙《かきょ》や蔭叙《いんじょ》によって官人となり、その特権的地位を保持したが、高麗国家が完成され、安定期にはいると国家に寄生する貴族となり、貴族であることによって地位や財産を持つようになったから、家系や血縁が重視されるにいたり、最高の貴族である王家との婚姻が最大目的となった。

　このようにしておのれの姉妹や娘を王室に入れて外戚となったものが権力を振るった。顕宗・徳宗・靖宗・文宗の四代約五十年間にわたって富貴を誇った安山《あんざん》の金氏や、文宗から仁宗にいたる七代約八十年のあいだ権勢をほしいままにした慶源《けいげん》の李氏はその例である。かれらは地位や名誉や財産を求めて族党対族党の争いを展開し、王城を舞台にさまざまな陰謀や惨劇が行われた。

　地方では、道・府・州の下に郡・県があり、その下にはさらに村・郷《きょう》・部曲《ぶきょく》・所・処などがあった。古来要地とされた東京《とうけい》（慶州《けいしゅう》）・西京《せいけい》（平壌《へいじょう》）・南京《なんけい》（漢城《かんじょう》）には留守《りゅうしゅ》官を置いた。中央から地方官が派遣されるのは、県や軍事上の要地に置かれた鎮までで、国初には、それもごくわずかの郡県に配置されたのみであった。中期以後、地方官が増置されたが、全郡県には及ばなかった。

県以下では郷吏が置かれたが、これは地方の豪族の子孫で、地方の実際上の支配者であり、租税・力役の徴収、地方の治安の維持などの任務にあたっていた。かれらは同族あるいは村落共同体の伝統的権威を保持しており、高麗王朝はかれらの力を利用して、地方を支配したのである。かれらの子弟は、中央の官衙《かんが》で職役をつとめたが、これを「其人《きじん》」といい、要するに人質であった。国家は在京高官を出身地の事審官に任命して郷吏を指揮させた。高麗初期の郷吏は、後代のような身分の賤しい走り使いではなかった。高麗の郡県制は、累層的で身分的な性格をもっていた。地方では、郡県は良民の住むところであり、郷・部曲などは賤民の住む地域であった。牧・州・府などは有力な豪族の住む土地に置かれ、郡・県も有力な族団のいる土地に置かれた。良民は農民の最多数を占めていたと考えられ、科挙の試験によって官人になる途が開かれており、僧侶となることもできたが、実際は良民の大多数の者にとっては、それは縁遠いことであった。租税・公賦・力役を負担するかれらの生活は賤民とたいした差がなかったと考えられ、事実身を売って奴婢《ぬひ》となる例は多かったのである。賤民の最下位にあったものは奴婢で、かれらは売買・入質・相続の対象となった。奴婢は、財産としては土地よりも重んじられたが、良民と奴婢との間に生まれた子は奴婢に入れられ、また、本人が奴婢の身分から解放されても孫以下は奴婢であった。これらの奴婢のほかに、郷・部曲・所・荘・処・駅・島などに住む膨大な数の賤民があった。

郷以下は郡県の下に属している行政区域で、所の住民たちは国家のために金・銀・鉄・銅・糸・紙・塩・墨・陶磁器などをつくり、野菜・魚などをとった。部曲は特殊の行政区画で、ときには県よりも戸口の多いものもあった。これは新羅《しんら》の時代からあり、高麗の後期以後、しだいに郡県に吸収されたり昇格されたりして解放されたが、李朝の初めごろまで、なお全国的に存在した。郡県のものが重罪を犯すと、郡や県全体が部曲におとされ、部曲やそれに近い性格をもっていたと考えられる郷などに功労をたてるものがあらわれると郡や県に昇格した。州・府・郡・県のあいだにも、功過による昇格・降等がしばしば行われた。また、荘・処は王室の荘園であった。

高麗《こうらい》朝では、血統は父系のみならず、祖母・母・妻などの外族のそれも重視された。もし血統に少しでも賤民の血が混じると、社会的に卑しめられ、官人となるのに大きな障害となった。妻妾の別も厳重で、正妻の子と妾の子とは明確に差別された。未《いま》だ父系家族制は確立しておらず、母や妻の一族は強い発言権を持っていた。

奴婢は子女に均分されたが、母の奴婢は実子女だけに伝えられ、それがないときには母の一族に返還されるのが習わしで、母や妻の財産は、完全には家の財産にはなっていなかった。

兵制・幣制・仏教

高麗朝の兵制は、太祖のときに六衛が置かれ、さらに穆宗《ぼくそう》のときに二軍が増設された。軍や衛の下には領《りょう》があった。六衛は四十二領からなり、四万二千の兵員を有したが、兵は丁戸《ていこ》から出され、丁戸には土地が支給され、雑役が免除された。また、現在の平安道・咸鏡道《かんきょうどう》方面、すなわち東西両界には屯田《とんでん》軍が置かれていた。非常のさいには、兵士ばかりでなく、一般農民や僧侶や奴婢、それに罪人までが動員されることがあった。兵士が土木工事に使役されるのは中国と同様であった。

しかし、毅宗《きそう》二十四（一一七〇）年の庚寅《こういん》の乱以後成立した武人政権では、国初以来の兵制は崩れて、都房《とぼう》・門客《もんかく》とよばれる家兵が発達し、武人政権の支柱となった。そして、後に高麗が元の属国となるや、モンゴルにならって万戸・千戸・百戸の編成が行われた。

高麗朝では一般に交換の手段として米・布が使用され、成宗のとき（九九六年）に鉄銭が鋳造され、粛宗《しゅくそう》のときに銀瓶《ぎんぺい》（一一〇一年）や海東通宝（一一〇二年）が鋳られたが流通しなかった。銭が使用されるのは、政府が物品を買い上げるさいや外国との貿易、商人の取引などのばあいであったと考えられる。また、元朝の属国となった時期には、中統宝鈔《ちゅうとうほうしょう》・至元宝鈔《げんほうしょう》などの交鈔《こうしょう》が使用され、小銀瓶が作られた。

高麗朝においても儒学が奨励され、科挙の試験が行われたが、貴族たちは儒学よりもむしろ仏教を好んだ。仏教は古くから朝鮮にはいり、新羅《しんら》の時代にも国教として尊信されて、多くの寺院や仏像が造られていた。高麗の太祖は子孫に訓戒して、仏教を尊び、保護するようにといい残したが、以後歴代の国王や貴族は太祖の遺訓に従って仏教を尊崇した。仏教は国家を鎮護する力を持つと信じられ、国家によって開城《かいじょう》の内外や各地の名山に多くの寺院が建

58　論山の石仏と石塔

立され、広大な寺田や多数の奴婢が施入された。

僧侶になると租税や力役を免除されるので、僧侶になることを望む者が多く、国家はそれを制限しなければならなかった。祝祭日には国家の力で大規模な法会《ほうえ》を営み、食事を施される「飯僧《はんそう》」の数は数万人に達した。王族や貴族で僧となる者もあり、高級僧侶は貴族同様の生活をしたが、下級の僧侶は雑役に従った。寺院はみずからの権威や財産を守るために僧兵を養い、貴族の権力争いにも介入した。

寺院はまた王族・貴族の清遊の場所でもあった。高麗の仏教は、内容的には未熟で祈禱《きとう》仏教にすぎなかったが、それでも大覚国師義天や普照国師知訥《ちとつ》のような名僧もあらわれた。半島における仏教は高麗時代に全盛期を迎えた。しかし、このような繁栄も、つぎの李朝の時代になるとしだいに寺院に対する圧迫が強まり、仏教は衰退し、儒学がこれに代わって国教として興隆した。

朝鮮半島は、その地理的な位置から、中国の影響を直接受けてきた。朝鮮の歴史は中国のそれと深い関係を持ちながら発展してきたのである。王建《おうけん》が高麗《こうらい》朝を建てた当時は、中国では、唐末五代の政治的分裂混乱期にあたり、中国勢力の干渉は朝鮮に及ばなかった。高麗は半島統一の後、ただちに五代諸王朝に朝貢し、宋朝の中国統一がなると宋の正朔《せいさく》を奉じた。

いったい半島の王朝が中国の諸王朝の正朔を奉ずるのはたんなる外交上の問題ではなく、対内的にも重大な意味を持っていた。すなわち朝鮮の支配者は中国の支配者から冊封《さくほう》を受けることによってその地位を承認され、国内において自己の権威を重くすることができたからである。

高麗と宋との関係はしごく平和的で、宋の文化はしきりに半島に伝えられたが、やがて契《きっ》丹《たん》（遼《りょう》）をはじめとする北方の勢力があいついで勃興し、高麗に脅威をあたえることになった。

高麗朝の初期には北方辺境の開拓が積極的に進められた。すでに太祖の即位以前に浿江《ばいこう》（大同江《だいどうこう》）以西の十三鎮の平定が行われ、太祖の二（九一九）年には平壌《へいじょう》に築城して、ここを西京《せいけい》とした。以後西京は高麗の北方経営の根拠地として重視され、定宗のときには西京に遷都しようという議論も起こったほどである。このような高麗の北境開拓は、高麗とほぼ同じころにシラムレン河畔に建国した契丹、すなわち遼朝の鴨緑江《おうりょっこう》方面への進出に備えるという意味を持っていた。これは高句麗《こうくり》の遺民が「満州」で建てた渤海《はっかい》が唐末から国勢衰えてついに契丹に滅ぼされ（九二六年）、王族遺民が多く高麗に来投し、その身分に応じて位や地

59　契丹侵入当時の高麗

位を与えられるという事件が起こったからである。

　高麗の拓境事業が清川江《せいせんこう》をこえて、その支流である九龍江や、大寧江《だいねいこう》の上流にむかって進められ、成宗朝にいたって輔臣崔承老《さいしょうろう》の献言によって鴨緑江岸に到達したころには、契丹も女真《じょしん》居住地の経営に乗り出しており、まず鴨緑江河口地域をめぐる争奪が行われた。契丹は、中国を統一した宋朝と争うようになると、高麗の向背を気にして大兵をもって侵入してきた。最初の侵入は成宗の十二（九九三）年に蕭遜寧《しょうそんねい》を指揮官として行われ、翌十三年には高麗は鴨緑江南岸の地の獲得を条件に契丹の正朔《せいさく》を奉ずるにいたった。ところが顕宗の時代になると先王穆《ぼく》宗の殺害を口実として数度にわたる契丹の侵入をこうむり、二（一〇一一）年正月には契丹の聖宗の親征軍によって開城《かいじょう》が占領され、顕宗が一時羅《ら》州（全羅道）にうつるという事態となった。

　高麗は王の入朝を申し入れたが実行しなかったので、契丹は西北面の六城の収復を要求し、顕宗の五、六年には蕭敵烈《てきれつ》が侵入して興化鎮《こうかちん》を攻め、同十年には蕭排押《はいおう》が開城を去る十里のところまで攻めよせたが、高麗の将軍姜邯賛《きょうかんさん》によって殲滅《せんめつ》的打撃をうけた。その後両国の平和が回復したが、契丹は保州（平安北道義州）とその付近に築いたいくつかの要塞を保持し、高麗の要求にもかかわらず、これを譲渡しようとしなかった。

やがて「満州」には女真族の完顔《ワンヤン》部が勢力をえて、「満州」南部から北朝鮮にかけて領域を拡げてきた。睿宗《えいそう》の治世の初め、尹瓘《いんかん》と呉延寵《ごえんちょう》は十数万の兵をひきいて咸興《かんこう》平野の女真を攻撃し、九城を築いた（一一〇七年）。しかしこの地域はまもなく女真に奪還され、以後はかえってその侵入を受けることとなった。

宋と高麗との公的な関係は、高麗が契丹の正朔を奉じてから絶えていたが、文宗の二十二（一〇六八）年になると、神宗皇帝の命によって高麗に使者がおくられ、非公式ながらも、公的国交を開こうという希望が高麗に伝えられることとなり、同二十五年、民官侍郎金悌《きんてい》らが正使となって宋におもむき、宋に対してほぼ上国と同様の態度をもって国交を開くこととなった。高麗では契丹を北朝とよび、力の相違から臣礼をとり、宋を南朝とよんで文化を輸入する立場から、北朝に秘して、事実上の朝貢《ちょうこう》という形式をとり、両属の関係が成立した。以後高麗は、宋との間に、慶弔の使者をとりかわし、『文苑英華《ぶんえんえいか》』『太平御覧《たいへいぎょらん》』などの書物を賜るなど、好意に満ちた関係を維持

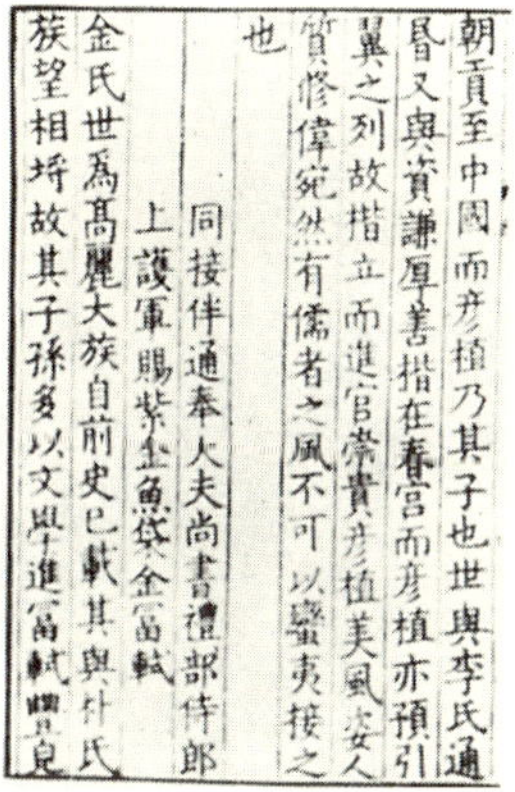
朝貢至中國而彥植乃其子也世與李氏通
昏又與資謙厚善指在春宮而彥植亦預引
翼之列故指立而進官秩貴彥植美風姿人
質修偉宛然有儒者之風不可以蠻夷接之
也
同接伴通奉大夫尚書禮部侍郎
上護軍賜紫金魚袋金富軾
金氏世爲高麗大族自前史已載其與朴氏
族望相埒故其子孫多以文學進富軾豐皃

60　『宣和奉使高麗図経』
図は残っていない

して北宋の末に及んだ。

徽宗の宣和五（一一二三）年に高麗に来った宋の使者の一行のなかにあった徐兢《じょきょう》が著した『宣和奉使高麗図経《せんなほうしこうらいずけい》』は、当時の高麗を知る、きわめて貴重な史料である。

やがて完顔部の酋阿骨打《アクダ》は自立して金国を建て、遼朝の大軍を混同江畔に撃破し、宋と挟撃して遼を滅し（一一二五年）、さらに宋都開封を陥落させて北宋王朝を覆した（一一二七年）。高麗はこの間、睿宗の十一（一一一六）年に、遼兵の退去に乗じて抱州（義州）と来遠城を獲得した。

このような事態に際会し、高麗は南宋と金の両王朝に服属して自国の安全の保持に腐心した。このようにして高麗は、宋と遼・金二国との対立抗争を主軸とする東アジアの歴史の展開のなかにあって、南北二勢力からの働きかけを受けて二重の外交関係をもつとともに、南北の抗争を利用した仲介貿易によって利益をえた。とりわけ宋と高麗との経済関係は密接で、宋船の高麗への渡航は盛んであった。しかし、南宋への公式の遣使は、一一三六年を最後に杜絶した。

遼から金へと、約三百年にわたる「満州」勢力の侵入と圧迫は、高麗朝をしてますます政治的軍事的重点を北方におかせるようになった。しかし、やがて高麗はそれまでとは比較にならない強力で徹底的な侵略をうけて、その歴史的進路に根本的変化を余儀なくされるにいたった。モンゴル軍の来征がすなわちそれである。

貴族の衰退と武人の台頭

都の開城《かいじょう》では貴族の争いや陰謀がしだいに激化して武器をとって争いが公然と行われるまでになった。文宗から仁宗にいたる七代の王の外戚となって権勢を振るった慶源《けいげん》の李氏は、仁宗のとき、王がその専権を忌み、密《ひそ》かにこれを除こうとはかったことを知り、みずから王位につこうとして、王宮を襲撃してこれを焼いた（一一二六年）。しかし一味の拓俊京《たくしゅんけい》と争い、首領の李資謙以下は霊光（全羅南道）に流され、李氏は没落した。

この乱で、宮殿が多く焼失し、都城は荒廃し、全盛を誇った貴族政治は衰退に向かった。都にただようこの不安な空気のなかで、西京の僧妙清《みょうせい》が地理風水の説をもって登場し、仁宗にとりいって、西京に新宮殿を造営させた。妙清は王に説いて、西京への遷都を行わせようと策動した。しかし、遷都による貴族内部の権力の変動を恐れた金富軾《きんふしょく》らの反対にあって果たさなかった。遷都を王張する趙匡《ちょうきょう》一派は妙清を押したてて西京で叛乱を起こした（一一三五年）。王は金富軾を元帥としてこれを討たせ、趙匡も妙清を殺して一時降ったが、再び反し、その鎮定に一年を要した。

北方に政治的・軍事的重点を置く高麗朝の政策は、必然的に武人の比重を高めることになった。かれらの武力は東北面・西北面兵馬使の勢力として形成された。しかし、当時の武人は貴族・文人に仕え、その下積みとなって冷遇され、不満であった。およそ国初においては、文臣と武臣との間には、さしたる差はみられなかったが、うちつづく太平の間に、文臣の地位は優越するようになり、武臣は功があっても、一定以上の地位にのぼることはできなくなった。

高麗王朝の第十八代の王毅《き》宗（一一四六〜七〇）は宴遊を好み、太平好文の王といわれたが、文士を従えて日夜享楽を事として政事を怠り、武臣の反感をかった。毅宗の二十四（一一七〇）年四月、王は興王《こうおう》寺にゆき、夕方普賢院《ふけんいん》についた。このとき、かねてからしめし合わせていた大将軍鄭仲夫《ていちゅうふ》、李義方《りぎほう》、李高《りこう》らが蜂起して、扈従《こじゅう》の文官・宦官《かんがん》を虐殺した。さらに夜に開城に到り、宮門にはいって内直の員僚を皆殺しにし、太子宮にも行って文臣を殺害した。このときかれらのよびかけに応じて兵卒が蜂起して、判吏部事許洪材《きょこうざい》ら五十余人を殺したが、これは当時大土地所有、すなわち農荘《のうしょう》の発展にともなって、農民の貧困化、流民化が進み、各地に一揆が起こっていたので、農民の文臣に対する反感が府兵に反映していたのである。こうして武臣は農民から徴集された兵士の蜂起に助けられて、貴族・文臣にとって代わった。この事件を庚寅《こういん》の乱という。

この年の九月には宦官を中心に鄭仲夫らを討とうとする陰謀があったので、毅宗は廃せられて巨済《きょさい》県に流され、王の弟明宗（一一七〇〜九七）が即位した。ところが明宗の三（一一七三）年八月、東北面兵馬使金甫当《きんほとう》が挙兵し、鄭仲夫らを討ってまた毅宗を立てようとした。しかし甫当は翌月捕らえられて開城に送られて殺され、文臣は報復手段として殺戮《さつりく》されてほとんどつきた。それが癸巳《きし》の乱である。こうして武臣は文臣に代わって顕要の地位を占め、王はただ名のみとなり、政治の実権はあげて武臣に帰するにいたった。

崔氏政権の確立

そうなると、こんどは武人相互の間に権力闘争が起こって、政治不安がつづいた。すなわち、李高《りこう》は明宗元（一一七一）年正月、李義方《りぎほう》に殺され、李義方は明宗四年、僧侶の武臣に対する反対運動を弾圧し、女を東宮妃として専権の行為があったが、西京留守兵部尚書《せいけいりゅうしゅへいぶしょうしょ》趙位寵《ちょういちょう》の挙兵を伐って克たず、鄭仲夫の子筠《いん》に暗殺された。明宗の九年、鄭仲夫は将軍慶大升《けいたいしょう》に殺された。大升は清廉で復古の志があり、学識・勇略のないものは近づけなかったので、武人もこれを憚《はばか》って放縦の行為がなかったといわれる。

61　武人像

明宗十二年七月に大升が死ぬと、大升の門客は捕らえられ、その多くは拷問《ごうもん》のため遠流の途上に死んだ。明宗はその十四年、李義旼《りぎびん》を召還した。義旼は塩売りを父とし、寺婢を母とした府兵あがりの男で、凶暴であった。義旼はたちまち実力者となって権をもっぱらにし、土地を占奪し、徒党を組んで政を乱した。しかし、このような人物が時めくところに、賤民・奴婢の解放への一歩がみられるといえよう。将軍崔忠献《さいちゅうけん》は義旼を弥陀山《みださん》の別荘からの帰途に襲って殺害し、京に馳せ還って義旼の子至純《しじゅん》・至光《しこう》を破り、その一族を滅ぼした。明宗の二十六（一一九六）年のことである。忠献はさらに自分に反対するものを粛清して実権を握り、翌年には明宗を廃位して神宗をたてた。

崔忠献は権力を掌握するとともに、地方に広がっていた農民・賤民・奴隷の反乱の鎮圧に努め、これに成功した。すなわち、武人たちはこのような一揆が旧《ふる》い体制をゆり動かすのに乗じて貴族・文臣をたおし、一揆を鎮圧して権力をかためたといえる。こうして崔忠献にいたって武人政権が確立し、以後四代、前後約六十年間にわたって、崔氏の政権がつづくこととなった。

このような武臣たちは都房《とぼう》を設けて門客《もんかく》を養い、これを私的武力としていた。都房は崔忠献にいたって拡大強化され、六番都房となり、さらにその孫の崔沆《さいこう》にいたって三十六番都房にまで発展した。この都房の私兵集団が、武臣の支配体制の中核となったのである。私兵は門客と家僮《かどう》によって構成されていた。

また崔忠献は私邸で文武官人の任免を行っていたが、その子崔瑀《さいう》（怡《い》）は、高宗の十二（一二二五）年、私邸に政房《せいぼう》をおき、文武官人の任免や政治全般をつかさどった。政房の事務は崔氏の門客の中から文士を選んで行わせ、王朝の百官は政房に伺候して政治について上申した。こうして王は崔氏の前にまったく無力な飾りものにすぎなくなった。

こうした都房・政房の設置に、崔氏政権がもつ従来の王朝に寄生している官人とは異なった新しい性格を認めることができる。こうして崔氏政権は、王朝の権力のほかに、新しい権力のしくみをつくりだそうとしていたのである。また崔氏をはじめとする武臣たちは、その私的勢力を利用して土地を獲得し、大きな農荘《のうしょう》を所有して門客・家僮を派遣し、収穫物をとりたて、王から賜った食邑《しょくゆう》とともにこれを権力の経済的基盤とした。

しかし、かれらは地方には地盤を持たず、開城の邸宅に財宝、武器を蓄え、私兵を養い、地方に所有する農荘の耕作者ともなんのつながりも持たず、農荘の土地を門客に分与することによって、土地を媒介とした主従関係を成立させることもなかった点で、我が国の武士とは大きな相違を示している。

ところが、この武臣政権は、やがて漠北に興起し、半島に侵入して来たモンゴルの行動によって倒され、中絶するにいたった。

モンゴル軍の侵入と武臣政権の倒壊

十二世紀の後半になると、モンゴル高原のステップ地帯で遊牧生活を営んでいた北方諸部族の一つであるモンゴル部に、一代の英雄テムジンがあらわれた。かれは内外モンゴルの諸部族を帰服させ、一二〇六年、オノン河畔に即位してチンギス汗の称号をうけ、全モンゴルの汗となった。

チンギス汗は一二一一年、金国に対する侵入を開始し、その北辺を突破した。金の北辺千戸として現在の中国の東北地方にいた契丹《きったん》人耶律留哥《やりつりゅうか》は、部下の契丹人十万をひきいて金にそむき、モンゴル軍と連合して金の討伐軍を破り、一二一三年、いわゆる偽遼国《ぎりょうこく》をたてた。

62　江華島伝燈寺大雄殿

一二一五年（高麗《こうらい》・高宗の二年）には、留哥の討伐にあたっていた金の将軍蒲鮮万奴《ほせんばんど》も遼東《りょうとう》で自立して国を大真《だいしん》と号し、その勢力範囲は現在の中国の吉林《きつりん》省から朝鮮の咸鏡《かんきょう》道方面にまで及んだ。

ところが偽遼国で兵変が起こり、耶律留哥はチンギス汗に投じた。チンギス汗は留哥をたすけて偽遼国を伐ち、契丹人は高麗に走った。かれらは三年の間半島の北部一帯を侵略したが、高麗はこれを防ぎ、モンゴル・蒲鮮万奴の軍と、契丹人を大同江《だいどうこう》畔の江東《こうとう》城に挟撃してこれを掃滅した（一二一九年）。

高麗はこれよりモンゴルに対して歳貢《さいこう》の義務を負う兄弟国となった。ところが一二二五年（高宗の十二年）、貢物をとりたてる使を義《ぎ》州の近くで暗殺したので、高宗の十八（一二三一）年、サルタイのひきいるモンゴル軍はこれを口実に高麗に侵入し、開城《かいじょう》を包囲し、さらに開城以南の広《こう》州（京畿《けいき》道）・忠《ちゅう》州・清《せい》州（忠清北道《ちゅうせいほくどう》）の地を侵略したので、高麗は降伏して莫大な贈与を行った。そこでサルタイは攻略した諸城にダルガチ（政治を監督する役人）を配置して引き揚げた。

ところがモンゴルは、いよいよ強硬な態度で高麗に臨み、その要求はとどまるところを知らなかったので、高麗の君臣はこれ以上その圧制をうけるに忍びず、背叛の決意を固めた。

すなわち当時の権臣崔瑀《さいう》は、江華《こうか》島への遷都の議を採用し、王を脅かして都を江華島にうつした。そこでサルタイは太宗オゴタイの命をうけて、高宗の十九年ふたたび高麗を伐ったが、水原《すいげん》の東南処仁城（京畿道）で流れ矢にあたって戦死したので、モンゴル軍は引き返した。

　モンゴルは高宗の二十二年より二十六年にいたる五年にわたって高麗を伐ち、現在の京畿・忠清・全羅《ぜんら》・江原《こうげん》・慶尚《けいしょう》の諸地方を横行し、高麗軍と戦った。モンゴルの太宗は、高宗がみずから入朝することを要求したが、高麗は応ぜず、王族を質子として屈伏の意をあらわした。しかし、江華島から出ようとはしなかった。

　高宗の三十四（一二四七）年、モンゴルの定宗グユクは元帥アムカンをして高麗に侵入せしめ、現在の平安南北《へいあんなんぼく》・黄海道《こうかいどう》を侵した。

　高宗三十八（一二五一）年、モンゴルでは憲宗モンケが即位し、王に親朝と遷都を命じたが、高麗が従わなかったので、高宗四十（一二五三）年、モンゴル軍は南下して忠州を囲んだ。翌四十一年ジャラルタイは鴨緑江《おうりょっこう》を渡河し、南下して忠州・尚州（慶尚北道《けいしょうほくどう》）の山城を囲み、焚掠劫奪《ふんりゃくごうだつ》を行った。その惨害は、

「男女のとらわれるもの無慮二十万六千八百余人、殺戮《さつりく》されたものは算《かぞ》えることもできない。モンゴル軍がすぎるところの州郡は皆灰燼《かいじん》に帰した」

といわれるほどであった。以後、モンゴル軍は高宗の四十二年から四十五年にかけて、連年侵入し、諸道を横行し、殺略をほしいままにした。

63　海印寺大蔵経板庫

この間、江華島の君臣はここに宮殿や邸宅をつくり、二月の燃燈会《ねんとうえ》や仲冬の八関会《はっかんえ》をやめず、租税は南鮮から海路で運び入れていた。兵難は、諸方に防《ぼう》護別監《ごべっかん》を派して抗戦の監督にあたらせたが、他方では仏会を設けて、仏の加護によってこれを祓《はら》おうとした。高宗の十九年にモンゴル軍の侵入で焼失した大蔵経《だいぞうきょう》を、江都で再刻したのもこの理由による。この板木は慶尚南道《けいしょうなんどう》の海印《かいいん》寺に保存され、仏教文化の貴重な遺産となっている。

その間、地方の民衆は、あるいは山城にたてこもり、あるいは海島に逃れてモンゴル軍に抵抗した。とくに半島独特の山城を根拠とした抗戦は、相当にモンゴル軍をてこずらせたと考えられる。当時、モンゴルに対する抵抗は、草賊といわれる農民反乱や奴隷をもふくむ広汎なもので、その頑強な戦いは、その後のモンゴル・元帝国の高麗に対する政策にも多大の影響を与えたのである。

なお、江華京時代の最後に近い高宗の四十五年、モンゴルは和州（咸鏡南道永興《かんきょうなんどうえいこう》）に双城総管府をおいて、鉄嶺以北の地域をモンゴル領に編入し、高麗のモンゴル服属が完了した元宗の十一（一二七〇）年には、崔坦《さいたん》の反乱に乗じて西京《せいけい》（平壌《へいじょう》）に東寧府を設け、慈悲嶺以北の地を高麗から奪った。

いっぽう、江都にうつった廷臣らは、いつ終わるとも知れぬ敵軍の侵寇に疲れはて、崔《さい》氏に対する不満がたかまってきた。高宗の四十五（一二五八）年、柳璥《りゅうけい》・金仁俊《きんじんしゅん》らのクーデターによって崔瑀《さいう》の孫崔竩《さいぎ》は殺され、崔氏政権が倒れると、高麗政府は江華島を出て降伏することとなった。

元朝制御下の高麗

高麗《こうらい》は翌年太子倎《てん》をモンゴルに遣わし、表を奉じて入朝の礼をとらせた。このときモンゴルでは憲宗が歿《ぼっ》して世祖フビライが立ち、国号を元とあらため、高麗に対する従来の強圧的政策をやめて懐柔政策をとり、征討の軍をやめ、太子倎は帰国して王位についた（一二五九年）。これが元宗である。

高麗はモンゴルの属国となり、以後第三十一代恭愍《きょうびん》王にいたる八代九十余年の間、その制御を受けることとなった。高麗王はしばしば元に入朝し、太子は人質として元の大都(北京《ペキン》)にとどめられ、王の死去、譲位のばあいは元の大都で即位して帰国するものもあった。元宗の太子諶《たん》は元に人質となって、父王の死によって帰国して即位した。これが第二十五代忠烈《ちゅうれつ》王である。これより以後七代の王は元朝によって中国皇帝のような廟号を称することを許されず、忠宣《ちゅうせん》・忠粛《ちゅうしゅく》などの諡号《しごう》を賜るだけになった。忠烈王は元にあるとき世祖の女クツルガイミシ公主を娶《めと》り、これより高麗王は歴代この例にならい、元の公主が産んだ混血児が立って王となり、元の帝室と高麗の王室は代々舅《しゅうと》と甥《むこ》の関係に立つこととなった。また高麗王室のものはみな元風の名前を称し、風俗も元にならい、宰相《さいしょう》以下の官人はことごとく弁《べん》髪《ぱつ》を結い、元の服装をし、国内ことごとく元の衣冠を着けた。

世祖は高麗を服属させたのち、日本を招諭しようとして成功せず、ついに一二七四年（日本の文永十一年）と一二八一年（同じく弘安四年）の再度の日本遠征が行われ、失敗に終わった。高麗はこの文永の役・弘安の役の二度の遠征にさいして、工人を集め、軍船を建造し、兵士を派遣し、兵粮を供給し、漕手・水手を集めるなど、莫大《ばくだい》な負担に苦しみ、文永の役の翌年には、忠烈王は元に使者を遣わして、民力が衰えて、再度の従軍は困難であることを告げて哀訴したが、もとより世祖はとり合わなかった。なお世祖のとき、日本遠征遂行のため、高麗に征東行省が至元十七（一二八〇）年を最初に、しばしば設置されたが、至元二十四年以後は元の高麗統制の機関として常置され、辛禑《しんご》王のときにいたった。

元はこのように高麗に苛酷な負担を強い、度重なる誅求を行い、たえず高麗の内政に干渉したので、高麗はこれに深い反感を抱き、それはやがて元朝の衰えとともに表面化するにいたった。恭愍《きょうびん》王（一三五一～七四）の反元行動がそれである。

王は元の順帝の外戚《がいせき》として横暴をきわめた奇氏一族を誅滅し、軍を派して東北面の双城総管府の地を攻略した。

この間忠定王の二年（一三五〇）以降、高麗は倭寇《わこう》の連年の跳梁に悩まされた。

一三六八年、中国に明王朝が興り、元朝はモンゴル高原に退いた。これが北元である。高麗は明とは洪武《こうぶ》二（一三六九）年から交渉をもつようになり、翌年にはその冊封《さくほう》をうけた。しかし元の勢力にまったく依存してその地位を保ってきた高麗朝は、しょせん、元の没落とともに滅びる運命にあった。すなわち恭愍王の死後、高麗は北元とも関係を継続し、朝廷は親元・親明の二派に分裂し、明朝の高圧的態度もあって、旧勢力の親元派が力をもつようになり、北元覆滅後の辛禑王の十四（一三八八・洪武二十一）年、遼東攻撃を企てた。将軍李《り》成桂《せいけい》はその無謀を知り、鴨緑江の威化島から軍を回し、親元派を一掃し、土地制度を改革して勢力をかため、一三九二年、ついに高麗王朝を倒して李氏朝鮮をたてた。

第四章　官戸形勢戸の土地所有と貨幣経済・財政の拡大

この章の内容

宋代はさきに述べたように、その軍事力の弱さから、対外的には北方の遼《りょう》・西夏《せいか》・金《きん》に圧せられて、その勢いははなはだふるわなかったが、国内では太祖朝（九六〇〜七六）以来の文治政策によって比較的に平和がつづいたので、農業や手工業がおおいに発達し、農村では官僚・地主が権勢をふるい、都市では商人の勢力が増してきた。

唐朝の中期以後、均田《きんでん》制が崩壊すると、均田農民のあいだに階層分化がおこり、そのある者は土地を集積して豪族となり、ある者は産を失って豪族の小作人、すなわち佃戸《でんこ》となった。これらの豪族たちは、唐末・五代の武人政治の下で、節度使《せつどし》・刺史《しし》の衙府《がふ》に投託して種々の職事を行うことによって州・県の役をさけ、あるいは銭穀《せんこく》を節度使に献じて軍将・鎮《ちん》将《しょう》となるなどして勢力を蓄積した。このような地方の豪族・地主層、すなわち形勢戸《けいせいこ》は、宋代になると多く文官登用試験である科挙《かきょ》に合格し、政界・官界に進出して官僚となった。このように、形勢戸で子弟を官僚とした家を官戸《かんこ》という。

このようにして官戸・形勢戸は、北宋の初めからすでに大土地所有を行っていたが、太祖朝・太宗朝（九七六〜九七）以後も、かれらは官人に与えられていた免役《めんえき》や種々の付加税の

64　宋代の石俑　河南省方城県出土

免除などの特権を利用して、荒蕪地《こうぶち》の開墾や、天子の賜田《しでん》、農民に対する高利貸的収奪、典《てん》売《ばい》・寄進などによってますます土地所有を発展させた。このために仁宗朝（一〇二二～六三）の初めに官戸の土地所有を制限する限田《げんでん》法が行われたが、効果がなくてまもなくやめられた。神《しん》宗朝（一〇六七～八五）になると、王安石が新法の一環として免役法を施行して、官戸に助役《じょえき》銭を出させ、哲宗朝（一〇八五～一一〇〇）にいたって、官戸の所有地の徭役《ようえき》免除の限度を定めた限田法を行い、つぎの徽《き》宗（一一〇〇～二五）のときには、これをさらに整備した限田免役《げんでんめんえき》法を施行した。この法は南宋にいたってさらに強化されたが、豪族出身の官僚が、自分で自分の首をしめるような政策をもとよりまじめに行うはずがなく、大土地所有はさらに発達した。

　官戸・形勢戸は農村で荘園を経営し、荘園には管理人を置いた。その耕作に従事したのは佃戸・奴僕《ぬぼく》あるいは雇用人で、ことに前二者が主体となっていた。佃戸は主家から重い租をとられ、食料・種子・銭を高利で借りて経済的に主家に依存し、主家との間には上下の分、すなわち封建的従属関係があるものとされた。法律上でも佃戸の地主に対する犯罪は北宋中期では世間一般よりも一等、南宋では二等も重く罰せられ、反対に地主の佃戸に対する犯罪は軽く罰せられた。佃戸は移転の自由をもたなかった例も多く、「随田佃客《ずいでんでんかく》」といって、田土の売買が行われたときには土地とともに売り渡された例もあった。しかもこの佃戸の階層は、時代が下るとともに増大していった。

宋代の農村には多くの自営農民が住んでいたが、かれらは資産の等級からいって下等の戸が多く、租税や役の不公平や官戸形勢戸の高利貸的な収奪によって貧困化し、佃戸に転落するものも多数あったからである。

要するに、官戸・形勢戸は荘園を所有して農奴的な佃戸の耕作の上に立っていた。すなわちかれらの政治的・経済的・社会的地位は、荘園とそこにあらわれた封建的な支配・従属関係である地主＝佃戸関係を基盤として、その上に成立していたのである。こうしてかれらは官僚として政治を動かし、地方では豪族として郷里を指導して支配階級としての活動を行った。さらに注目すべきは、ここに述べた地主＝佃戸関係は、以後元・明・清の時代を通じて、佃戸の地位の上昇にともなってその性格に変化を見せながらも、社会的に重要な生産関係として持続されたことであり、したがって、これが宋代に成立した意義は、まことに大きいといわなければならない。

また、宋代には貨幣としては銅銭・鉄銭と紙幣が流通した。銅銭は太祖の時代に宋元通宝が鋳造されたのを始めとして、太宗の太平興国《たいへいこうこく》年間に太平通宝が鋳られて以後は、年号が改まるごとに、その年号を冠した通宝・元宝が造られた。銅銭は諸路で通用したが、種々の事情から、北宋では四川《しせん》・陝西《せんせい》・河東《かとう》の各路で、鉄銭が使用された。北宋においては銅銭の年鋳造額は貨幣経済の発達を反映して急速に増大し、神宗朝には五百万貫をこえたが、なお銅銭不足によるいわゆる「銭荒」を免れることができなかった。銅銭の鋳造額はその後は減少して、南宋では年額十万貫程度となった。銅銭の不足は紙幣の発行で補われた。北宋の仁宗時代に四川ではじまった交子《こうし》は中国最古の紙幣で、商人組合の約束手形からはじまって官営となり、手形の性格を脱して紙幣となったものである。これが濫発されて価値が暴落すると、代わって銭引《せんいん》が行われた。

また宋代には各種の手形が流通した。送金手形である便銭、約束手形の交引《こういん》などがそれであり、神宗時代にはじまった見銭公拠《けんせんこうきょ》、北宋末にはじまった見銭関子《けんせんかんし》は、南宋では紙幣として流通している。これは宋代の商業の発達を如実に示すものである。

宋代の租税は、公田の租や民田の両税・屋税・地税・人頭税・両税の付加税などからなり、もっとも主要な財源は両税であった。このほか人民から米麦絹紬麻布を買い上げる和糴《わてき》や和買絹紬布があり、後には市価より安く、強制的に買い上げるので、租税のような性格を持つようになった。

特筆すべきは商業の発達にともない商税の収入が増加して重要な財源となったことで、また塩・酒・茶の専売利益も大きな収入を政府にもたらした。宋初以来の国内産業の発達、商品流通・貨幣経済の発展によって真宗（九九七〜一〇二二）・仁宗朝以後、国家の財政収入は年をおって増加し、国庫には莫大な余剰が貯えられたが、いっぽう財政支出の方も積弱の宋軍が兵員をいたずらに増大させて、数にたよろうとしたことによる軍事費の急増、文治政治にともなう冗官《じょうかん》の増大、遼や西夏に対する歳幣《さいへい》の支出などによってすこぶる膨脹し、ついには歳出が歳入を上まわるようになった。

こうして、仁宗朝の末から英宗朝（一〇六三〜六七）にかけて財政は赤字に転落し、中小農民や中小商人に対する保護の必要ともあいまって、神宗朝にいたって王安石の新法が施行されることとなった。

一　官戸形勢戸の大土地所有

官戸形勢戸の発生

唐の中ごろ以後、均田《きんでん》制が壊れてくると、均田農民（百姓といった）が解体し、これらのなかから、多くの土地（荘園）を所有して豪族となるものが出てきた。それと同時に土地を失って佃戸《でんこ》となるものも多くなった。当時、これらの豪族は、豪戸《ごうこ》・有力戸《ゆうりょくこ》・力及戸《りききゅうこ》・力及《りききゅう》大戸《だいこ》・富戸《ふこ》などとよばれていた。

唐の穆宗《ぼくそう》の長慶《ちょうけい》元（八二一）年のころ、京兆府《けいちょうふ》櫟陽《れきよう》県（陝西《せんせい》省臨潼《りんどう》県北）では、土地の肥えたものと瘠《や》せたものとが半分ずつあり、豪戸と寒農は全体を三分にして計ると、豪戸はその二分、すなわち三分の二をもっていた（沈亜之《しんあし》『沈下賢集《しんかけんしゅう》』巻六櫟陽兵法尉庁記《れきようへいほういちょうき》）。

五代後唐の長興二（九三一）年には、諸道の郷村《きょうそん》の有力人戸《ゆうりょくじんこ》（資産のある人戸）を村長に任命し、村民と議して、有力人戸の余地（土地台帳に記載されていない土地）を出させて税を納めさせ、貧下の民（貧しくて等級が低い戸）の土地の欠税を補足させた。また、後漢《こうかん》の乾祐《けんゆう》二（九四九）年には、臣下が請うて、

65　収穫を監督する形勢戸　佃戸の取り入れ作業を形勢戸が見守っている

「諸道の州府の力及人戸は広く田園を置いて耕《こう》稼《か》に勤めず、利を興して末游《まつゆう》（商業）を事としているので、代耕銭を納めさせて、農務を督させん」

といった。これらの諸例は、当時豪戸・有力戸・力及戸が田園（荘園）を多くもっていて、これらを自分では耕作せず、所有の田園を佃戸に耕作させていたことを表すものである。

また唐末五代には、これらの豪族は多く節度使や州の刺史《しし》などの武人に投名《とうめい》、すなわち投託して、その下でいろいろな職事《しょくじ》を行っていた。このため貧下の民が州県の諸役にあてられて苦しんだ。たとえば、後唐の末帝の世に、臣下が請うて、

「州県の郷村の有力戸は衙府《がふ》（節度使・刺史の

66 入倉の図 歳の暮れに米を倉にいれる。
楼璹『耕織図詩』より

官庁）に投名して事に服し、差役《さえき》はただ貧下の戸に割り当てられるので、州県の事務の人数を定めて、その余は田里に帰らせん」といっている。後漢の乾祐《けんゆう》元（九四八）年には、州県の戸のなかで、差役に割り当てるものを決定し、その力及大戸が諸処に投名し、影占《えいせん》されるのを禁止した。影占は影庇《えいひ》ともいい、権勢ある官がその戸をこっそりと受け入れて、事務を行わせることをいった。これらは郷村の豪族が節度使や刺史などの衙府に投名して、その職事、すなわち前述の衙前《がぜん》・人吏《じんり》や後述の承符《しょうふ》・散従官《さんじゅうかん》などになっていたことを表すものである（第一・第五章参照）。

また五代の世には、豪族が節度使に金銭や粟《あわ》・芻《まぐさ》などを献納して、その軍将や鎮将《ちんしょう》に任ぜられたものもあった。江南《こうなん》や蜀《しょく》の諸国では、豪民が武力を備えて有力な武将となっていたものも多かった。

さらに五代の豪民のなかには、儒者となって、節度使以下の武人の幕僚となり、中央の文官となるものもあった。後漢の世に御史台《ぎょしだい》の殿中侍御史《でんちゅうじぎょし》にまでなった張粲《ちょうさん》は、もと農家であって、三十歳にしてはじめて経書を学ぼうと決心し、儒者をその荘園に招いて、弟子となって習学し、絳《こう》州(山西省新絳県)防禦《ぼうぎょ》判官・昭義《しょうぎ》(山西・潞《ろ》州)節度判官から前記の官に上り、玉泉《ぎょくせん》(山西省黎城《れいじょう》県)の荘園で死んだ。

前述の河東《かとう》節度使李存勗《りそんきょく》(後唐・荘宗)の掌《しょう》書記であった馮道《ふうどう》も瀛《えい》州景城《けいじょう》(河北省献《けん》県)の農家で、儒者となって荘宗に仕え、荘宗の即位後には翰林学士《かんりんがくし》となり、その後同中書門《どうちゅうしょもん》下平章事《かへいしょうじ》に任じ、後晋《こうしん》・後漢《こうかん》を経て、後周《こうしゅう》の世宗の初めまで宰相《さいしょう》の職にとどまっていた。かれも瀛州景城と河南府洛陽《らくよう》県に荘園をもっていた。

宋代官戸形勢戸と土地所有の進展

かれらは豪族の出身で官僚になったもので、官僚になってからもますます荘園を拡大したのである。これは宋代の官戸形勢戸の先駆をなしており、宋代の官僚はこの系譜につながるものである。

唐末五代に各地で新しく興った豪族は、宋が中国を統一して、武人体制を廃止し、文官政治を行うようになると、前述のように多く科挙に及第して、官僚になった。また宋初には、後述のように差役《さえき》の法を設けて、州県ならびに路《ろ》の監司《かんし》の職役や郷村《きょうそん》の職役を定め、これらの諸役には、おもに郷村の上等戸(資産を五等に分けたなかの一、二等戸)をあてたため、新興の豪族はこれらの職役についた(第五章参照)。そこで宋ではこれらの豪族を形勢戸《けいせいこ》といった。この形勢という語は唐・五代にも見え、権勢のある家をいったが、宋代には広く郷村の豪族をさすようになった。

これらの形勢戸のなかで、官途《かんと》についたものは、品官《ひんかん》の家、一般に官戸《かんこ》といった。官戸には科挙に及第したもの、祖・父の蔭《いん》によって官僚になったもの（任子《にんし》）、胥吏《しょり》（官庁の書記）の出身のものや武将、さらに宗室《そうしつ》（皇族）や内命婦《ないめいふ》（宮中の女官）の親族で官を授けられたもの、または進納《しんのう》（買官）や軍功・捕盗によって武官となったもの、医官などがあった。

しかしこのなかでは、科挙、とくに進士科に及第したものがもっとも重んぜられ、胥吏出身や武将はあまり重んぜられず、また、宗室や内命婦の親族以下の官は官戸の免役の特権も制限されていて、多くは前述の朝官《ちょうかん》（朝謁に与《あずか》る資格のある官。常参官《じょうさんかん》）になってはじめて許された。

したがって形勢戸のなかでも、科挙に登第したものは重んぜられたが、州県の職役を永年勤めて胥吏になったものなどは軽視されたため、形勢戸はその子弟に勉強させ、科挙に合格させて官戸になることを努めた。科挙に及第すれば、その家は官戸として免役などの特権を与えられたので、形勢戸はこの特権を獲得しようとしたのである。

宋代の科挙は、貧富を問わず門戸を開放していたので、だれでも進士科や諸科に受験することができたが、実際には貧賤の家の子弟が科挙に及第することは困難であって、多く豪族、すなわち形勢戸の子弟が合格していた。その理由は科挙の合格者となるための競争がひじょうにはげしく、それゆえにあるいは特別に教師を雇い、あるいは何年も受験の準備を行わねばならず、さらに旅費などの出費もかさなったので、その家に相当な経済的余裕がなければ、目的を達成することができなかったからである。

このようにして、宋代では形勢戸は多く官戸となったので、両者は「形勢官戸」・「官戸形勢戸」とか、「品官《ひんかん》形勢の家」などと併称された。とくに南宋では、形勢戸は進納によって、ほとんどみな官戸となっていたので、官戸形勢戸は一体化していた。宋代の大土地所有は、これらの官戸形勢戸の土地所有の発展であった。

宋代には、五代に豪族がはじめて儒者になって文官になったように、従来、官に仕えたことのなかった形勢戸で、科挙に合格して官戸となるものがひじょうに多かった。むろん、これらの形勢戸は地方の豪族として多くの土地をもっていた。このようなものは、華北の官僚においてもそうであったが、とくに江南《こうなん》や四川《しせん》の官僚に多かった。

67　状元（首席）合格を夢みる受験生

豪族出身の高級官僚

これらの例を少しあげると、まず北方では山東《さんとう》の済《せい》州鉅野《きょや》（山東省鉅野県）の人で、進士に及第して、仁宗朝に知制誥《ちせいこう》となった王禹《おうう》偁《しょう》は、「世々農家であった」といわれる。また、宋州虞《ぐ》城（河南省虞城県）の人王瀆《おうとく》は、五代の世に祖父が高貲《こうし》（高額の資産）にまかせて礼《れい》を習い、州の官にあげられ、はじめて士族になった。王濆も進士に及第して奉常《ほうじょう》（太常《たいじょう》）博士となったが、その子王堯臣《おうぎょうしん》は仁宗朝において執政《しっせい》にまでなった。また襄陽《じょうよう》（湖北《こほく》省襄陽県）の人梁蒨《りょうせん》は一〇二七（天聖《てんせい》五）年の進士で、兵部《へいぶ》員外郎直史館《いんがいろうちょくしかん》にいたったが、曾祖父までは「高貲《こうし》をもって郷里に雄たり」とあるように、多くの土地をもった豪族であり、祖父の代にいたってはじめて仕官した。北宋が滅んだとき、金に擁立されて斉国を建てた劉豫《りゅうよ》も、阜城《ふじょう》（河北省河間《かかん》県）の人で「世々農をなしていた」が、かれにいたってはじめて進士にあげられ、徽宗《きそう》朝に殿中侍御史《でんちゅうじぎょし》・河北西路《せいろ》提刑《ていけい》となった。

　江南や四川では、まず仁宗の天聖八（一〇三〇）年に進士になり、ついにこの朝に宰相となった劉沆《りゅうこう》は、江西《こうせい》の吉州《きっしゅう》永新《えいしん》（江西省永新県）の人で、その父劉煦《りゅうく》は「財をもって里中に雄たり、賓客を喜ぶ」ところの豪族であった。また、進士に及第して仁宗朝に執政となった四川の眉山《びざん》（四川省眉山県）の人孫抃《そんべん》は、六世の祖長孺《ちょうじゅ》が蔵書好きで書楼を作ったが、その後は代々田をもって業としていたという。なおこの書楼はその後ますます蔵書が増加して南宋では四川の著名な書楼となった。

　また、湖南《こなん》の潭州《たんしゅう》湘陰《しょういん》（湖南省湘陰県）の人彭慥《ほうぞう》は、仁宗の皇祐《こうゆう》元（一〇四九）年の進士で太常博士になったが、かれの祖父も父も財を軽んじて施与《せよ》を楽しみ、郷里の信望を集めていた。さらに徽《き》宗の崇寧《すうねい》二（一一〇三）年の進士汪藻《おうそう》の家は、五代宋初から徽州婺源《むげん》県（江西省婺源県）にいて、数代にわたって高貲を蓄え、子弟に読書を教えて、子孫のなかに進士に合格して高官となるものを多く出し、江西の著姓《ちょせい》（名族）となっていた。すなわち、曾祖父汪震《おうしん》が真宗の天禧《てんき》三（一〇一九）年、進士に及第してから、祖父宗顔《そうがん》・父穀・子藻《そう》の四代にわたって進士となり、それぞれ司《し》封郎中《ほうろうじゅう》・都《と》官員外郎《かんいんがいろう》・奉議郎《ほうぎろう》・翰林《かんりん》学士になった。そして五代宋初には江南の豪族には、この婺源の汪氏のように、僮僕《どうぼく》（奴僕《ぬぼく》）に田地を耕作させて財を積み、子弟に詩書を教えて進士に及第させ、顕官《けんかん》に登らせて、郷里の名族となるものが多かった（汪藻『浮渓集《ふけいしゅう》』巻一九為徳興汪氏種徳堂作記）。

また、両浙《りょうせつ》の常州《じょうしゅう》宜興《ぎこう》（江蘇《こうそ》省宜興県）の人邵霊《しょうれい》は、家に穀数千石を蓄えていて、真宗の咸平《かんぺい》年間（九九八～一〇〇三）の大飢饉《ききん》に多くの人を救ったが、その子梁《りょう》・孫剛《ごう》も進士科に登第したという。

後述（三一二ページ以下参照）のように、北宋末に山東の沂《ぎ》州（山東省臨沂《りんぎ》県）の知州《ちしゅう》（長官）となって、『水滸伝《すいこでん》』に見える宋江《そうこう》の進撃を阻《はば》んだ蒋円《しょうえん》の家も、常州の右《ゆう》族（豪族）で、曾祖・祖・父の三代は官に仕えなかったが、蒋円がはじめて哲宗の元祐《げんゆう》六（一〇九一）年に進士に合格し、南宋初めに秘閣修撰《ひかくしゅうせん》になった。このような例はこのほかにも数多く、枚挙にいとまがないほどである。

南宋進士科合格者の系譜

さらに、南宋初めの高宗《こうそう》・紹興《しょうこう》十八（一一四八）年に進士科に合格したものをみな記録した『同年小録《どうねんしょうろく》』という書物がある。この書のなかには南宋の大儒朱熹《しゅき》の名も見えるが、これには進士の合格者三百三十人の出身地と曾祖・祖・父の三代の名、およびそれらが仕官して

路　名	進士数	三代不仕数
両　　浙	90人	41人
江 東 西	53	33
福　　建	66	41
蜀（四川）	68	27
その他の路	11	6
華北諸路	26	5
宗　　室	16	
計	330	153

68　進士合格者と三代不仕数

いたかどうか、仕官していたとすれば、その官名などが記載されている。そこでこれらの三百三十人の出身地の路《ろ》と、曾祖・祖・父の三代の間、官に仕えたことのないものの数を分類してあげると、表68のようになる。

これによると、江南《こうなん》や四川《しせん》で進士に合格したものの約半数は、その曾祖・祖・父が官に仕えたことのないものであった。また、この書で三代の間ひきつづいて官に仕えていたものを見ると、たとえば、范仲較《はんちゅうかく》は四川の成都府華陽《せいとふかよう》の名家の出で、曾祖范百禄《はんひゃくろく》は進士に登第し、英宗朝（一〇六三～六七）から哲宗朝（一〇八五～一一〇〇）に官に仕えて、資政殿学士《しせいでんがくし》になったが、祖の祖徳《そとく》は朝奉郎《ちょうほうろう》、父渥《あく》は遂寧府通判《すいねいつうはん》であった。そうすると、前記の曾祖・祖・父の三代不仕の家は、少なくとも北宋の英宗朝以後官に仕えたことのない豪族、すなわち形勢戸《けいせいこ》で、この年はじめて子孫を進士に及第させて、官戸になったものであると思われる。

このように南宋初期も地方の豪族で、はじめて子弟を進士に合格させたものが多かった。とくに南宋初期には進士で数千石から数万石の米穀を出して、飢民を救済するものが多く見えている。これは進士の家が多くの田地を所有し、数千石から数万石の米を蓄えていたことを示すものである。

なお、北宋の末から南宋の初めにいたり、豪族や富商でも進納《しんのう》、すなわち買官によって官戸になり、免役の特権を受けるものが多くなった。このような地方の豪族、すなわち形勢戸は、元来、土地所有を基礎にして各地方で勢力をもっていたが、かれらが官戸となると、いっそうその土地所有を発展させた。

二　官戸形勢戸の特権と限田法・限田免役法

「天下の田地の半分を占める」

北宋の初期から、官戸《かんこ》形勢戸《けいせいこ》は大土地所有を行っていた。これについて説明すると、後述のように、仁宗の乾興《けんこう》元（一〇二二）年に官戸形勢戸の限田《げんでん》法が施行されたが、このときの臣下の上奏にも、「天下の田地の半分が形勢戸に占められる」といわれているように、形勢戸は多くの田地を所有していた。たとえば、このころ、右司諫《うしかん》呂景初《りよけいしよ》は河北《かほく》路を安撫《あんぶ》して帰朝し、比部員外郎《ひぶいんがいろう》鄭平《ていへい》が真定《しんてい》（河北省正定《せいてい》県）に戸籍を置いて、地七百余頃《けい》（一頃は五・六ヘクタール）を持ちながら、役を免れているので、役を均しく負担させんことを請うた。このため限田法が実施された。

同じく仁宗朝に京兆府《けいちょう》（陝西《せんせい》省西安《せいあん》市）の王縡《おうい》の家は代々この地に住んでいて、善田（肥《ひ》沃《よく》な田）数百頃を持っていた。さらにこの朝の人欧陽脩《おうようしゅう》が、当時の兼并《けんぺい》の家（豪族をさす）の弊害を論じたところによると、一戸で田百頃をもっているものは、客《かく》（佃客《でんかく》＝小作人）数

69　苗を植える

十家を養っていて、そのなかで耕牛を持つ持たないの相違があるにしても、主家とその収穫を分け合うものは十余戸だけで、その余の客は皆産租（家・田地などいっさいの賃借料）を出して僑居《きょうきょ》（寄留）しているものであり、これらの客は、多く主家から挙債（出挙《すいこ》＝利息付負債）して、一年について、本銭に二倍・三倍する利息を取られて苦しんでいた（『欧陽文忠公集』外集巻九時論・原弊）。

仁宗朝以後にも、官戸形勢戸がこのような大土地所有を行っていることには変わりがなく、哲宗の元《げん》祐《ゆう》六（一〇九一）年には、官戸で助役《じょえき》銭（民戸の免役銭の半分）を納めているものは、五十頃を限ってこれを納めるのを許し、五十頃以上の田地については役銭を全納させた。その後、徽《き》宗の政和《せいわ》二（一一一二）年には、後述のように限田免役法が行われ、一品品官の家の郷村《きょうそん》の田産は差科《さか》を免除するが、一品百頃以下九品十頃までであり、それ以上は民戸と同じくこれを課することとした（第六章参照）。

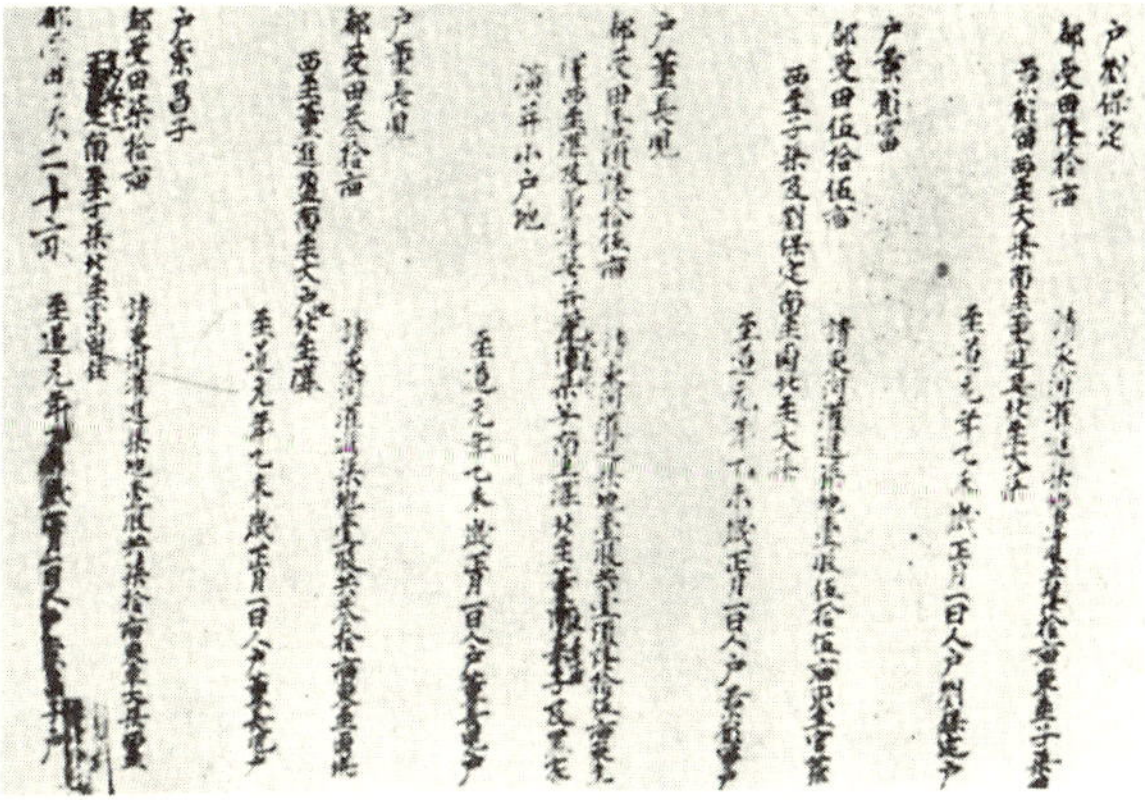

70　宋代敦煌の戸籍　宋の至道元（995）年の敦煌戸籍で，これは唐の戸籍と異なって，戸主の名だけをあげて，家族の名をあげず，その受田額をしるしている

したがって、このころには、官戸は多くの田地を所有していたのである。これらのなかでも、徽宗の寵臣《ちょうしん》で蘇州《そしゅう》の人朱《しゅ》勔《めん》は田地三十万畝（三千頃）を所有し、一年の収入は十余万石、邸宅・名園（荘園）は蘇州に半ばしたといわれた。南宋になると、官僚や武将の大土地所有はいっそう増大したのである。

免役の特権と農民の佃戸への没落

官戸《かんこ》はいろいろな理由で戸籍上、一般の民戸と区別されていた。そのおもな理由は、官戸には諸種の特権、とくに免役の特権が与えられていたからである。また、官戸をふくめて形勢戸も、租税納入の上で一般の民戸と区別されていた。豪族である形勢戸は多く自分の勢力をたのんで、租税納入の期限を違えた。

そこで太祖の開宝《かいほう》四（九七一）年、四川の閬《ろう》州通判路沖《つうはんろちゅう》が上奏して、「この州では職役戸《しょくえきこ》（州県・郷村の職役にあたる上等戸）が形勢をたのんで、租税の期限を違えるので、別に帳簿を置いて、通判に督責させている」といったので、諸州に詔して、「形勢版簿《けいせいはんぼ》」を設けて、通判に形勢戸の納税を監督させた。そして県では形勢戸を納税簿に朱書させて、一般の民戸と区別していた。これらの形勢戸が租税を納めないときの督促についても特別な規定を設け、官戸については、ただその幹人《かんじん》（後述の管理人）を追及するにとどめた。

さらに官戸は戸籍の上にその家の官僚となったものの官名がしるされ、その死後も生前の官名が載せられていて、その子孫も官戸としての免役の特権を受けた。したがって、前掲の『同年小録《どうねんしょうろく》』によっても、官戸は一族のなかで官職についたものによって戸を立てており、しかもそのなかで、高位高官に登ったものをもって戸を立てているのが一般的であった。これはこのころには官戸の免役の特権が官品の高下にしたがって制限を受けていたためであった。その後、南宋では官戸の免役の特権はさらに縮小され、とくに子孫は制限をくわえられた。

宋初以来、官戸形勢戸は荒地の開墾・高利貸・田地の典買《てんばい》（質入れ・売買）などによって土地を兼弁《けんぺい》していたが、官戸はその免役の特権を利用して、いっそう土地所有を拡大していた。このころ農民の職役は重くて困難であって、このため破産するものが多かったので、農民はこの職役を避けようとした（次章参照）。

すなわちかれらは、役を免れようとして、詐《いつわ》って逃亡と称し、官戸の下に佃戸《でんこ》となって役を免れ、自分の田を耕作し、あるいは、仮に自分の田を官戸に典売《てんばい》したことにして役を免れた。官戸の側も田地のやや多い戸を影占《えいせん》して、佃戸の名目にしておいた。そのため官戸形勢戸の田地が増加して、前述のように、天下の田地の半ばが官戸形勢戸に占められる、といわれるようになった。

そこで仁宗の乾興《けんこう》元（一〇二二）年十二月になって、官戸の名の下に佃戸となって、自分の田地を耕作し、あるいは、仮に自分の田地を官戸に典売して役を免れているものは、期限をきって自首するのを許すとともに、官戸の荘田は三十頃、衙前将吏《がぜんしょうり》の荘田は十五頃に制限し、田地はただ一州のなかで典買することとし、これに違えば罰することとした。しかし一州だけに限ると、官戸などが墳墓の地を得るのに困難するので、一〇二九（天聖《てんせい》七）年にいたって、他州でも墓地五頃を置くのを許した。これがいわゆる限田《げんでん》法である。

特権対策としての限田法と限田免役法

この限田法は、官戸の土地所有を制限して、一般農民の土地が官戸の所有に帰してしまうのを阻止し、かつ差役《さえき》にあたる戸を確保しようとするものであった。しかし、この限田法には官戸が強く反対したため、この法はまもなく中止された。したがって、その後も官戸は免役の特権によって多くの田地を得たようで、神宗の治平《じへい》四（一〇六七）年にも、三司使《さんしし》韓絳《かんこう》が上奏して、農民が役を避けるために、「田を官戸に売って、田が不役の家（官戸をさす）

に帰し、その役がほかの上等戸に増す」ことを論じた。こうして一〇七一（熙寧《きねい》四）年、王《おう》安石《あんせき》の免役法が施行されることになる（次章参照）。

王安石の免役法では官戸も役銭《えきせん》を出させたが、その役銭は民戸の免役銭の半分であって、助役銭《じょえきせん》といった（次章参照）。神宗が死去し、哲宗が立って、宣仁《せんじん》太皇太后高氏が摂政《せっせい》すると、免役法は廃止されたが、官戸の助役銭は徴収された。一〇九一（元祐六）年には、前述のように、官戸からは田地五十頃《けい》まで助役銭を徴収し、五十頃を超えた部分については全額を徴収させることとした。哲宗がみずから政治を行うようになると、免役法を復活し、徽宗朝にもこの法が行われた。しかし前述のように、一一一二（政和二）年には官戸の限田免役法が行われて、官戸の田地、一品百頃以下九品十頃を限って、科役《かえき》（役と科配）を免じ、この額を超えるものについては、一般の民戸と同じく科役を課した。しかしこれでも、官戸には大きな特権であったのである。

以上のように官戸は免役について特権を与えられていたが、このほかに、徽《き》宗朝には限田の額内で夫役《ふえき》（雑徭《ざつよう》）を免除され、そのうえに支移《しい》（税戸に両税を沿辺の州県に運送して納入させるもので、税戸はその運賃を負担する）や折変《せっぺん》（現物で税を納めるところを、他の物、とくに銭で納入させるものであるが、一般に、現物を時価以上に換算させることが多かった）を免除されていた。この支移・折変は宋代の農民を苦しめたものであるが、官戸はこれを免除されたのである。

さらに官戸は、両税のうちの米穀に付加される加耗米《かこうまい》も免除されていた。また官戸は居住するところの荘舎・屋宇の等級を高くして、屋税を増徴することも免除された。なお、官戸の租税は免除されなかったが、恩賜の田地は免除されていた。したがって北宋では官戸は多くの土地を所有しながら、一般の民戸にくらべて、その負担はひじょうに軽かった。

三　官戸形勢戸の荘園制

荘園の形成とその管理

上述のように北宋では、官戸形勢戸《かんこけいせいこ》、とくに官戸は、その免役などの特権を利用して、土地所有を発展させていたが、これらの土地は多数の荘園を形成し、荘園として経営されていた。ここではおもに北宋の官戸形勢戸の荘園制について述べる。

当時の荘園には、所有者の姓やその所在地の地名によって名づけられたものが多く、主家の官職によるものや、東西南北の方角によって名づけられたものもあった。これらの荘園には土地が一ヵ所に集中して一円化しているものと、土地が分散化しているものとあったが、北宋では一円化しているものが多かった。その広さは、数十頃《けい》ないし数頃のものが多かった。そして、前述のように天子の賜田《しでん》・荒地の開墾によるもの・新田の開発によるもの（次章参照）・高利貸によって奪ったもの（同上）・典買《てんばい》したもの・寄進によるものなどからなっていた。

荘園は主家が管理することもあったが、一般に管荘《かんしょう》・監荘《かんしょう》・勾当《こうとう》人、南宋では幹人《かんじん》・幹僕《かんぼく》などといわれる管理人によって支配されていた。これらの管理人は主家によって任命されたが、神宗朝に王安石《おうあんせき》によって保甲《ほこう》法が実施されて、これが郷村制《きょうそんせい》となり、別に徴税のために甲頭《こうとう》（催税《さいぜい》甲頭）法が設けられると、この甲頭法が多く荘園内に持ち込まれた。甲頭法は納税者の一定数（二十、三十戸）をもって組織し、相互に交替して、甲頭または甲首にあたって徴税するものであった（次章参照）。

この法が荘園で行われると、甲頭または甲首には佃戸《でんこ》がなり、この甲頭は荘園内の佃戸の租（小作料）を徴収して、管理人に納めることとなった。したがって荘園は多く管理人と甲頭によって管理された。

本院東西両荘地土下項
一東荘一所水磑二所南畔東西長一百六十三
半東闊六十歩西闊一百三十歩北長同南計一
巻十三
内畝三分東自西自南口口岸口
一荘西一段南長五百五十九歩北長五百五十
東闊七十三歩西闊一百二十七歩計二頃四十一
畝六分東自西古城南自北河岸
一沉香亭墻東道西堀地南北長二百一十六歩
北各闊一百六十八歩計一頃五十一畝二分東自
西九龍池南古墻北自
一連段往東堀地南北古墻端長三百四十三歩南
北各闊六十歩二尺五寸計八十六畝四分八厘南
自西自南廨北自
一連往東堀地南北長四百五歩各闊二十七歩

管理人は佃戸の租を収めて、そのなかから政府に税を納め、その残りを荘園に貯蔵したり、主家に、車または船で送っていた。かれらは報酬として主人から一定の給料を与えられるか、あるいは佃戸からあがる租米のなかから歩合《ぶあい》によって支給された。甲頭または甲首は、佃戸の租米を催促し徴収する期間だけ、食糧を与えられた。

荘園の耕作と佃戸・奴僕の身分

このころの荘園には、水磑《すいがい》（粉に碾《ひ》く水車）や

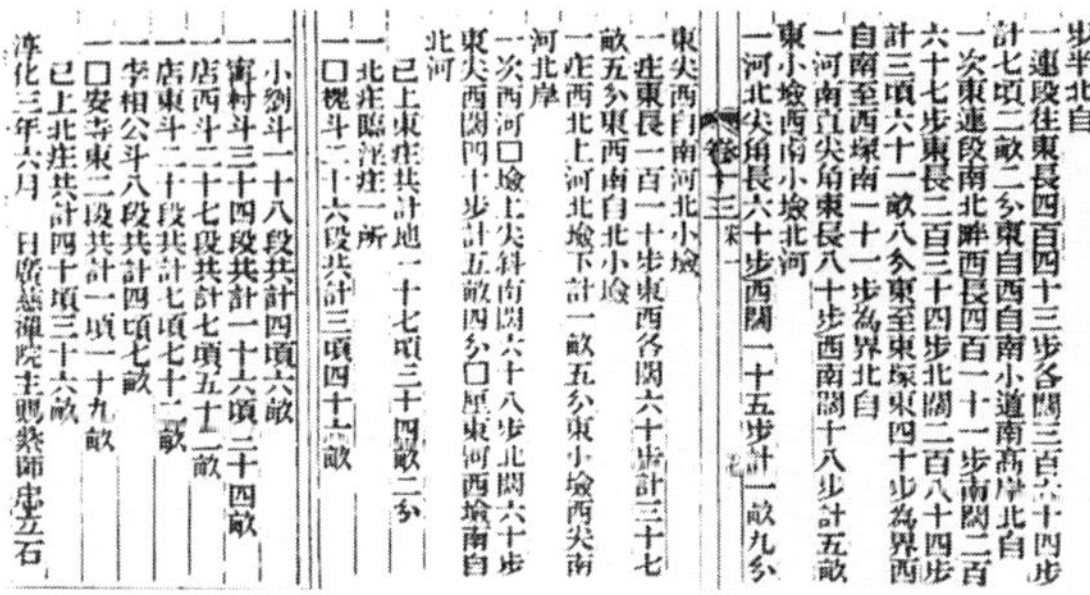
計四十六畝四分東自西自南至西高塚南二十口
步半北自
一連段住東長四百四十三步各闊三百六十四步
計七頃二畝二分東自西自南小道南高岸北自
一次東連段南北畔西長四百一十一步南闊二百
六十七步東長二百三十四步北闊二百八十四步
計三頃六十一畝八分東至東塚東四十步為界西
自南至西塚南一十一步為界北自
一河南直尖角東長八十步西南闊十八步計五畝
東小塢西南小塢北河
一河北尖角長六十步西闊一十五步計一畝九分
東尖西自南河北小塢
一莊東長一百一十步東西各闊六十步計三十七
畝五分東西南自北小塢
一莊西北上河北塢下計一畝五分東小塢西尖南
河北岸
一次西河口塢上尖斜南闊六十八步北闊六十步
東尖西闊四十步計五畝四分口屋東河西塢南自
北河
已上東莊共計地一十七頃三十四畝二分
一口槐斗二十六段共計三頃四十六畝
一北莊臨涇莊一所
一小劉斗一十八段共計四頃六畝
一寓村斗三十四段共計一十六頃二十四畝
一店西斗二十七段共計七頃五十二畝
一店東斗二十段共計七頃七十二畝
一李相公斗八段共計四頃七畝
一口安寺東二段共計一頃一十九畝
已上北莊共計四十頃三十六畝
淳化三年六月　日廣慈禪院主賜紫師□□石

71　分散荘園と集中農園　淳化3（992）年の広慈禅院に属する京兆府（いまの西安市）万年県の東庄と同涇陽県の北庄の内容を表したもので，東庄は土地が集中していたが北庄は土地が分散していた

犂《からすき》・耙《うまぐわ》・耖《まんぐわ》・碌碡《りょくとく》（混軸《こんじく》）・礰礋《れきたく》・龍骨車《りゅうこつしゃ》（踏水車）などの農具、さらに車乗、般隻などのそなえられているものも多かった。

荘園は、前述のように佃戸《でんこ》や僮僕《どうぼく》（奴僕《ぬぼく》）、あるいは雇用人《こようにん》（客作児《かくさくじ》ともいう）によって耕作されていた。このうち、佃戸と奴僕がおもなもので、かれらは多く荘園内に住んで、これらの用具を使っていた。しかしこれらのなかには独立して住んでいるものもあった。

佃戸は、宋の史料には佃客《でんかく》・荘客《しょうかく》・浮客《ふかく》・客戸《かくこ》・地客《じかく》・租戸《そこ》などの名であらわれている。佃戸にはいろいろな境遇のものがあったが、一般には重い租と主家に対する雑役を負担し、前述のように主家から高利貸を受けていて、みじめな生活状態にあった。租には、収穫を一定の割合で分け合う分益租《ぶんえきそ》、毎年定額を納入する定額租《ていがくそ》、さらに銭で納める金納もあった。水田には分益租・定額租ともにあったが、桑地や宅地・山地には金納もあった。

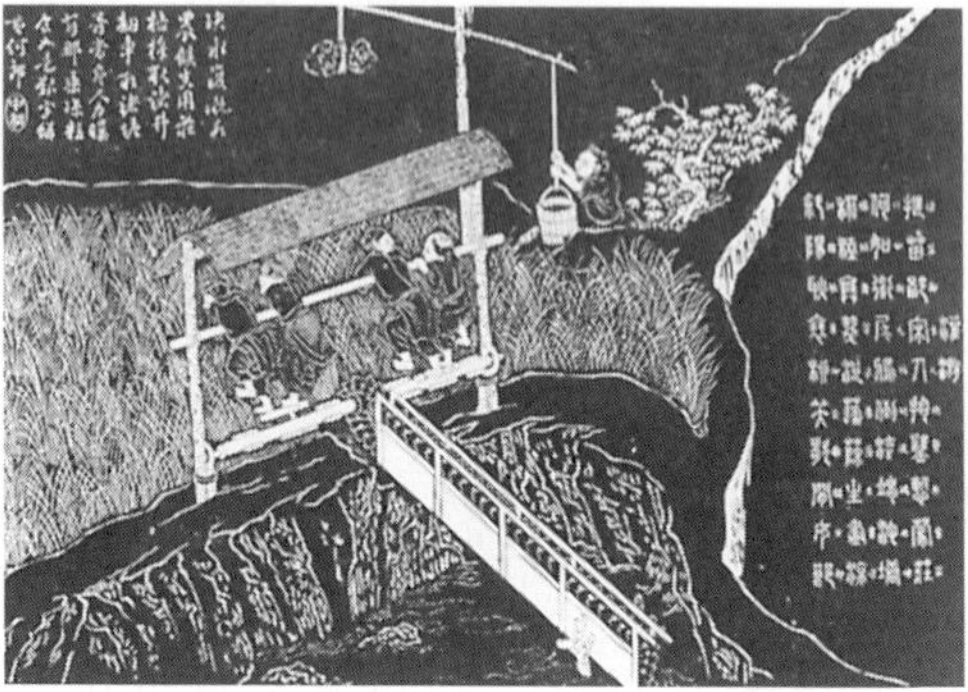

72　灌漑の龍骨車（踏水車）と桔槹（はねつるべ）

分益租のばあいには、主家は収穫の五割ないし六割を取った。このばあいに、主家が耕牛を佃戸に貸すときは、その貸付料は収穫の一割に定められていた。したがって佃戸が耕牛をもっていると、それだけ租は減らされた。定額租もこの分益租の割合を基礎にして定められた。ただこのばあいには、その租《そ》斗《と》、すなわち租を納める斗マスの大きさが問題であった。当時一斗マスは百合と定まっておらず、地方によってその大きさが相違していた。そこで租契《そけい》（租の契約書）には斗マスの大小が指定されており、百八十合以下六十合まであった。蘇《そ》州などでは百三十合斗が用いられた。

佃戸には家屋や耕牛を持っているものは少なく、たいてい田地ばかりでなく、家屋・耕牛・農具なども主家から借りていた。したがってかれらは田地の租だけでなく、家屋・耕牛などの借料をも出していた。佃戸は租が重かったので、食糧の不足や臨時の急用などによって、前述のように主家から食糧・種子や銭を高利で借りて、収穫後これらを返済し、明春また銭糧を借りるということをくりかえし、主家に経済的に依存していた（次章参照）。だから、佃戸は主家によって奴隷視され、したがって法律上でも奴隷ほどではないにしても、主従関係（奴主の分）があるものとみなされていた。たとえば、北宋の中ごろには、佃戸が主家に対して犯した罪は、一般の人の間で犯した罪よりも一等重く、反対に主家が佃戸に犯した罪は、一般人の間の犯罪よりも一等軽く処罰された。そして南宋初めには、これらの佃戸の主家に対する犯罪は、二等重くなり、主家の佃戸に対する犯罪は、二等軽くなった。すなわち、主家が佃戸を殴り殺したばあいにも、主家の罪は一般人のばあいより二等も軽かったので、容易に釈放されることとなった。

73　耖（まんぐわ）でならす

　また、佃戸は移転の自由をもたなかった例が多く見いだされる。佃戸の耕作している田地が典売《てんばい》されたばあいには、佃戸は田地といっしょに典買主に引き渡され、自由にその土地から移転することはできなかった。これを「随田佃客《ずいでんでんかく》」といっていた。南宋初めにこれは禁止されたが、その後にも依然として行われていた。南宋でも佃戸が逃亡すると、主家はこれを官に訴えて、もとの所に連れ戻すことができ

74　淳化元宝　左より真書体，行書体，草書体

たのである。そのほか佃戸が租を納めないときには、主家は佃戸を邸内に監禁して、これを鞭《むち》って租を督促した。

奴僕もまた、前述のように土地を耕作していたが、そのなかには佃僕《でんぼく》といって、主家とは独立して居住し、主家に租を納めていて、佃戸に近いものもあり、もと奴僕であったが、のちに佃戸になるものもあった。

四　貨幣経済の発達

銅・鉄銭

九〇七（天祐《てんゆう》四）年、唐の哀《あい》帝は帝位を汴滑《べんかつ》の節度使朱全忠《しゅぜんちゅう》に奪われた。唐の滅亡とともに統一的な貨幣制度は崩壊し、中原《ちゅうげん》の五朝と各地の群雄はそれぞれ独自に貨幣を鋳造した。後晋《こうしん》は天福《てんふく》年間に天福元宝を鋳、さらに天漢《てんかん》元宝を鋳造し、後周《こうしゅう》は周元《しゅうげん》通宝、南唐《なんとう》は唐国《とうこく》通宝・永通《えいつう》泉宝《せんぽう》などを鋳造した。

宋の太祖は即位のはじめ、宋元通宝を鋳造し、その質量を開元通宝と同一にした。五代から宋初にいたるまで年号を冠した銭は天福通宝だけで、他は年号を鋳込まなかったが、太宗は太平興国《たいへいこうこく》年間に太平通宝を鋳造し、淳化《じゅんか》と改元すると、淳化元宝を鋳、太宗がこの文字を親しく真書《しんしょ》体・行書《ぎょうしょ》体・草書《そうしょ》体で書いた。これより以後、改元ごとにその年号名を冠した通宝あるいは元宝と称する銭を改鋳するようになったのである。

さて五代の貨幣制度の不統一は、地方によって異なった貨幣が鋳造使用されたのみならず、銅と鉄の二種の銭がつくられたということにもあった。

南唐の唐国通宝には銅銭と鉄銭とがあり、銅銭四に鉄銭六をもって十銭としたといわれている。南唐ばかりではなく楚《そ》・閩《びん》・蜀《しょく》でも両者が併用されていた。また、五代には通貨の私《し》鋳《ちゅう》が盛行し、質量が規定に満たない軽小悪銭《けいしょうあくせん》や鉄鑞銭《てつろうせん》などの粗悪銭が多く流通して政府を悩ませていた。そこで宋朝では建国の初めより悪貨の禁止令を出し、銅銭の国外流出を禁じて幣制を統一しようとした。しかし種々の理由から、銅銭のみを正規の貨幣とした幣制を全国的に行うことはできなかった。

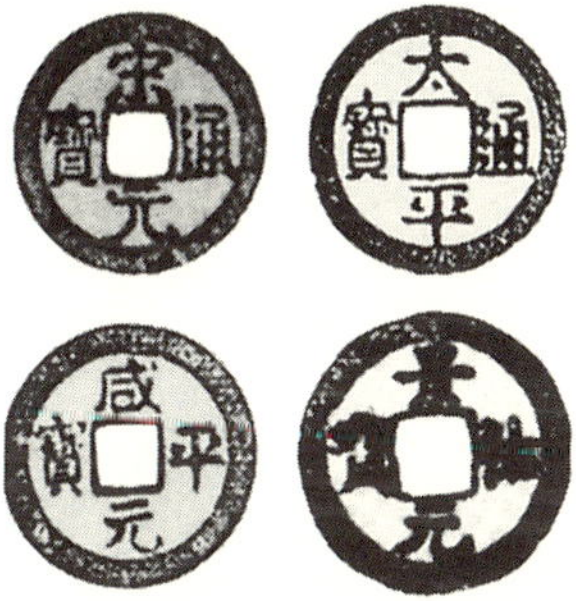
75　代表的な北宋銭　宋元通宝，太平通宝，咸平元宝，景祐元宝

76　熙寧重宝

国初、江南では鉄銭を漸次《ぜんじ》消滅させて銅銭のみを流通させる政策がとられた。南唐を滅した九七五（開宝八）年、宋朝は「江南の銭は江北にいたるを得ず」といって銅銭の流出を防ぎ、九七七（太平興国二）年には、南唐の鉄銭の使用を禁じ、鉄銭は毀《こぼ》って農器とし、江北の流民の江南に帰着するものに給した。また、

諸州に貯えてあった銅銭で金帛軽貨《きんはくけいか》を買い上げてこれを通貨から締め出し、ことごとく民間の銅の採掘を禁じて、新しい銅銭を鋳造した。こうして江南の銅銭流通策が成功したので、この年には銅銭渡江の禁を解除した。このようにして銅銭は四川《しせん》を除く全中国で流通した。

さて宋元通宝以後、銅銭は改元ごとに年号を鋳込み、銭文はおのおの違ったが、銭質は宋元通宝が標準とされ、宋一代を通じて小平《しょうへい》銭としてもっとも重宝された。しかし子細《しさい》に見ればそこには差が認められ、北宋銭は宋通銭・太平《たいへい》銭・咸平《かんぺい》銭・景祐《けいゆう》銭の四形に分類され、七百七十個の分量は、それぞれ七十三両・七十二両・八十両・七十七両であった。

なお、一〇四一年には慶暦重宝《けいれきじゅうほう》と称する大銭を鋳造し、これ一枚をもって小平銭十枚にあてたが、名目価値に対して実質価値が少なすぎたため、私鋳が盛んになり、経済界が混乱した。よって後にはこれを当三、すなわち小平銭三枚にあたるものとし、さらに一〇五九（嘉《か》祐《ゆう》四）年に当二とした。

当二銭は実質価値と名目価値とがよくつりあって民間の評判もよかったので、銭の新形式として一〇七一（熙寧《きねい》四）年以後、熙寧重宝の名で盛んに鋳造され、小平銭とならぶ銭の主要形式となった。当二銭はまた折二銭ともよばれる。北宋末の徽宗の時代には財政困難を凌《しの》ぐために、ふたたび折十大銭や黒錫《こくしゃく》 白錫《はくしゃく》を多く混じた夾 錫銭《きょうしゃくせん》などの悪貨を濫鋳《らんちゅう》したが、物価が暴騰《ぼうとう》して経済界が混乱したので久しからずして中止した。

宋代においても貨幣の鋳造権は国家に属し、民間の私鋳は厳禁されていた。政府は鋳銭の原料となる銅・鉄・鉛《なまり》・錫《すず》の供給や、完成した銭貨の輸送の便を考慮したうえ、各地に銭監《せんかん》を置いて鋳造を行い、官人を派遣してこれを監督させた。

北宋時代の銅銭の鋳造額を概観すると、国初の至道《しどう》年間（九九五年ごろ）は約八十万貫で、以後、一〇〇〇（咸平《かんぺい》三）年に百二十五万貫、景徳《けいとく》末（一〇〇七年）に百八十三万貫、一〇一五（大中祥符《しょうふ》八）年に百二十五万貫と増減はあったが、全体として増加の傾向をたどり、王安石《おうあんせき》の新法が実施されていた一〇八〇（元豊《げんぽう》三）年には五百六万貫に達した。その後は鋳造量はしだいに減じて北宋末の一一二〇（宣和二）年には約三百万貫となったが、なお至道年間にくらべて約四倍の額となっている。

鋳銭額の漸増は北宋経済の発展を如実に示すものであり、元豊三年の最高額は新法党の積極政策を示すものである。また、北宋末期に鋳造額がやや減少したのは、銅銭に代わって銀その他が通貨の主体となってきつつあったからにほかならない。

このように宋朝支配下の大部分の地域には銅銭が流通していたが、四川《しせん》では鉄銭流通策がとられた。四川の鉄銭鋳造は、五代のときにこの地方に割拠した地方政権の後蜀《こうしょく》の旧制を継承して国初以来続けられたもので、宋朝は、後蜀平定以後もこの地で鉄銭を使用させ、開宝中には雅州《がしゅう》の百丈県《ひゃくじょう》（四川省名山《めいざん》県）に監を置いて鉄銭を鋳造させ、銅銭が四川にはいるのを禁止した。

この禁令は九七九（太平興国《たいへいこうこく》四）年に解除されたが、そのときにはすでに銅銭が少なかった。しかもなお租を納めるにさいしては、鉄銭十を銅銭一と計算して銅銭を納めさせたので、四川の銅銭はいよいよ乏しくなり、銅銭は騰貴し、鉄銭はいっそう下落した。当時、利を求める陝西《せんせい》商人は銅銭を四川に運び、鉄銭十四に銅銭一の割合で取引した。しかも翌年の租の納入にさいしては、その十分の二を銅銭で収めることとしたので、鉄銭の価値はますます下落して物価が上昇した。こうして四川では銅銭はついに得がたいものとなった。

　四川はもともとそれほど銅を産しない土地で鉄の産額はかなり多く、邛《きょう》州（四川省邛崍《きょうらい》県）に恵民監《けいみんかん》、嘉《か》州（同楽山《らくざん》県）に豊遠監《ほうえんかん》、益《えき》州（同成都《せいと》市）に済衆監《せいしゅうかん》という三つの鉄銭監があり、一時雅州でも鉄銭監を置いたから、鉄銭の鋳造額は少なくはなかった。四川四路は辺境の地で、ここから銅銭が蛮族に流失するおそれがあった。このような種々の事情のために四川を鉄銭使用区域としたのである。

　四川の鉄銭鋳造額は太平興国中に五十万貫あったが、しだいに減じて皇祐《こうゆう》年間（一〇五〇年ごろ）には二十七万貫、熙寧《きねい》末（一〇七七年）年には二十三万六千貫、一〇八〇（元豊三）年には十四万貫となった。四川では小平鉄銭のほかに、一〇〇五（景徳二）年から一〇七三（熙寧六）年までの間、当十大鉄銭が鋳造されたが、後には質量過大のため私銷《ししょう》（民間で勝手に銭をとかすこと）が絶えず、一〇一四（大中祥符七）年以後は半減して十二斤十両とした。大鉄銭の鋳造が行われなくなった後は、折二鉄銭がこれに代わったようである。

鉄銭の不振と銅銭の盛行

また、河東《かとう》路と陝西《せんせい》路は銅銭・鉄銭の併用区域であった。河東路の鉄銭鋳造は一〇四一(慶暦《けいれき》元)年に始まり、慶暦八年まで行われた。すなわち、西夏《せいか》との交戦によって膨脹した支出を補い、戦争景気によって激化した通貨不足を緩和しようとして、小平《しょうへい》鉄銭と実質価値が小平鉄銭の二倍にすぎない当十大《とうじゅうだい》鉄銭を鋳造して莫大な利益をあげたが、物価の騰貴《とうき》と私鋳の盛行を招いたため中止された。

なお、このとき陝西路でも当十大銅銭がつくられ、東南の銭監からも大小銅鉄銭が送られてきたが、これらは陝西路・河東路に限って行使を許されたものである。陝西路で鉄銭を鋳たのは熙寧七、八年ごろからで、小平銭・折二銭を鋳造し、歳額は七十五万貫であった。しかし、このような高額鋳造は元豊末(一〇八五)年までで、それ以後は十数万貫前後であった。

77　銅銭の使用　向かって右の男が肩にかけているのが，ひもにさした銅銭である。白沙宋墓の壁画

要するに、鉄銭の鋳造は社会が鉄銭を必要としたためではなく、財政の危急を救うことや、銅銭の不足を緩和することなどを目的として行われたものである。鉄銭は価値も少なく、その重量がかさむために運搬にも不便で、あまり流通しなかった。鉄銭の鋳造額がそれを開始したころにもっとも多く、以後しだいに減少しているのはこの

78　都市での流通　2人の男が荷車に店からひもにさした銅銭を運び，積みこもうとしている。「清明上河図」より

ゆえである。

そこで四川においては交子《こうし》といわれる民間金融機関の手形が発達して通貨の不便を好転させていた。交子の発行権はやがて国家の手にうつり、紙幣に発展していった。陝西・河東では塩鈔《えんしょう》・銭鈔《せんしょう》・銭引《せんいん》などの手形が発行され、紙幣のように使用されていった。

これに反して、銅銭の流通はひじょうに良好であった。銅銭鋳造額が著しく増大したのは、北宋政府が銅銭の需要に応じようとした努力の表れであった。

宋代の貨幣の特徴的な現象として銭荒《せんこう》（銅銭の不足——銭飢饉《ききん》）がある。銭荒の原因は商業の著しい発展による流通高の激増と、外国貿易の盛行による銅銭の国外流出が多額にのぼったためである。また、銅銭を鋳潰《いつぶ》して仏像や銅器を造ったり、銅銭の価が騰貴《とうき》すると富戸が私蔵したりしたこともこれを助長した。銭荒は地理的には物産の豊かな富商の多い東南の諸路と、消費経済の発達した汴京《べんけい》付近がはなはだしく、時代的には銭造額がもっとも多かった熙寧《きねい》・元豊時代に激しかった。

銭荒に対して、政府は銅禁を行った。銅銭不足の根本的解決は増鋳であるが、銅の生産量が少なく、思うにまかせなかった。そこで政府は銅・錫《すず》などの増産を奨励するとともに、(1)民間の産銅や輸入銅はもちろん、仏具などの例外を除き、いっさいの銅器・銅材の私有を禁じ、銅器をかってに新鋳することを認めない、(2)銅器銅材の売買を禁止する、(3)銅器銅材を国外や国内指定地域へ帯出することを禁ずる、という政策をとって産銅を独占し、これを鋳銭原料に集中しようとしたのである。なお、銅禁とならんでほぼこれと同じ内容の錫禁《しゃくきん》を施行した。

銭禁と省陌

また、南宋では富戸の銅銭退蔵に対する取り締まりを目的とした蓄銭の禁が行われた。さらに、銅禁《どうきん》と表裏一体をなす政策に銭禁《せんきん》がある。これは、銅銭の私銷《ししょう》と境外への帯出とを厳禁したことをいう。

まず、生活の向上につれて銅器の需要が増し、その密売の利益は大きかったため、銅禁が施行されて以後、銅銭をとかして銅器をつくる銷鎔《しょうよう》が盛んになったのでこれを厳禁し、違反者を罰した。つぎに、私銷以上に銭荒《せんこう》の原因となったのは境外への流失である。宋の銅銭は東は高麗《こうらい》・日本、北は契丹《きったん》・西夏《せいか》・金、南は南洋一帯ことにジャワ、スマトラ、マライ半島など、西はペルシアなど西アジア諸国からアフリカ東岸のソマリランド、ザンジバルにまで及んだ。

そこで政府は銅銭の境外帯出を厳禁するとともに違反者を重く処罰した。しかし銅銭の輸出は莫大な利益をもたらしたので、その流出を防ぐことはできなかった。王安石《おうあんせき》の時代には、銅禁・銭禁を解除したが、そのため、銅銭の鋳造額が北宋朝での最高を示したにもかかわらず、銭荒はかえって激化した。これをもって見れば、銅禁・銭禁はそれが不徹底だったとしても、ある程度の効果をあらわしたといえよう。

政府は、銭荒に対処して省陌《しょうはく》を行った。省陌は墊陌《てんはく》・除陌《じょはく》・短銭《たんせん》と同義で、百文に満たぬ銭を百文として扱うことをいい、これに対して百文を百文として使用することを足銭《そくせん》と称した。省陌は唐の憲宗のころ（八一〇年ごろ）から起こり、ひきつづいて宋でも行われたもので、宋の初めには七十七文を陌《はく》と定めたがすぐに守られなくなり、北宋末には七十二文を陌としていた。南宋にはいると省陌はますますはなはだしくなり、商業の種類によっては五十六文陌さえ行われた。

金銀の流通

金銀の流通も宋代にはいっておおいに発達した。唐代から盛んになった金の流通は、宋代にはますます発達し、公的には賦税の折納《せつのう》・専売・上供《じょうきょう》・進献《しんけん》・軍費・紙幣の回収などに用いられた。しかし全体として見れば、その流通は上流階級に限られ、数量も少なかった。これに対して、銀は公私にわたって金よりも数等盛んに使用され、庶民の間にもおおいに流通した。

政府の銀の収入は至道三（九九七）年に六十二万余両であったが、一〇二一（天禧《てんき》五）年に八十八万余両となり、さらに一〇七六（熙寧《きねい》九）年には約三百万両に達し、北宋末期には一千八百六十万両であった。このように逐年銀の収入が増加したのは、銅銭の鋳造額が北宋の末期に逓減し、その主貨幣としての地位が動揺したのとはまったく逆であり、銅銭に代わって銀の流通が発達してきたことを示している。

銀は歳課《さいか》として約三十万両が政府に納入されていたが、政府は歳課以外に種々の方法で銀の収入を得ていた。すなわち、専売品である酒の利益金を銀納させ、また、同じく専売品の茶塩香薬の販売許可証を与えるについて、京師権貨務《けいしかくかむ》に金や絹帛《けんはく》とともに銀を納めさせたり、福建《ふっけん》・広東《こうとう》・広西《こうせい》の諸路では、身丁銭《しんていせん》を、銅銭に代わって銀で納めさせたりしたためであった。

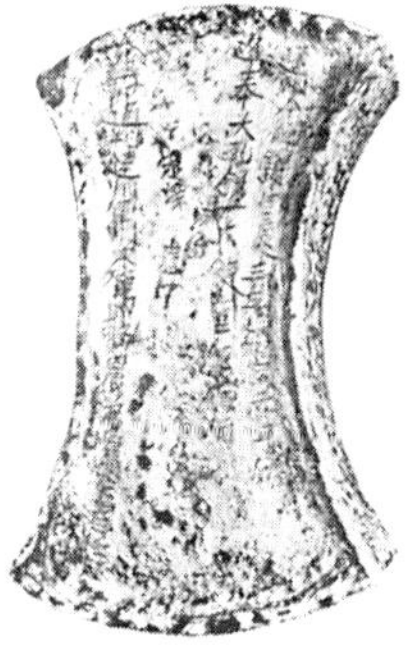

79　大礼銀

歳出の面では、銀の経常的支出は、一〇〇四（景《けい》徳《とく》元）年、契丹《きったん》との間に澶淵《せんえん》の盟を締結して、歳幣銀十万両・絹二十万匹を与えることになってからのことと考えられるが、契丹に対する歳幣は、その後各十万を増して銀二十万両、絹三十万匹となり、さらに一〇四四（慶暦《けいれき》四）年には西夏《せいか》にも銀五万両、絹十三万匹、茶二万斤がくわわったので、銀の経常的支出は二十五万両となった。臨時支出としては軍事費として支出されることがあった。

このような銀の流通は宋の経済生活の発展を示すものであるが、私的には、銀は官僚やことに商人によって盛んに使用され、商人と政府の間を往き来していたのであって、農村にはあまり縁がなかった。

銀は南宋になっても商業のいっそうの発展による価値の高い貨幣の必要や、会子《かいし》を円滑に流通させるために、貨幣のように盛んに使用された。

五　紙幣の発生と変遷

中国最古の紙幣・交子と銭引

中国最古の紙幣である交子《こうし》は、北宋時代に四川《しせん》ではじまった。すでに唐末には寄附鋪《きふほ》（櫃《き》坊《ぼう》）と称する金融業者が現れて、銭・金銀・布絹を預かって預かり手形を発行し、この手形が、銭そのほかの現物と同様に、取引の支払いにあてられて市場に流通した。宋代になると、寄附鋪は州県の都市に普及し、会子《かいし》・交子・関子《かんし》などとよばれる手形を発行した。

交子は四川地方の手形をいい、これを発行する金融業者を交子鋪とか交子戸と称したが、四川の成都《せいと》府では、富戸十六戸が官から成都府における交子発行の独占権を獲得し、組合をつくって信用の強化をはかった。このために、成都府の交子は四川のほかの州県の交子を圧倒してこの地方に流通するようになった。

交子鋪は交子を発行することによって資金を獲得し、これを有利な事業に投資して巨利を博したが、やがて資金が少なくなり、不払いを生じ、負債を償うことができなかったために、四川の経済を混乱させた。かねてから交子発行の利益に目をつけていた宋政府は、これを口実に一〇二三（天聖元《てんせい》）年、益《えき》州交子務を設置して官営交子を発行し、民間の交子をすべて禁止した。

交子には、民営時代から、界分《かいぶん》すなわち兌換《だかん》有効期限があり、はじめは三年一界、後に改められて二年一界となった。つまり、期限の終わるまでには新しい交子や銭と換えねばならなかったのである。はじめ交子務では、銭を持ってきたものから手数料を取って交子を発行していたが、西夏《せいか》の李元昊《りげんこう》が陝西《せんせい》に大挙入寇《にゅうこう》して軍事費が増大すると、宋政府は交子発行によって財政を補うことを考え、本銭すなわち兌換準備金三十六万緡《びん》を備え、発行限度を百二十五万余緡と定め、額面単位をつくり、法定流通力を与えて紙幣とした。こうして交子は手形ではなく、貨幣として流通するにいたったのである。

四川で交子が発達した理由は、この地に大土地所有が発展し、茶の栽培と取引が盛んで、通貨の需要が多かったにもかかわらず、四川が鉄銭行使区域であり、その鉄銭が重いうえに価値が低く、持ち運びにも不便であったためである。最初は官営交子の信用はきわめて厚く、需要額も年をおって増加したので、神宗の熙寧《きねい》五（一〇七二）年には発行限度を従来の倍額とした。

ところが、哲宗の元祐八（一〇九三）年以後は財政の困難を救うためにしだいに濫発《らんぱつ》されるようになり、価値が下落し、徽宗の崇寧《すうねい》五（一一〇六）年ごろには総発行額は二千六百余万緡《びん》に達した。濫発と同時に兌換が停止されたのでその価値は暴落し、額面一貫の交子がわずか十数文となってまったく流通が阻まれてしまった。そこで、翌一一〇七（大観《たいかん》元）年には交子を銭引《せんいん》に改めた。

銭引は見銭交引《けんせんこういん》の略称で、陝西地方で流通していた手形であり、それを交子に代えて四川で流通させたもので、これ以後の銭引は本来の性質をまったく失い、事実上、交子の延長であった。四川の銭引が平価に復したのは一一一三（政和三）年以後であり、南宋時代にも広く用いられた。

六　手形の発達

送金手形と約束手形

宋代には、建国の当初から送金手形の制度があった。すなわち太祖のときに、唐朝の飛銭《ひせん》にならって、商人に銭を京師《けいし》で納入させて券（送金手形）を発行し、これを諸州で現金と交換した。最初は銭を左蔵庫に入れさせて、そこで入金札を出し、三司《さんし》に入金札を納めさせて券を発行していたが、九七〇（開宝《かいほう》三）年に便銭務《べんせんむ》を置き、ここに入金札を納めさせ、入金額に応じて割増金をつけて券を発行した。これが諸資料にいう便銭《べんせん》であろう。

このような送金手形制度は都と地方諸州との間だけでなく、地方と地方との間、辺境の諸州軍と京師あるいは南方諸州軍との間にも広く行われた。いっぽう、民間にも送金手形が行われ、これを「私下便換《しかべんかん》」「私下便銭《しかべんせん》」とよび、おそらく国初から存在していたと思われる。政府は官営の手形が民間に吸収されるのを恐れて、建国後三十数年の至道三（九九七）年に早くもこれを禁じた。

また、すでに述べたように、振出人みずからが一定の期限内に一定金額の支払いを約束する約束手形があった。北宋は百万の軍を遼《りょう》と西夏《せいか》の二辺に配置したため、軍粮・馬料を調達する必要から、九八五（雍熙《ようき》二）年、辺境三路に粟《ぞく》そのほかを納入させて手形を与え、京師で現金そのほかを支払うことにした。便糴糧《べんてきりょう》 草交引《そうこういん》は、交引を京師に持ち帰って京師《けいし》権貨《かくか》務《む》で現金の支払いを受けさせるもので、河北路で行われ、陝西《せんせい》・河東《かとう》二路でも一時実施された。博糴《はくてき》糧草交引は交引に対する支払いを銀・絹・香薬・茶交引《ちゃこういん》・塩交引《えんこういん》で行うものであったが、官吏の不正によって商人が被害にあうため、しだいに行われなくなった。見銭《けんせん》交引は北辺の三路が必要とする銭を商人に納入させ、それで軍粮・馬料を買い入れる和糴《わてき》法を行うさいに発行される手形で、京師権貨務で現金に換えた。

見銭交引は政府が支払いを保証しているので信用があり、その発行額も年数百万貫に達し、やがて数種の定額手形が発行されるようになり、政府もこれを紙幣と同じように支払いに使用した。略して銭引《せんいん》といい、前述のように四川の銭引は陝西からはいって交子に代わったものである。また政府は、神宗の元豊年間に見銭公拠《けんせんこうきょ》を、北宋末には見銭関子《けんせんかんし》を中央で印刷して沿辺三路に運び、沿辺に現金を獲得させた。この二種の手形は南宋になると紙幣とし

80　解州の塩池

て流通している。

各種の有価証券類

さて前述のように、博糴《はくてき》した商人に対して京師《けいし》で支払われたものに、茶交引《ちゃこういん》・塩交引《えんこういん》・香薬交引《こうやくこういん》・礬交引《ばんこういん》など各種の有価証券類があった。これらは九八九（端拱二）年京師充実策として開封に折中倉《せっちゅうそう》を置き、商人に金銀布帛銭米などを納入させたときにも代価として支払われた。このうち、流通力も発行高ももっとも大きかったのが塩交引（塩引・塩鈔《えんしょう》）である。

塩は専売品で、これを販売しようとする商人はまず銭や銀で塩引を買い、塩の産地に行って現物と引き換えた。解《かい》塩鈔は陝西解州《せんせいかい》（山西省《さんせい》解《かい》県）の塩に対して発行された塩鈔で、陝西の九折博務《きゅうせつはくむ》で発行し、解州の制置《せいち》解塩司《かいえんし》で塩と引き換えたが、京師の都塩院《とえんいん》では塩鈔を見銭と兌換し、それをふたたび売り出したので、商人は京師でも解塩鈔を入手できた。また、民間の交引鋪《こういんほ》という金融業者も塩鈔を売買した。北宋が滅びると、解州の塩池は金国に奪われて、解塩鈔も消滅した。

東南で産する末塩に対して発行された末塩鈔は京師権貨務で発売された。南方の商人は京師にきて北方の商人と取引し、そうして得た銭貨で末塩鈔を買い、東南に帰って塩商に売り払って現金に換えた。このように、末塩鈔は南方商人の間で盛んに利用された。

茶引は京師の榷貨務から売り出され、江陵府《こうりょうふ》（湖北《こほく》省江陵県）・真州《しん》（江蘇《こうそ》省儀徴《ぎちょう》県）など六ヵ所の榷貨務で現品と引き換えられた。宋代には飲茶《ヤムチャ》の風が一般に普及していたのでその利益は大きく、茶引も塩鈔と同様に北宋の社会で流通した。茶も香薬も明礬《みょうばん》も、みな政府の専売品であった。

七　財政の拡大

豊かさを誇る税収

宋初の税制については、『宋史』食貨志《しょっかし》の賦税には、公田の賦・民田の賦・城郭《じょうかく》の賦・丁口《ていこう》の賦・雑変《ざっぺん》の賦の五賦があげられている。公田の賦は、官荘・屯田《とんでん》・営田《えいでん》という国有地を人民や兵士に耕させて、租（小作料）を取り立てるものであり、民田の賦は、民有地から夏と秋の二度に分けて徴収する両税をさし、城郭の賦は、都市の家屋や宅地から取り立てる屋税・地税をいった。丁口の賦は人頭税であって、男子二十歳から六十歳にいたる丁から徴収するもので、おもに華中・華南で行われ、身丁銭・米といっていた。雑変の賦は、前に述べた五代の沿徴、すなわち両税の付加税を多く踏襲したもので、宋ではこれを、沿納または雑銭といった。

　これらのうち、両税がもっとも重要な財源をなすが、この両税は唐の徳宗の建中元《けんちゅう》（七八〇）年から実施され、その後、内容に変化があって、宋代では、田一畝ごとに夏税は銭で納めさせ、秋税は穀物を納めさせた。両税の税率は華北と華中で異なり、さらにそのなかでも各地方によって相違していて、いちがいにいえないが、平均すると、夏税は毎畝銭十文、秋税は毎畝粟《あわ》または米一斗ぐらいであったようである。ただ、夏税は銭を基準としていたが、実際には夏期にできる絹・絲綿・麻布や小麦にこれを換算して納めさせた。

　なお宋初には、このほかに人民から米・小麦などの穀物を買い上げる和糴《わてき》や、絹・紬・麻布などを買い上げる和買《わばい》紬絹布があった。これらはおもに軍隊の食糧を充足し、軍衣を支給するために行われた。これらの和糴や和買紬絹布は、宋初には市価よりもやや高価で買い上げていたが、その後、市価が騰貴したにもかかわらず、元の買上価格しか支給せず、しかもこれらの米穀や紬絹布を強制的に人民に割り当てて徴収した。つまり、これらはだんだんに租税化してきた。そしてこれらの和糴や和買紬絹布の額はひじょうに大きくて、地方によっては両税の額より大きな所もあって、人民をすこぶる苦しめた。

　さらに、宋では商業が発達したため、後述のように商税の収入が年をおって増加し、重要な財源となった。また酒・塩・茶などが専売となっていたので、これらの収入も大きく、とくに酒・塩の専売利益（酒課・塩課）が莫大な額に及んでいた。

　宋の太祖は前述のように節度使の財政権を奪い、諸州の両税や塩・酒の課利は、州の必要経費以外、ことごとく中央に上供《じょうきょう》させ、従来のように留使《りゅうし》や留州《りゅうしゅう》と称して、諸州に多く占留させないこととした。このようにして上供される銭物については、真宗の大中祥符《だいちゅうしょうふ》元（一〇〇八）年にいたるまでは、定額を立てなかったが、はじめのうちはなんらの支障を見なかった。これは、宋初以来、国内の産業が発達し、商品の流通も盛んになってきたので、政府の財政収入が増加し、国庫には莫大な余剰ができてきたためであった。中央政府の余剰を蔵していた内蔵庫の蓄積については、極秘としたためよくわからないが、地方における府州の残余の銭物を表す「応在《おうざい》」の額は、真宗の景徳《けいとく》二（一〇〇五）年には、金銀・絹・銭・糧・草・雑物を合計すると、七千百四十八万余貫・石・匹・両・束に達し、その二代後の英宗の治平二（一〇六五）年には一億六千二十九万余貫・石・匹・両・束にも上ったといわれている。

81　泰　山

　このような豊かな財政を基盤に、真宗は道教を尊崇して、泰山《たいざん》に封禅し、山西《さんせい》の汾陰《ふんいん》に地神を祭り、天書を祭るために宮中に玉清昭応宮《ぎょくせいしょうおうきゅう》を建てるなどして、莫大な国帑《こくど》を消費することができた。また、つぎの仁宗も平和に恵まれて、四十二年にわたる長い治世の中期には、上に仁君をいただき、名臣に韓琦《かんき》、范仲淹《はんちゅうえん》、富弼《ふひつ》、欧陽脩《おうようしゅう》、司馬《しば》

	歳入(匹貫石両)	歳出(匹貫石両)
天禧末年(1021)	150850100	126775200
慶暦８年(1048)	103596400	89383700
皇祐元年(1049)	126251964	126251964
治平２年(1065)	116138405	131864452

82　宋代国家財政の推移

	商税	酒課	塩税課	合計
景徳年間(1005年ごろ)	450	428	355	1233
慶暦５年(1045)	1975	1710	715	4400

83　歳入のなかでの商税・酒課・塩税課の増収
張方平『楽全集』巻24　論国計事（単位は万貫）

光《こう》ら、名儒に胡瑗《こえん》、孫復《そんふく》、石介《せきかい》、周敦頤《しゅうとんい》、邵雍《しょうよう》、張載《ちょうさい》ら、文豪に欧陽脩、曾鞏《そうきょう》、蘇洵《そじゅん》、梅堯臣《ばいぎょうしん》らの人材を輩出し、北宋の全盛時代とされるいわゆる「慶暦《けいれき》の治」を誇ることができたのである。

赤字財政への転落

しかし北宋は、この仁宗の時代を極盛期としてしだいに衰えを見せ、軍事力の弱体化による対外政策の不振、冗兵冗官《じょうへいじょうかん》の増大による国家財政の窮迫など、対内的にも対外的にもいろいろな欠陥が現れてきた。すなわち、政治・社会・経済・軍事などにも大きな改革を必要とするようになった。宋の国力が発展から停滞・退潮に向かったことをもっとも端的に表すのは、国家財政の逼迫《ひっぱく》であった。宋初以来、きわめて豊かであった財政も、仁宗の中ごろから歳出額が増大してきて、末年には余剰がなくなり、英宗朝には赤字となった。このことを表示すると、表82のようである。

この数字は匹・貫・石・両を合わせて単位としたもので、絹・銭・穀・金銀や絲綿などを合計した数であるが、このうちの歳入について見ると、とくに貨幣収入の増加が顕著であった。これは北宋で貨幣経済が発達し、商品の流通が盛んになったためである。神宗即位の年の治平四（一〇六七）年閏四月の三司使《さんしし》張方平《ちょうほうへい》の上奏には、この貨幣収入のなかでもとくに多額を占めていた商税と酒課・塩税課の増収について述べているので、これを表示すると、表83のようである。

これらの表によると、真宗の天禧《てんき》末年には、歳入は歳出より二千四百七万余匹・貫・石・両も超過していたが、仁宗の慶暦《けいれき》八年には、その超過額は千四百二十一万余匹・貫・石・両となった。そしてさらに皇祐《こうゆう》元年には、歳入・歳出が同額となり、英宗の治平二年には、逆に歳入が歳出に対して千五百七十二万余の赤字を出すにいたった。

また、これらの歳入のなかでは、貨幣収入の増加がとくに顕著で、真宗の景徳《けいとく》中には、商税・酒課・塩税課合計千二百三十三万貫であったものが、仁宗の慶暦《けいれき》五年には四千四百万貫となって、約三倍半も増加した。この増加は英宗の治平年間までも続いた。ところが英宗朝には、前述のように国家財政は赤字に転落したのである。こうして、この財政の不均衡を是正することが重要な問題となった。これが次章の王安石の新法となってくる。

上述のように歳出の増加率が歳入の増加率を上まわって、ついに赤字となった最大の原因は、前述の仁宗・宝元《ほうげん》元（一〇三八）年以後、慶暦四（一〇四四）年にいたる西夏《せいか》との交戦による軍事費の急増であった。前にあげた、神宗の治平四（一〇六七）年閏四月の、三司使張方平の上奏によると、慶暦五（一〇四五）年には、禁軍の数は西夏戦争前の景祐《けいゆう》（一〇三

	太　祖（970年ごろ）	太　宗（995年ごろ）	真　宗（1020年ごろ）	仁　宗（1045年ごろ）
禁　軍	193000	358000	432000	826000
廂　軍	185000	308000	480000	433000

84　北宋における禁軍・廂軍数の推移

四年ごろ）以前にくらべて、八百六十余指揮・四十万人を増置し、歳費二千万緡《びん》（一人につき五十緡）を増したといわれている。

前にも述べたように、宋には禁軍と廂軍《しょうぐん》とあったが、これらは宋初以来すこぶる増加してきていた。すなわち禁軍は、太祖の開宝《かいほう》中（九七〇年ごろ）には十九万三千人、太宗の至道《しどう》中（九九五年ごろ）には三十五万八千、真宗の天禧《てんき》中（一〇二〇年ごろ）には四十三万二千となり、仁宗の慶暦中（一〇四五年ごろ）には、前述のように西夏戦争によって約四十万を増して、八十二万六千人に達した。また廂軍の兵数も、国初には十八万五千人、太宗朝に三十万八千、真宗朝に四十八万、仁宗朝に四十三万三千であった。

このような禁軍や廂軍のなかには老弱な兵士も多かったが、宋朝はこれらを裁汰《さいた》することをしなかった。そして、こうした兵員の増加は養兵費を大いに膨張させた。当時の禁軍はその給与がきわめて良好であって、英宗の治平二（一〇六五）年には禁軍の兵士一人について五十緡《びん》（貫）を要し、雑役兵である廂軍は禁軍ほどには優遇されなかったが、それでも一人について三十緡を要したといわれている。治平中には、禁軍は六十六万三千人、廂軍は約五十万人であったから、それらの養兵費は約五千万貫にも達していた。軍事費では、このほか軍の装備などの諸経費も増大したので、これらを合計すると、当時の軍費は、財政支出の約八割を占めていたともいわれている。

軍費のほかに財政支出を膨脹させたものに、官吏の増員、とくに冗官《じょうかん》が多くなったこともある。宋初以来、官僚機構の整備に伴って、官僚の数がひじょうに増加した。これらの官僚はおもに科挙《かきょ》の及第者が任命されたが、宋では父祖の官による恩蔭《おんいん》（任子《にんし》）の制がすこぶる拡大されて、これによる任官者が大量に出たため、冗官が多くなった。

しかも、宋では官僚の給与がとくに厚く、通常の給与以外に特別の恩賞があり、大臣や功臣の死没・転出・特別の勲功に対しても、多額の恩賞が与えられた。とくに仁宗の景祐《けいゆう》三（一〇三六）年には、従来、致仕《ちし》（退官）したものには半分の俸給を与えていたのを改めて、文武の顕官には、西京《せいけい》（洛陽《らくよう》）や南京《なんけい》（宋州）の分司官の例にしたがって、その全額を与えることとした。これらの官吏の増員・冗官・高給が、軍費につぐ大きな財政支出となった。

なお、これらのほかに、遼《りょう》や西夏《せいか》に対する歳幣《さいへい》もあるが、それらの額は、北宋の財政規模からいえば、あまり大きな額とはいえない。

以上のように、宋初以来、国家財政はますます拡大してきて、膨大なものとなったが、仁宗朝末期から英宗朝にかけての赤字財政への転落は、おもに軍費の膨脹と冗官によるものであった。いうまでもなく、この財政の不均衡は是正されねばならなかった。さらにこのころには、前述の官戸形勢戸の土地兼并《けんぺい》や、大商人の勢力をも抑制することが必要となっていた。こうして神宗朝における王安石の新法が実施されることとなるのである。

第五章　王安石の新法――神宗朝の政治・財政改革

この章の内容

この章では有名な王安石《おうあんせき》の新法について詳述する。新法が施行されるにいたった経緯についてはすでにふれたが、北宋第六代の皇帝神宗は、即位後まもなく、仁宗朝以来の名臣王安石を登用して新法を行い、年来の国家財政の危機を解消し、官戸《かんこ》・形勢戸《けいせいこ》の収奪を抑えて農民を保護し、農業の発展をはかるとともに、大商人の利益を抑圧してその利を官に収め、保《ほ》甲《こう》を結成して郷村の治安を維持し、あわせて国防の強化に資せんとしたのである。

すなわち、王安石はまず青苗《せいびょう》法を施行して、低利で農民や佃戸《でんこ》に青苗銭を貸し付け、端《はざ》境《かい》期《き》の農民の窮状を救済し、あわせて豪民の高利貸的収奪を防いだ。つぎに免役《めんえき》法を行って、衙前《がぜん》などの差役《さえき》の重い負担によって農民が破産するのを防ごうとし、免役銭を徴収して差役にあたる人を募集し、官戸・形勢戸などからも助役《じょえき》銭をとりたてて兼幷《けんぺい》を抑えようとした。また保甲法を行って、農村で保甲を組織し、盗賊を捕らえて農村の治安を維持し、開封府界《かいほう》や河北《かほく》・河東《かとう》・陝西《せんせい》の諸路では保甲に教練を施して、これを郷兵《きょうへい》として活用した。さらに保《ほ》馬《ば》法を実施して開封府界や陝西の保甲・義勇《ぎゆう》に馬を飼育させ、軍馬の用に供させた。

租税の不平等に対しては、方田均税《ほうでんきんぜい》法を施行し、土地を測量させ、その肥瘠《ひせき》に従ってこれを五等（後に十等）に分けて課税し、負担の不均衡の是正をはかった。これは開封府界をはじめとして京東西路《けいとうせいろ》、河北西路《かほくせいろ》など華北の地で行われ、旧法党の地主たちの隠田が多量に発見されて財政をうるおした。また農田水利法によって江南《こうなん》に囲田《いでん》や圩田《うでん》などの水利田を大規模に開発し、堤防を修築させて農業生産の増大をはかった。北方では開封府や京東・河北・河東の諸路で一種の客土法である淤田《おでん》法を行い、多くの瘠田《せきでん》を沃土《よくど》に変えた。均輸《きんゆ》法は、大商人が商品の価格を操作し暴利をむさぼるのを防ぎ、運輸の費を省き、物価の調節を行うものであった。王安石はまた同様の目的で市易《しえき》法を行ったが、この法では、商人に低利の資金を貸し付ける方法が、全国的に盛行した。

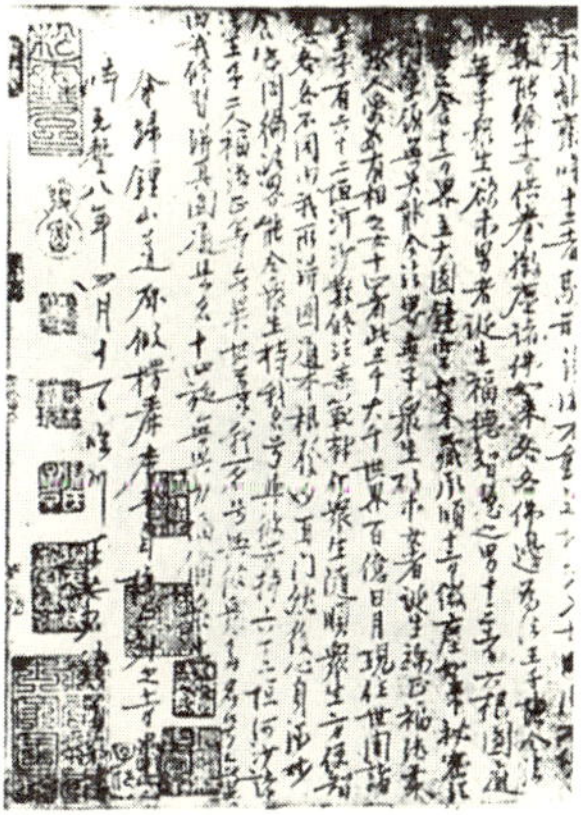
85　王安石の書　「楞厳経」

　このような新法の施行にともなって司農寺《しのうじ》に管轄され、宰相《さいしょう》に掌握される国家財政が多くなり、財政上に占める三司《さんし》の地位のひじょうな低下をみた。そこで三司と司農寺の財政の統合がはかられ、元豊《げんぽう》の官制改革によって三司の財政は戸部左曹《こぶさそう》に、司農寺のそれは戸《こ》部右曹《ぶうそう》に属することとなったが、これは元豊官制改革の眼目であり、また新法の総決算でもあった。

　このような新法の政策は、いずれも時弊を

鋭く衝いたものであったが、それだけに、これによって利益を失う官戸形勢戸・豪商・皇族の反対はすさまじいものがあった。あとにも述べるように、神宗の死後、北宋時代を通じて新法党と旧法党とは五度にわたって政権の交替を行い、それにともなって政府の政策もしばしば変更されたが、両派はしだいに政策そこのけで、互いに相手を排斥しあい、報復することに熱中するようになった。

徽宗《きそう》朝でながらく宰相をつとめた蔡京《さいけい》は、政治的信念をもたない機会主義者で、徽宗に遊楽をすすめ、巧みにその意に迎合して権勢の座を維持したが、新法の施策を悪用して苛斂《かれん》誅求《ちゅうきゅう》をこととし、怨みを天下にむすび、ついに北宋を滅した張本人となった。ところが蔡京は新法党であったから、北宋を滅したのは新法党だということになって、南宋になると政権は旧法党のにぎるところとなった。こうなれば新法の創始者である王安石がよくいわれるはずがない。南宋時代、旧法党が書き改めた『神宗実録』や、『四朝国史』をもとに元末に編纂された宋一代の正史である『宋史』の王安石の伝記も、けっしてかれをよくは書いていない。南宋の大儒の朱熹《しゅき》なども、王安石を非難した人物のひとりであった。一人の人間がなしとげた業績が、その時代においてはもとよりのこと、後世においても正当に評価されることはなかなかにむずかしい。王安石の例などはその典型といえよう。

南宋は旧法党の天下となったが、旧法党の施策には新法党のそれをひきついだものが多い。たとえば経界《けいかい》法は土地を測量または申告させて農民の役や税の負担の均衡をはかった。経界法は高宗のときほとんど全国で行われたが、これは新法の方田均税法の系統をひくものであった。免役法で免役銭を徴収することも、南宋ではそのまま行われた。また保甲法を役法にかえることも行われ、そのかわり、保甲法本来の目的のために、保伍《ほご》法がもうけられた。また水利田の開発もさかんに行われた。これをもってしても、王安石の新法が、いかに時宜に適したものであったかがうかがえるのである。まことに王安石は時代に先んじた人物であり、いたずらに古《いにしえ》を尚《たっと》び現在を識《そし》る空疎な儒家思想の持ち主ではなかったのである。かれはよく時勢の赴くところを洞察して、その救済を企図した実際家であり、しかも遠大な理想家でもあった。

一　王安石の登場

王安石の生涯

上述のように、宋初以来、社会経済がおおいに発達し、宋の財政は膨大《ぼうだい》なものになってきたが、その国家財政も収支が赤字になっていた。そこで神宗朝（一〇六七〜八五）になって、政治・社会経済・財政の各方面にわたって大きな改革が実施された。これが王安石《おうあんせき》の新法といわれるものであり、これにまっこうから反対する北方の地主出身の老政客・大儒を中心とした既成階級的現状維持派の旧法党との間に、はげしい論争が行われた。

王安石は撫《ぶ》州臨川《りんせん》（江西《こうせい》省臨川県）の人で字《あざな》を介甫《かいほ》といい、半山と号した。仁宗の慶暦二（一〇四二）年に科挙《かきょ》の試験に及第して揚《よう》州の幕職官《ばくしょくかん》である簽書准南節度判官《せんしょわいなんせつどはんがん》を授けられ、

86　王安石

知鄞《ちきん》県（浙江《せっこう》省寧波《ニンポー》市）を経て、一〇五一（皇祐《こうゆう》三）年には舒《じょ》州（安徽《あんき》省懐寧《かいねい》県）通判《つうはん》となった。一〇五四（至和《しわ》元）年に集賢校理《しゅうけんこうり》に除せられたが赴かず、欧陽脩《おうようしゅう》のすすめで群牧判官《ぐんぼくはんがん》となり、さらに知常州《ちじょうしゅう》、提点江東刑獄《ていてんこうとうけいごく》を経て、三司度支《さんしたくし》判官となった。一〇六〇（嘉祐《かゆう》五）年、有名な「万言書」をたてまつり、天下の弊政《へいせい》をあげて、先王の政に法《のっと》って変革し、人材を養成し、理財の道を講ぜんことをいった。こうして翌六年には知制誥《ちせいこう》となったが、八年に母の死去によって官を去り家に帰って、つぎに即位した英宗のときには召されても起《た》とうとしなかった。

安石は、十九歳のとき父を失い、家は貧しく、多くの弟妹を養わねばならなかったので、早くから社会の悪に対して目を開いた。長年地方官を歴任したのも、家族を養うために収入の多い官職を望んだからであったという。こうして安石は地方の実情に明るく、宋朝の長年にわたる弊政を身にしみて感じとっていたのである。

一〇六七（治平《じへい》四）年正月、英宗が没してわずかに二十歳の神宗が即位すると、年少気鋭の新帝は、英宗が望んで果たさなかった改革を断行し、積年の宿弊をいっきょに除こうとした。しかるに当時廟堂にあった重臣たちの中には、ともに大事を行うに足る気概や識見を備えた人物を見いだすことができなかった。神宗は穎《えい》王であったときから、安石が人物であることを聞いていたので、即位するとかれを江寧府《こうねいふ》（南京）の知事に任命し、幾ばくもなく中央に召して翰林学士《かんりんがくし》兼侍講《けんじこう》とし、その政見を聞きますますその意見に共鳴し一〇六九（熙寧《きねい》二）年、安石を参知政事《さんちせいじ》に任じて、新法の立案にあたらせた。こうして英邁《えいまい》な神宗と、明敏かつ剛毅果断《ごうきかだん》な大政治家王安石は手を携えて難局の打開に邁進することとなった。王安石は廟堂の重臣の反対を見こして、熙寧二年、天子直属の制置三司条例司《せいちさんしじょうれいし》と称する政策審議立案の機関を設け、中書門下省《ちゅうしょもんかしょう》からは王安石、枢密院《すうみついん》からはその長官であった陳升之《ちんしょうし》が出て、新法を審議・実施させることとした。ところが翌三年になると王安石は同中書門下平章政《どうちゅうしょもんかへいしょうせい》事《じ》に昇進し、内閣の最高責任者となったので、守旧派の司馬光《しばこう》の強い反対もあって、制置三司条例司を廃止した。

　このようにして新法はつぎつぎに実施されたが、いずれもまことに時宜に適したものであった。それだけに新法によって利益を制限される官戸・形勢戸《けいせいこ》や豪商・高利貸の反対は激烈をきわめた。王安石は強固な信念をもって、たじろぐ神宗を激励しつつ、新法を推進した。一〇七四（熙寧七）年、いったん下野《げや》し、翌年にはまた廟堂に復帰して、以後二年の間新法の施行に尽力したが、同九年その行うところが、神宗に厭《あ》きられてきたので職を辞し、江寧で余生を送った。神宗の没後、新法の廃止を聞き、時世を嘆じながら死去した。新進の俊才官僚として将来を期待されていた愛児王雱《おうほう》の死も、王安石にとって大きな打撃であった。

87　神　宗
「歴代帝王像」より

88　南京半山亭　王安石は宰相を辞めたのちここですごした

王安石の意図

従来、この王安石の新法は富国強兵策であって、『周礼《しゅらい》』を引用してこれを権威づけたものである、といわれている。この新法が仁宗朝以後の国家財政の赤字を解消し、強力な民兵制度を創設しようとして、これを権威づけるために儒家の始祖孔子によって理想の人物とされている周公旦《しゅうこうたん》が定めたといわれる西周《せいしゅう》の制度を詳述した『周礼』を引いたことは、承認されうるであろう。中国人は理想の時代を古《いにしえ》に求めるからである。

しかし、それだけでは不十分であるように思われる。私は、兼幷《けんぺい》（ここでは豪民と商人をさす）を抑えて農民を保護し、農業を奨励する中国伝統の抑商重農政策をも加味したものであると考える。

すなわち、青苗《せいびょう》法・免役《めんえき》法・方田均税《ほうでんきんぜい》法などは、いずれも、兼幷を抑えて農民生活の安定をはかろうとしたものであり、農田水利法や淤田《おでん》法は農業生産を増大させようとしたものである。また、保甲《ほこう》法は強兵策ではあるが、一面において農村の治安維持をはかるとともに、新しい農村の秩序を打ち立てようとしたものである。これらの法はみな重農政策ともいってよいであろう。また、均輸《きんゆ》法や市易《しえき》法は、大商人を抑えて、その利益を官に収めようとしたものである。保馬《ほば》法は強兵策といえるであろう。

また神宗は、前にも述べたように、元豊の官制改革を行った（第二章参照）が、これはおもに新法の実施にともなう財政改革の結果行われたものであったようである。すなわち新法が施行されたため、新たに司農寺《しのうじ》の財政ができて、国家財政は従来の三司《さんし》と司農寺に二分されたが、これを統合するため、三司が廃止された結果、これを中心として唐の「六典《りくてん》」（唐の制度を記した基本文献）に復する官制改革が実施されたものである（同上参照）。

二　青苗法の起原

陝西の青苗銭

唐末から五代にかけて、前に述べたように、農民は端境期《はざかいき》に絹や穀物を豪民に前売りして銭を借り、絹や穀物ができたときに、これらを返済していた。この豪民の役割は官でも行っていた。宋初には陝西《せんせい》路では官がこの青苗《せいびょう》銭の法を行っていたが、一〇二七（天聖《てんせい》五）年にこれをやめた。その後、一〇四八（慶暦八）年になって、陝西転運使《てんうんし》傅永《ふえい》がこの青苗銭の法を施行した。この年の春、陝西では飢饉《ききん》のあとをうけて、農民は種子や食糧がなくて苦しんでいたが、商人が穀物を売らないために穀価が騰貴し、豪民は農民に銭を前貸しして高利を取った。そこで傅永は銭二百八十万貫を出し、農民に前貸しして麦ができた後にその麦を返済させて薄利を取り、麦四十万石を得て軍の兵糧《ひょうろう》にあてた。

この法は傅永の後に陝西転運使となった李参《りさん》によって踏襲され、これが王安石の青苗法の基となった。ちょうどこのころ王安石も前述の明州鄞県《めいきん》（浙江省寧波市《せっこうニンポー》）で農民に米穀を前貸しし、利息を出させて、米穀ができたときにそれを返済させていた。この方法は王安石の青苗法の中にも取り入れられ、青苗法では、原則として青苗銭を貸し出すが、青苗穀を借りたいものはこれを許すこととした。

このように、官が穀物の収穫前に銭を前貸しすることは、前述の和糴《わてき》のなかでも行われていた。すなわち河東路《かとう》の和糴は太宗朝から始まり、辺境に駐屯する兵士の食糧や馬草を調達するため、米・粟《あわ》・大豆《だいず》や草を収穫前に銭を支給して買い上げていた。しかしここでは初め、官はこれらの買入価格を市価より高くして優遇していたが、後には、市価が買入価格より高くなっても、もとの価格を据え置き、ついには買入価格を半分以下に引き下げて、強制的に農民に割り当てて農民を苦しめた。これは王安石の青苗法ではまったく採用されず、穀物の中価（平均価格）を前貸しして、強制的に農民に貸し付けることを禁止した。

また、一〇三三（明道《めいどう》二）年、范仲淹《はんちゅうえん》が淮南《わいなん》で和糴したときにも、農民に穀価の前貸しを行った。当時ここでは農民が収穫後穀物を売ろうとすると、商人が故意に穀価を安くして買い上げて、官の和糴が行われず、穀物が商人の家にはいってしまうと、その穀価を高くして売り出すため、官は高価で和糴を行い、官銭を多く欠損していた。そこで范仲淹は農民に後述の保甲を編成させて、市価によって銭を前貸しして穀物を買い入れ、官が高価で買い上げて欠損するのを防いだ。

この方法は、一〇五一（皇祐《こうゆう》三）年、孟州河陽県《もうかよう》（河南省孟県）の知県陳襄《ちんじょう》も施行しようとした。このとき河陽県では、干魃《かんばつ》のため、中小農民は食を得るのに苦しみ、兼幷《けんぺい》の家（豪民や商人をいう）から小麦の青苗でもって銭を前借りしたが、兼幷の家は小麦ができたときの価格一斗六十文に対して、一斗三十余文を前貸しした。官はこれらの小麦を兼幷の家から一斗九十文から百二十文で和糴した。したがって小麦の青苗銭を前借りした農民は、一斗について三十文の利息を取られ、官の和糴は収穫時の市価より三十文から六十文も高い価格で買い上げられていた。

このようにして兼幷の家は一斗について六十文から九十文の利益を得ていたのである。そこで陳襄は、小麦一斗六十文として農民に前貸しし、十戸を一保として保甲を編成させ、上等戸を甲頭《こうとう》（保甲の長）としてこれを保証させてこれらの青苗銭を貸し付け、夏税とともに小麦を納めさせようとした。

和糴の前貸制と常平倉・広恵倉の制度

以上のように、范仲淹《はんちゆうえん》や陳襄《ちんじよう》の和糴《わてき》は農民に銭を前貸ししたが、これでは、穀物の時価を支給したから、利息を取っていなかった。しかし官は、従来の和糴による官銭の欠損を免れて利益を得ていた。このうち、穀価の前貸しによって利息を取っていないところは、陝西《せんせい》青苗銭や王安石の青苗法が穀価を時価より多少低くして前貸しし、薄利を取っているのとは相

89　宋代の倉庫

違していた。この点で、後に陳襄は王安石の青苗法におおいに反対することとなるのである。
しかし、それ以外の点では陳襄の和糴の法は王安石の青苗法とまったく同じであった。なお王安石の青苗法は、これらの和糴のように、青苗銭を前貸しして穀物を納めさせ、豪民や商人の中間の利益を抑えて、官銭の欠損をなくするわけであるが、後述のように後になると青苗銭を貸し出して二分（二割）の息銭《そくせん》を取ることがおもな目的になってきたため、この点(銭を前貸しして穀物を取る）はあまり重要でなくなった。

さらにそのころ、蘇轍《そてつ》は富民が農民に高利で銭を前貸ししているので、『周礼』の泉府《せんぷ》・貸民の条を引いて、官が春に民に銭を前貸しして絹を収め、夏に銭を前貸しして穀物を収め、そうして薄利を取るようにいっている。このうち、春に銭を貸して夏に絹を収めるところは、前述の預買絹によったものであろうが、春と夏に青苗銭を前貸しするところと、『周礼』の泉府・貸民の条によって官が低利で民に貸し付けるという点とは、王安石の青苗法と同じである。

また、王安石の青苗法は、各路の常平倉《じょうへいそう》や広恵倉《こうけいそう》の銭穀を用いて、農民に青苗銭を貸し出すこととした。このうち常平倉は、九九二（太宗・淳化《じゅんか》三）年以後、各路に設置され、夏・秋、穀価の安いときに市価より多少高く買い入れ（糴《てき》という）ておき、穀価が高くなったとき、市価より多少安く売り出し（糶《ちょう》という）て、穀価の高低を調節するものであった。ただ、常平倉米を糶するときには、元の本銭（糴価）を損なわないようにさせた。このため、米穀を高く買い入れていたばあいには、これを売り出せないことも多かった。

常平倉の米穀は貧民を救済し、飢饉《ききん》のさいには飢民をも救済させた。広恵倉は戸絶《こぜつ》（人がいなくなった戸）の田をもとにして、これを小作させて、その収入でもって、城内の老人や幼児の生活できないものを救済するものであった。これらの常平倉・広恵倉は、中央では司農寺《のうじ》、路では提刑司《ていけいし》が管轄していた。そこで王安石が青苗法を施行したときにも、中央では司農寺がこれを管轄することとなった。ただ、路では新たに提挙常平司《ていきょじょうへいし》を置いて、これを管轄させたのである。

以上のように、王安石の青苗法は陝西《せんせい》青苗銭を基にしているが、和糴の中の前貸制をも参考にしており、常平倉や広恵倉の制度をも考慮して立案されたものである。

三　青苗法の施行

高利貸豪民・商人への対策

王安石は、政権を握る前から兼幷《けんぺい》の家を抑えることを考えていた。宋初以来、豪民は高利

90　地主の生活　白沙宋墓の壁画

貸を行って、農民や佃戸《でんこ》を苦しめていた。豪民の高利貸には三つあって、銭を前貸しして、米穀や絲絹でもって返済させる「挙放《きょほう》」と、銭を貸して、本銭と利息を銭で返済させる「課銭《かせん》」があり、さらに粟《あわ》（米）、麦を貸して、現物の利息をつけて、粟麦を返済させる「粟麦出《すい》挙《こ》」もあった。宋では、これらに対して利息を制限して、利息は一年に本銭の一倍（「倍你《ばいしょう》の息」）までに限り、利息を本銭にくり入れる、すなわち複利をとるのを禁止し、これらによって田地や牛畜を奪い取るのを禁じ、これらの有利債負（利付債権）については官に訴えても、官はこれを受理しないことにしていた。

しかし実際には、豪民はこれらの挙放や課銭・粟麦出挙などによって、一年について二倍・三倍の利息を取り、農民の土地を兼幷（取り上げ）していた。また豪民は、佃戸に対しても同じく、一年に二倍・三倍の利息を取ってかれらを苦しめていた。そこで王安石は、豪民の高利貸を抑えるため、前に述べた陝西《せんせい》青苗銭や和糴《わてき》の中の前貸制などを参考にして、青苗法を立案したのである。すなわち陝西青苗銭は、豪民の高利貸を抑えて、農民に低利で前貸しするものであり、河東《かとう》の和糴のように強制的にこれを割り当てるものでもなく、范仲淹《はんちゅうえん》や陳襄《ちんじょう》の和糴のように、官が利息を取らないものでもなかったので、王安石はこれを青苗法の原形として採用したのである。こうして王安石は、青苗法によって、農民や佃戸に三分（三割）あるいは二分（二割）の低利で資金を貸して、その生活の安定をはかろうとした。

青苗法は一〇六九（熙寧二）年に施行され、王安石の新法の中でも初めに実施されたものであり、それだけに、新法党と旧法党の間に激しい論争が行われた。そこでまず、青苗法が創設されたころのおもな実施条項をあげると、つぎのようである。

主要実施条項

(1)　このころ諸路の常平倉《じょうへいそう》・広恵倉《こうけいそう》は多額の銭や米穀を積蔵しながら、これを糴糶《てきちょう》する方法がよろしくなかったため、飢饉《ききん》の年に飢民を救済することができず、省倉《しょうそう》（官吏の俸給を支出する倉）の銭穀をも出して救済していた。そこでこの常平倉や広恵倉（都市の老幼に支給した残余）の銭穀を出して、米穀は転運司《てんうんし》の管轄する税銭と引き換えこれらの銭を青苗銭《せいびょうせん》として支出する。

(2)　これらの青苗銭は陝西《せんせい》青苗銭の法に従い、春正月（夏料という）と、夏五月（秋料という）の二度に分けて貸し出し、夏税と秋税を納入するときに、いっしょに納めさせる。それらの青苗銭は、小麦・粟《あわ》・米などを収穫したときの一斗の時価の中価（平均価格）を取って、あらかじめ支給し、それらの穀物ができたときに、それに相当する数量の穀物を納めさせる。ただ農民が青苗銭の代わりに穀物の支給を望むばあいには穀物を与えるが、その穀物は時価に換算して、それを青苗銭の額とする。また、農民が青苗銭を借りて、穀物を納めるとき穀価が騰貴したばあいには、穀物の代わりに銭を納めるのを許す。このばあいには、穀物がいくら騰貴していても、ただ青苗銭に三分（三割）をくわえて納めさせる。これが青苗銭に三分の息銭を取ることとなるのである。

(3) 作物の災傷（災害）が五分（五割）以上に及んだときには、青苗銭の納入は、つぎの夏料または秋料まで延期する。

(4) 青苗銭は、農村の戸の資産によって、第一等戸には十五貫まで貸し、第二等戸には十貫、第三等戸には六貫、第四等戸には三貫、第五等戸と客戸《かくこ》には一貫五百文（一貫文ともある）まで貸す。これらの銭は、十戸以上を一保として保甲を編成させ、三等以上の戸を甲頭《こうとう》として、これを保証させる。このうち、客戸（おもに佃戸《でんこ》をさす）については主戸《しゅこ》（地主）に保証させる。農村の戸に青苗銭を支給して、まだ余裕があれば、坊郭戸《ぼうかくこ》（都市の戸）の、資産があり抵当のあるものにも貸し出す。

(5) 青苗銭を農民に強制的に貸し付けることは行わない。

(6) 青苗法は、兼并《けんぺい》の家が端境期《はざかいき》に農民や佃戸に銭穀を前貸しして、高利を取るのを抑制するものである。この青苗法で得た銭穀は農田水利にも使用する。これは民のためにするもので、国家がその収入を利するものではない。

(7) 旧制では常平倉・広恵倉は路の提刑司に属していたが、青苗法を実施するために、諸路に提挙常平広恵倉官を派遣する。すなわち路に提挙常平司を常置する。

青苗法は、これらの条項にしたがって河北路から実施されたが、これに対しては、旧法党の韓琦《かんき》・司馬光《しばこう》・欧陽脩《おうようしゅう》・蘇軾《そしょく》らの多くの人々が反対して激しい論争が行われ、そのため上述の条項もかなり修正された。

実施をめぐる論争と修正

旧法党の人々が青苗法に反対したおもな点はだいたい四つばかりあって、(1)青苗法は政府が民間の挙放《きょほう》や課銭を行うもので、政府自身で利息付きの金貸を行い、三分の利息を取るのは重い、(2)兼幷《けんぺい》を抑え、貧民を救うといいながら、兼幷の家である第三等以上の戸や坊郭の資産あるものにまでも、青苗銭を貸し出すのは、官がただ利息を取るためにするものである、(3)青苗銭を貸して穀物を納めさせるといいながら、青苗銭に三分の息銭をつけて銭で納めさせるのは、農民を苦しめるものである、(4)常平倉《じょうへいそう》の銭穀を青苗銭に支出すると、常平倉が穀物を糴糶《てきちょう》して、穀価を調節することができなくなる、などであった。

王安石はこれらに対して、『周礼《しゅらい》』の、泉府《せんふ》の貸民の条を引いて、『周礼』でも民に銭を貸して「国服をもって息となす」とあるように、利息を取って貸し出していて、その利息も二分五厘まで取っており、青苗法の利息三分は河北路で取ったもので、そのほかの京西《けいせい》・陝西《せんせい》路《ろ》では二分にすぎないといったが、ついで青苗銭の利息を三分から二分に引き下げた。また、青苗銭を坊郭戸《ぼうかくこ》にも貸し付けたことについては、王安石は、常平倉の銭穀を農民に貸して、余裕があれば坊郭戸の欠乏をも救済すべきであって、『周礼』の泉府の貸民の法にも都《と》

91 韓 琦

邑《ゆう》（坊郭）と鄙《ひ》野《や》（農村）の制限はないから、この点では青苗法も陝西青苗銭の条項を用いないものである、といった。

　これに対して韓琦《かんき》は、この『周礼』泉府の貸民の条の「国服をもって息となす」について、王安石の解釈に反論した。すなわち、『周礼』のこの条の鄭玄《じょうげん》の注では、国服つまり「その国において事に服する税」は、都邑の近い所から遠くになるに従って、年五厘から二分と重くなり、ただ漆林《しつりん》は二分五厘となっており、これが民に貸したときの利息の率となる。しかるに青苗法では青苗銭を春と夏に貸し出して、各二分の息銭を取るので、都邑からの遠近を問わず、一年に四分の利息を取ることとなり、『周礼』の貸民の法より重くなっている、といった。

　青苗法で春・夏の二度に青苗銭を貸し出すことには欧陽脩《おうようしゅう》も反対であって、春に青苗銭を貸すのは、端境期の農民の欠乏を救済するものであるが、夏にこれを貸すのは、麦ができ、蚕《かいこ》が育ったときであるから、農民は欠乏していないので、これは利息を取るために銭を貸すものである、といった。これらのために、一〇七四（熙寧《きねい》七）年には青苗銭は春に一度だけ（陸田、畑は二月、水田は三月）貸し出すこととなった（ただ緩急のばあいにはこのほかに貸し出した）。

　また韓琦は、青苗法で銭を貸して穀物を納めさせながら、青苗銭に二分の息銭をつけて、銭で納めさせることを許したのは、将来ただ民をして本利の銭を納めさせて、穀物を納めさせないようにするためではないか、ともいった。司馬光《しばこう》も、青苗銭を貸して本利を銭で納めさせるので、農民は豊年には穀物を安く売って銭を納め、凶年には売る穀物がないため、田地・家屋・耕牛などを売って、銭を得てこれを納めることになる、といった。しかしこれは改められず、青苗銭は多く本銭に二分の息銭をつけて納めさせた。

また司馬光は、青苗銭の代わりに穀物を貸したとき、その穀物を時価に換算して青苗銭の額とするのにも反対し、青苗穀のばあいにも、二分の息穀をつけて返済するように主張した。これはこのように行われた。したがって熙寧七年には、青苗銭を貸したときも、また青苗穀を貸したときにも、利息二分をつけて返済させたのである。これは青苗法で銭を貸して、穀を納めさせる原則をくずしたものであった。

さらに司馬光や蘇軾《そしょく》らは、常平倉は穀価の安いときに高く糴《てき》し、穀価が高くなったときに安く糶《ちょう》するので、穀価が平らかになって、官・民ともにその利を受けるが、この銭穀を青苗銭に支出してしまうと、常平法が壊れて、豊年に穀物を糴することができないので、凶年には飢民を救済することができなくなる、つまり、常平法と青苗法とは両立することができないといった。このため、神宗はこれを両立させようとして、熙寧七年、常平倉の銭穀は災害のばあいに飢民を救済しなければならぬため、半分だけ青苗銭に貸し出すこととし、その余の半分は常平旧法によって糴糶《てきちょう》させることとし、農田水利（後述）工事や城塞の修築にもこれを支出した。

以上のように、青苗法は旧法党の意見をある程度受け入れて修正された。この青苗法による政府の収入は巨額に達し、これらは軍費に移用したり、路の転運司《てんうんし》の費用にも使われた。

四　免役法以前――宋初の差役法

宋初の役の特徴

王安石の免役《めんえき》法（募役《ぼえき》法ともいう）は、宋初以来の差役《さえき》法を改めたものである。その差役法は、多く五代の役を受けついだものであった。これらの宋初の役は、唐代の均田制《きんでんせい》下の力役に対して、職役《しょくえき》ともいわれている。すなわち均田制における租庸調《そようちょう》のなかの庸は力役、つまり肉体労働に従事するものであったが、宋初の役は、多く職務、とくに州県や郷村《きょうそん》の各種の職に従事するものであった。したがってこの職役は、宋代の州県制の運営において重要な意味をもっていた。

また、唐代の庸はすべての戸のなかの丁に対して課せられていたが、宋代の職役は、あとで述べるように、戸の資産の多少に従って資産の多いものに課せられ、資産の少ないものには課せられなかった。この点において、宋代の差役は前代の役と異なっていた。

宋初の差役には、州の役・県の役・州県に共通な役・郷村の役の四種があった。州の役には、(1)衙前《がぜん》、(2)孔目官《こうもくかん》系統の人吏、(3)承符《しょうふ》・散従官《さんじゅうかん》・人力《じんりき》、(4)院虞候《いんぐこう》・獄子《ごくし》などがあり、県の役には、(1)押録《おうろく》、(2)手力《しゅりき》、(3)弓手《きゅうしゅ》などがあり、州県に共通する役には、(1)斗子《とし》・揀子《かんし》・秤《しょう》子《し》・庫子《こし》・掐子《とうし》、(2)攔頭《らんとう》があった。また郷村の役には、(1)里正《りせい》・郷書手《きょうしょしゅ》、(2)耆長《き》・壮丁《そうてい》、(3)戸長の役があった。

以上の役のうち、州の孔目官系統の人吏と県の押録などは同じく人吏であり、州の承符・散従官・人力と県の手力も同じ系統であり、州の院虞候・獄子と県の弓手も、同じような性格であった。また、郷村の役は後述の保甲法と密接な関連がある。

前述のように、これらの役は資産の多少によって課せられた。宋代には、資産は「物力《ぶつりき》」または「家業銭《かぎょうせん》」とよばれ、田地・家屋・倉庫・道具などを評価して、何貫何百文というように表示されていた。商人などは「営運銭《えいうんせん》」といって、商業上の利益を評価して、物力のなかに算入されることもあった。これらの資産は五等に分けられて、「五等丁産簿《ごとうていさんぼ》」という帳簿に記入されており、役はこれらのうち、おもに第一・第二・第三等の戸で、二十歳以上六十歳までの丁が二人以上ある戸に課せられ、軽い役のなかには第四等・五等戸に課せられるものもあった。

なお宋初には、官戸・坊郭戸《ぼうかくこ》（城内の戸）・寺観《じかん》（寺院や道観）や単丁《たんてい》（丁一人の戸）・未成丁《みせいてい》（まだ丁にならない戸）・女戸は、役を免除されていた。

州の衙前

宋初の衙前《がぜん》は五代の衙前を受けついだものであるが、宋代には衙前は州の倉庫を管理し、水運または陸運によって租税を中央に輸送し、州の客を接待し、さらに酒務（酒をつくる所）を経営し、館駅《かんえき》をつかさどっていた。

衙前《がぜん》には、将吏《しょうり》衙前・里正《りせい》衙前・押録《おうろく》衙前・投名《とうめい》衙前（長名《ちょうめい》衙前ともいう）などがあった。将吏衙前は前に述べた五代の衙前を直接受けついだものであるが、これは後に長名衙前に代わられたようである。この里正衙前は郷村の里正（次節参照）の役を終わったものがあてられる役であった。里正衙前は郷村の第一等戸があてられ、第一等戸が足らないばあい、第二等戸もこれにあてられ、家業二百貫以上のものがこれになった。これは衙前が州の銭穀を取り扱うので、これを欠損したときに、それを賠償させるためであった。里正衙前の期限は二年であったが、この役はもっとも重くて苦しいものであったため、郷村の戸はあとで述べるように多くこれで破産した。押録衙前は県の押録（後述）からあてられたもので、その期限は三年であった。投名衙前または長名衙前は、衙前になりたいものを募集し、あるいは里正衙前や押録衙前で期限後にもひきつづいてとどまって衙前になりたいものをこれにあてたものである。

さらに州の衙前には、これらの四衙前のほかに客司《かくし》（客将）・通引官《つういんかん》があった。五代では、前に述べたように、衙前と客司・通引官とは別であったようであるが、宋では、客司・通引官は衙前の中にはいっていた。この客司・通引官は子孫が受けついでいた。

これらのうち、里正衙前がもっとも苦しかった。それは里正衙前が郷村の戸であって、その職務になれないために、多くの経費を必要としたためでもあった。たとえば、衙前が管理している州の倉庫のものがなくなったり、あるいは租税の穀物・絹・銭を京師《けいし》へ輸送したばあいに、これらの物品を欠損すると、それらを賠償しなければならなかった。また衙前は、州の客を接待するために設けられた公使庫を管理したが、宴会の材料や施設が欠けると、それを補足させられ、酒務を経営して、酒をつくる資材の不足を支弁することもあった。このため、里正衙前で資産を破るものが多かった。そこでこれらの役は、衙前の役のなかでも、「重難（重くて苦しい）な役」といわれた。これに対してやさしい「優軽な役」もあった。しかし里正衙前は、これらの重難な役にかならずつかねばならなかったのである。

元来、官は衙前の役に対して、分数《ぶすう》でもってその費用を支給していた。一例をあげると、河北《かほく》では、御河《ぎょか》（大運河の黄河《こうが》以北の部分）を通って京師に穀物を輸送する船には、六十分の費用を支給していた。この一分は五貫文であった。ただこのばあいに、御河の水流が平穏なときには、この輸送は優軽な役であったが、河流が危険になったときには、この輸送は重難な役となった。したがって優軽なときには、官給の分数で費用が足りても、重難なときには一般に費用が補えなくなった。ことに里正衙前のような郷村の戸では、事になれていないため、重難な役では官給の一分に対して、二分ないし三分、すなわち二倍三倍の費用を必要としていた。したがって、これら上京の穀物・絹・銭などの輸送船や、前に述べた公使庫の管理・酒務の経営などの重難な役では、里正衙前は多く破産したのである。

そこで、仁宗の至和《しわ》二（一〇五五）年に里正衙前は廃されて、郷戸衙前に改められた。これは、里正は郷ごとに一人があてられていたので、狭郷では一等戸であっても、その資産のそう多くないものもあり、これらを里正衙前としたばあい、役に耐えられず破産するものが

92　物資を輸送する船

多かったためである。そこで一県の各郷を通じて、一等の戸のなかでもっとも資産の多いものを選んで、衙前の役にあてることとしたのである。これが郷戸衙前《きょうこがぜん》であって、その任期は二年であった。しかし、郷戸衙前も重難な役に苦しんだ。たとえば、陝西《せんせい》の鳳翔《ほうしょう》府では、郷戸衙前の重難な役には一分十貫を支給されたが、実際には一分が十五、六貫から二十貫、さらにそれ以上の費用を要した。そのため第一等戸が多く破産して、中等戸をもこれにあてるようになってきた。

苦役の郷戸衙前と投名・長名衙前

このようにして、王安石が免役《めんえき》法を実施するころには、郷村《きょうそん》の戸は郷戸衙前にあてられるのをひじょうに恐れて、戸の等級があがらないようにするため、農耕につとめず、穀物や絹を蓄えず、所有土地をふやさず、家屋の修理も行わなくなった。さらに山東《さんとう》では、郷戸衙前になるのを避けるため、父と子の二丁しかない民戸で、父が自殺し、子一人の単丁戸《たんていこ》とするものも出た。また江南《こうなん》においては、祖父母や父母が生きているあいだは、その子孫は資産を分割できないので、祖父や父が死んだときに、祖母や母を嫁にやって資産を分割し、一等戸の等級を引き下げるものも出てきた。さらに、官僚は免役の特権をもっていたので、一等戸が官僚にその産を売り、等級を引き下げて衙前の役を免れるものも多かった。

このため、郷村では衙前の役につく戸がますます減少し、残った戸には衙前の役がひんぱんに回ってきて、いよいよこの役が重くなった。王安石が差役《さえき》法を改めて免役法としようとしたのは、おもにこの郷戸衙前の苦役を改めようという意図からであった。

上述のように里正衙前《りせいがぜん》は苦役であったので、宋初以来、衙前を募集する、すなわち投名《とうめい》衙前も行われていた。ことに真宗の天禧《てんき》三（一〇一九）年には、江南で衙前を募集させ、華北でもその後これを募集させた。また、役を終わった里正衙前で、ひきつづいて衙前になることを願うものには、これを許した。すなわち長名《ちょうめい》衙前である。なおこれらは、将吏《しょうり》衙前のように、衙職（押衙《おうが》から升進して左《さ》右都《ゆうと》押衙《おうが》・都知《とち》兵馬使《へいばし》にいたるもの）に遷転していき、ついには官に任用された。

上述のように里正衙前や郷戸衙前は苦役であったのに、投名衙前や長名衙前があるのは、これらの衙前は職務になれていて、衙前の分数でもってあまり欠損をきたさず、いっぽう他の職役を免除され、さらに、坊場《ぼうじょう》（酒を売るところ）や河渡《かと》（渡し場）からあがる利益を請け負って、大きな利益を獲得したためであった。このため、投名衙前や長名衙前は各地でだんだん増加してきて、免役法が施行されるころには、成都路《せいと》は長名衙前だけで占められ、淮《わい》南《なん》・両浙路《りようせつ》では大半（三分の二）、その他でも半分であるといわれている。

しかし福建路《ふつけん》の福州《ふくしゆう》では、郷戸衙前七十二人、押録衙前五十五人、長名衙前六十人、客《かく》司《し》・通引官《つういんかん》五十七人、合計二百四十四人であったから、長名衙前は三衙前のうちの三分の一弱であった。なお、押録衙前は県の押録、すなわち県の書記（次項）で衙前にあてられたものであるが、これはあまり問題にされていない。おそらく、この衙前も官庁の職事になれているため、あまり苦役とはならなかったものであろう。

州県の人吏

州の人吏は、都《と》孔目官《こうもく》・孔目官・勾押官《こうおう》・開拆官《かいたく》・糧料官《りようりよう》・押司官《おうし》などの職級と、前《ぜん》行《こう》・後行《ごこう》の手分《しゆぶん》や貼司《ちようし》などをいった。人吏は州の諸曹《しよそう》ならびに諸司の銭穀や税租・獄訟などの文書をつかさどり、その計算を行った。これらは子弟が受けつぐことになっていたが、欠員ができると、これを募集し、投名《とうめい》の人吏を置いた。また、州の属県の人吏を派遣してこれにあて、二年で交替させた。また投名が足らないときには、中等戸（二・三等戸）から選んでこの役にあて、これも二年で交替させた。

しかし江南《こうなん》や四川《しせん》では州の人吏はほとんど投名の人吏であった。河北《かほく》・河東《かとう》・陝西《せんせい》などの華北の諸路では、民が書算にくらかったために投名があまりなくて、郷村《きようそん》の戸がこれにあてられた。これらの投名の人吏も年限によって職級（押司官《おうし》から升進して都孔目官にいたる）

に遷転されていき、ついには官に任用された。

　県の人吏には押録《おうろく》・手分《しゅぶん》・貼司《ちょうし》があった。県の押録以下の人吏も、州の人吏と同様に書記・計数をつかさどり、租税の徴収や獄訟のことをも行っていた。押録は、はじめ上等戸で吏道に通じたものをあてていたが、後には投名とし、投名が足らないときには、郷村の資産ある戸をこの役にあて、二年で交替させた。

　これらの押録は、前に述べたように、州の衙前《がぜん》が欠けると、押録衙前にあてられた。手分も投名であったが、華北ではおもに差役となっていた。

93　厩のそうじ　「敦煌壁画，窟号61」より

州の承符・散従官・人力と県の手力

州の承符《しょうふ》・散従官《さんじゅうかん》・人力《じんりき》も五代の制をひきついだもので、承符・散従官は州の租税を追催し、官員の駆使ないし使令に従うものであり、人力は州の判《はん》官《がん》・推官《すいかん》の使令となるものであった。これには郷村の税を納める中下の戸や城内の戸をあてて、二年で交替させた。また承符・散従官は、官員の馬を養うために、馬草を刈ることもあり、官員が赴任するとき、また任をやめたときに、遠方まで出迎えにい

き、あるいは見送りにいった。この官員の迎送が承符・散従官のもっとも苦しい役であった。

県の手力も州の承符・散従官や人力のように、租税を追催し、県令・主簿の駆使ないし使令に与えられ、馬草を刈り、官員の迎送にも苦しんでいた。この手力も二・三等戸があてられ、二年で交替した。

以上のように、州の承符・散従官・人力や県の手力は、ほかの諸役とちがって力役に近く、これらは差役であって投名はなく、かなり苦しい役であった。これも王安石が免役法を行うにいたった契機をなしたものである。

州の院虞候と県の弓手

五代には前に述べたように、馬歩院《ばほいん》に都虞候《とぐこう》がいて獄訟をつかさどっていたが、宋初には、馬歩院は司理院《しりいん》に改められて、文官の司理参軍が獄訟のことを行った。また獄訟は、府院または州院でも行われていた。これらの府州院と司理院には、院虞候《いんぐこう》の役があった。この院虞候は、州の判官《はんがん》・推官《すいかん》や司理参軍の下にあって獄訟のことをつかさどり、罪人の護送のことも行った。この院虞候は、前の承符《しょうふ》・散従官《さんじゅうかん》の法によって、郷村《きょうそん》の戸をこれにあて、三年で交替させた。宋初にはこれにには投名《とうめい》はなかったようである。

また、前に述べたように、五代には鎮将《ちんしょう》が置かれて、盗賊を捕らえ、闘訟をつかさどったが、宋では県に県尉《けんい》を置いて、これらのことをつかさどらせた。そうしてこの県尉の下に弓《きゅう》手《しゅ》を置いて、盗賊を捕らえさせた。この弓手は郷村の中等戸をもってこれにあて、三年で交替させた。その後、広南東西路《こうなんとうせいろ》や四川《しせん》では弓手は三年で交替させたが、そのほかの路では交替させないこととしたり、七年で交替させることとした。これは弓手が盗賊を捕らえるので、年月をかけて訓練する必要があるためであった。また弓手は、散従官や手力《しゅりき》と同じく、官員の迎送をも行うことがあった。

これらの院虞候・弓手のなかから獄子にもあてられた。

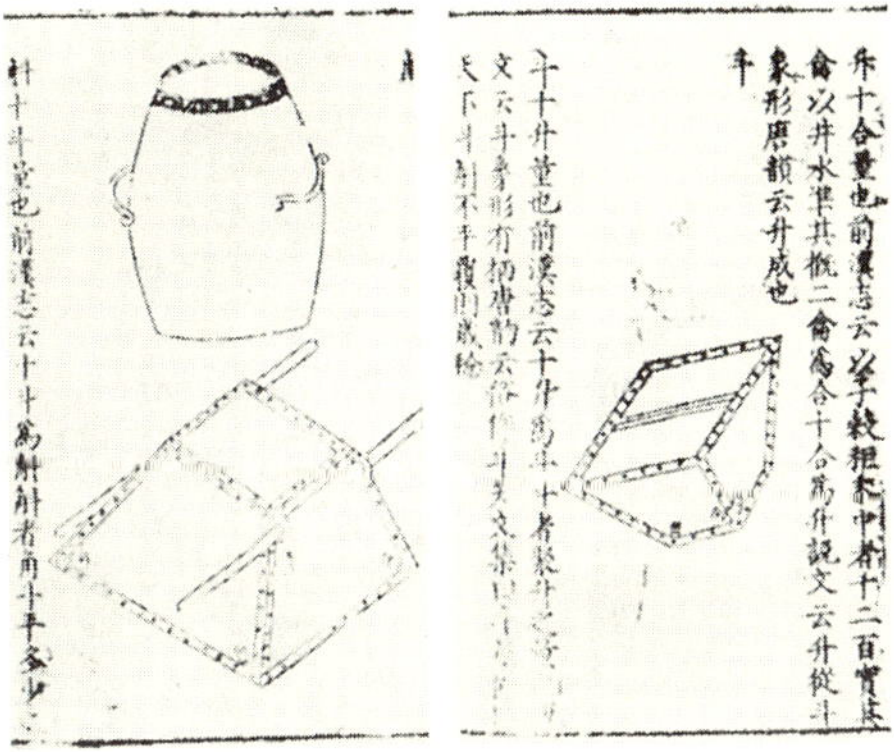

94　斗マス（右）斛（石）マス（左）
王禎の『農書』農器図譜

斗子・揀子・秤子・掐子・庫子・攔頭

宋代には五代の制をうけついで両税《りょうぜい》法が行われていて、夏税には絹・布・綿などを納め、秋税は米・粟《あわ》を納めた。

斗子《とし》は秋税の米・粟を受け取るときに、これをマスではかるものであり、揀子《かんし》は夏税の絹とか麻《あさ》の布をうけとるもので、それらの絹や布が規格に合ったものであるかどうかを選んで受け取った。秤子《しょうし》（称子ともいう）は租税や塩などの重さをはかるものであった。また掐子《とうし》の掐は

「つまむ」という意味であって、銭を選ぶものであった。庫子《こし》は庫のマス・はかり・丈尺《じょうしゃく》を収めて保管し、または庫の銭を支出するものでもあった。これらは州県にともに置かれていて、第三・第四等戸から選んであてられていた。

攔頭《らんとう》は州県や鎮市に設けられた税務や税場に置かれて、監官の下で商税を徴収するものであった。これも五代から置かれていた。宋では客戸《かくこ》を募集してこれにあてたこともあったが、第五等戸をこの役にあてることとした。

以上のように、宋初の差役《さえき》法では多くの役が戸の等級によってあてられていて、投名《とうめい》は衙《が》前《ぜん》の一部、人吏などに行われているにすぎなかった。

五　免役法の実施

免役銭の徴収

免役《めんえき》法は一〇七一（熙寧《きねい》四）年十月から全国的に実施された。これは、従来の差役《さえき》を免除し、銭を徴収して人を募集し、これに雇銭を支給して差役に代わらせたものである。

免役法では、免役銭は両税を納めるとき、いっしょに徴収するものであるが、これをくわしくいえば、免役銭・助役《じょえき》銭・寛剰《かんじょう》銭・頭子《とうし》銭などがあった。免役銭は従来おもに諸役にあてられていた戸、すなわち第一等戸以下第三等から徴収するものであり、地方によっては第四等戸・第五等戸からも徴収した。

助役銭は、従来免役されていた坊郭戸《ぼうかくこ》（都市の商人の戸）・官戸・寺観《じかん》（寺院と道観）・単丁戸《たんていこ》・未成丁戸《みせいていこ》・女戸《じょこ》などに銭を出させて、役を援助させるものであった。この助役銭は官僚・豪族・商人・寺観などの兼幷《けんぺい》を抑える政策でもあった。ただ助役銭はこれらの反対を恐れて、免役銭の半分であった。

寛剰銭は、凶作の年に備えるため、二分（二割）だけ余計に徴収しておくものであり、頭子銭は役銭に対する付加税であって、従来、役にあたっていた戸から、官舎を修理し、什器《じゅうき》を作る費用を融通させていたのをやめて、この銭でもってこれらの費用にあてたものである。

免役銭は、はじめ資産すなわち家業銭、または物力によって、第一等戸から第三等戸までに割り当てていたが、第四等・第五等戸からもこれを徴収していたところもあった。しかしその後、各地によって徴収方法がちがってきて、家業銭によって、毎貫幾文を徴収したり、田畝によって毎畝幾文徴収したり、あるいは夏税によって税銭一文ごとに幾文を徴収した。また坊郭戸からも家業銭によって徴収し、さらに商業上の利益すなわち営運銭によって徴収することもあった。なお客戸《かくこ》は、とくに資産の多いばあいを除いて、免疫銭を徴収されなかった。

また、このようにして徴収された役銭は、おもに州県の職役《しょくえき》の雇銭に充当されたが、これらの雇銭は坊場《ぼうじょう》銭と河渡《かと》銭のなかからも支出された。この坊場と河渡は、前にも述べたように、投名衙前《とうめいがぜん》に請け負わせて、その利益を収得させていたが、免役法が施行されたとき、これらの坊場や河渡は一般に民間に請け負わせて、官がそれらの銭を徴収し、それらの坊場・河渡銭の一部を出して、衙前の雇銭や、あとで述べる吏禄《りろく》にも支給したのである。

免役法による変革

宋初の差役法は免役法の実施によっておおいに変革された。まず州の衙前《がぜん》についていうと、各州で衙前の人数が大幅に減らされた。そうして、従来の郷戸《きょうこ》衙前は投名《とうめい》衙前または長《ちょう》名《めい》衙前となり、その一部に雇銭が支給された。また従来、衙前の重難な役となっていた租税の京師《けいし》への輸送や公使庫《こうしこ》の管理は、多く軍校《ぐんこう》（下級武官）に管轄させた。また、従来の押録《おうろく》衙前は廃止された。

このように、衙前は投名衙前または長名衙前だけとなり、その一部が雇銭を支給される雇《こ》募《ぼ》衙前となった。たとえば、福《ふく》州では、前述のように、免役法の前には衙前は二百四十四人であったが、免役法の施行された後には、長名衙前百十七人、雇募衙前三十七人、合計百五十四人となった。その後、雇募衙前も長名衙前となり、衙前の人数はさらに減って百二十五人となった。このように福州では雇銭を支給する衙前はなくなったが、ほかの州では雇募衙前もあったようである。これらの雇銭は前述の坊場・河渡銭や役銭のなかから支給されていたが、坊場・河渡銭は多額の剰余金が出てきて、政府の財源となった。

州県の人吏も免役法ではみな投名となった。そうして、これらの人吏に対しては、雇銭すなわち吏禄が支給された。この吏禄は、もと開封府《かいほうふ》の諸倉の人吏（胥吏《しょり》ともいう）が京師の兵士に支給する俸禄を盗んだり、あるいは上京の輸送船の米を奪ったり、さらに賄賂《わいろ》を取るのをやめさせるために支給されたものである。したがって、以上のような行為が人吏にあったばあいには厳罰を科したもので、これを「倉法《そうほう》」といった。

この倉法も王安石が実施したもので、これは中央の諸官庁から地方の路の監司や、州の人吏にまで推し広げて施行された。その費用は免役銭だけでなく、寛剰銭、前述の坊場・河渡銭や、後述の免行《めんこう》銭などからも支出されたのである。

州の承符《しょうふ》・散従官《さんじゅうかん》・人力《じんりき》（のち、散従官に統合さる）や県の手力《しゅりき》も、免役法が施行されてからは、これらを募集して、雇銭を支給することとした。そうして、従来、散従官や手力の苦役であった官員の迎送には旅費が支給された。

州の院虞候《いんぐこう》は、免役法施行後、はじめには投名するものがなかったので、第四等戸をあてて一年で交替させていた。その後投名するものが出たが、これには雇銭を支給しなかった。県の弓手《きゅうしゅ》には郷戸《きょうこ》の少壮なものを投名させて、雇銭を支給した。

州県の斗子《とし》・庫子《こし》・搯子《とうし》・秤子《しょうし》・揀子《かんし》も、免役法では投名としたが、雇銭は支給しなかった。また攔頭《らんとう》も投名となったが、同様に雇銭は支給しなかった。

以上のように、免役法では、宋初以来の職役《しょくえき》はみな投名となって募集することとなったが、投名したものすべてに、みな雇銭を支給するとは限らなかった。また、それらの雇銭は役銭だけではなく、寛剰銭や坊場・河渡銭、免行銭などから出たものもあった。そのため免役銭には多くの余剰金が出て、坊場・河渡銭とともに政府の大きな財源となった。

宋初郷村の差役と免役法

宋初の郷村《きょうそん》には、唐以来の郷里の制が行われていたが、唐末以後の戦乱によって、郷村に戸数の変動が起こってきたため、新たに「管《かん》」という行政区画がつくられた。管は、郷と同一区域のものもあったが、二、三管で一郷をなしているものもあった。郷村の差役《さえき》には、郷ごとに里正《りせい》一人、郷書手《きょうしょしゅ》一人があり、管ごとに三人の耆長《きちょう》（三大戸ともいう）、一耆長の下に壮丁《そうてい》三、四人があり、さらに戸長一人があった。

里正は郷の租税や役のことをつかさどり、郷書手がこれに属して書記の役をしていた。里正には第一等戸があてられて、任期が三年であり、それが終わってから州の衙前《がぜん》にあてられた。郷書手は第三・第四等戸があてられた。前に述べたように、里正は里正衙前の役が重難なため、一〇五五（至和《しわ》二）年に廃された。郷書手はこれから後、郷の「五等丁産簿《ごとうていさんぼ》」や租税簿を管理して、県の重要な吏となってくるのである。

耆長は県からの文書の通達を受け、郷村の盗賊を捕らえ、訴訟や消防をつかさどり、道路や橋梁を修理し、農業技術の指導をも行っていた。その下には壮丁が属して、耆長の指揮に従った。耆長には第一・第二等戸があてられ、その任期は三年であった。壮丁は第四等・第五等戸があてられた。ただ耆長には投名《とうめい》も行われていて、投名の耆長には官に任命されたものもあった。

このように、耆長は郷村における重要な職であったため、郷村の中に「耆《き》」という行政区画もできてきた。耆長は三大戸ともいわれているように、「管」の中に三人いたから、「管」

の下に三つの「耆」ができたことになる。また戸長は「管」の中の租税を徴収するもので、第二等戸があてられ、任期は三年であったようである。戸長は里正と同じように徴税のことを行っていたので、里正が廃止されると、里正の数だけ戸長の数は増された。戸長は租税の徴収額が不足したときには、これを賠償しなければならなかったので、かなり重い役であった。したがって耆長・戸長の役は州の衙前・散従官などの役とともに、免役法施行の要因ともなったのである。

免役法が行われると、はじめは耆長には第一・第二等戸があてられて、一年で交替し、その免役銭をある程度免除された。壮丁は第四・第五等戸があてられ、半年で交替して、免役銭は納めなかった。これでは耆長・壮丁は差役に近いように見えるが、免役銭の支出の中には耆長雇銭・壮丁雇銭という名目もあるので、耆長や壮丁を雇うこともあったようである。

戸長は第四等戸から募集されて、夏秋両税のうち、一税ずつを徴収して交替し、盤纏《ばんてん》銭（今の交通費）いわば雇銭を支給された。ところが、この耆長・壮丁および戸長は、保甲法が行われてくると、そのなかの保正・大保長および保丁に代わられてくるのである。

六　保甲法の施行

五保の制

保甲《ほこう》法は唐の隣保制度のなかの保の制度を拡大したものであった。五代から宋初には盗賊

蹤跡之狀人盡知之竊恐朝廷未知民情不悞如此
謹再具奏聞取進止
五保牒
當司檢會轄下諸州軍近年不住申報盜賊羣火極
多蓋緣盜賊必先須鄉村各有宿食窩藏之處及所
得贓物常有轉賣寄附之家然後方能作賊所以自
來每有羣盜驚劫及至官司捕捉又却分散不見蹤
跡亦猶存免蓋爲鄉村不相覺察致得姦盜之人到
處便可容隱兼檢會準戶令諸戶皆以鄰聚相保以
相檢察勿造非違如有遠客來過止宿及保內之人
有所行詣並語同保知雖然有此令文州縣多不舉
行昨因巡歷到通利軍聞得舊來常有盜賊逃軍爲
患近歲黎陽衛縣各將鄉村之人五家結爲一保自
結保後來絕無逃軍賊盜公私簡靜其利甚博須議
畢有施行
右具如前當司相度隣聚相保之法是國家見行勅
令於公私甚利然今既舉行若縣令非才不能制馭
公人胥吏則勾追搔擾未見其利先爲民害以此當
司未欲一槩遍行指揮今且於轄下諸縣柬選知縣

95 『欧陽文忠公文集』巻117の五保牒

が多かったので、これを防ぐため、各地で五保の制（日本の五人組にあたる）が行われていた。五保の制は、

「五家を一保として、互いに保証し、検察しあって、非違《ひい》（悪事）をなすことなく、遠くからきた客が宿《とま》っていたり、保内の人が他所《よそ》にいくときには、同じ保の人に告げよ」（欧陽脩《おうようしゅう》の『欧陽文忠《おうようぶんちゅう》公文集《こうぶんしゅう》』巻一一七「五保牒」による）

とあるもので、保の内に盗賊や逃亡の軍兵がはいってくるのを防ぐものであった。五代の後蜀《こうしょく》では五家を小保、五十家を大保として、盗賊を防止させていた。これと王安石の保甲法とはほとんど変わらないものであった。さらに、これらの五保のなかには鼓《こ》を置いて、盗賊にあうと、その鼓を鳴らして遠近の五保に知らせて、これを捕らえたもののもあった。

保甲法の施行

　王安石の保甲法はこれらの五保ないし小保や大保の制を踏襲して、これを拡大したものであった。この法は、一〇七〇（熙寧《きねい》三）年、まず開封府《かいほう》管下で行われた。それによると、十家を一保（小保という）とし、五十家（五小保）を一大保、十大保（五百家）を一都保《とほ》として、一保に保長（小保長）一人、一大保に大保長一人、一都保に都保正、副保正二人を置き、小保長・大保長・都副保正にはそれぞれの保のうちで、主戸の最も資産の多いものがあてられた。そうして、保のうちで、主戸・客戸《かくこ》を通じて一家に二丁以上あれば、一人を保丁《ほてい》として、弓箭《きゅうせん》などの武器を自分で備えさせ、武芸を習わせた。そうして毎夜、大保ごとに保丁三人ずつを出して、保の内を巡警し、盗賊にあえばすぐに鼓を鳴らして、大保長以下同じ保の人に知らせて、これを追捕させ、盗賊を捕らえれば賞銭を支給した。

　また、保内に強盗・窃盗・殺人などの犯罪人がいるのに、これを告げなかったり、あるいは強盗を留めていたものは罪に処した。また、保内に逃亡者や死絶の戸があれば県に告げさせ、外来のもので行為に不審のあるばあいは、これを調べ、捕らえて官に送らせた。その後、これらの保甲を開封府《かいほう》内に番上させて教練する法もできて、これらの保甲は前述の県の弓手《きゅうしゅ》や巡検司《じゅんけんし》の兵士（巡回の兵士）に代わることとなった。

　一〇七三年、この法は河北《かほく》・河東《かとう》・陝西《せんせい》などの五路にも行われ、これらの路が外敵にあたっていたので、これらの保甲にも武芸を教練させた。この法は諸路にも行われたが、これらの路以外の路では、四川《しせん》・湖南《こなん》・広東《こうとう》・広西《こうせい》などの沿辺地帯を除いて、保甲が武芸を習うことを免じた。そこで保甲には、保丁に武芸を教練させてこれを閲兵する「教閲保甲《きょうえつほこう》」と、それらを行わない「不教閲保甲」との区別ができ、開封府界や河北・河東・陝西などの路は教閲保甲路であり、そのほかの諸路は不教閲保甲路となった。そうして教閲保甲路では、とくに保丁と保長・保正との上下の関係を厳格に規定して、保丁の保長・保正に対する犯罪を重く罰し（のち、この法は保正と後述の承帖人《しょうちょうにん》の間にも適当さる）、保丁が逃亡するのを禁止した。

またこの年には、開封府の保甲編成の家数を半分にして、五家を一保、五保を一大保、十大保を一都保とし、それぞれに小保長一人・大保長一人・都副保正二人を置くこととし、諸路にもこの法を適用させた。そうしてこの保甲法では、はじめには小保・大保・都保は、主戸の家数でそれぞれ編成させて、客戸をいれていないところもあったが、後には主戸だけでなく、客戸の家数も合わせて、これらの保を編成させた。

郷・民兵の誕生

このように、開封府や河北・河東・陝西などの教閲保甲路《きょうえつほこう》では、保甲《ほこう》に武芸を教練させたので、これらの路では、保甲は郷村《きょうそん》を自衛する郷兵すなわち民兵となってきた。このため、保甲は兵部の所管となった。そうして一〇七九（元豊《げんぽう》二）年には、開封府で大保長を集めて、武芸を教練させる大保長の「集教法《しゅうきょうほう》」ができ、翌年には、これらの大保長に、一都保の保丁を五団に分けて、これに武芸を教練させる保丁の「団教法《だんきょうほう》」もできた。この集教法や団教法は、河北・河東・陝西などの路でも施行された。そうして、それらの費用は多く後述の「封椿銭《ほうとうせん》」(耆長《きちょう》・壮丁《そうてい》の雇銭をさす) から支出された。

これらのことを管轄するため、開封府界や河北・河東・陝西などの路には提挙保甲司《ていきょほこうし》が置かれた。また政府は、毎年これらの路に提挙按閲《ていきょあんえつ》を派遣して保甲の教練を検閲させ、その武芸にすぐれたものには厚く賞銭を支給し、あるいは武官の職を与えた。

以上のように、開封府界や河北・河東・陝西などの教閲保甲路では、保甲は郷兵となってきたため、宋初以来これらの地方に置かれていた郷兵も、多くこの保甲の中に編入された。宋初には河北・河東両路には「強壮《きょうそう》」、陝西には「保毅《ほき》」という郷兵があったが、それらは多く改められて「義勇《ぎゆう》」といった。そのほか陝西・河東には「弓箭手《きゅうせんしゅ》」も置かれていた。弓箭手は田地を支給して、弓箭を自分で備えさせ、郷土を守らせるものであった。このうち、河北・河東・陝西などの義勇は、一〇八一年、保甲となった。また、四川・湖南・広西の「土丁《どてい》」や広西の「洞丁《どうてい》」、さらに広東の「槍手《そうしゅ》」などの郷兵も、多く保甲に改められた。

以上述べてきたように、保甲は主戸・客戸を通じて編成されるようになり、このうち、開封府や西・北辺の諸路および四川・湖南・広東西の沿辺地帯では、保甲が郷兵となったが、それ以外の中国の内地一帯では、保甲は郷兵ではなくて、盗賊を追捕して、郷村の治安を維持するものであった。

保甲法の郷村差役化

以上、保甲法の施行について述べたが、一〇七四(熙寧七)年には、免役法《めんえきほう》が実施されてから、戸長を雇募していたのをやめて、主戸二、三十戸で一甲を編成させ、交替で甲頭《こうとう》にあてて、租税や青苗銭《せいびょう》・免役銭などを徴収させ、夏秋両税のうち、一税を徴収して交替させることとした。これを「催税甲頭《さいぜいこうとう》」というが、王安石は、この催税甲頭を保丁《ほてい》に催税させる、ともいっているので、この甲頭には保甲法のなかの保丁があてられたのである。ただ、この甲頭の法は保甲法とはその編成がちがっていて、主戸だけで甲を編成していて、客戸《かくこ》はこの中に入れられなかった。これは、客戸が一般に租税を納めなかったためである。なお、この年には壮丁《そうてい》を雇募するのもやめたようである。

翌一〇七五年には耆長《きちょう》をも廃止して、保甲法の都副保正《とふくほせい》・大保長《だいほちょう》に盗賊・獄訟《ごくしょう》・消防・橋道などのことを管理させ、都副保正にはもとの耆長、大保長にはもとの壮丁のことを行わせた。そして都副保正には、県の文書を受け取るために、承帖人《しょうちょう》二人を雇募してこれに属させた。

このようにして従来、郷村《きょうそん》に置かれていた耆長・壮丁や戸長は、保甲法のなかの都副保正・大保長と保丁に代えられ、保正のために承帖人が雇用された。そこで免役法のなかの支出項目である耆長・壮丁雇銭と戸長雇銭は、このなかからただ承帖人の雇銭が支出されるだけとなり、その余の雇銭は「封椿銭《ほうとうせん》」または「椿留銭《とうりゅうせん》」などといわれて、州県に蓄えられた。このうち、開封府界《かいほうふかい》や河北《かほく》・河東《かとう》・陝西《せんせい》などの路では、前にも述べたように、この封椿銭は保甲の武芸教練の費用に支出された。この封椿銭は、全国でひじょうに大きな額に上ったのである。

なお、このように民間から免役銭を徴収しながら、これを雇銭に支出せず、民間にも還元しなかったことは、やがて大きな問題となってくる。また、前に述べたように、州県の役では免役法を行いながら、郷村では都副保正・大保長や保丁をもとの耆長・壮丁や戸長の役にあてたのは差役法《さえき》の復活であって、これもまた、大きな問題をあとに残すこととなった。

七　保馬法・戸馬法

保馬法

王安石の保馬法《ほば》は一〇七二（熙寧《きねい》五）年に施行された。これは、開封府界および河北・河東・陝西の保甲《ほこう》や義勇《ぎゆう》に馬を飼わせて、おもに軍馬を供給させようとしたものであった。

宋初以来、軍馬は河北・河東・陝西などに牧地を設けて飼養させ、群牧司《ぐんぼく》を置いて馬政をつかさどらせていた。さらに陝西では、西蕃から多く馬を買い入れていた。しかし軍馬は不足していた。そこで王安石は、まず一〇七二年、開封府界の保甲に命じて毎戸馬一頭を、資力のあるものには毎戸二頭を養わせ、それらの戸の土地の付加税である馬草を免除した。これらの馬は、官の牧地の馬を支給するか、馬価を支給して、これを買い入れさせた。この保馬法は、河北・河東・陝西でも行われ、保甲や義勇に毎戸馬を飼養させ、地税の折変《せっぺん》（前出一九〇ページ）や沿納銭《えんのうせん》を免除した。

このようにして、開封府では馬三千頭、河北・河東・陝西では五千頭を養わせ、盗賊の追

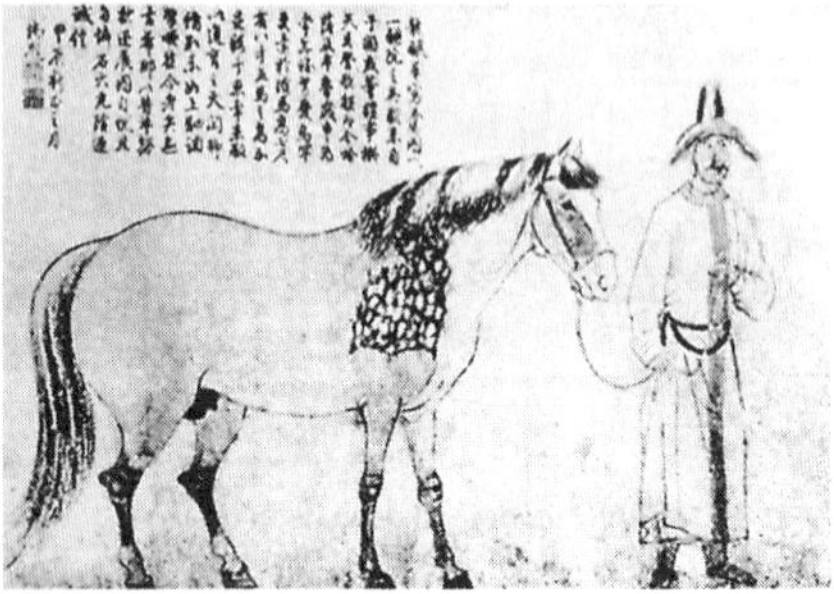

96　宋代の名馬　「五馬図巻」より

捕にも使用させ、ただこれらの馬が死んだときには補償させることとした。すなわち、民戸の第一等戸から三等戸までは、十戸を一保とし、第四・五等戸は十戸を一社として、馬が死んだときには、保戸には全額を、社戸には半額を補償させた。そうしてこれらの馬は、毎年一回その肥瘠《ひせき》を検閲させた。一〇八四年、この法は京東路《けいとうろ》や京西路《けいせいろ》にも実施させた。

戸馬法

戸馬《こば》法は、一〇八〇（元豊《げんぽう》三）年、開封府界および河北・河東・陝西・京東・京西などの華北の諸路に実施された。これは都市や農村で資産の多い戸に、毎戸馬一頭を養わせ、とくに資産の多い戸には、毎戸三頭まで飼養させたものである。なお、京東西路では、前述の保馬法が行われると、戸馬はやめられ、戸馬を養っているものは保馬を免じた。

八　方田均税法

王安石の方田均税法《ほうでんきんぜい》は、宋初以来の均税法や千歩方田法《せんぶほうでん》をうけついで発展させたものであった。

千歩方田法

宋の太祖は後周《こうしゅう》の世宗の均税法（前述）がよく行われていなかったため、民戸が多く税の不均を訴えたので、九六一（建隆《けんりゅう》二）年、官を各地に派遣して民田を申告させ、租税を均《ひと》しくさせた。しかし太宗朝になると、貧富の差がようやくはげしくなって、両者の間の租税の負担も不公平となり、官戸《かんこ》形勢戸《けいせいこ》は多くの土地を所有しながら、両税《りょうぜい》を多く免れていた。そこで太宗は、九九六（至道《しどう》二）年、豊年をまって京畿《けいき》（開封府の管轄内の州県）から均税法《きんぜい》を施行しようとしたが、これを実施しないで死んだ。

真宗朝の初めには、臣下が多く田税を均定することを請うたので、一〇〇〇（咸平《かんぺい》二）年になって、陳靖《ちんせい》を京畿均田使として、まず京畿から田税を均しくさせ、元の税額を増すことはさせず、逃亡の戸は別に帳簿を置いて帰業するように勧めさせ、また民戸に桑を多く植えさせた。しかし民戸はこの均税の趣旨をよくさとらず、増税になるのではないかと恐れて、かえって自分の家の桑を切り倒すようなことも行われ、郷村《きょうそん》が騒然となったため、まもなく、これをやめてしまった。

しかしその後、官戸形勢戸の大土地所有はますます進んできて、両税の均定は必要となったので、真宗も均税の使者を各地に遣わして、一州一県からこれを施行しようとしていたが、これも実施されるにはいたらなかった。

仁宗の即位の年である一〇二二（乾興《けんこう》元）年には、前に述べたように、官戸形勢戸の土地所有を制限する限田法《げんでんほう》が施行されたが、これは官僚の反対にあって、まもなくやめられた。しかし、均税法の実施はいよいよさかんに論ぜられるにいたった。そこで一〇四三（慶暦《けいれき》三）年になって千歩方田法が実施されることとなった。

このころ河北の洺州《べい》肥郷県《ひきょう》（河北省肥郷県）で、郭諮《かくし》・孫琳《そんりん》がこの千歩方田法を行って田地を測量し、田地がなくて租税を納めているものは、これを帳簿から除き、田地をもっていて租税を納めていないものは帳簿にこれを載せ、滞納していた税を納めさせて、逃亡の民戸を多く帰業させていた。この法は後の方田均税法の起源をなすものであるが、この法によると、土地の千歩四方、すなわち四十一頃《けい》六十六畝余を一方として、一方ずつ土地を測量し、その一方の肥瘠《ひせき》によって、その土地の等級を定め、その等級に従って税率に差をつけて、両税を賦課したのである。

この法は欧陽脩《おうようしゅう》をはじめとして推薦《すいせん》するものが多かったので、三司《さんし》もこれを全国に施行しようとした。ついては、まず淮南路《わいなん》の亳州《はく》（安徽省《あんき》亳県）・寿州《じゅ》（同省寿県）や、京西路の汝州《じょ》（河南省臨汝県）・蔡州《さい》などに施行することとし、蔡州上蔡県《じょうさい》（河南省上蔡県）でこれを実施させた。ところが、郭諮・孫琳らはここで田地を測量して、地二万六千九百余頃を検出し、租税を均定したが、あまりに逃亡戸の地が多くて、ことごとく検出することができず、ついにこれを中止した。したがってこのときには、方田法は各地で行われるにいたらなかった。

なおこの千歩方田法において、方田の形式を採用して土地を測量したのは、九八九（太宗・端拱《たんきょう》二）年以後、河北で「方田」が施行されていたためであろう。この太宗朝の方田は屯田《とんでん》の一形式であって、古代の井田《せいでん》の法に従って方形の土地を造成し、その周囲に深く渠《きょ》（用水溝）を掘って河水を引き、兵士をしてその中を耕作させて食糧を収穫させるとともに、契丹《きったん》の騎兵が突進してくるのを阻止させようとしたものであった。この方田は河東・陝西などでも施行されていた。郭諮・孫琳はいずれも河北の人であり、洺《べい》州ではすでに方田も実施されており、郭諮はこの方田にも通じていたらしいので、千歩方田法の方田形式は、この方田から思いつかれたものであろうと思われる。

千歩方田法の施行が中止されたあとでも、均税は各地で行われた。一〇五二（皇祐《こうゆう》四）年には、知博州《はくしゅう》（山東省聊城《りょうじょう》県）蔡挺《さいてい》が管下の県で租税を均しくし、知滄《そう》州（河北省滄県）田京《でんけい》も管下の地税を均定して税額を増加した。このころには官戸《かんこ》形勢戸《けいせいこ》の土地兼并《けんぺい》がますます行われ、両税負担の不均衡が多くて、肥沃な地で税が軽く、瘠地で税が重く、地が広くても税が少なく、地が少なくて税が多い状態であって、中小農民がひじょうに重税に苦しんでいた。

そこで一〇六〇（嘉祐《かゆう》五）年に、また孫琳らに命じて、河北・陝西・京東などの路の一部で千歩方田法を施行させ、土地の肥瘠を四等に分け、税率に差をつけて両税を賦課《ふか》した。

ところがこれらの諸州県では、土地を測量して、欺隠《ぎいん》の土地を出して税を増し、あるいは永年の欠税を検出してこれを追求したので、民戸の租税不均を訴えるものが多かった。そのため翌年、千歩方田法はやめられた。

以上のように、仁宗朝には郭諮・孫琳の千歩方田法が河北・陝西・京東などの路の一部で実施されたが、まだ広く行われるにはいたらなかった。

方田均税法の主条項

王安石は早くから官戸形勢戸や商人などの、いわゆる「兼幷《けんぺい》の家」を抑える政策を施行しようとして、青苗《せいびょう》法や免役《めんえき》法などを実施した。しかし王安石は、兼幷の家の田地を奪って貧民に賦与することはできないとしていた。そこで一〇七二（熙寧《きねい》五）年に、この方田均税《ほうでんきんぜい》法を実施して、兼幷の家と貧民との租税負担の不均衡を是正しようとしたのである。

この租税負担の不均衡は、おもに「割移《かつい》」といって、土地譲渡のさいにおける不正から起こっていた。それは「産去り税存す」ということで、土地売買のさいに、貧者は土地を早く売ろうとして、土地の価格を安くし、その税を少ししか移さず、富者はその地価を安くして買い、税も少なく引き受けるため、貧者は土地が富者に去っても、その税が重く残存しているので、富者は土地を広く兼幷しながら、税はいよいよ軽いという状態であった。

王安石の方田均税法はこれを改正するだけでなく、従来の方田法の規定を集大成するとともに、税制の改革をも断行し、地税だけでなく、都市の屋税をも均定しようとしたものであった。そこで方田均税法のおもな条項をあげるとつぎのようである。

(1) 方田法では東西南北各千歩、合計四十一頃六十六畝余を一方とする。

(2) 歳に九月に県令《けんれい》・丞《じょう》・主簿《しゅぼ》に命じて、土地を分けて測量させ、方帳《ほうちょう》や荘帳《しょうちょう》（名寄《なよせ》帳をいう）を造らせる。

(3) 方帳や荘帳によって、土地の肥瘠《ひせき》を五等に分けて税を賦課する。これは後になって十等に分けることとなった。

(4) 明年三月になってこれが終わると、方戸に示して不均の処があれば、これを訴え出させ、重ねて土地を量らせる。

(5) 均税の法では、県の税額は元の数を取って増税を禁止する。

(6) 荒地は現在耕作しているものを地主とする。

(7) 不毛の地を占めて耕作するものは許す。衆人が樵薪《たきぎ》を取り、あるいは衆戸が利をえる山林・陂塘《ひとう》（次節参照）・道路・溝渠《こうきょ》・河川などは税を課さない。

(8) 詭名挟佃《きめいきょうでん》（他人の田を自己の名義とし、その人を佃戸とする）は合併して改正させる。

(9) 一方の地の四隅《すみ》には土を盛り、木を植えておく。

(10) 方帳や荘帳・甲帖・戸帖（各戸の地券）があるが、家産相続や質入・売買の割移には契書（契約書）でもって、これに記入させる。

(11) 両税の税目を改めて、夏税は絹・小麦・雑銭（前述の沿徴《えんちょう》・沿納《えんのう》などの付加税をいう）の三種、秋税は白米・雑銭の二種とする。ただ、酒を造る米と馬の食う草は従来のように徴収する。
(12) 逃亡戸の田や職田《しょくでん》・官田《かんでん》などの税は免除する。
(13) 屋税も地税に準じて均定し、十等に分けて、税を賦課する。
(14) この法を実施するため、指教官《しきょうかん》と方田官を置く。また、一方ごとに上等戸二人を大甲頭にあて、小甲頭三人とともにこれに協力させて、方帳・荘帳などを造らせる。

方田均税法実施の結果

この方田均税法《ほうでんきんぜいほう》も全国的に施行されるにはいたらず、ただ、華北の開封《かいほう》府および京東西《けいとうせい》路・河北西《かほくせい》路・永興軍《えいこうぐん》路・秦鳳《しんぽう》路などに施行されただけであった。しかしこのため、華北では従来隠されていた田地が多く検出されたようである。

一〇七七（熙寧十）年の田地統計によると、田地の総計は四百六十一万六千五百五十余頃《けい》であった。このときには方田均税法は施行中であって、この統計には、方田均税法の結果はある程度しか反映されていないが、この統計によると、華北の諸路、すなわち前記の開封府・京東西路・河北路・陝府西《せんぷせい》路（永興軍と秦鳳の両路）および河東路などの田地の合計は百四十三万一千七百六十余頃、その他の江南《こうなん》や四川《しせん》の諸路の田地の合計は三百十八万四千七百九十余頃であった。

これを、前掲の五代の後周《こうしゅう》の世宗朝における均税法施行後の田地統計百八万五千八百三十余頃に比較すると、華北では、宋初以来三十四万五千九百余頃を増しただけであった。ところが、この方田均税法が実施されたところでは、田地が二百四十八万四千三百四十九頃になったといわれている。したがって、華北諸路では田地が大量に検出されたわけである。これは華北でおもに大土地所有を行っていた官戸《かんこ》形勢戸《けいせいこ》の隠田《いんでん》が検出されたためであろうから、かれらは相当な増税をうけたはずである。

これらの華北諸路の官戸形勢戸はおもに旧法党の人々であったから、旧法党の人々はこれによって相当な打撃を受けたと思われる。これが、哲宗朝の初めに方田均税法が廃止され、方田による境界がうちこわされたゆえんであろう。

九　農田水利法

宋初からの農田水利法

農田水利法は一〇六九（熙寧《きねい》二）年から実施された。農田とは、荒地を開墾させ、瘠《や》せた土地を肥沃《ひよく》な土地とし、陸田（畑）を水田に変えることなどをいった。水利は灌漑《かんがい》用の陂《ひ》（今のダムをいう）や塘《とう》（用水池）を創設し、またはこれを修理し、圩田《うでん》や囲田《いでん》を新たに構築し、またはそれらの圩岸《うがん》・囲岸《いがん》などを修築することをいった。圩田・囲田は同じものであって、湖や沼沢の中に、堤防（圩岸・囲岸という）を四方に造り、その中を囲んで田を

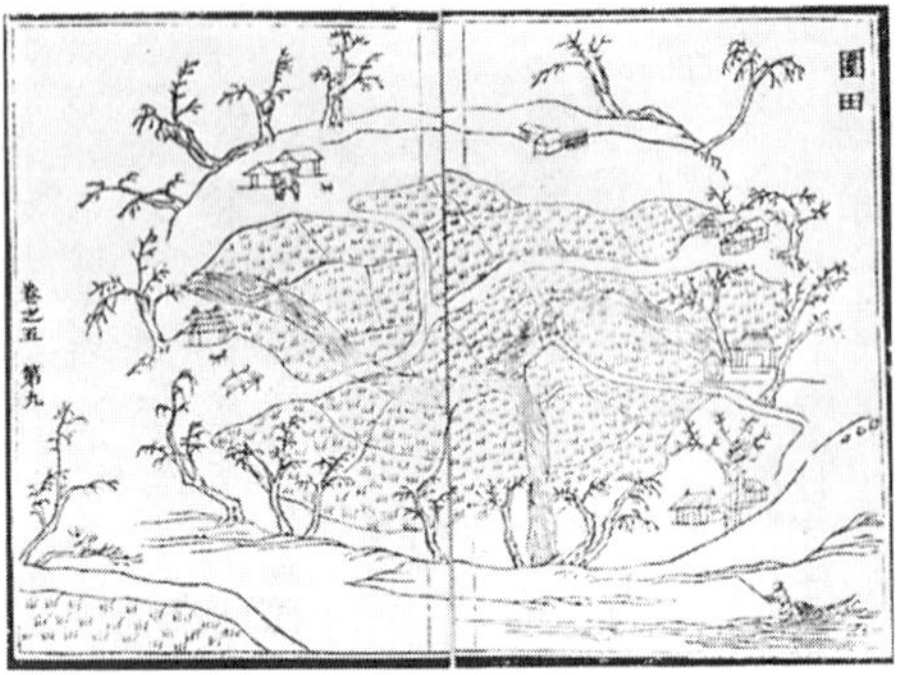

97　囲田の図　徐光啓『農政全書』より

作ったもので、江南東《こうなんとう》路や両浙《りょうせつ》路に多く構築されていた。日本でいえば、湖や沼を埋め立てて作った新田にあたるものである。

　これらの田では、圩岸や囲岸の外は水であって、圩岸や囲岸で囲まれた中の田は、周囲の水より低いところにあることが多いため、大水が出て圩岸や囲岸が壊れると、これらの田はたちまち水害を受けることとなった。そこでこれらの圩田や囲田では、その圩岸や囲岸の修築が重要な課題となっていた。したがって、王安石《おうあんせき》の農田水利法でもこれが取り入れられたものである。

　王安石の農田水利法も宋初以来施行されていたものを受けついで、これを大規模に実施したものであった。

　宋初には、荒地の開墾はおおいに奨励され、民戸の開墾地はその人の所有とし、三年の間、その租税を免除し、その後にも、その地の税を軽くしていた。真宗朝には、地方官に命じて人民に土地を開墾させ、知州で地税の額を二十万以上増したものは厚くこれを賞した。仁宗朝にも、各地で土地の開墾が行われ、とくに京西路（河南と湖北の一部）では盛んにこれが行われた。このうち、唐州（河南省泌《ひ》源《げん》県）の土地開墾については、王安石も「新田詩并序」を作ってこれを賞賛している（『臨川文集』巻三八）。

　これによると、一〇六〇（嘉《か》祐《ゆう》五）年に趙《ちょう》尚《しょう》寛《かん》が知唐州となってから、趙尚寛は兵士に大きな渠《きょ》（用水路）一所・大きな陂《ひ》四所を修復させ、農民にも小さな渠や陂を数十ヵ所築かせて、農地数万頃《けい》に灌漑《かんがい》させた。また、民に牛・犂《すき》や食糧を貸して土地を開墾させたため、流民は帰ってくるし、淮《わい》南《なん》や湖《こ》北《ほく》・湖《こ》南《なん》から多数の民が集まってきて、土地が多く開墾された。そうして、もと豆や麦を作っていた陸田も、多く稲を作る水田に変わったのである。一〇六四（治《じ》平《へい》元）年、趙尚寛に代わって知唐州となった高《こう》賦《ふ》も、河北・河南の飢民を募集し、田地を与えて開墾させたため、山林荒地が多く良田となって、田三万余頃を増し、陂《ひ》堰《とう》四十四所を造った。これらは陂・渠・堰などを築かせているので、水利政策もあわせて行ったものである。

　水利の政策も、仁宗朝以後おおいに施行されていた。一〇三四（景《けい》祐《ゆう》元）年に、両浙路の蘇《そ》州《しゅう》では知州范《はん》仲《ちゅう》淹《えん》が、ここは低地が多くてよく水害をうけたので、五河（浦）を浚《さら》えさせて田の積水を排出させた。一〇四三（慶暦三）年、江南東路では圩《う》田《でん》が壊れ、両浙路では水害があり、京東西路では積水があったので、これらの場所の圩岸や河渠・陂塘を改修させ、また一〇四九（皇《こう》祐《ゆう》元）年には、官戸形勢戸が、多数の民戸の灌漑に用いている陂や湖を占めて、そのなかに田を作っていたので、これを禁止させた。一〇六一（嘉祐六）年には、江南東路の宣《せん》州《しゅう》寧《ねい》国《こく》県《けん》令《れい》沈《しん》披《ひ》らは、太平州蕪《ぶ》湖《こ》県（安《あん》徽《き》省蕪《ぶ》湖《こ》県）の万《ばん》春《しゅん》圩が壊れていたのを復興して、田地千二百七十頃を作り、毎年租粟（小作料）三万五千石、銭五百余貫を収めた。これは圩田を復興したものである。

これらの農田水利法は王安石の農田水利法に踏襲された。

王安石の農田水利法

神宗朝においては、一〇六八（熙寧《きねい》元）年に、まず陂塘《ひとう》の廃止されたものや圩田《うでん》の壊れたものを興修させた。翌一〇六九年、王安石は農田水利法を施行させ、前に述べた提挙常平《ていきょじょうへい》官《かん》に農田水利のことを兼任させた。そうして官民のうち、その土地に適した作物の種植の法を知っているもの、灌漑のための陂や湖の田とされていたものを完全に復興させるか、あるいはこれを復興しないで、人にこれを小作させておくかどうか、それらの利害を知っているもの、また、陂塘・圩岸・堤堰《ていえん》・溝洫《こうきょく》（用水路）のないところに、これらを創設すべきであるというもの、さらに、多数の農民が灌漑している陂塘などの水利が、人にほしいままに占められているのを知っているものは、州県を通して上申させ、これを行って効果があれば、これを賞した。

一〇七一年には、州県官をして陂塘や溝河を完全に修復させ、その貯水を引いて民田に灌漑させ、圩田や囲田《いでん》の堤岸を修築し、その積水を排出させて水害を除去し、また、農民を募集して荒田を開墾させることとした。さらにその翌年には、民戸が陂塘の古跡を耕作しているばあいは、その陂塘をもとのように復元させて、その補償の費用は、この陂塘から水利を

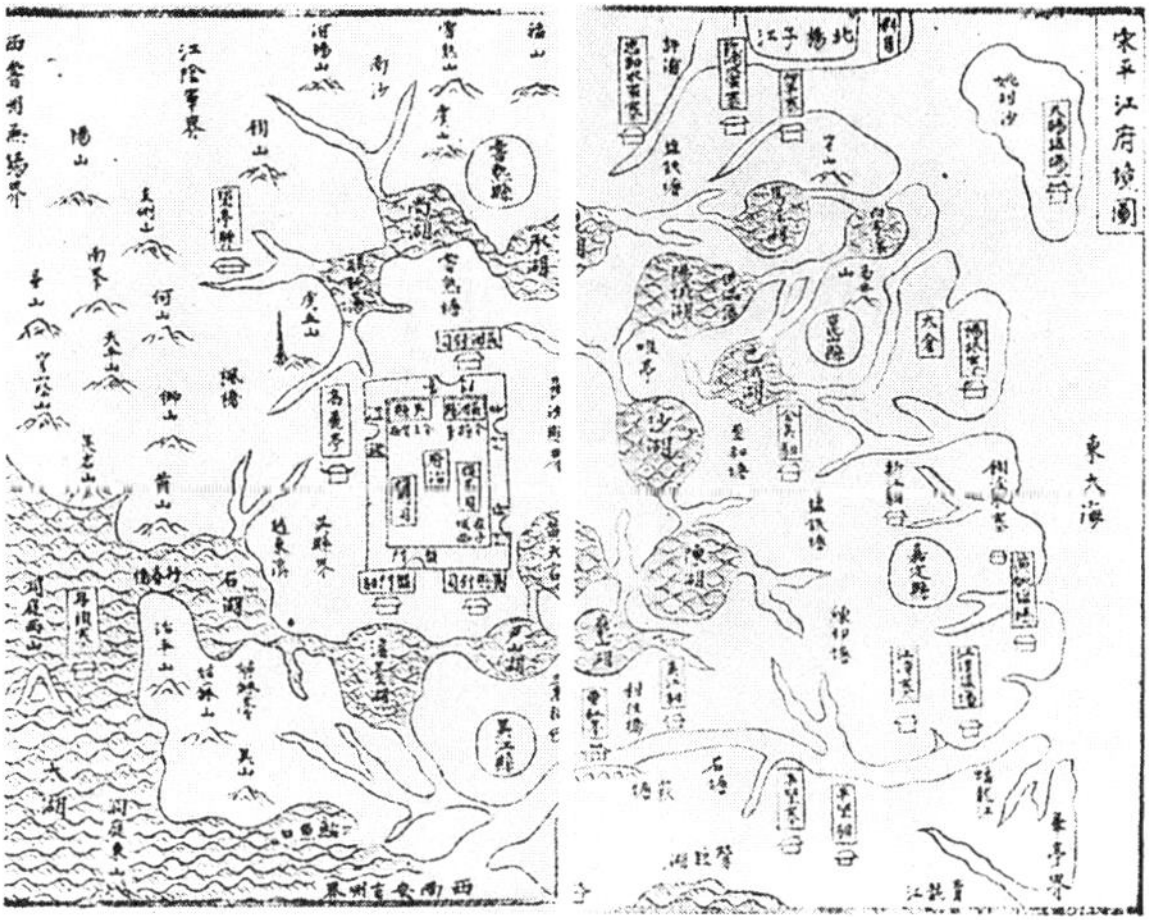

98　宋平江府（蘇州）境図　盧熊『洪武蘇州府志』より

受ける民戸に支弁させるが、その費用が足らないときには、常平倉《じょうへいそう》の官銭の中から支出させることとした。

郟亶の「水学」

これらの農田水利法は全国的に実施されてそうとうな効果をあげたようであるが、そのなかで、一〇七二（熙寧五）年、郟亶《こうたん》を両浙提挙興修水利《りょうせっていきょこうしゅうすいり》に任命して、両浙路の蘇州《そしゅう》・秀州《しゅうしゅう》で水利を興修させたことは注意すべきものである。郟亶は蘇州崑山《こんざん》県の人で、王安石と親しく、この地方の水利を研究して、「水学」というものをつくりあげていた。王安石は郟亶にこの水学を実施させようとしたのである。郟亶の水学はこの地方の地形をもとにして形成されたものであった。

これらの地域は、太湖《たいこ》の水が松江《しょうこう》

（呉淞江《ウスンこう》）を通って流れいでて、海に注ぐ地方であって、低地が多く、湖や沼沢がたくさんあった。ところが、このころには水害が多くて地税を免除したため、官にはいる税額も減少していた。郟亶《こうたん》はこれらの水害をなくし、湖や沼沢を埋め立てて囲田《いでん》をつくり、地税の額を増そうとはかったのである。

郟亶によると、もとこの地方には、松江を南北に縦貫する浦《ほ》と、それらの浦を東西に横断する塘《とう》も多く、田地はその縦浦《じゅうほ》と横塘《おうとう》とに囲まれて圩田《うでん》（囲田）を形成していた。その縦浦は排水、横塘は灌漑の役目をしていて、これらの低地の水は、松江とこれらの縦浦によって、北は揚子江《ようすこう》にはいり、東は海に流入していた。そうして、これらの浦と塘はひじょうに広くて深く、圩岸（囲岸）は高くて厚かったため、大水のさいも水は囲田の中にはいらず、水の流れがよくて洪水を防いでいた。ところがこのころになると、圩岸《うがん》が壊されてひじょうに低くなり、浦や塘は砂で埋まって狭く浅くなってしまい、大水が出ると、たちまち水が溢れて田の中にはいり、積水となって、農民は水害に苦しむようになった、といっている。

多くの水利田造成

そこで郟亶は、この水害を防ぐために、これらの浦や塘の古跡を調査して、そのなかでもとくに緊急を要するもの、縦浦二十余条（所）・横塘十七条（所）を復興して、これらの浦塘を掘り起こし、その掘り起こした土でもって、圩岸（囲岸）を高く厚く築いておいて、田の積水を排除しようとした。さらに郟亶は、この地方の湖沼のなかで水深の浅いものは、その中に圩岸を築き、これを埋め立てて囲田を造り、地税の額を増加させようとした。そして、これらの縦浦《じゅうほ》・横塘《おうとう》を復興するために、五年に分けて、蘇・秀・常・湖など四州の民およそ二千万の人夫を使役しようとした。

しかし、この郟亶の計画はこれらの地方の農民のはげしい反対にあったため、ついに翌一〇七三（熙寧六）年、郟亶はその職をやめさせられて、実現するにいたらなかった。

郟亶はこの計画を実現できなかったことがよほど残念であったらしく、官をやめて崑山《こんざん》県に帰った後、居宅の西の大泗《たいし》瀼《のう》という沼沢で、自説のように、圩岸や溝洫《こうきょく》・屋舎などを造り、圩田を築き、多くの歳入を得たので、この図を作成して、政府に献上し、自分が前に言った説の誤っていないことを明らかにした。なおこの郟亶の「水学」はその子郟僑《こうきょう》にうけつがれた。郟僑も蘇州の湖や沼沢で囲田をおおいに行うべきであることを説いた。以後、南宋にいたってこの地方では、郟亶父子が説いたような囲田がおおいに行われることとなるのである。

王安石はまた、江南東路《こうなんとうろ》の諸州でも圩田を構築させた。一〇七六年、王安石は宰相《さいしょう》をやめて江寧府《こうねいふ》（江蘇《こうそ》省南京《ナンキン》市）の判府《はんぷ》（長官）となったときにも、玄武《げんぶ》湖で貧民に牛・犂《すき》や種子を貸して、湖田（圩田）を造成させた。

この農田水利法の施行によって、多くの水利田ができたが、一〇七七年の統計によると、開封府《かいほうふ》界および諸路の水利田は、合計一万七百九十三処、三十六万千百九十八頃《けい》余であって、そのうち、両浙路《りょうせつ》がもっとも多くて千九百八十処、十万四千八百四十八頃余に及んでい

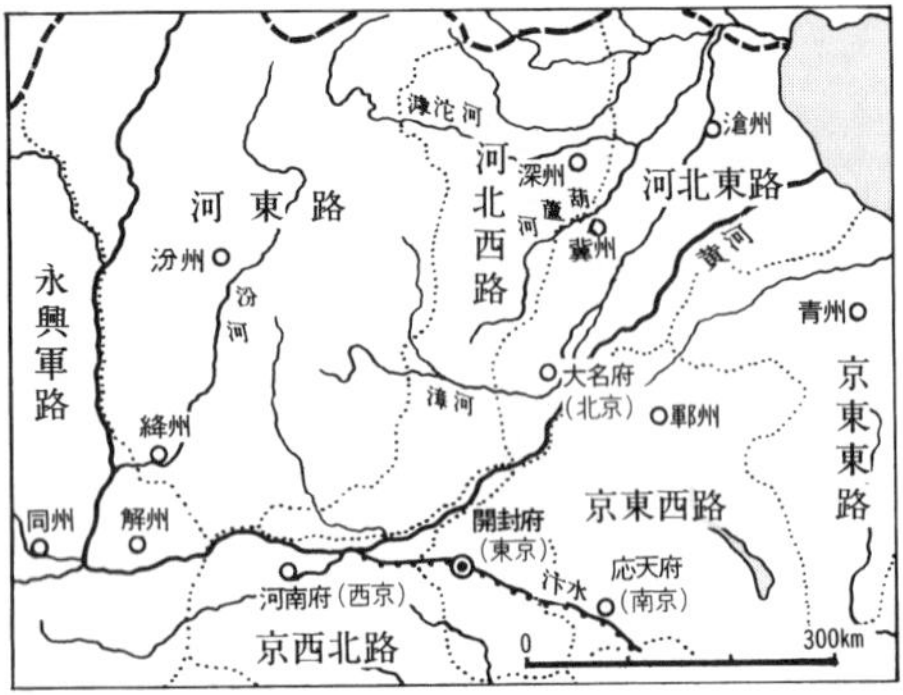

99　淤田法の実施区域

た。この農田水利法はこれから後にもおおいに施行されるのである。

淤田法

淤《お》田《でん》法というのは、河川の泥水を畑や田に引き入れ、その泥を沈澱《ちんでん》させて肥料とし、瘠せた土地を肥沃な土地に変える一種の客土法である。これは一〇六九（熙寧二）年、侯叔献《こうしゅくけん》が大運河の一部である汴《べん》水を引いて淤田法を行い、これより後、この法が華北の各地で実施された。

しかしこの法も古くから華北で行われたことがあり、宋代にも、一〇六〇（嘉祐《かゆう》五）年に程師孟《ていしもう》が河《か》東《とう》路の絳《こう》州（山西《さんせい》省新絳《しんこう》県）などでこれを行っていた。そこで王安石もこの法を華北で実施しようとしたものである。また宋代には、江南の蘇州《そしゅう》などでは、さかんに溝渠《こうきょ》（クリークをいう）の底の泥を舟にすくいあげ、これを運んで田の中に入れて肥沃な土地をつくっていたから、この地方を見ている王安石は、この淤田法を華北で取り上げたものである。

王安石の淤田法が実施された地方は、つぎの三つの区域に分けられる。

(1)　汴水《べんすい》の流域を中心とした地方。これは開封府《かいほう》を中心として、京西路《けいせい》や京東路《けいとう》の青州《せい》(山東省益都県《えきと》)・鄆州《うん》(同東平県《とうへい》)などの地方であった。ここには汴水の流域を管轄する提挙沿汴淤田司《ていきょえんべんおでんし》と、京東路の淤田を管理する管轄京東淤田司が置かれた。

(2)　河北路の漳河《しょう》・滹沱河《こだ》・葫蘆河《ころ》などの流域。深州《しん》・冀州《き》・滄州《そう》などの地方で、ここには提挙河北淤田水利司が置かれた。

(3)　河東路の汾河《ふん》の流域。絳州《こう》・解州(山西省解県)・同州(陜西省大荔県《せんせいだいれい》)などの地方で、ここには淤田司は置かれなかった。またこれらの淤田司を統轄するため、開封府に都提挙淤田司《とていきょおでんし》が設けられていた。

この淤田法では、河川に堤防を築いて堰《せき》を作り、渠《きょ》(用水路)を開いて、その泥水を畑や田に流しこむのであるが、これらの工事には多くの兵士を使い、農民を人夫として徴発した。この法は官有地や私有地にも行われ、瘠《や》せた土地が多く肥沃な土地となった。それらの淤田の面積は、汴水流域で八万余頃《けい》、河北路の諸河の流域で二万七千余頃、河東路の汾河の流域で一万八千余頃で、あわせて十余万頃に及んだといわれている。ただ、この淤田法では、春夏の雨期に大量の泥水を畑や田に流しこむために、洪水を起こす危険があったので、この点で技術的な困難があったようである。

以上のように、王安石はこの淤田法を華北に施行して、農業生産を増大しようとしたが、これは、一つには前述のような南方から漕運《そううん》される米穀の額を減らして、華北でも軍糧などの食糧を自給しようとはかったものでもあった。この法はそうとうな効果をあげた。淤田法

100　物資の運搬

の実施された地域では、米麦の生産が増加し、土地の価格も騰貴したようである。ただ、この法はこのときに行われただけで、その後にはついに行われるにはいたらなかった。

十　大商人の暴利抑制

均輸法

均輸《きんゆ》法は、一〇六九（熙寧《きねい》二）年七月に行われ、王安石《おうあんせき》の新法のなかでは、最初に行われたものである。この法は、江淮等路《こうわいとうろ》発運使《はつうんし》（前出）薛向《せっこう》に命じてこれを実施させた。

当時、諸路の上供《じょうきょう》する物貨は、毎年その額が定められていて、わざわざ遠方から多くの運賃をかけて京師《けいし》（開封府《かいほう》）に送ってきたものでも、京師ではこれを使わないで、半分の価格で商人に売ってしまうものがあり、また、朝廷や宮中で必要とする物のなかでも、多くこれらの物を生産しない州県にこれを割り当てていたり、あるいは、これらの物が生産されない時節に要求したりしたので、富商や大賈《たいこ》（大商人）がこの公私の急用に乗じて、これらの物の価格を操作し、大きな利益を獲得していた。

　王安石は、この大商人の利益を抑えるためにこの均輸法を施行した。すなわちこのとき、江淮等路発運使が東南の六路《ろくろ》（淮南《わいなん》・両浙《りょうせつ》・江南《こうなん》東西《とうせい》・荊湖《けいこ》南北《なんぼく》路）の租税収入を総轄していたので、これに銭五百万緡《びん》・上供米《じょうきょうまい》三百万石を貸与し、六路の租税収入の有無を周知して、その自由裁量で物貨を売買して移用するのを許し、和《わ》糴《てき》米や和買絹、租税や上供の物はみな物価の高いところをさけて、安いところで買いつけ、また、遠方で買うのをやめて近いところで買い求めることにし、安価でこれらの物を調達して運賃を省かせることとした。

　さらに中央の三司《さんし》や提挙諸司《ていきょしょし》庫務司《こむし》（九八ページおよび宋初官職概要表）に命じて、前もって、京師にある諸倉庫の一年間の支出額と現在高、これから調達すべき物などを発運使に知らせておき、発運使は租税や上供の物を売って、京師の諸倉庫に必要な物を必要な量だけ買って蓄えておき、朝廷や宮中の命令を待ってこれらを京師に運送させることとした。

　このようにして、大商人が物価を操作して大きな利益を獲得するのを防ぎ、運送の費用を省くとともに、物価をも平らかにしようとしたのである。以後、江淮等路発運使薛向《せっこう》は属官を置いて、この均輸法を行った。しかし、これには旧法党の反対もあり、その効果もあまりなかったようである。

市易法とその主条項

王安石の市易《しえき》法は一〇七二（熙寧五）年に施行された。これもまた、京師（開封府）の大商人が物価を操作して大きな利益を獲得していたので、それを抑制するために実施したものである。

この市易法は魏継宗《ぎけいそう》の上奏によって施行された。魏継宗は、京師の物価が富商・大姓によって支配され、富商・大姓が大きな利益を収めていたので、市易務《しえきむ》を置いて、榷貨務《かくかむ》の剰余金を借り、善良な商人の援助を受けて京師の物価の高低を把握し、安ければこれを買い、高くなったときにこれを売って、その利益を官に収め、富商・大姓が物価を左右するのをやめさせようとした。

またこのころには、京師の兼并《けんぺい》の家（大商人）は、地方から客商が物貨をもってくると、その物貨を安価に値ぶみして買い取り、これらの客商を苦しめていた。そこで一〇七二年、王安石は呂嘉問《りょかもん》を提挙在京市易務《ていきょざいけいしえきむ》とし、内庫《ないこ》銭百万緡《びん》と榷貨務の銭を市易の本銭（元金）として市易法を実施させたのである。このうちの榷貨務は、前述のように、茶引《ちゃいん》（茶の手形）や塩鈔《えんしょう》（塩の手形）の発行をつかさどる官庁であって（第四章参照）、多くの現金を蓄えていたので、この資金を市易法に流用した。

京師の市易法はつぎのような条項で実施された。

(1) 京師の諸行舗《こう》（商人）と牙人《がじん》（仲介商人）を招いて、市易務の行人《こう》と牙人に任命する。行人には、自己または他人の資産や金銀を抵当にあてさせ、五人以上で一保を編成させる。牙人には物貨の評価を行わせる。

(2) 地方の客商が京師に物貨をもってきて、これを大商人に売らないで、市易務に売るのを許す。

(3)　行人と牙人は客商と物貨の価格を平かにして、行人が必要とする物貨の数量を買い取って、市易務の官銭を支給する。

(4)　客商には、その物貨をもって官物に交換するのをも許す。

(5)　行人にはこれらの物貨を、その抵当資産の多少に従い、その分に応じて賖請《しゃせい》（掛け買い）させて、一度または二度に分けて、その価銭を返納させる。

(6)　半年後に納めれば利息一分（一割）、一年後であれば二分の利息を納める。その後、期限をすぎても納めなければ、毎月罰銭を徴収することとする。

(7)　以上のことは強制しない。

(8)　行人が、いまは不要であるが収蓄しておく価値ありとする物貨は、官が買い取っておいて時価によって売り出す。

(9)　従来、三司《さんし》や（提挙在京《ていきょざいけい》）諸司庫務司《しょしこむし》で毎年科配《かはい》し、または科買していた物貨は、市易務で買い求めさせる。

(10)　（これは後の規定であるが）商人に土地や資産、または金銀を抵当にして、銭を貸し出して利息を取る。

このような条項で市易法は京師で施行された。ついで在京市易務《ざいけいしえきむ》は市易上界《しえきじょうかい》、権貨務《かくかむ》は市易下界《えきかかい》と改められ、在京商税院、雑買務、雑売場などが在京市易務の管下に属することとなった。これらの三官庁は、もと提挙在京諸司庫務司《ていきょざいけいしょしこむし》に属していて、在京商税院は商税を徴収し、雑買務は宮中や朝廷の必要な物資を買い上げ、雑売場はそれらの不要なものを売り出していた。（第二章参照）このうち、雑買務と雑売場は前掲の市易務の第九項にあたる業務を担当していたので、このとき在京市易務に付属することとなったものである。

その後、市易務は京師のほかにも設けられ、とくに北辺や江南などにも多く置かれた。このため、京師《けいし》の提挙在京市易務《ていきょざいけいしえきむ》も都提挙市易司《とていきょしえきし》と改称されて、これらの市易務を管轄した。

辺境貿易の市易務

これらの市易務《しえきむ》とは別に、西辺の陝西路《せんせいろ》では、これより前の一〇七〇（熙寧三）年、秦《しん》州（甘粛《かんしゅく》省天水《てんすい》県）に市易務が設けられ、ついで、これは古渭寨《こいさい》（甘粛省隴西《ろうせい》県）にうつされた。この市易務は、在京市易務《ざいけいしえきむ》とはその性格を異にしていて、西蕃《せいばん》諸国との貿易のために設置されたものである。当時これらの地方では、商人が中央アジアの西蕃諸国と貿易して大きな利益を獲得していたので、官もこの貿易を行い、その利益でもってこの方面の軍費をも補助しようとした。このため、前述の四川《しせん》の交子《こうし》を市易本銭として、西蕃の馬と中国の茶を貿易し、中国の絹と西蕃諸国の産物とを交易したのである。

その後、この地方にも多くの市易務が設けられた。これらの市易務は、はじめ転運司《てんうんし》の監督の下にあったが、後に京師の都提挙市易司の管轄下にはいった。しかし、その後これらの市易務はまた都提挙市易司の管下を離れて、この方面に新設された熙河《きか》路の経制熙河路辺防《けいせいきかろへんぼう》財用司《ざいようし》に属することとなった。

以上のように、王安石の市易法は京師をはじめとして各地に施行されたので、富商・大賈《たいこ》は大きな打撃を受けて破産するものも出てきた。市易務の利益もだんだん多くなって、毎年百万貫から百三十三万貫にも及んだ。しかしこの市易法は、それが実施されていく間に、その実施条項にも変化が生じてきた。

すなわちこのなかで、行人に保甲《ほこう》を編成させて掛け買いさせ、年に二分の利息を取り、期限を過ぎれば罰銭を徴収する法（結保《けつほ》賒請《しやせい》法）は、その後行われなくなった。また、物価の高低を見て物貨を売買し、それによって利益を収める法（貿遷物貨《ぼうせんぶつか》法）も、西辺の市易務を除くと、そう大きな利益を得ることができなくなった。ただ商人に、その資産を抵当として、その契書を拘留して金銭を貸し、あるいは金銀を抵当にして貸し付けを行う方法（契書金銀抵当《けいしょきんぎんていとう》法）だけは盛んに行われて、利息も年に一分五厘（一割五分）から一分二厘の低利であった。この法は、はじめ京師に行われただけであったが、一〇八二（元豊《げんぽう》五）年から全国的に実施され、各路に抵当庫を設けて抵当本銭を置き、広く貸し付けが行われた。

101　杭州郊外での茶つみ風景

免行法

つぎに市易法《しえき》との関連で、一〇七三（熙寧六）年に免行法《めんこう》も施行された。このころ京師《けいし》には、各種の商業ごとに商人の同業組合、すなわち「行《こう》」が結成されていた。前述のように、宮中や諸官庁はこれらの行からその必要とする物資を買い上げていた。ところが、これらの各行からの買い上げは、ほとんど徴発に等しく、各行の商人はこれにひじょうに苦しんだ。

王安石はこれらの事情を考慮して、一〇七三年、諸行の利益の多少に応じて免行銭を納めさせ、従来、宮中や諸官庁が行戸から買い上げていたのをやめさせた。そうして、宮中の物品は前述の雑買務・雑売場に下して、市司を置いて物価を定めて売買させ、諸官庁の物資も、ここから買い上げさせた。これは前掲の市易司の業務内容の第九項に関連するものである。この免行法は都提挙市易司《とていきょしえきし》の監督の下に施行され、これらの免行銭は、免役法の寛剰銭などとともに、胥吏《しょり》の吏禄《りろく》に支給された。

十一　王安石新法の総仕上げ

官制（元豊）の大改革へ

以上述べたように、一〇六九（熙寧《きねい》二）年から王安石《おうあんせき》の新法はしだいに実施され、一〇七六（熙寧九）年、王安石が宰相《さいしょう》の位を去ってからも、多少の変更を受けながら、神宗の末年まで施行された。このため、一〇八〇（元豊三）年から一〇八二年にかけて、前述のように官制の大改革が行われた（第二章参照）。

この元豊官制は、おもにこれらの新法の実施にともなって起こった国家財政の変化に適応するために行われたものであったようである。

すなわち、宋初から王安石の新法が実施されるまでは、国家財政は三司《さんし》の管轄するところであって、宰相であってもこれに関与することはできなかった。ところが王安石の新法が施行されると、青苗《せいびょう》法、免役《めんえき》法ならびにこれに付属した坊場《ぼうじょう》・河渡《かと》銭の法、農田水利法、市易法などの新法の財政関係は、みな司農寺《しのうじ》の管轄するところとなった。しかも、これらの新しい財政はみな宰相王安石の掌握するところであった。したがって、王安石の新法が実施されたため、国家財政は従来のように三司に管轄されるものと、宰相王安石の管下にあって司農寺に管轄されるものとの二つの財政に分かれることとなった。

このことは地方の財政でも同様であって、路の転運司《てんうんし》（漕司《そうし》）は従来のように三司に属して、三司の財政をつかさどったが、新法を施行するために創設された提挙常平司《ていきょじょうへいし》（倉司）は、司農寺に属して、新法関係の財政をつかさどった。このことが元豊官制の布《し》かれる大きな要因をなしたのである。

前に述べたように、三司およびその外局である提挙諸司庫務司《ていきょしょしこむし》と提点倉草場所《ていてんそうそうじょうしょ》は、唐制の三省六部九寺五監のうち、戸部・工部や礼部・刑部の一部、ならびに諸寺・諸監の職務など広汎な事務を担当していた（第二章参照）。そこで、これまでにもしばしば三司を廃止して、唐制の三省六部九寺五監を復興しようとする議論が起こっていた。ことにこの三司は唐末五代に臨時に設けられた「令外《れいがい》の官」であるので、宋の中央政府の官庁にふさわしくないという議論が強かった。

ところが、ちょうどこのとき王安石の新法が実施され、有力な新財政ができてきて、三司の国家財政に占める地位がひじょうに低下してきたので、神宗は三司を廃止して唐初の官制に復し、三司と司農寺の二司の財政を統合させようとしたのである。したがって元豊の官制改革は、一面からいえば新法の総仕上げともいうべきものであった。

そこで元豊官制のうち、中央官制を見ると、前述のように唐制に復して、三省（中書《ちゅうしょ》・門《もん》下《か》・尚書省《しょうしょ》）・六部《りくぶ》（吏・戸・礼・兵・刑・工部）・九寺（太常《たいじょう》・宗正《そうせい》・太僕《たいぼく》・大理《だいり》・鴻臚《こうろ》・光禄《こうろく》・司農《しのう》・太府《たいふ》・衛尉寺《えいいじ》）・五監《ごかん》（国子《こくし》・将作《しょうさく》・都水《とすい》・軍器《ぐんき》・少府監《しょうふかん》）が置かれた。このうち、とくに財政関係についてみると、従来の三司やその外局である提挙諸司庫務司、提点倉草場所は廃止されて、それらの職務は六部の中の戸部・工部・礼部・刑部や、九寺の中の宗正寺を除くその他の八寺、ならびに五監の中の国子監を除くその余の四監に分散されてしまった（以上、第二章参照）。

戸部左右曹の対立

これらの分散された財政関係のなかでとくに重要なのは、国家財政をおもに担当した戸部の内部構成の問題、すなわち戸部の左曹《さそう》と右曹《うそう》との対立関係であった。それは、戸部の左曹がもとの三司の財政をつかさどったのに対して、戸部の右曹がもとの司農寺《しのうじ》の財政、すなわち新法関係の財政をつかさどったことである。そうして、戸部の長官である戸部尚書《こぶしょうしょ》は左曹の財政を管轄するだけであって、右曹の財政は戸部の次官である戸部侍郎《こぶじろう》がつかさどり、戸部尚書はこれに参与することができなかった。この戸部右曹の財政は宰相の管轄するところであった。

したがって元豊官制では、国家財政は名目上は戸部に統合されたが、実質上では戸部尚書の管轄する左曹の財政と、宰相の管轄下に戸部侍郎がつかさどった右曹の財政とがあった。この関係は地方の路でも同様であって、路の転運司《てんうんし》の財政は戸部左曹の管轄するところであり、提挙常平司の財政は戸部右曹に管轄された。

このように元豊官制では、国家財政は戸部尚書の管轄する左曹の財政と、宰相の管轄下に戸部侍郎のつかさどる右曹の財政とに分かれたので、前の戸部尚書の管轄する財政を「戸部《こぶ》銭物《せんぶつ》」といい、宰相の管轄下に戸部侍郎のつかさどる財政を「朝廷銭物《ちょうていせんぶつ》」ともいっている。この「朝廷銭物」は、元来王安石が新法を実施して、新法関係の青苗法《せいびょう》・免役法《めんえき》ならびにそれに付随した坊場《ぼうじょう》・河渡《かと》銭の法・農田水利法・市易法《しえき》などの財政を司農寺に管轄させたときにできたものであるが、元豊官制で戸部の左曹と右曹が対立するにいたって、この「朝廷銭物」は「戸部銭物」と明確に分けられることとなった。また、「戸部銭物」は国家の経常費を支弁するものであり、「朝廷銭物」は、平時には原則として蓄積しておき、非常時の費用に充当するものであるところから、「朝廷封椿《ほうとう》銭物」ともいわれている。封椿とは蓄積して使わないという意味である。

このように、元豊官制では戸部左曹の「戸部銭物」と戸部右曹の「朝廷銭物」ないし「朝廷封椿銭物」とが明確に分けられて、両者が対立関係にあることとなったが、この関係は、北宋末の国家財政の上で重要な問題となってくる。

神宗は、一〇八〇（元豊三）年ごろ、契丹《きったん》や西夏《せいか》を討とうとして、元豊庫を置いて、その費用を封椿すなわち蓄積することとした。このため、一〇八二年には、常平《じょうへい》銭（青苗銭）や坊場・河渡銭の剰余五百万緡《びん》を、ついで戸部右曹に命じて、常平銭八百万緡をこの元豊庫に納入させた。さらに一〇八四年には、諸路《しょろ》提挙常平司《ていきょじょうへいし》に命じて、常平・免役・坊場などの銭穀の剰余を安撫使《あんぶし》の所在の州や沿辺の軍事上の要地に移して封椿させ、軍費に充当させた。

そのほか、常平銭穀や坊場銭を移用して転運司《てんうんし》の銭穀を補足させ、飢民を救済することもあった。このように、神宗朝にあっては、国家財政は新法の実施によってひじょうに余裕が生じ、仁宗朝以来の国家財政の危機を乗り切ることができたのである。

第六章　新旧両党の抗争と北宋の滅亡

この章の内容

この章では、神宗朝以後の政局の推移を、財政政策の変遷を中心として述べ、最後に北宋滅亡の事情について略述する。

神宗が死去すると、その子哲宗が幼少であったため、宣仁《せんじん》太皇太后《たいこう》高氏が垂簾《すいれん》の政を行い、旧法党の司馬《しば》光《こう》らを登用して新法の多くを廃止し、提挙常平司《ていきょじょうへいし》をやめた。蔡確《さいかく》・章惇《しょうとん》ら新法党の政治家は罷《ひ》免《めん》され、神宗朝に新法を批判して罪をえたものが復活した。しかし、宣仁太皇太后が死んで哲宗が親政すると、新法党が政権を握り、新法がふたたび施行された。哲宗が死んで、徽《き》宗が即位し、向《しょう》太后が摂政《せっせい》すると、新旧両党の融和をはかり、そのために旧法党が進出した。しかし徽宗が親政すると、新法党の蔡京《さいけい》が宰相《さいしょう》となり、新法を行った。

哲宗朝の初年、旧法党が復活して新法がやめられたが、免役《めんえき》法を廃止して差役《さえき》法を復活しても、官戸などの助役《じょえき》銭は徴収され、職役には多く応募者をあてた。また戸部《こぶ》の左曹《さそう》右曹《そう》を尚書《しょうしょ》に総轄させたが、右曹の朝廷銭物《ちょうていせんぶつ》はかってに支出することはできなかった。また保甲《ほこう》の「団教《だんきょう》」は廃止されたが、農閑期には保丁《ほてい》を集めて「冬教《とうきょう》」を行った。このように、旧法党が政権を握っても、新法を完全に廃止することはできず、新法の廃止にともなって起こった

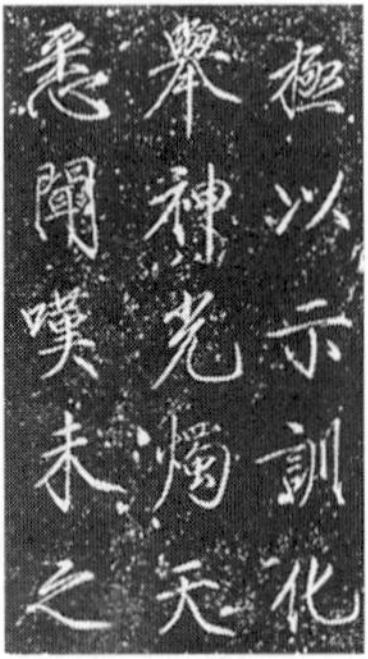

102　徽宗の書

種々の問題の解決は旧法党を悩ませた。だいたいかれらは、新法に反対し通したが、反対のための反対に終始したところもあった。

徽宗のとき蔡京は宰相となると、元祐姦党碑《げんゆうかんとうひ》をたてて旧法党に大弾圧をくわえた。かれは新法を施行したが、これを悪用して苛酷な政策を実施し、人民を苦しめた。かれは風流天子徽宗の意を迎え、帝の信任を維持するために宦官《かんがん》と結託し、長期にわたって政権を担当した。徽宗も政治には熱意がなく、道教を信じ、豪奢な生活をして国費を濫費した。このため政府は紙幣や塩引《えんいん》などの有価証券を濫発し、折十大銭《せつじゅうだいせん》や夾錫《きょうしゃく》銭などの悪貨を鋳造して貨幣制度を乱した。こうして官紀も自然頽廃《たいはい》し、そのため新法を施行しても成果をあげることが困難であった。

これによっても知られるとおり、北宋の滅亡はけっして王安石や、かれが施行した新法が原因ではなく、徽宗のような政治的無能者が天子となり、蔡京という政治的識見に欠けた機会主義者が宰相として政治を乱したからにほかならない。すなわち、徽宗朝でも哲宗以来の青苗《せいびょう》法が実施されたが、やがて官人・胥吏《しょり》が偽名して青苗銭を借りて高利で農民に又貸しするなど、かえって兼幷《けんぺい》の家を利することとなった。また王安石の保甲法による郷村《きょうそん》制への復帰も哲宗のときに行われたが、徽宗朝では耆長《きちょう》・戸長・壮丁《そうてい》の雇銭を蓄えて支給せず、そのためこれらの役は差役となって農民を苦しめた。

徽宗のときにはすでに述べたように限田免役《げんでんめんえき》法が施行された。また方田均税《ほうでんきんぜい》法も復活され、その方式は神宗朝のそれとほとんど変わらなかったが、担当の官吏が賄賂《わいろ》をとって不正をはたらいたので、かえって租税負担の不均衡が増大した。徽宗の治世の末に、華北江南で農民の反乱が起こると、方田均税法は廃止された。新法の復活にともなって戸部右曹は侍郎《じろう》がつかさどって宰相の管轄下にはいり、地方でも提挙常平司が復活してこれに属した。ところが徽宗のときには、神宗朝以来蓄積されていた提挙常平司の銭物はほかに移用されてほとんどなくなった。また従来の朝廷銭物と戸部銭物のほかに宦官《かんがん》管轄の諸局所銭物が新たに加わり宮中の御前銭物もあって、これら銭物は競争で人民を収奪して、これを苦しめた。

徽宗朝の新法には、宦官によって行われたものがあった。宦官の童貫《どうかん》は陝西《せんせい》・河東《かとう》・河北《かほく》路で均糴《きんてき》法を施行し、都市・郷村の戸に穀物を割り当てて、市価で買い上げた。しかし不正が行われてけっきょくは強制的な割り当てになった。また公田法を施行し、宦官楊戩《ようせん》や李彦《りげん》がこれをつかさどり、とくに李彦は公田を増やすために人民の土地を理不尽な方法で奪い、しかも重い租を銭でとりたてて、天下の怨みをかい、朱勔《しゅめん》の花石綱《かせきこう》とともに北宋滅亡の要因となった。このため華北では梁山濼《りょうざんはく》の宋江《そうこう》らの反乱が続発し、両浙《りょうせつ》路では方臘《ほうろう》の大乱が起こった。こうして華北では金の侵入以前に、すでに収拾不可能な混乱状態が起こっていた。

そのころ中国の東北辺では女真《じょしん》人の完顔《ワンヤン》部族が興起して、金国を建て、遼《りょう》を圧倒してきた。宋朝はそれを知って金と同盟し、遼を挟撃して宿願の燕雲《えんうん》十六州の回復を達成しようとした。金軍はたちまち遼を撃破して雲州を取り、燕京《えんけい》を占領したが、宋はもろくも敗退し、金軍が撤退したのち、空城となった燕京を得てわずかに面目を保った。金はこれによって宋の実力を見ぬき、戦後宋が金国に対する歳幣贈与などの約束を果たさず、その上金国の内部攪乱《かくらん》を企てたため、侵入してきた。宋は金の提出した屈辱的条件を受け入れて、ようやく金軍を去らせたが、またも背信行為をくり返したので、ふたたび金の侵入をうけ、靖康《せいこう》元（一一二六）年、国都開封《かいほう》は陥落し、翌年徽宗・欽《きん》宗は金軍に捕らえられて、北方に連行され、北宋は滅亡した。

一　宣仁太皇太后の摂政——旧法の復活

哲宗朝の初政・元祐の政治

一〇八五（元豊《げんぽう》八）年、神宗が死んで、その子の哲宗が十歳で帝位についたので、祖母の宣仁《せんじん》太皇太后《たいこう》高氏が摂政した。こうなると、いままで新法に抑えられていた官僚・皇族などの大土地所有者や、これと結んだ豪商らが暗躍・策動し、後宮《こうきゅう》を動かした。

元来新法に反対であった宣仁太皇太后は旧法党の司《し》馬《ば》光《こう》らを用い、新法のなかの保《ほ》甲《こう》法を改正し、方田均税《ほうでんきんぜい》法、市《し》易《えき》法、免行《めんこう》法などをやめた。そして、翌一〇八六（元祐《げんゆう》元）年には、新法党の宰相蔡確《さいかく》・執政章惇《しょうとん》を罷《ひ》免《めん》して、司馬光や呂公著《りょこうちょ》を宰相とし、保《ほ》馬《ば》法、吏《り》禄《ろく》の法、免役法、青苗《せいびょう》法をやめ、提挙常平司《ていきょじょうへいし》をも廃止した。また、この哲宗の初めには、農田水利をも興修しなかった。このようにして神宗朝の新法は多くやめられた。さらに訴《そ》理《り》所《しょ》が置かれて、神宗朝に新法を批判して罪を得たものを訴えさせ、これを任用することとした。この時代を元祐の年号によって、一般に「元祐の治」といっている。

元祐の時代には司馬光らの旧法党が任用されたが、司馬光はこの一〇八六年九月に死んだため、以後、旧法党は事実上の統率者を失った。このため、呂公著・呂大防《りょたいぼう》・范純仁《はんじゅんじん》らが宰相となっていたが、そのうちに旧法党の内部において、派閥間の争いが起こった。すなわち洛《らく》党と蜀《しょく》党の党争がこれである。洛党は洛陽の儒者程頤《ていい》や、その門下の朱光庭《しゅこうてい》らであり、蜀党は四川《しせん》の文章家蘇軾《そしょく》・蘇轍《そてつ》や、その門下の呂陶《りょよう》らであった。

103　哲　宗

104　宣仁太皇太后

「歴代帝王像」より

争いの原因は、程頤が崇政殿説書《すうせいでんせつしょ》に起用されて経筵《けいえん》（天子の学問所の講師）になったところ、蘇軾が程頤の学説は人情に近くないと批判し、深くこれをねたみ、つねに侮りをくわえたことにあった。洛党と蜀党はその性格を異にしていたため、互いに相争った。これに対して河北出身の劉摯《りゅうし》・王巌叟《がんそう》らの朔《さく》党があり、これは右の両党に属さず、人数ももっとも多かった。

こうして旧法のなかで派閥が相争っている間に、さきに退けられた新法党の人々もようやく勢力をもり返して、旧法の欠点を攻撃してきた。そこで呂大防・劉摯らは新法党の人々をも採用して、新旧両党の「調停」を行おうとしたが、これは蘇轍《そてつ》の反対があって、実現にいたらなかった。そのうちに、一〇九三（元祐八）年、宣仁太皇太后が死んで哲宗が親政し、また新法が用いられることになった。

差役法の復活

上述のように元祐の政治では、新法がやめられて旧法が多く復活した。そのうちで重要なのは、免役《めんえき》法をやめて差役《さえき》法を復活し、郷村《きょうそん》制と保甲《ほこう》法を改正し、戸部尚書《こぶしょうしょ》に戸部左右曹《こぶさゆうそう》を総轄させ、提挙常平司《ていきょじょうへいし》を廃止したことである。

もっとも、免役法をやめて差役法を復活したといっても、神宗朝に免役法が実施される以前の差役法が、そのまま施行されたわけではない。すなわち免役銭は徴収されなくなったが、官戸・寺観《じかん》などの助役銭《じょえきせん》は減額して徴収されていた。各種の職役《しょくえき》も、みな差役となったのではなかった。

まず衙前《がぜん》についていうと、各府・州の衙前の人数は、神宗の元豊年間に減らした人数を用いて、投名衙前《とうめいがぜん》（長名衙前《ちょうめいがぜん》をいう）を募集し、その人数に達しないときに、郷戸衙前《きょうこがぜん》を差役することとした。そうして、上京《じょうけい》の綱運《こううん》や公使庫《こうしこ》などの重難な役には、免役法のように軍校《ぐんこう》を派遣した。さらに坊場《ぼうじょう》・河渡《かと》も免役法のように官が民間に請け負わせ、坊場・河渡銭を取って、これを投名衙前に支給した。そのため江南《こうなん》の諸路では、衙前は投名衙前だけで人数が足りたので、上等戸を郷戸衙前に差することはなかった。

州県の人吏も投名が多く行われ、江南の諸路では、投名でそれらの人数が足りた。しかし、華北の諸路では郷戸の差役も行われており、このばあいには苦役となっていた。州の散従官《さんじゅうかん》や県の手力《しゅりき》は差役となり、中等戸がこれらの役にあてられた。そのため、中等戸の役は免役法のときよりひじょうに苦しくなった。

州の院虞候《いんぐこう》は投名を募集したようであるが、県の弓手《きゅうしゅ》は差役となった。ただ、宋初には中等戸がこの弓手の役にあてられていたが、このときには、衙前がおもに投名となっていたため、第一等戸が弓手の役にあてられた。したがって弓手の役は上等戸の役となったが、上等戸は自身でこの役につかず、人を雇ってあてた。

州県の斗子《とし》・庫子《こし》・搯子《とうし》・秤子《しょうし》・揀子《かんし》や攔頭《らんとう》などは、免役法のときと同じく投名であった。

以上のように元祐の政治では、差役法を復活したといっても、免役法を多く取り入れていて、衙前などの重難な役には、郷戸を役にあてず、上等戸は弓手の役にあてて、その負担を軽くしていた。しかし、中等戸は州の散従官や県の手力にあてられて、役の負担がひじょうに重くなったのである。

郷村制と保甲法の改正

神宗朝には郷村では保甲法が行われて、保正《ほせい》・大保長《だいほちょう》が耆長《きちょう》・壮丁《そうてい》の役に、催税甲頭《さいぜいこうとう》が戸《こ》長《ちょう》の役にあたり、承帖人《しょうちょうにん》を雇用して耆長に属させていた。哲宗朝では、はじめこの郷村制を改めて、耆長・壮丁や戸長を募集して、雇銭を与えることとし、保長・大保長や催税甲頭・承帖人を耆長・壮丁や戸長の役に代えていたのをやめた。しかし、ついで前述のように免役法を改めて差役法を復し、免役銭を徴収しなくなったため、耆長・壮丁や戸長も差役に復させた。

また神宗朝においては、開封府界《かいほうふかい》や河北《かほく》・河東《かとう》・陝西《せんせい》の三路では、保甲は、大保長をしてその保丁を五日ごとに団教《だんきよう》（団体教練）させ、巡検の下の兵士や県の弓手《きゆうしゆ》に代えさせていた。哲宗の初めにはこれを改めて、開封府界や三路では、県に弓手を置くこととし、保甲の団教は廃止した。その代わりに、保丁は毎年農閑期の一ヵ月間、県にいって教閲《きようえつ》させることとし、これを「冬教《とうきよう》」といった。また、これら三路の提挙保甲司《ていきよほこうし》は、路の提刑司《ていけいし》に兼任させた。したがって元祐の政治では、保甲法はまったく廃止されたわけではなかった。

戸部左右曹の総轄と提挙常平司の廃止

神宗朝では、戸部尚書《こぶしようしよ》は左曹《さそう》だけを管轄し、右曹《うそう》は戸部侍郎《こぶじろう》がつかさどり、宰相の管轄下にあった。司馬光はこれを改めて、戸部尚書に左曹・右曹を総轄させ、もと三司《さんし》に所属していた六部・寺・監などの銭物《せんぶつ》をも、戸部に帰属させようとした。しかしこのうち、戸部尚書に左曹・右曹を総轄させることは施行されたが、そのほかは行われなかった。しかも、右曹の銭物すなわち「朝廷銭物《ちようていせんぶつ》」は、戸部尚書が上奏して、その許可を得て後に支出させることとし、ほしいままに支出するのを禁止した。またこのとき、新法をやめたので、路の提挙常《ていきよじよう》平司《へいし》を廃止し、従来の常平倉《じょうへいそう》の銭物や坊場《ぼうじょう》・河渡銭《かとせん》などの「朝廷銭物」は、路の提刑司《ていけいし》に管轄させることとした。

このようにして、中央政府では戸部尚書が左右曹を総轄したが、地方の路では従来のように転運司《てんうんし》が左曹の銭物をつかさどり、右曹の銭物すなわち「朝廷銭物」は、提刑司が管轄することとなった。したがって地方の路でも、転運司は「朝廷銭物」をかってに利用することができず、提刑司の監督の下にこれを借用させることとした。

ところが、このころ諸路では、転運司の経費は増額したにもかかわらず、その収入が少なくて、その財政は窮乏していたが、「朝廷銭物」は「闕額禁軍請受銭《けつがくきんぐんせいじゅせん》」、「売塩寛剰銭《ばいえんかんじょうせん》」など多くの銭物が属するようになって、その封椿《ほうとう》銭物が増加してきた。このうちの「闕額禁軍請受銭」は、前述の禁軍、すなわち朝廷を守る兵士の額数が欠けて補充されないものの俸給を蓄えたものである。

これらの「朝廷封椿銭物」を蓄えるため、従来の元豊庫のほかに元祐庫が設けられたが、その後、元祐庫は元豊庫に併合されて、元豊庫に蓄積された銭物はますます多くなってきた。

二　哲宗の親政——新法への復帰

新法党の復活とその政策

宣仁《せんじん》太皇太后《たいこう》が死んで、哲宗の親政がはじまると、新法党の章惇《しょうとん》が官に復して、神宗の新法を復活するように勧めた。章惇は、翌一〇九四（紹聖元《しょうせい》）年、宰相となり、曾布《そうふ》と蔡卞《さいべん》（王安石の婿《むこ》）が執政となった。ここにおいて免役法《めんえき》や青苗法《せいびょう》が復活し、提挙常平司《ていきょじょうへいし》がまた置かれ、免行法《めんこう》を行い、保甲法《ほこう》や市易法《しえき》も復した。旧法党の呂大防《りょたいぼう》・蘇轍《そてつ》・范純仁《はんじゅんじん》らは罷免された。さらに一〇九八（元符元《げんぷ》）年には看詳訴理局《かんしょうそりきょく》が置かれて、元祐年間に訴理所で訴理して任用された旧法党の人々を詳しく調べて処分することとした。

このように、哲宗の親政後には、新法党が復活し、新法がふたたび施行されたが、一一〇〇（元符三）年、哲宗が死んでその弟の徽《き》宗が帝位につき、向太后《しょうたいこう》（神宗の皇后）が摂政《せっせい》するや、向太后は、章惇《しょうとん》をやめさせて曾布《そうふ》と韓忠彦《かんちゅうげん》を宰相にし、新旧両党の融和をはかろうとし、新法政策の中に旧法をも入れようとした。しかし、翌一一〇一（建中靖国元《けんちゅうせいこく》）年、向太后は死んで徽宗が親政し、新法党の蔡京《さいけい》を用いて新法を実施させた。

翌一一〇二（崇寧元《すうねい》）年、蔡京は宰相となり、講議司《こうぎし》を設けて新法を実施した。これは、王安石が制置三司条例司《せいちさんしじょうれいし》を置いて新法を施行したのにならったものである。

この年、蔡京はまた、旧法党の人々に弾圧をくわえた。すなわち、元祐年間のおもな人物、司馬《しば》光《こう》・呂大防《りょたいぼう》・蘇軾《そしょく》・程頤《ていい》ら百二十人を姦党《かんとう》といい、元祐姦党碑《げんゆうかんとうひ》を京師《けいし》の太学の端礼《たんれい》門外に立て、後に地方の諸州にもこれを立てさせた。さらに、一一〇〇年に上書させて、神宗・哲宗両朝の新法の是非を論じさせたものについて、正邪各三等に分け、鍾世美《しょうせいび》ら四十一人を正として賞し、范柔中《はんじゅうちゅう》ら五百四十一人を邪上《じゃじょう》・邪次《じゃじ》等《とう》・邪下《じゃげ》として重く罰した。また元祐党人（元祐年間に政権にあった旧法党の人々）の学術を禁止し、蘇軾《そしょく》・黄庭堅《こうていけん》らの文集の印板をこわさせた。

ついで一一〇三（崇寧二）年には市易《しえき》法を行い、その翌年、方田均税《ほうでんきんぜい》法をも復活した。さらに、諸路に提挙学事司《ていきょがくじし》を新設して、諸州の学校を増置させた。その後、蔡京は一時宰相の地位を去ったこともあったが、長い間宰相となって、政権を握っていた。その間に、銅銭や鉄銭を改悪し、夾錫銭《きょうしゃくせん》を鋳造して貨幣制度を壊し、後述のように国家財政を窮乏させた。また、前に述べたように、中央および地方の官制の改革も行った（第二章参照）。そのほか、蔡京は徽宗の恩寵を受けるために宦官《かんがん》と結託していた。

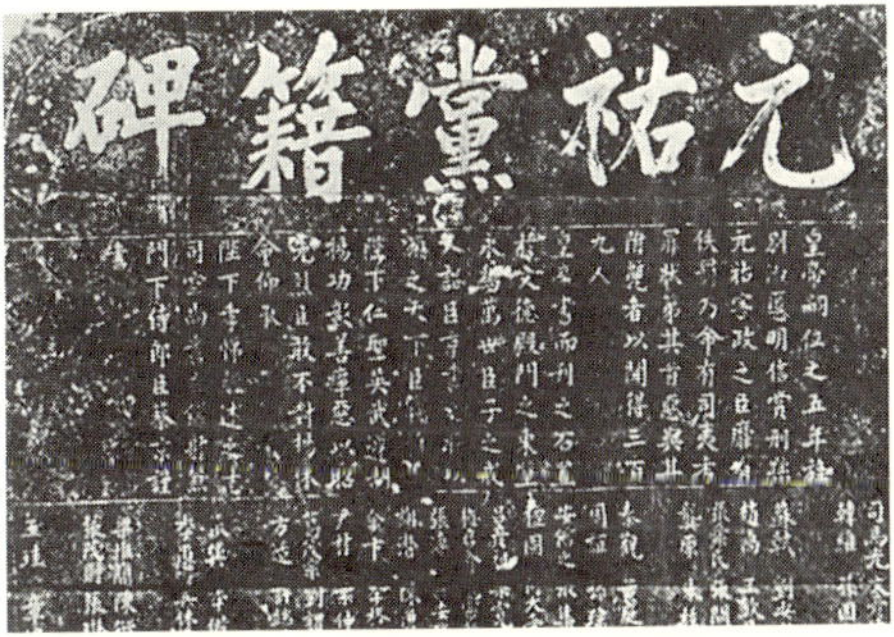

105　元祐党籍碑　蔡京は1102年の元祐姦党碑につづいて，新たに309人の旧法党人を選び直し碑をたてさせた。これが元祐党籍碑とよばれるもので，写真はその上部である

106　人民を苦しめる花石綱　土壁を壊して庭の樹木を運び出している

すなわち、宦官は天子の日常生活に奉仕してその信頼を受けていたので、かれらと手をにぎることは天子の信任をつなぐに便利であったからで、蔡京はさきに杭州《こう》に左《さ》遷《せん》されていたとき、ここに派遣されてきて、明金局《めいきんきょく》という役所をつかさどった宦官童貫《どうかん》と結託し、かれを仲介に中央復帰の機会をつかんだのであった。このため徽宗朝には宦官の勢力が強く、童貫・梁師成《りょうしせい》・楊《よう》戩《せん》・李彦《りげん》らが権力をもっていた。

徽宗は蔡京に政治をまかせて、自分は道教を信じ、芸術をたっとび、土木を興し、「花石綱《かせきこう》」（綱は船団）といって、江南の奇花・珍石を京師に運ばせて、江南の民を苦しめていた。また華北では、後述のように宦官李彦に公田法を行わせて華北の民を苦しめた。そこで、徽宗の末年には各地で農民反乱が続発し、金軍の中国侵入前に、すでに国内はすこぶる混乱していた。
哲宗の親政以後、前述のように青苗法・免役法・保甲法・市易法・免行法などが実施されて、提挙常平司が復置された。そして、徽宗朝には方田均税法や農田水利法も施行され、さらに宦官による均糴《きんてき》法や公田《こうでん》法のような新法も行われた。

青苗法の復活とその後の推移

哲宗の元祐《げんゆう》年間には、青苗法はやめられたが、一〇九五（紹聖《しょうせい》二）年からまた実施されることとなった。これは、青苗法の廃止によって兼幷《けんぺい》の家がまた高利貸を行い、中小農民の業を失わせたためであった。このときの青苗法も神宗朝のそれと同じく、一年に二分の利息を取り、常平倉《じょうへいそう》の銭穀の　半をこれに支出させ、余りの半分は糴糶《てきちょう》法に使用するものであった。

この法は徽宗朝にも実施され、その初めにはかなりよく行われたようである。しかし、徽宗朝の中ごろから欽《きん》宗朝になると、官戸や吏人が名をいつわって青苗銭を借り、これを農民に高利で貸すことも行われ、しかも青苗銭の本銭や息銭《そくせん》の回収が行われぬことが多く、これを取り扱う胥吏《しょり》の賄賂の要求もひどくなった。

また徽宗朝以後には常平倉の銭穀は、後述のように他の諸司に流用されることが多く、ことに中ごろ以後には、前述の花石綱や宮中の費用などにも多く使用されて、糴糶する本銭にも不足するようになり、また江南では、洪水や干魃《かんばつ》の被害があっても飢民をこれで救済することができず、政府に上供《じょうきょう》する米穀を賑済米《しんさい》（飢饉のときに中等戸や下等戸を救済する米穀）に回し、あるいは内帑金《ないどきん》（天子のお手許金）を支出することもあった。しかも常平倉の銭穀出納《すいとう》の帳簿には虚偽の記載も多く、諸司と互いにその銭穀を融通しあっていた。ことに徽宗末年から欽宗朝にわたって金との戦争が起こると、その軍費はおもにこのなかから支出された。

このようにして、徽宗末年から欽宗朝にかけては、青苗法は兼幷の家を抑制するという本来の意味を失い、かえって兼幷の家に利用されることとなり、かつ、常平倉の銭穀はほかの諸司に多く流用されて、神宗朝以後蓄積されてきていた巨額の銭穀はほとんどなくなった。しかも、青苗銭を借りた農民もその返済や同保内の逃亡戸の補償によって苦しむようにもなった。そこで北宋が滅ぶと、すぐにこの青苗法は廃止され、南宋では常平倉の銭穀はもっぱら糴糶法に使用されることとなった。

免役法の復活とその変遷

哲宗の元祐年間（一〇八六～九三）には、差役法が施行されたが、一〇九四（紹聖元）年には免役法が復活した。したがって、民戸の免役銭や官戸《かんこ》・坊郭戸《ぼうかくこ》・寺観《じかん》などの助役銭、さらに免役寛剰銭なども徴収されることとなった。そうして、衙前《がぜん》以下の諸役は投名《とうめい》または雇募《ぼ》となった。

まず府や州の衙前や、州県の孔目官《こうもくかん》以下の人吏は、ことごとく投名となった。また、州の散従官《さんじゅうかん》や県の手力《しゅりき》は雇銭を支給されることとなった。州の院虞候《いんぐこう》も投名であったが、後には吏禄《りろく》を与えた。しかし、後述の方臘《ほうろう》の乱後、吏禄は支給されなくなった。県の弓手《きゅうしゅ》も雇募となり、雇銭を与えたが、後にこれを支給しなくなった。州県の斗子《とし》・庫子《こし》・掐子《とうし》・揀子《かんし》および攔頭《らんとう》は投名であった。

以上のように、北宋末には、州の衙前《がぜん》・州県の人吏以下はほとんどみな投名となった。これらは南宋で州県の胥吏《しょり》となり、南宋の胥吏政治となって発展するものである。

郷村制への復帰と保甲法

前述のように、一〇九四（紹聖元）年、差役法をやめて免役法を復したとき、郷村においては耆長《きちょう》・壮丁《そうてい》および戸長《こちょう》は人を雇用することとして、保正《ほせい》・大保長《だいほちょう》および保丁《ほてい》（催税甲《さいぜいこう》頭《とう》）をこれらの役に代えさせないこととした。しかし、すぐに保甲法の保正・大保長を耆長に代え、甲頭を戸長に代え、承帖人《しょうちょうにん》を壮丁に代えさせることとした。これは、前述の王安石の保甲法による郷村制に復帰させたものである。

ところが翌一〇九五年になって、保正・大保長のうち、保正は承帖人が付属していて耆長の役を代行するが、大保長はあまり職事がなく、催税甲頭には下戸《げこ》が多くあてられて、租税・青苗銭などを徴収するのに苦しんだので、催税甲頭をやめて、大保長にこれらの銭穀を催促させ、一税一替させることに改めた。そうして、保正には耆長の雇銭を与え、大保長には戸長の雇銭を支給したが、壮丁には雇銭を支給しないこととした。ただし保正・大保長がこれらの耆長・戸長の雇役につくのを願わないばあいには、資産のある戸を募集して、これらの役にあてることとした。

ところが徽宗朝になると、これらの耆長・戸長や壮丁の雇銭は蓄えて、これを支給しないこととしたため、保正・大保長が耆長・戸長の役を代行することは強制となり、これらの役は差役となってきた。これは南宋において大きな問題となってくるのである。

また哲宗の初めには、華北の諸路では保甲の按閲《あんえつ》法も復活された。しかし徽宗朝になると、一一〇五（崇寧四）年に、京畿《けいき》および河北《かほく》・河東《かとう》・陝西《せんせい》の三路の保甲は、農閑期の冬月に教閲《きょうえつ》することに改められた。翌年には、京畿およびこれら三路では、武臣を提挙保甲官《ていきょ》として提点刑獄使者《ていてんけいごくししゃ》を兼任させた。その後、この保甲教閲法は京東《けいとう》・京西《けいせい》両路でも施行されたが、一一二〇（宣和《せんわ》二）年になって、これら両路の教閲はやめられた。したがって、この法は京畿および河北・河東・陝西の三路でだけ施行された。

三　徽宗朝の政治――蔡京の新法政策

限田免役法の施行

徽宗《きそう》朝（一一〇〇～二五）においては、官僚の家すなわち官戸の土地所有がひじょうに発達してきた。これらの官戸は差役《さえき》と科配《かはい》を免除されていた。このころの差役はおもに郷村《きょうそん》の保正《ほせい》・大保長《だいほちょう》の役をいい、科配は臨時の課税をいう。しかも徽宗朝にあっては、科挙《かきょ》だけで

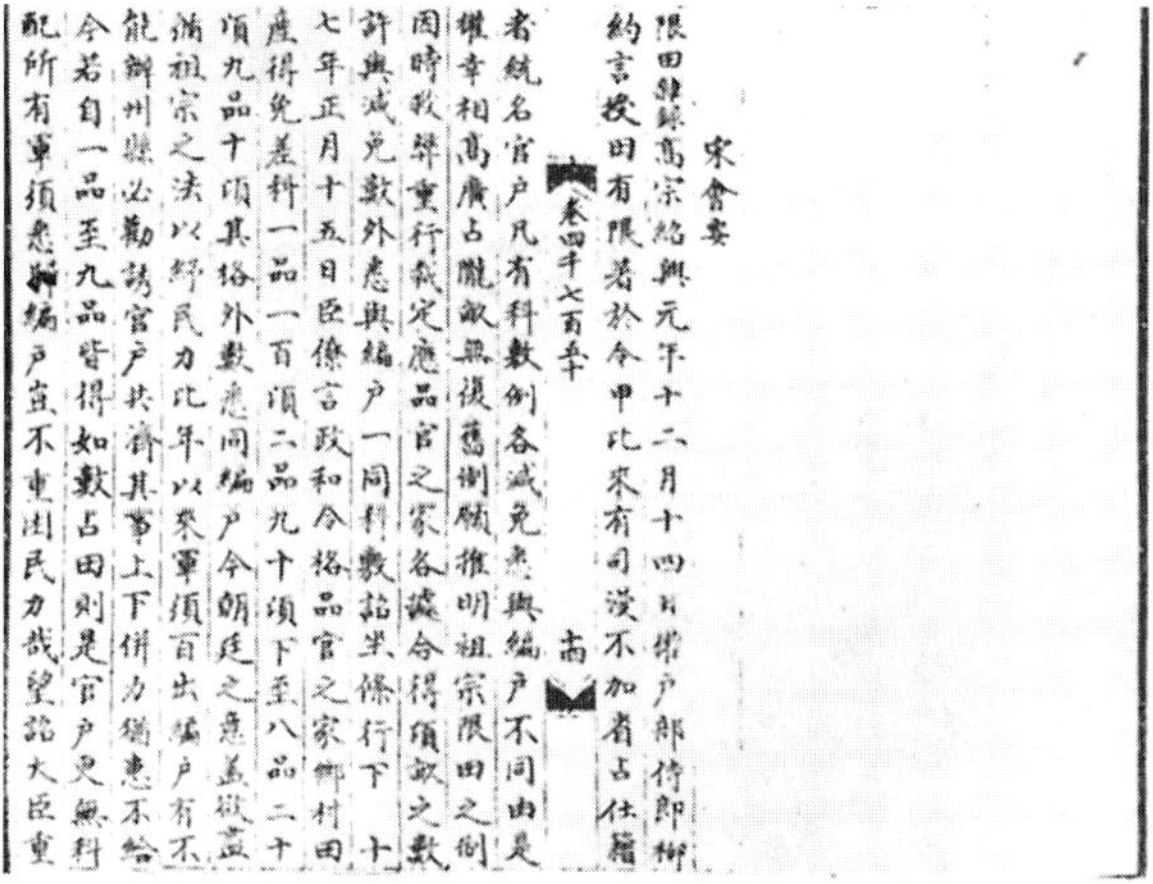
宋會要
限田雜錄高宗紹興元年十二月十四日戶部侍郎柳
約言按田有限著於令甲比來有司淡不加省占仕籍
〔本四千七百五十〕
者既名官戶凡有科數例各減免悉與編戶不同由是
權幸相高廣占隴畝無復舊制檢准明祖宗限田之制
因時救弊重行裁定應品官之家各據令得頃畝之數
許與減免數外悉與編戶一同科數詔坐條行下十
七年正月十五日臣僚言政和令格品官之家鄉村田
產得免差科一品一百頃二品九十頃下至八品二十
頃九品十頃其格外數悉同編戶令朝廷之意蓋欲立
循祖宗之法以紓民力比年以來軍須百出編戶有不
能辦州縣必勸誘官戶共濟其事上下併力猶患不給
今若自一品至九品皆得如數占田則是官戶更無科
配所有軍須悉歸編戶豈不重困民力哉望詔大臣重

107　政和勅令格式の令格の限田免役法　「宋会要」食貨・限田

なく、進納《しんのう》（買官《ばいかん》）や保甲《ほこう》からも官戸となるものが多かった。そこで一一一二（政和《せいわ》二）年にできた政和勅令格式のうち、令格に官戸の限田免役法を設けた。それによると、

「品官の家の郷村の田産は、差科《さか》を免ずるを得る。一品百頃《けい》、二品九十頃、三品八十頃以下、八品二十頃、九品十頃にいたり、格外の数はことごとく編戸に同じ」

と定められた。すなわち、官戸は従来いくら多く田地をもっていても、差役と科配を免除されていたがしかしここにいたって、官戸は右の制限のわく内で田産を所有している限り、差科を免除されたが、これ以上の田地をもっているものは、限田額以上の田地については、一般の民戸と同じように差科を割り当てられることとなった。したがって一品の官戸で百二十頃の田地を

もっているものは、百頃は差科を免除されるが、二十頃については一般の民戸と同じく差役にあてられ、科配を官に納めなければならなくなった。そして、この官戸の限田免役法は、南宋になって強化されてくるのである。

108　蔡京の書

方田均税法の復活

哲宗の初めに方田均税《ほうでんきんぜい》法がやめられたとき、方田均税法によってつくられた帳簿は破棄され、方田の境界を示す埄《ほう》（封土）もこわされた。これは、豪民がこの方田均税法によって増税となったため、行ったものであった。そのため、哲宗が親政してからも、この法は復活されなかった。ところが徽宗の初めに蔡京《さいけい》がまたこれを実施した。

一一〇四（崇寧《すうねい》三）年、蔡京は上奏して、貧富の間の租税負担が均《ひと》しくないので、方田均税法を施行し、諸路の提挙常平官《ていきょじょうへいかん》に指教官《しきょうかん》や方量官《ほうりょうかん》を選ばせ、河北《かほく》路や京西《けいせい》路の、租税のもっとも不均の県から実施することを請うた。また、京西北路の滑《かつ》州韋城《いじょう》県（河南《かなん》省滑《かつ》県）民もこの法の施行を望んだ。その結果、神宗朝の方田均税法とほとんど変わらない方式が実施された。

この法は、その後、蔡京が宰相の位にいる間はかならず実施されており、蔡京が宰相をやめると一時中断された。このときの方田均税法では、増税になることが多く、また、豪民と貧民との租税負担率を均しくしようとしながら、方量官や胥吏《しょり》が賄賂《わいろ》を取って、田地の方量や肥瘠《ひせき》の等級をごまかすため、かえって租税の不均や不実、ないし租税の偏重や偏軽をもひき起こす結果になった。ことにこの法では、田地は肥瘠によって一般に十等に分けられており、河北路などでは、最低の第十等地はさらに上地・中地・下地の三等に分けて均税させていたが、人民の不均を訴えるものが多かった。

なおこの均税法でも、州県城のような都市の屋税も均定させた。これは、初めには二十等に分けて課税していたようであるが、後には神宗朝の均税法のように、十等級に分けてこれを均定させた。

徽宗朝の方田均税法は華北の諸路だけでなく、江南《こうなん》の両浙《りょうせつ》・江東西《こうとうせい》・荊湖《けいこ》南北路や四川《しせん》の諸路でもかなり実施されたようである。しかし、江南の各地でも方量や増税が問題となった。たとえば、江西路の虔《けん》州瑞金《ずいきん》県（江西省瑞金県）では、従来の田地二百畝を方量して二十畝とし、二百九十六畝が方量の結果十七畝となり、同じ虔州会昌《かいしょう》県（同省会昌県）では、従来の地税十三文が均税《きんぜい》の結果二貫二百文となり、地税二十七文も均税の結果一貫四百五十文となるものなどがあった。

このようにして各地で方田均税法の不均を訴えるものが多くなったので、一一二〇（宣和二）年十二月、これをやめることとした。そのときの詔によると、

「方田均税法では賄賂が公然と行われて、豪右形勢《ごうゆうけいせい》の家は租税を減免され、その租税が下戸に移るため、民戸は困窮して他郷に流亡し、租税の額も減少したので、不均の所はみ

な、方田均税法を行わない前の税額によって納めさせる」といっている。これは、翌一一二一年二月にさらに布告され、天荒地《てんこうち》（荒地）・逃移《とうい》地（人民の逃亡地）、河堤地《かていち》（河川の堤防地）・退灘地《たいだんち》（河水の引いた土地）などの方量もやめさせた。

このように、方田均税法は各地で租税不均のためにやめられたことになっているが、実際にはこのころ華北では後述のように「宋江《そうこう》の反乱」が起こり、江南では「方臘《ほうろう》の反乱」が起こったためであったようである。なお、この天荒・逃移・河堤・退灘などの地については、後述の公田法でさらに述べることとする。

農田水利法の拡大

徽宗朝においては、農田水利法も盛んに行われた。一一〇三（崇寧二）年、蔡京《さいけい》は農田水利法を施行することとし、各県で県丞《けんじょう》をしてもっぱらこれをつかさどらせ、路の提挙常平《ていきょじょうへい》司《し》に管轄させた。これより各地の陂塘《ひとう》が興修され、水利田すなわち囲田《いでん》・圩田《うでん》・湖田《こでん》も多く構築された。

両浙路《りょうせつ》では、一一一六（政和六）年、趙霖《ちょうりん》を提挙常平兼提挙措置《ていきょそち》興修水利《こうしゅうすいり》として、平江府《へいこう》（蘇《そ》州）の水利を興させた。このころ平江府の囲田は、洪水のため囲岸が壊れて積水の災害を多く受けていた。そこで趙霖は、平江府常熟《じょうじゅく》・崑山《こんさん》両県の三十六浦《ほ》（浦は二七〇ページの縦浦をいう）のうち、三十三浦を掘って浚《さら》えさせ、閘《こう》（水門）を設けて開閉させ、積水を

109　紹興付近の水郷風景

除去させようとした。そうしてから囲田の囲岸を修築させて、水害を防止させることとした。さらに趙霖は常熟県や秀州華亭《かてい》県（上海市松江《しょうこう》県）の湖沼に囲田を構築して、民戸に小作させた。

江南東路でも圩田が多く築かれた。一一一二（政和二）年、太平州当塗《とうと》県（安徽《あんき》省当塗県）と蕪湖《ぶこ》県に跨《また》がる路西湖には、政和圩《せいわう》という大きな圩田が造られた。さらに一一一五年には、江寧《こうねい》府溧水《りっすい》県（江蘇省溧水県）では、石臼《せききゅう》・固城《こじょう》・丹陽《たんよう》の三湖の中を囲んで永豊圩《えいほうう》が構築された。永豊圩は千頃《けい》の田があった。このほか、太平州当塗県の広済圩《こうせいう》や、宣州《せんしゅう》の化成《かせい》圩・恵民圩《けいみんう》などの大圩も、その圩岸が修築された。

また浙東路では、越州《えつしゅう》（浙江《せっこう》省紹興《しょうこう》県）の鑑湖《かんこ》は、神宗朝以後、その湖の中を囲んで湖田をつくっていたが、徽宗朝にはこの湖田がいっそう多くなってきた。さらに一一一八年には、明《めい》州（浙江省鄞《きん》県）の広徳湖《こうとくこ》が廃されて、それらが湖田となった。これらの湖田の収入は提挙常平司《ていきょじょうへいし》に属したが、これは、後述のように宮中の費用にも入れられていた。

戸部左右曹と財政の分割

哲宗が親政すると、新法が復活したため元豊《げんぽう》の時代と同じように戸部《こぶ》の左曹《さそう》と右曹《うそう》とはまた対立することとなった。地方でも、提挙常平司がまた置かれて戸部右曹に属し、左曹の管下の転運司《てんうんし》と相対立することとなった。したがって、戸部尚書《こぶしょうしょ》は左曹を管轄するだけで、右曹は戸部侍郎《こぶじろう》がつかさどって宰相の管轄下にはいり、「戸部銭物《せんぶつ》」と「朝廷銭物」が明確に分けられた。これは、哲宗の元祐《げんゆう》年間に、戸部尚書が左右曹の銭物を管理していたので、右曹の管轄下の常平倉の銭物が、多く他の官庁に借用されていたためでもあった。

徽宗朝でも新法が実施されていたので、このような戸部左曹と右曹との関係は変わらなかった。また、神宗朝にあっては、右曹の銭物は多く元豊庫に入れて非常の費用、とくに軍費にあてられることとなったが、徽宗朝には新たに大観庫が設置されて、「朝廷銭物」は元豊庫と大観庫に入れられた。しかし徽宗朝にも、地方の提挙常平司の銭物は前述のように他に移用されることが多かった。

そのなかでも、路に提挙学事司《ていきょがくじし》を置いてからは、提挙常平司の銭物や田地を多く州県の学校に支給し、さらに花石綱《かせきこう》が行われてからは、その費用も提挙常平司の銭物から支出された。また、提挙常平司が農田水利法で徴収した、前述の浙東《せっとう》の越州《えつしゅう》鑑湖《かんこ》や明州《めいしゅう》広徳湖《こうとく》などの湖田の租課《そか》（小作料）も、多く宮中の費用にはいっていた。したがって徽宗の末年には、地方の提挙常平司の財政もすこぶる窮迫していたのである。

さらに徽宗朝には、国家の財政はこのような戸部銭物と朝廷銭物のほかに、「諸局所銭《しょきょくしょせん》物《ぶつ》」もできていた。これは、後述するような、宦官の管轄する西城所公田《せいじょうしょこうでん》の銭物などをさすものである。またこれらのほかに、宮中に直属する「御前銭物《ごぜんせんぶつ》」があった。このように徽宗朝には戸部銭物・朝廷銭物・諸局所銭物・御前銭物があり、これらの各銭物は互いに人民からより多くとり立てようとして奪い合いを行っていて、人民はそれらの収奪に苦しんだのである。

110　徽　宗
「歴代帝王像」より

青苗法より均糴法へ

徽宗《きそう》朝では、前述のように青苗《せいびょう》法を提挙常平司《ていきょじょうへいし》に施行させていたが、この青苗法は、神宗朝の初めに陝西《せんせい》青苗銭の法によって銭を前貸しし、穀物の収穫後に穀物を納めさせたようなものではなく、青苗銭を前貸しして二分の息銭《そくせん》を取るものであった。そこで徽宗朝には、まず陝西路で神宗朝初期の青苗法のような均糴《きんてき》法が施行されて兵粮《ひょうろう》の充足がはかられ、それが河北《かほく》・河東《かとう》路でも実施され、さらに諸路にも施行された。

徽宗の初めには甘粛《かんしゅく》方面の西羌《せいきょう》の地を攻略して、宦官童《どう》貫《かん》を熙河蘭湟秦鳳路《きからんこうしんほうろ》安撫《あんぶ》経略使《けいりゃくし》とし、その後、これらの路の宣撫使に任じて、陝西・河東路の辺事をも措置させた。そこで一一一一（政和元）年、童貫は陝西路で兵粮を確保するため、この均糴法を施行した。ついで河東・河北両路でも、この法が実施された。

この均糴《きんてき》法では、はじめ家業銭（資産）によって坊郭《ぼうかく》（都市）と郷村の戸に穀物を割り当てて、これを市価で買い上げていた。ところが翌一一一二年にはこれをやめ、免役銭の数によってその割当額を定めて、これを市価で買い上げることとし、坊郭戸は六等以下、郷村戸は五等以下を免除した。そうして青苗法にならい、期に先だって銭を支給することとした。

このばあい、たとえば一斗を百文として支給して、穀物を納めるときに一斗が七十文になれば三分（三割）を増して納めさせ、もし一斗が百三十文になれば、三分を減らして納めさせることとした。したがって、この均糴法で、銭を前貸しして穀物を納めさせている点は陝西青苗銭や初期の青苗法と同じであり、おそらくこれにならったものであろう。しかし、穀物の割当量を免役銭によっている点や、市価の高低によって納付の数量を増減している点は、これらの青苗法とも違っている。さらに均糴法は転運司《てんうんし》がこれを行っていることも相違している。しかし、この均糴法によって兵粮を調達することは、陝西青苗銭や初期の青苗銭と同じであった。

この均糴法は、一一一三年以後、諸路においても実施された。ことに一一二一（宣和三）年、後述のように江南で方臘《ほうろう》の反乱が平定された後には、淮南江浙荊湖《わいなんこうせつけいこ》制置《せいち》発運司《はつうんし》は江西《こうせい》・荊湖《けいこ》南北《なんぼく》・浙西《せっせい》路で米穀を均糴して、漕運の米穀に充当し、京師《けいし》に運ばせた。このとき荊湖南北路では、この均羅は家業銭によって割り当てていた。したがってこれらの路では、かならずしも免役銭によって割り当てず、家業銭によっても割り当てていたようである。

この均羅法にも弊害があった。すなわち、各地の官吏のなかには、民戸に前貸しの銭を市価で支給せず、不当に安くしたり、あるいは、これらの銭を支給せず、官吏がかってに所有するものもあった。したがって強制的な割り当てになることも多かった。しかしこの法は、北宋の滅亡まで実施されていた。

公田法の創設

公田法は一名「西城新法《せいじょうしんぽう》」ともいわれ、新法であったが、これも宦官の実施したものである。そしてこの公田法は、前述の方田均税法《ほうでんきんぜい》と密接な関連をもっていた。

公田法は京西路《けいせいろ》汝州《じょ》（河南省《かなん》臨汝県《りんじょ》）ではじめて行われた。もともと京西路では、前述のように宋初以来荒地が多く、神宗朝のときにもここで方田均税法を行って、開墾地の税を増額した。徽宗朝においても、一一一二（政和二）年以後、ここに方田均税法を実施し、田地を五等に分けて税銭を徴収し、増税を行った。

そのころ、汝州では荒地を開墾させて、「稲田務《とうでんむ》」という官庁を置き、これを後苑作《こうえんさく》に属させて、内侍《ないじ》（宦官）楊戩《ようせん》にこれを管轄させた。後苑作というのは、宮中の器具や皇族の婚礼の器物を製作する官庁で、宦官がこれをつかさどった。その後一一一六年になって、この後苑作の稲田務は改められて、公田所となった。以後、公田法が各地で行われるのである。

内侍楊戩《ようせん》は、この公田所の公田を拡大するために二つの方法を取った。

第一の方法は、従来の尺度より短い楽尺《がく》を使って、前述の方田均税法で量った土地を測量し直し、それによって出てきた余剰の土地を公田とした。この楽尺というのは、そのころ朝廷の雅楽《ががく》に用いた楽器を計るために新しく制定された尺度で、従来の一尺はこの楽尺で計ると、一・〇四一六尺にあたった。そこで、従来の一畝の面積は、楽尺で計ると一・〇八四九畝となり、一畝で〇・〇八四九畝が公田にはいることとなり、民田一万頃（一頃《けい》＝百畝）では、八百四十九頃が公田に没収された。

第二の方法は、民戸がもっている土地の売買契約書を追究して、その契約書から、その土地所有を明確に証明することのできない土地を取り上げて公田とするものである。たとえば、当時甲が乙から土地を買い取ると、乙はその土地の売買契約書のほかに、元の売買契約書（老契《ろうけい》）を添えて甲に引き渡していた。この元の売買契約書、すなわち老契というのは、乙が丙から買い取った契約書、さらに丙が丁から買い取った契約書、丁が戊《ぼ》から買い取った契約書などすべての契約書を含んでいた。そこでこの公田のばあいには、甲が乙から買い取った売買契約書だけでなく、乙が丙から買い取った老契、丙が丁から買い取った老契、丁が戊から買い取った老契をつぎつぎと追究して、それらの老契のうち、一つでも失われているときには、その土地を公田に没入した。

このようにして公田に没入された土地は、従来のような軽い税ではなくて、重い租（小作料）を徴収され、しかもその租は「公田銭」といって、現金を徴収された。これらは、いうまでもなく、官が人民の土地を不当に没収したものであった。この法は京西路の汝州から始まって、京西・京畿・京東・河北路にまで実施された。さらにこのころ、宮中の営繕《えいぜん》をつかさどる営繕所にも、このような公田が創設された。

宋滅亡の要因に——公田の拡張

このようにして置かれた後苑作《こうえんさく》と営繕所の公田は、一一二一（宣和三）年に、楊戩《ようせん》が死ぬと、西城《せいじょう》所の内侍《ないじ》李彦《りげん》によって管轄されることとなった。西城所は城西所ともいわれて、京《けい》師《し》の城西に設けられた官庁で、そのあたりの商人組合の市場や倉庫をつかさどり、宦官が管理していた。またこの年には、前述のように、方田均税法がやめられて、天荒《てんこう》・逃移《とうい》・河《か》堤《てい》・退灘地《たいだんち》などの方量が免ぜられたが、西城所はこれらの土地をみな没収して公田に入れたのである。

李彦がこれらの西城所の公田を管轄してからは、ますます民田を多く公田の中に没収した。これには京西路《けいせいろ》転運使《てんうんし》任輝彦《にんきげん》・提挙常平《ていきょじょうへい》劉寄《りゅうき》・京東路《けいとうろ》転運使王子献《おうしけん》らも協力していた。とくに京東路では、梁山濼《りょうざんぱく》の漁利・漁船や荷芡《かけん》（蓮《はす》）などに重税を課した。これは後述のように、一一二一年、この梁山濼によった宋江《そうこう》らの反乱が平定されたため、この梁山濼の漁船などに税を賦課したものであった。また京東路では、梁山濼のある済《せい》州（山東省鉅野《きょや》県）・鄆《うん》州（同東平《とうへい》県）の租銭を多く広済河《こうせいか》で運んで京師に納入させた。このため、梁山濼の周辺では、後述のように張栄《ちょうえい》らの反乱が起ることになる。

このように、李彦の西城所の公田は華北諸路の人民を苦しめたので、このころ、朱勔《しゅめん》が花《か》石綱《せきこう》を行って江南の人民を苦しめたのと並び称せられて、「朱勔は東南（江南）で民の怨みを結び、李彦は西北（華北）で怨みを結んだ」とか、「東南の財賦は朱勔に尽き、西北の財賦は李彦に困《きわ》めらる」ともいわれた。このため、一一二五年、金軍が中国内地に侵入してくると、西城所の公田は花石綱とともに廃止され、その公田は元の所有者に返還され、梁山濼の租税も停止された。そして翌一一二六（靖康元）年には、李彦はその罪を問われて殺され、任輝彦・王子献らも罪された。

以上のように、李彦の西城所公田は華北の人民をすこぶる苦しめたので、南栄の随筆には、金軍が北宋に侵入する前に、すでに華北ではこの公田のために盗賊が蜂起していて、収拾がつかなくなっていた、としるしているものもある（王朝清『揮《き》麈《しゅご》後録《ろく》』巻二参照）。このように、北宋末の公田は北宋滅亡の要因をなしたが、南宋でもその末期における賈似道《かじどう》の公田が南宋滅亡の要因をなしていて、この点で、北宋・南宋は奇しくもその軌《き》を一にしているのである。

四　北宋末の諸反乱

『水滸伝』の宋江の反乱

北宋末には、華北の宋江《そうこう》の反乱と、江南《こうなん》の方臘《ほうろう》の反乱を中心として多くの乱が発生した。

中国ではこれらの反乱を「起義《きぎ》」といっている。

宋江の反乱は徽《き》宗の末年に起こったもので、元・明時代にできた有名な『水滸《すいこ》伝《でん》』に見える。これを宋代の史料によって述べると、南宋初期の人王偁《おうしょう》の『東都《とうと》事略《じりゃく》』侯蒙《こうもう》伝には、「宋江ら三十六人が河朔《かさく》（河北）・京東《けいとう》を横行し、官軍数万もこれに抵抗することができない。その才能はかならず人に過ぐるものであるから、その過失を赦《ゆる》して招降させ、方臘を討たせて贖罪《しょくざい》させれば、東南の乱を平定することができよう」

111　『水滸伝』の挿絵　宋江が魯智深，武松らに命じて水滸寨の粮米を車に載せ，阮小二，小五，小七らをして船に粮草を載せさせ，水陸から東昌府に進んでくるのを，張清が襲って奪おうとするところである。この結果，張清は捕らえられ，東昌府は陥落した。『水滸全伝』70回宋公明棄粮擒壮士

112　梁山濼の宋江

と侯蒙がいったので、侯蒙を東平府の知府（長官）としたとしるされている。

方臘は、後述のように、一一二〇（宣和二）年十月、両浙《りょうせつ》路睦《ぼく》州（浙江《せっこう》省建徳《けんとく》県）で反乱を起こしているから、宋江ら三十六人は、このころ河北・京東両路を横行していたことになる。また、侯蒙が任命された東平《とうへい》府（山東省東平県）は梁山濼《りょうざんはく》（泊《はく》）のあるところであるから、宋江ら三十六人は梁山濼を中心として活躍していたらしい。さらにこのころ、京東《けいとう》路沂《ぎ》州（山東省臨沂《りんぎ》県）の知州（長官）であった蔣円《しょうえん》の墓誌銘によると、

「宋江は亡命を嘯聚《しょうしゅう》し、山東を剽掠《ひょうりゃく》し、一路（京東路）の州県は大いに震《ふる》え、吏は多く避匿《ひとく》す」（張守『毘陵集』）

ともあって、宋江は亡命の豪傑を集め、これに逃亡の農民も加わったであろうが、山東を荒し回り、従来人民から怨《うら》まれていた吏《り》（州県の小役人）は、多くこれを避けてかくれていたようである。そして翌一一二一年二月、宋江らは淮南《わいなん》路へ南下して、楚《そ》州（江蘇《こうそ》省淮安《わいあん》県）から海州（同東海県）に侵入したが、海州の知州張叔夜《ちょうしゅくや》は沭陽《じゅつよう》県（同沭陽県）の県尉

王師心《おうししん》の計を用いて、伏兵を置いてこれを破ったので、宋江らは張叔夜に降服した。さきの『東都事略』の張叔夜伝には、このことをつぎのようにしるしている。

「会《たまたま》劇賊《げきぞく》宋江、剽掠《ひょうりゃく》して海州にいたる。海岸に趨《おもむ》いて、巨艦十数を劫《おびやか》す。叔夜、死士千人を募り、十数里を距《つの》てて、大いに旗幟《きし》を張り、これを誘《さそ》いて戦わしむ。密《ひそ》かに壮士を伏させて、海の旁《かたわら》に匿《かく》し、約して兵の合する（戦う）を候《ま》たしむ。すなわちその舟を焚《や》く。舟既に焚け、賊大いに恐れ、復《ま》た闘志《とうし》なし。伏兵これに乗ず。江乃《すなわ》ち降る」

このようにして張叔夜に降った宋江は、その後、童貫《どうかん》の軍の管下にはいり、方臘を討って大功をたてた。

これが従来の通説であり、現在の『水滸伝』にもこのようにしるされている。ところがちかごろになって、当時方臘の反乱の平定に従った折可存《せつがそん》（河東《かとう》路府《ふ》州の人）の墓誌銘が中国で発見された。

それによれば、折可存が、方臘を捕らえてから後に草寇《そうこう》宋江をも捕らえた、としるされている。つまり、宋江は方臘の討平には参加していなかったことになってきた。そこで宮崎市定氏は、宋江が海州で張叔夜に降ったのは、一一二一（宣和三）年五月であり（これは『東都事略』にだけあって、他の史料には見えない）、童貫の部下の宋江は、この年四月に方臘を捕らえているので（後述参照）、この宋江は、前述の河北・京東両路を横行していた宋江とは別人である、という新説を出している。この説によると、前述の宋江は方臘討平には参加しなかったことになる。これにも多少疑問はあるが、注意すべき説であろう。

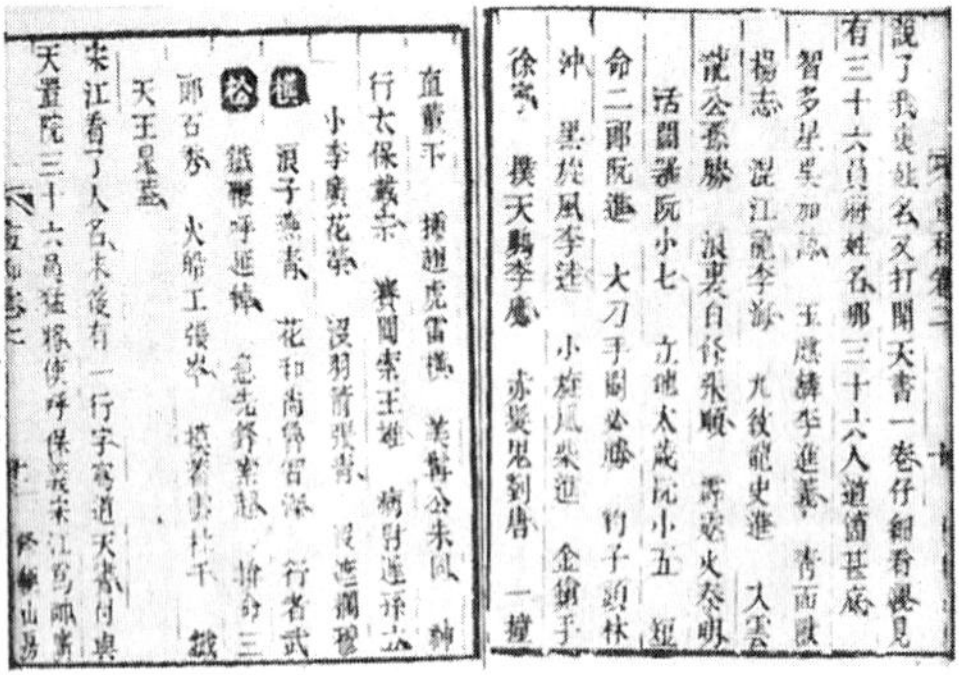
說了我也姓名又打開天書一卷仔細看覷見
有三十六員猛將姓名那三十六人道個甚底
智多星吳加亮　玉麒麟李進義　青面獸
楊志　混江龍李海　九紋龍史進　入雲
龍公孫勝　浪裏白條張順　霹靂火秦明
活閻羅阮小七　立地太歲阮小五　短
命二郎阮進　大刀手關必勝　豹子頭林
沖　黑旋風李逵　小旋風柴進　金鎗手
徐寧　撲天鵰李應　赤髮鬼劉唐　一撞
直董平　插翅虎雷橫　美髯公朱同　神
行太保戴宗　賽關索王雄　病尉遲孫立
小李廣花榮　沒羽箭張青　沒遮攔穆橫
浪子燕青　花和尚魯智深　行者武
松　鐵鞭呼延綽　急先鋒索超　拚命三
郎石秀　火船工張岑　摸着雲杜千　鐵
天王晁蓋
宋江看了人名末後有一行字寫道天書付與
天罡院三十六員猛將使呼保義宋江為帥

113　『宣和遺事』亨集

ところで、前述の宋江以下三十六人の各人の事跡については、余嘉錫《よかしゃく》『宋江三十六人考実』のなかに、北宋末・南宋初期の諸史料を広く収集して載せられているが、これらの史料に見える人物の姓名が、たとい宋江ら三十六人の姓名と同じであっても、本当に同一人であるかどうか明らかでないものも多いようである。ただそのうちで、南宋の人李心伝の『建炎以来繫年要録』の、建炎元（一一二七）年七月の条に、史斌《しひん》が興《こう》州（陝西《せんせい》省略陽《りゃくよう》県）に拠って反乱を興し皇帝と称したことが見え、そこには「史斌はもと宋江の党なり」としるされている。したがって、この史斌が宋江ら三十六人のなかの一人であることは確実であって、この人は九紋龍史進《くもんりゅうししん》にあたるであろうといわれている。この史斌はそうとうな兵力をもっていたようで、翌二年十月になって、ようやく名将呉玠《ごかい》に捕らえられて斬られた。

このように宋江ら三十六人は、一一二〇年前後に、山東の梁山濼を中心として活躍していた。この話は南宋でも巷間《こうかん》に伝えられていたようで、南宋末の人周密《しゅうみつ》の『癸辛雑識《きしんざっしき》』のなかに、龔開《きょうかい》（字《あざな》は聖与）の「宋江三十六人賛幷序」が見え、呼保義《こほうぎ》宋江・知多星《ちたせいご》呉学究《がくきゅう》（加亮）以下三十六人の人物評が載せられている。龔開は南宋末・元初の画家で、書もよくし、宋江らが侵入した楚州や、降った海州に近い淮陰《わいいん》（江蘇《こうそ》省淮安《わいあん》県）の出身であり、奇抜な賛を作った人であったといわれている。この賛は巷間に伝えられた説話に基づいて作られたものである。

同じこれらの説話は、南宋末・元初に作られたといわれる現存の『宣和遺事《せんわいじ》』のなかにも取り入れられている。この『宣和遺事』のなかに見える宋江ら三十六人の事跡が元・明時代に発展して、現在の『水滸伝』になったものである。

宋江の乱平定後の梁山濼周辺

前述のように、一一二一（宣和三）年、宋江の反乱は平定されたが、その後、李彦《りげん》の西城所《せいじょうしょ》の公田が苛酷に実施され、梁山濼《りょうざんはく》の漁利・漁船および荷芡《かけん》の利益に対して重税が課せられたため、梁山濼の周辺ではまた盗賊集団が発生した。それは水賊張栄《ちょうえい》を中心とする一団であった。

張栄は梁山濼の漁師で、衆人を梁山濼に集め、舟数百隻をもっていたが、後述のように、金軍が侵入して北宋を滅ぼしたのちには、金軍を破って官を与えられ、張敵万ともいわれた。南宋の世になると、張栄らは山東の強壮（民兵）をひきいて義軍と号し、金軍と転戦しながら、南下して淮南路《わいなんろ》にはいり、高郵《こうゆう》軍（江蘇《こうそ》省高郵県）の樊梁湖《はんりょうこ》に水軍を駐屯させ、一一三一（紹興《しょうこう》元）年、金軍を縮頭湖《しゅくとうこ》でおおいに破って、多くの将卒を捕らえ、あるいは殺したので、知泰州《ちたい》（江蘇省泰県）に任命された。

このほか、華北では李彦《りげん》の公田を要因とする反乱が各地で起きたが、後述のように、宋・金が同盟して遼《りょう》を挟撃し、燕山《えんざん》の役が起こると、農民はその粮食を運搬させられ、あるいは免夫銭を徴収され、さらに飢饉もあって困窮したので、これらの地方では大きな反乱が連続して起こった。

すなわち、山東では張仙《ちょうせん》が衆十万をもち、張迪《ちょうてき》は衆五万をもっていて京師《けいし》の付近まで略奪し、河北では高托山《こうたくさん》が衆三十万をひきいていた。張迪・高托山らは官に招撫《しょうぶ》されたが、華北の反乱はますます多くなり、金軍の侵入後には、反乱軍は多く江南に移動して南宋を苦しめた。

方臘の反乱

方臘《ほうろう》は一一二〇（宣和《せんわ》二）年十月、両浙路《りょうせつろ》睦州《ぼくしゅう》青溪県《せいけい》（浙江省淳安県《じゅんあん》）で反乱を起こした。このころ、蘇州《そしゅう》出身の朱勔《しゅめん》が、徽宗《きそう》のために「花石綱《かせきこう》」といって、江南の名木・珍石・奇巌などを民家から奪い、民夫を徴発して京師に運搬させ、人民を苦しめていた。また童貫《どうかん》は、さきに蘇・杭両州に造作局を設けて宮廷の器物を作らせていたが、この造作局は青溪県でも方臘の所有する漆園から苛酷にこれを取り上げていた。そこで方臘はこのとき反乱を起こし、自分を聖公といい、永楽《えいらく》の年号を用い、宰相《さいしょう》以下の官を置き、巾《きれ》の飾りで官の階級を分け、紅巾以上六等を置いた。

方臘は元来「喫茶事魔《きつさじま》」といって、菜食して魔に仕える教団の首領であった。南宋の方《ほう》勺《しゃく》の『青渓寇軌《せいけいこうき》』によると、この教徒は酒肉を食せず、神仏を拝せず、ただ月日を拝して真仏としており、「平等を法として、高下あることなし」とあるように平等思想をもち、教徒は相互に援助し合って、宿舎を提供し、食物を与えており、その首領は魔王といい、これを助けるものを魔母といって、教徒はこれに銭を献げて焼香していた。また人生は苦であるから、人を殺すのは、その苦を救うことになるので、これを「度人《どじん》」といい、度人が多ければ成仏するなどといっていた。これは唐代に中国に伝来したマニ教の流れをくむものであるとの説もある。

114　方臘の乱関係図

方臘が反乱を起こすと、その教徒だけでなく、農民が多くこれに応じてきた。かれらは従来誅《ちゅう》求《きゅう》をかさねてきた官吏を殺害し、豪族や富室を襲撃して、その資産を略奪した。こうして一一二〇年十二月には、反乱軍は睦《ぼく》州・歙《しょう》州（安徽《あんき》省徽《き》県）・宣州（同宣城県）などの諸県を陥れ、ついに杭《こう》州を攻め落とした。徽宗はこれを聞いて驚き、領枢密院事《りょうすうみついんじ》童貫《どうかん》に命じて、このとき、金と結んで遼を挟撃するために徴集していた十五万の大軍をひきいて、方臘を討たせた。そして花石綱をやめ、蘇杭造作局を廃止した。

翌一一二一年正月、方臘は方七仏《ほうしちぶつ》に命じ、衆六万をひきいて秀州《しゅう》（浙江省嘉興《かこう》県）を攻めさせたが、これを陥れることができず退却した。そこで政府軍は杭州を回復し、二月には宣州・歙州を収め、四月には睦州青溪県を攻めて、ついに方臘らを捕虜にし、一味七万人を殺した。この政府軍のなかに前述した宋江の名が見えるのである。しかしこの反乱には、越州（浙江《せっこう》省紹興《しょうこう》市）の魔賊仇道人《きゅうどうじん》、台《たい》州（同省臨海《りんかい》県）の呂師《りょし》嚢《のう》らも参加して、温《おん》州・台《たい》州なども略奪されており、これらがみな討平されたのは、翌宣和四年三月のことであった。

この反乱で両浙東西・江東路の六州五十二県が兵火を受け、二百余万の人が被害をこうむったので、政府はこれらの地方の諸税や公私の債務の支払いを免じ、佃戸《でんこ》の小作料の減免をも命じた。これらの地方は政府の重要な財源地帯であったため、その財政上の打撃も大きく、前述の均羅《きんてき》法が江南で施行されたのは、この乱のあとであった。また経制銭《けいせいせん》という雑税が創設されたのも、この反乱による財源を補うためであった。

方臘後の乱の続発

方臘《ほうろう》の乱後にも一一二六（靖康《せいこう》元）年十二月には、厳《げん》州遂安《すいあん》県でこの教徒の倪従慶《げいじゅうけい》らが反乱を起こし、その後にも、この地方では同教徒の反乱がひきつづいて起こった。またこれと似たような反乱は湖南《こなん》北でも発生している。

すなわち、一一三〇（建炎《けんえん》四）年二月、湖南路鼎《てい》州（湖南省常徳《じょうとく》県）で鍾《しょう》相《しょう》が反乱を起

こして楚《そ》王といい、天戦《てんせん》の年号を用い、諸官を置いた。さきの『建炎以来繋年要録』の建炎四年二月の条によると、鍾相は、

「左道（異端）を以って衆を惑《まど》わし、みずから『天大聖』と号し、自分には神霊があって天と通ずるといい、よく人の病を救う」

と見え、また、

「（国の）法では貴賤と貧富を分けているが、善法ではないので、自分が法を行うは、貴賤を平等にし、貧富を均平にさせる」

ためだといって、いわゆる「均産」を標榜《ひょうぼう》していた。

鍾相が反乱を起こすと、澧《れい》（湖南省澧県）・潭《たん》（湖南省長沙《ちょうさ》市）や荊南《けいなん》（湖北省江陵《こうりょう》県）・峡《きょう》（同宜昌《ぎしょう》市）など湖南・湖北の諸州県の農民が多くこれに応じた。鍾相はこれらを「忠義民兵」と号して、官府・城市・寺観や豪民の家を略奪し、これを焼かせ、官吏・儒生・僧道はみな殺された。鍾相はまもなく殺されたが、楊幺《ようよう》らがその子鍾子儀《しょうしぎ》を擁して湖水の要塞に立てこもり、その兵力が強く、一一三五（紹興五）年六月になって、ようやく名将岳飛《がくひ》によって平定された。

五　金国の勃興と北宋の滅亡

女真人の民族国家

宋の真宗の景徳《けいとく》元（一〇〇四）年に遼《りょう》との間に澶淵《せんえん》の盟が締結されてより以後、宋・遼間の平和は百余年の長きにわたって維持された。ところが十二世紀の初めごろ、遼国の東北隅、北満州《まんしゅう》の森林地帯から女真人《じょしん》が台頭し、東アジアの歴史に一大変化をひき起こした。

115　女真人の風俗

女真人の名は十、十一世紀のころから文献上にあらわれてくる。唐代における邑婁《ゆうろう》・靺鞨《まつかつ》と同じツングース系の民族で、山野に散在して素朴な狩猟・農耕生活を送っていた。かれらは多くの部族に分かれ、河川に沿った生活条件の良い土地を選んで居住していたが、しだいに発展して地域ごとに部族連合を形成した。遼人は、このうちで遼朝の支配下にあって開化されたものを熟女真《じゅくじょしん》とよび、東北辺境外にあって未開のものを生女真《せいじょしん》と称した。

女真人勃興の中心となった部族は、今の黒龍江《こくりゅうこう》省の東南部を流れて松花江《しょうかこう》に合する阿什《あじゅう》河《が》の流域に住む完顔《ワンヤン》という部族であった。十一世紀の後半にはいると、完顔部族には有能な族長がつづいてあらわれたので、付近の諸部族中において指導的な地位を占めるにいたった。この地域は遼の東北境に接しており、かれら女真人は人参《にんじん》・毛皮・砂金《さきん》・真珠《しんじゅ》・馬などを遼や南方の高麗《こうらい》に輸出し、武器などを買い入れて軍備を整え、近くから遠くへとしだいに広範な地域の女真の諸部族をその勢力下に入れていった。

このころ、遼は生女真諸部族に理不尽な誅求《ちゅうきゅう》を行い、従わなければ迫害した。なかでも、当時遼の王侯貴族の間で愛好された鷹《たか》狩りに使用する「海東青鶻《かいとうせいこう》」という優秀な鷹を求めて、それを得るために手段をえらばず、女真人を苦しめた。このようにして女真人の遼に対する怨《うら》みは年一年とつのり、遼への背反はもはや時機をまつばかりとなった。しかも、遼の天祚帝《てんそ》（一一〇一～二五）はこれに気づかず、遊猟にふけり、国運がかたむいていたのである。

十二世紀の初め、阿什河流域の完顔部の首長阿骨打《アクダ》は巧みにこの情勢をとらえ、一一一四年、公然と遼に反旗をひるがえし、遼の東北境の要衝寧江州《ねいこうしゅう》をおそってこれを陥れた。そして、寧江州近傍の渤海《ぼっかい》人や熟女真を従え、翌一一一五年（遼天慶《てんけい》五年・宋政和五年）正月、皇帝の位につき、国号を金、年号を収国《しゅうこく》と称し、阿什河畔（上京会寧府《かいねいふ》）に都した。ここに女真の民族国家が成立した。金という国号は、完顔部族の根拠地阿什河（黄金の河）から出た。

勃極烈《ボギレ》制度と猛安・謀克の制

阿骨打《アクダ》は金国を建設すると、ただちに国家組織の形成に努力を傾けた。新しい支配組織や政治制度によって皇帝権力を強化し、統一を固めるためには、古い氏族制にもとづく政治組

116　謀克の印　内モンゴルから出土したもので，奥傴猛安配下の多庢擱山謀克の印である。左は印背にきざまれた字で，「大定十(1170)年閏五月」とある

織を克服する必要があったのである。

まず、勃極烈《ボギレ》制度が制定された。これは独立前に完顔《ワンヤン》部内におかれていた重要政務の合議決定機関を新しい民族国家の皇帝直属の中央政務機関に適するように改変・組織化したもので、諳班・国論などの四勃極烈がおかれた。後に改称・新設が行われたが、この数人の勃極烈が皇帝の下で政務を統轄した。当初は合議制に近かったが、その後しだいに職掌が決まり、政治情勢の変化や国力の発展に応じて変遷を重ね、一一三四（金天会《てんかい》十二）年に中国風の三省の制度が設けられるまで、その役割を果たした。

また金の統制下にはいった女真《じょしん》人に対して、猛安《もうあん》・謀克《ぼうこく》の制という新しい政治・軍事組織が形成された。これは建国に先んじて一一一四年の秋に制定されたもので、三百戸をもって一行政単位を組織して謀克とよび、十謀克をもって一猛安を組織する。そしてこれを、それぞれの長である猛安・謀克が支配する。つぎに、一謀克集団から約百人の兵を徴集して一謀克軍を編成し、十謀克軍をもって一猛安軍、すなわち千人隊を組織する。その指揮官には行政組織の長である猛安・謀克をもってこれにあてた。猛安とは女真語のミンガン（千）の意で、謀克は族長の意である。このような政治制度であり、軍事制度でもある猛安・謀克の制を形成して、それまで女真諸部族おのおののなかに存在していた支配組織を解体し、新行政・軍事組織を編成することによって統一的に支配し、中央権力の強化がはかられたのである。

猛安・謀克の制は、その後、金が華北に進出してからも活用された。すなわち新領土に移住させられた女真人はすべて猛安・謀克に編成され、土地・耕牛などを与えられて優遇され、金の軍事力の根幹として、その滅亡にいたるまでつづいた。

また女真語をあらわす文字がなかったので、一一一九年、阿骨打は完顔希尹《きいん》に命じて女真大字をつくらせ、これを通用させた。後に一一三八（天眷《てんけん》元）年、簡便な女真小字が制定され、金一代を通じて使用された。

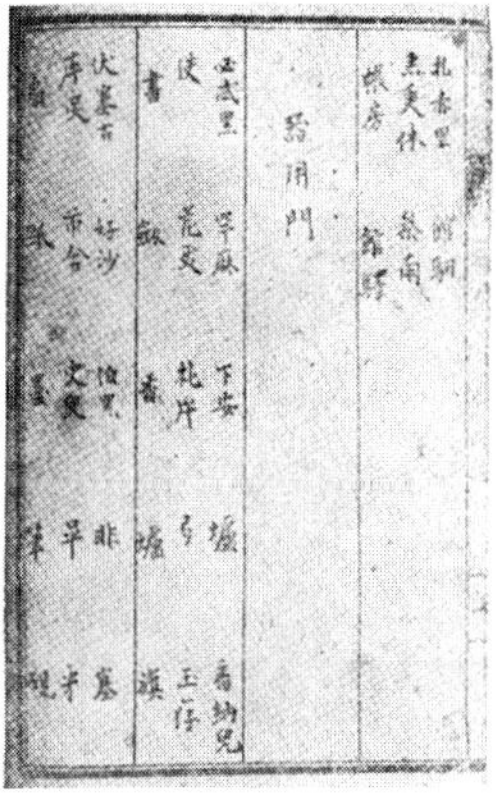

117　女真文字

宋金の対遼同盟

さて阿骨打《アクダ》は、建国後まもなく、熟女真《じゅくじょしん》の中心地である黄龍府《こうりゅうふ》を攻め落とし、事の重大さに驚いた遼の天祚《てんそ》帝が七十万と称する傾国の大軍を編成して親征すると、これを混同江《こんどうこう》畔に迎撃して大敗させた。新しい軍事組織はその威力を遺憾なく発揮したのである。天祚帝はようやくのことで首都に逃げ帰ったが、このとき以後、

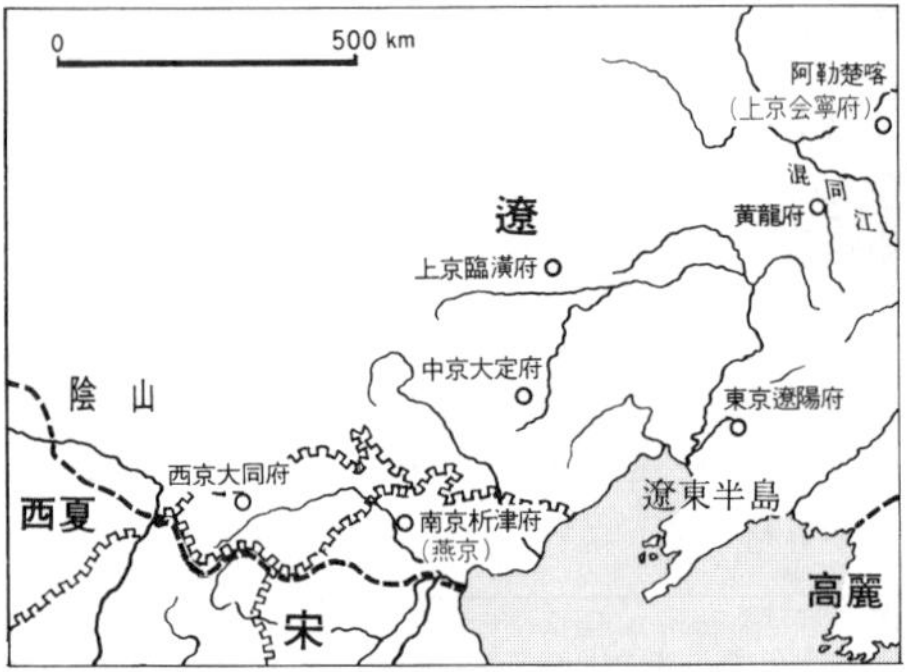

118　宋金の対遼同盟関係地図

満州における遼の権威は失墜して渤海人《ぼっかいじん》が各地で反乱を起こすことになった。阿骨打はこの混乱に乗じて南下し、多くの渤海の遺民や熟女真を従え、遼東《りょうとう》方面を経略し、遼国の中心部である遼西に向かう態勢を示した。

宋は遼と和平を結んではいたものの、遼に奪取された燕雲《えんうん》十六州の回復をけっして忘れたわけではなかった。宋の朝廷は、宿敵遼の背後に女真民族の新王朝金が成立して、遼軍を撃破しているという情報を受けとると、おおいに喜んだが、つづいて金軍が遼東を占領したとの報に接して、海上から使節を遼東半島経由で阿勒楚喀《アルチュカ》（上京会寧府）に赴かせ、宋金の提携によって遼を討滅しようという宋側の意図を伝えた。一一一八（宋の重和元）年のことである。当時阿骨打は遼国から講和を申し込まれて、遼金両国間で和議の使節が互いに往来していたので、すぐには宋の提議を受け入れようとはしなかった。阿骨打は巧みに遼宋二国と交渉をつづけたが、遼との和議が一向に進展しないのをみて、ついにこれを捨て、宋と同盟して遼を討つ決意を固めた。

金は宋から、宋が従来、遼に与えていた歳幣《さいへい》を金に贈与すること、遼を夾攻《きょうこう》するにあたっては金は長城をこえて河北側に侵入しないこと、同盟したあとは、遼と和平を結ばないことなどの条件を示されて、これを受諾した。その後ふたたび宋の使節を迎えて交渉が行われたが、このとき宋側から、燕京は宋が攻めるが西京《せいけい》の攻略は金が負担する、しかし、西京は長城以南の地であるから、占領後は、最初の交渉のとおりに宋に割譲されたいという申し入れがなされた。

阿骨打がこの新提案になんらの確答をも与えないうちに、両国の遼夾攻の議は急速に成立して、宋金両軍は遼と戦端を開いた。

金軍は敗走する天祚帝の遼軍を追撃して、たちまち西京大同府《だいどうふ》を陥落させたが、天祚帝は陰山《いんざん》にのがれ、西夏《せいか》の後援を受けて金軍に対抗すべく勢力を築きつつあった。

遼の滅亡

宋はみずから提議した同盟条約にしたがって、燕京《えんけい》攻略を行わねばならなかった。しかし、前述のように江南に方臘《ほうろう》の乱が起こり、遼征伐のために整備された童貫《どうかん》のひきいる精鋭部隊がこれを平定するために転用されて作戦行動がおくれた。そして、ようやく方臘の乱が鎮圧されて童貫の大軍が北方に向かったころには、燕京を中心とする数州を除いて、燕雲《えんうん》十六州の大半はすでに金軍に占領されていた。

宋の大軍は意気軒昂《けんこう》として燕京に迫った。燕京ではその間に遼室の一族耶律淳《やりつじゅん》が地元の漢人たちに擁立されて天錫《てんしゃく》皇帝と称し、漢人官僚や強力な軍隊を擁して滅亡に瀕した遼の最後の拠点となっていた。ところが、まもなく天錫皇帝が没し、燕京内部に動揺が起こると渤海《ぼっかい》人と漢人とからなる常勝《じょうしょう》軍が、郭薬師《かくやくし》にひきいられて宋に投降してきた。童貫らはこれに力を得て、協力して金にあたろうという遼からの申し入れを拒否して、ついに燕京を攻撃した。ところが、積弱の宋軍は亡国に瀕《ひん》する遼軍に脆《もろ》くも敗退する始末で、燕京の回復などは思いもよらない状態であった。敗戦の罪に問われることを恐れた童貫は、ひそかに阿骨打《アクダ》に援軍を乞うたので、金軍はただちに南下してたちまち燕京を陥れた。遼室の一族耶律大石《やりつたいせき》は陰山に走り、華北における遼の勢力は一掃された。

ここにおいて、宋は盟約にもとづいて金に燕京の割譲を要求した。金側では、自力で攻略した燕京の処置について阿骨打と諸将らの間で議論がもち上がった。阿骨打は盟約に従って燕京を宋に返還しようと考えていたが、諸将をはじめとして金国に投降した遼の漢人官僚や燕京城内の漢人までも金国の燕京併合を望んだ。燕京の漢人は、宋が常勝軍を金に引き渡さない代償として、自分たちを長城外に移そうとするのに反対し、また文化の低い金に仕えれば重用されて出世もできると考えたからである。

けっきょく、阿骨打は燕京を宋に与えたが、その代償として銭百万緡《びん》・兵餉《へいしょう》二十万石を宋が支払うという条件で、燕京城内のいっさいの住民・財物をことごとく北方に持ち去った。宋は空城を得たのみであったが、ともかくも燕雲十六州のうち、もっとも重要な燕京と付近の数州を取りもどしたことで面子《メンツ》を保ち、宮廷では祝宴が盛大に催され、童貫も官位をすすめられた。

その後、金では阿骨打が病死し、弟の呉乞買《ウキマイ》が即位した。阿骨打を金の太祖、呉乞買を太宗という。太宗は山西北部に進出した遼の天祚帝《てんそ》を捕らえ、ここに遼朝は名実ともに滅亡した。ときに一一二五（金天会《てんかい》三・遼保大《ほだい》五）年で、遼は、太祖耶律阿保機《やりつあぼき》の建国以来九代二百余年にしてその命脈を断ったのである。しかし耶律大石は中央アジアにのがれて、一一三二（金天会十）年、ここに西遼国すなわちカラ・キタイを建設した。この国は、約八十年間つづいた。

119　金の太祖陵

末期の北宋と金の攻勢
さて宋では燕京回復《えんけいかいふく》の戦い、すなわち燕山《えんざん》の役の軍費を調達するため紙幣や約束手形を乱発したので経済が混乱し、物価が騰貴して民衆は苦しんだが、ここにいたってそのうえに免夫銭と称する人頭税二千万緡《びん》が新たに賦課されたので、山東・河北・河南に反乱が続出した。
このような不安定な国内情勢をか

かえて、宋はなおも新興の金国を軽侮して挑発的行動をとり、歳幣《さいへい》の提供などの約束を履行せず、そのうえに、平州の遼の降将張覚《ちょうかく》が、北に移されることに不満な燕京の士人たちに煽動されて反乱を起こし、宋に通ずると、これを受けいれた。やがて張覚が敗れて宋に逃げて匿《かく》まわれると、金はその身柄引き渡しを要求した。陰謀が発覚するのを恐れた宋は、張覚を縊《くび》り殺してその首級を金軍に引き渡した。

つづいて宋は、陰山にかくれていた遼の天祚帝《てんそ》と密かに連絡し、これと呼応して金の西京《せいけい》地方を攪乱しようとした。しかしまもなく天祚帝が金軍に捕らえられたことによって、宋の陰謀計画はすべて金の知るところとなった。度重なる宋の背信行為に金は激怒した。金の諸将は宋に対する懲罰の師を興すことを主張して太宗を動かし、一一二五（宋宣和《せんわ》七・金天会《てんかい》三）年十月、軍を興して燕京《えんけい》と雲州《うんしゅう》の二方面から宋都開封を衝く形勢を示した。燕京を守っていた降将郭薬師《かくやくし》はたちまち金に降り、童貫《どうかん》は太原から開封に逃げ帰った。

安逸の日々を過ごしていた宋の風流天子徽宗《きそう》は、金軍大挙南下の報に接して驚愕《きょうがく》おくところを知らなかった。人民の怨みの的となっていた花石綱《かせきこう》や西城所の公田などをやめさせ、「己を罪する詔」をだして全国に勤王の師を募るとともに、帝位を二十六歳の長子欽宗《きんそう》にゆずって教主道君皇帝と称することになった。宣和七年十二月のことである。

翌靖康《せいこう》元年の正月、金軍は黄河《こうが》を渡って首都開封《かいほう》を包囲した。上皇徽宗は金軍渡河の知らせを聞き、夜半に童貫を伴って首都をぬけだして江南の鎮江《ちんこう》にのがれ、元宰相の蔡京《さいけい》、宰相の王黼《おうほ》も開封から逃げ出して一身の安全をはかるという始末であった。王黼は途中で誅殺《ちゅうさつ》された。

開封では主戦派の李綱《りこう》を中心に防戦が行われたが、城内でも和戦両論が対立して結論がでず、とかくするうちにも落城の時が近づきつつあるように見えた。宋側は金に講和の申し入れを行ったが、交渉の最中に、金軍が油断していると思い込んだ宋の主戦派が金軍に奇襲攻撃をかけて、かえって大敗を喫したことから金側の憤激を招き、宋の釈明にもかかわらず態度を硬化してしまった。

宋は李綱らを責任者として罷免《ひめん》するとともに、金が提出した苛酷な条件をそのままのまざるをえなかった。条件は、賠償の金五百万両、銀五千万両、牛馬一万頭、表段《ひょうたん》百万足を金国に贈ること、金帝を尊んで伯父《おじ》とすること、河北の要衝中山《ちゅうざん》・河間《かかん》と山西の太原《たいげん》の三鎮二十州を割譲すること、宰相・親王各一人を人質とし、燕京・雲州の出身で宋にのがれた者は全部金に送還することなどで、金も攻囲が長びくことの不利を考えて和平が成立し、金軍は北帰した。

金、北宋を滅ぼす

しかし宋では、この屈辱的条約に対して、大学生の陳東らが嘆願書をたてまつって、下野していた李綱《りこう》らの復帰とこのような事態を招いた責任者である蔡京・童貫らの処罰を要求した。欽宗《きんそう》はついにかれらを流刑に処したが、童貫は配流の地英州《えいしゅう》（広東《カントン》省英徳《えいとく》県北）に赴く途中で死刑に処せられ、蔡京は八十歳で配所への途上に没した。

主戦派の李綱が要職に復帰し、勤王の師が開封《かいほう》に集結すると宋朝は強気になり、先に金に割譲することを約した太原など三鎮の将兵に対して、金国側が城塞を押収しに来たときは断固これと抗戦すべきことを命じ、金朝支配下の契丹《きったん》人を煽動して背かせようとした。

金は、あいつぐ宋の背信行為に激怒して、ふたたび問罪の師を興し、例のように河北・山《さん》西《せい》の二方面から宋の国内に進撃した。宗望《そうぼう》（斡離不《オリブ》）の率いる河北からの金軍は、十一月には開封を包囲した。ついで、太原において宋軍の必死の抵抗にあって進撃を阻まれていた宗《そう》翰《かん》（粘罕《ネメガ》）の軍もこれに合流し、四十日の猛攻の後、閏十一月の末に開封を陥落させた。

宋は黄河以北の割譲を条件に和を請うたが、金側では天文学的数字の賠償を宋に要求し、宋にこの条件を満たす能力がないのをみて、開封城内の国庫や内庫に貯えられていた金銀布帛や、徽宗が長年にわたって収集した書画骨董《こっとう》の類にいたるまで、すべて略奪しつくした。しかもその間に、金は宋王朝を廃止するという重大な決定を行い、上皇徽宗、皇帝欽宗をはじめとして宋の宗室、官僚、技芸者など数千人を拉致《らち》して北帰した。ときに一一二七（靖康《せいこう》二）年三月のことであった。これが世に名高い靖康《せいこう》の変で、北宋は、太祖趙匡胤《ちょうきょういん》の即位以来、九主百六十七年をもってここに滅んだのである。

第七章　南宋の政治状勢と金との関係

一　金の華北支配

華北に傀儡国家

宋は、金軍の南下によって首都を占領され、上皇・皇帝以下三千人とおびただしい金銀財宝とを捕虜・戦利品として奪われ、国家滅亡の危機に立った。これが宋にとって驚天動地の重大事件であったことはいうまでもない。しかし金にとっても、このような事態の進展は、かならずしも予定し準備していたものではなかった。建国後わずか十年にして大国宋を打倒するにいたったのは、金のもつ軍事力によるものであったことはいうまでもないが、一面、時運のしからしめたものともいうべく、時局は意想外に急速な進展を示したものであった。

金は、宋都開封《かいほう》府を占領はしたが、さてその後をどうするか、なんらの準備も計画もなかった。文化レベルがはるかに高く、人口も多い漢民族を統治する実力を、東北の山奥から急に出てきた女真《じょしん》人がもっているはずもなく、そのことは、かれら自身の自覚するところであった。そこで金が考えた漢地統治策は、傀儡《かいらい》国家を建てて宋にあたらせ、自分はその背後

120　今日の西湖風景

にあってこれを操縦するという方策であった。そして、この方策のもとに建てられたのが、張邦昌《ちょうほうしょう》の楚《そ》であり、ついで劉豫《りゅうよ》の斉《せい》であった。

宋側では、黄河《こうが》（当時の黄河は、今の河北省濮陽《ぼくよう》・大名《だいめい》を経て、天津《てんしん》付近で海に注いでいた。金代に、この黄河河道に大変動があった。すなわち一一九四——明昌《めいしょう》五年今の河南省陽武《ようぶ》〈原陽《げんよう》県〉から封丘《ほうきゅう》県を経て、東流して梁山濼《りょうざんはく》にはいり、二派に分かれて南派＝南清河《なんせいが》は泗水《しすい》に合して清河口にて淮水《わいすい》にはいり、北派は済水故道《せいすいこどう》＝北清河《ほくせいが》を流れて海に注ぎ、従来の主水道であった北流＝旧河はまったく絶えた。これが以後の黄河河道の大勢を決定した明昌の河決で、河道変遷史上の重大事件であった）以北を金に割譲し、宋の皇族を皇帝に立てることを金に望んだが、金はこれを許さず、異姓（宋の皇族以外）の賢人を君主として立てることで適任者を求めた結果、白羽の矢を前太宰《たいさい》（首相）張邦昌に立てたのであった。

張邦昌は、第一回開封攻囲のさい（一一二六年正月）の和約に、人質として徽宗《きそう》の皇子粛《しゅく》王枢《おうすう》とともに燕京《えんけい》（今の北京《ペキン》）に連行されていた者である。

右に述べたように、一一二七年三月七日、金は張邦昌を皇帝の位につけ、国を大楚《たいそ》と号し、金陵（今の江蘇《こうそ》省南京《ナンキン》市）に都し、黄河以南を境域とすることとした。当時、金陵はまだ金の領有に帰していなかったから、現実には名目的なものにすぎなかったが、将来の期待を示したものであろう。揚子《ようす》江《こう》を中心とする地帯（古来、楚と呼ばれた）が領土の中心となるはずであるから、楚という国号を定めたのである。

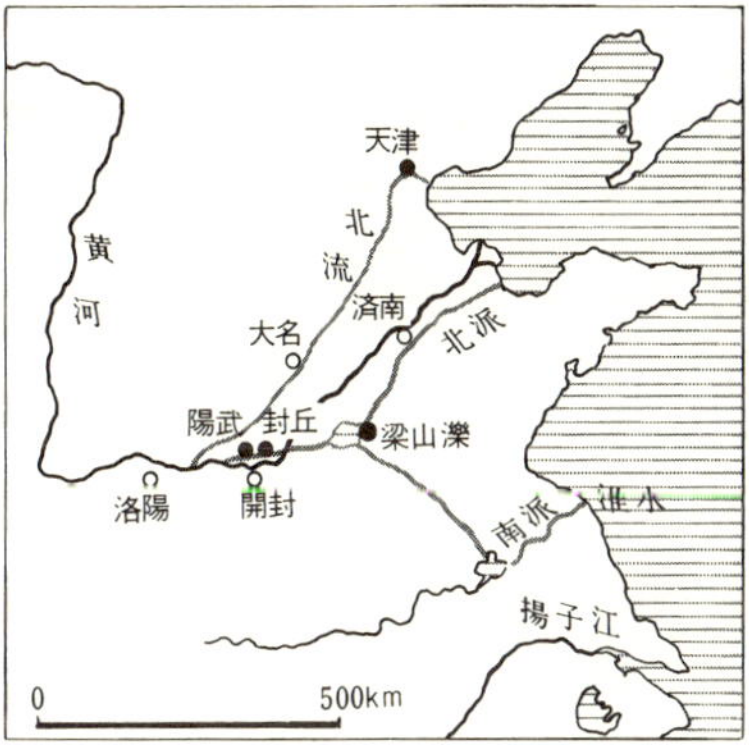

121　黄河の河道　明昌５年，黄河河道は陽武・封丘を経て梁山濼にはいり，さらに南北２派に分流して海に注いだ。天津付近で海にいたる北流は閉絶した

張邦昌は、宋の陵廟を保全すること、金銀のとり上げをやめること、三年間東都（開封）を借りること、金軍は引き揚げることなどを金に請うて許された。その結果、開封はこれ以上兵禍《へいか》にかかることを免れ、金軍は開封を撤退して、ことごとく黄河以北に引き揚げることとなった。

張邦昌は、金に脅迫されて、やむをえず帝位についたが、そのころ、華北各地では、金軍の南進に抵抗する宋軍や、いわゆる義軍が活動をおこしていた。かれらは徽宗の第九皇子、欽《きん》宗の弟康王構《こうおうこう》を推戴《すいたい》した。康王は応天府《おうてんふ》（河南省商丘《しょうきゅう》市）において皇帝の位についた。これが南宋の高宗皇帝であり、康王は、靖康《せいこう》の変当時在京していなかったので、多くの皇族中ただ一人難を免れていたのである。

漢地統治と軍事行動

金軍は開封《かいほう》引き揚げにあたり、河南《かなん》には一兵をも留めず、黄河以北の河陽《かよう》（河南省孟《もう》県西南）・濬《しゅん》州（河南省浚《しゅん》県東南）に一軍を置いて張邦昌《ちょうほうしょう》に声援するのみであったから、張邦昌の皇帝の地位はまったく不安定のものであった。張邦昌は、かつて哲宗の皇后で、新旧両法党争の犠牲となり、廃されて道観（道教の寺院）にはいっていた孟氏を太后として宮中に迎え入れ、四月十一日、在位三十二日でみずから皇帝の位を退き、応天《おうてん》におもむいて罪を高宗に謝し、のち死を賜わった。こうして楚《そ》国は消滅し、金の傀儡《かいらい》国家政策は一頓挫《とんざ》をきたしたのであった。

金の当面の課題は新たに得た河北・河東の地の領有を確実にすることにあった。金軍は康《こう》王《おう》＝高宗の激励のもとに、各地において金の支配に抵抗している勤王の義軍や残存宋軍を討ち平らげて河南にまで進出するとともに、西方陝西《せんせい》に進出しこれを占領した。陝西経略は西《せい》夏《か》に対する示威行動でもあったが、また河南進出とともに、河東、河北を確保するために必要な行動でもあった。

金は河北・河東の宋軍掃蕩《そうとう》に努めるとともに、同地域の統治にあたっては、漢地に対する政治経験をもつ燕京《えんけい》地方出身の漢人・契丹《きったん》人官僚を巧みに利用した。州県官の補充には、宋代の有資格者を用い、また、科挙試験を実施して士《し》大夫《たいふ》層に仕官の希望を与え、人心の収《しゅう》攬《らん》をはかった。科挙再開は、燕京の人劉彦宗《りゅうげんそう》の議によるもので、かれは金の漢地漢人統治策の上に種々貢献するところがあった。傀儡政権による統治策などもかれの意見によるものであろう。

金は、このように柔軟な態度で漢人統治に臨む一方、漢人に漢風の服装・髪形を禁じて女《じょ》真《しん》服と弁髪《べんぱつ》を強制し、従わないものは死刑とするという命令を下す強硬策をとった。これは後に、清朝の漢人統治方策として採用されるところである。

ところが一一二八年、宋が密書を発して、金領内の契丹人・漢人を招誘しようとしたことが発覚し、金は高宗を徹底的に攻撃することとなった。すなわち、金の宗翰《そうかん》は山西《さんせい》から河南を目標とし、宗弼《そうひつ》は撻懶《ダラン》とともに山東の経略に従うこととなったが、討伐の名目は、宋が楚国を廃した罪を問うということであった。このように、積極的進攻方策をとるとともに、宋の二帝を僻《へき》遠の韓《かん》州（吉林《きつりん》省梨樹県西南の八面城《はちめんじょう》）に送ったことは、金の対宋強硬方策を示すものでもあった。

122　金都統の官印　拓本　左の印面に「都統之印」，右の印背に「軍師所造，貞祐三年，都統」の３行の文字がある。都統は軍司令官。河北省唐県出土

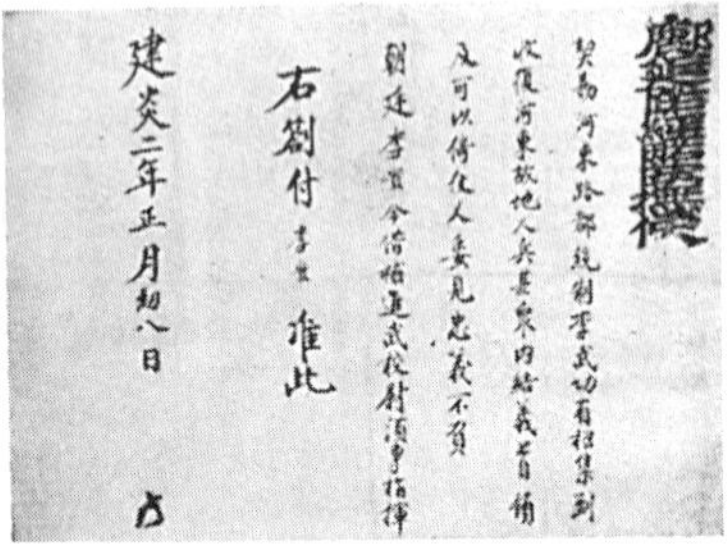

123　宋代の抗金文書（右）とそれを保存していた銅缶（左）　対金抗戦に軍功があった河東路都統制李実に進武校尉の位階を与える旨の辞令書。鄜延路経略安撫使の印と建炎2（1128）年1月8日の日付がみえる。縦42cm，横58cm。1966年山西省霊石県出土

対宋前衛政権＝劉豫の斉国

一一二八年からその翌年にかけて、山東経略に従った金の宗室で元帥の撻懶《ダラン》は済南《さいなん》を攻囲し、済南府長官の劉豫《りゅうよ》を買収して帰順させ、東平府《とうへいふ》（山東省東平県）の長官、京東西淮南等路《けいとうせいわいなんとうろ》安撫使《あんぶし》に任じ、黄河（北流）以南の諸州の行政をゆだねた。ついで一一三〇年九月、金は劉豫を立てて皇帝とし、前衛傀儡国家斉《せい》の主とするのである。

劉豫は景《けい》州阜城《ふじょう》県（河北省阜城県）の古い農家の出身であった。一族ではじめて科挙試験に合格し進士となり、徽《き》宗朝に官途について、一一二八年正月に済南府長官に任ぜられた。しかし劉豫はこの任命を喜ばず、宋朝に対して不満を抱いていたようである。そこへ、張邦昌を失って楚《そ》が崩壊し、これに代わる傀儡国家の主とすべき適当な漢人を求めていた金からの誘引があって、劉豫は金に降ったのである。

金は劉豫に東平府を中心とする広い占領地域の統治をさせ、財政・司法などの民政はその専決を許

し、重要な地点には撻懶《ダラン》軍が駐屯して劉豫を援護していた。山東方面において民政面の自治を許し、黄河以北の地域を完全に掌握するための前衛地域としようとしたのである。

劉豫はこの気運に乗じてみずからその地位につこうとし、従来、関係の深かった撻懶にとり入っていたが、当時第一の権力者左《さ》副元帥《ふくげんすい》宗翰《そうかん》は、撻懶を出し抜いて劉豫推薦に乗り出し、諸州郡民推挙《すいきょ》の形をとって、金帝の命令によって劉豫を大斉皇帝に冊立することとなった。一一三〇年九月、劉豫は金帝の冊命を受けて大名《だいめい》府に即位した（その後まもなく東平《とうへい》府に都を遷《うつ》した）。

つぎに述べるように、一一二九年から三〇年にかけて、宋軍は金の南征軍によってうち破られ、宋帝高宗は江南《こうなん》に追われて、積極的に華北回復をはかる余裕も気力もなかった。これは斉の建国に好都合の状勢であった。

劉豫冊立と前後して、金は宋の徽宗・欽《きん》宗らを韓《かん》州からさらに奥地の五国《ごこく》城（黒龍江《こくりゅうこう》省依《い》蘭《らん》県付近）に移し、自耕自活の生活をさせた。両帝返還を願う宋人の希望はさらに遠いものとなった。

冊文に、斉は金に対して子礼を修む（親である金帝に子としてつかえる）べき旨を明記された。斉はまさに金の保護国であり、河北確保のための金の前衛国家であった。斉が与えられた領土は、黄河旧河道以南であるが、事実上は金の占領下にある淮水《わいすい》以北、すなわち山東・河南および江蘇《こうそ》と安徽との北部であり、翌三一年十一月には新たに金が確保した、今の陝西《せんせい》省および甘粛《かんしゅく》東部の地を与えられた。

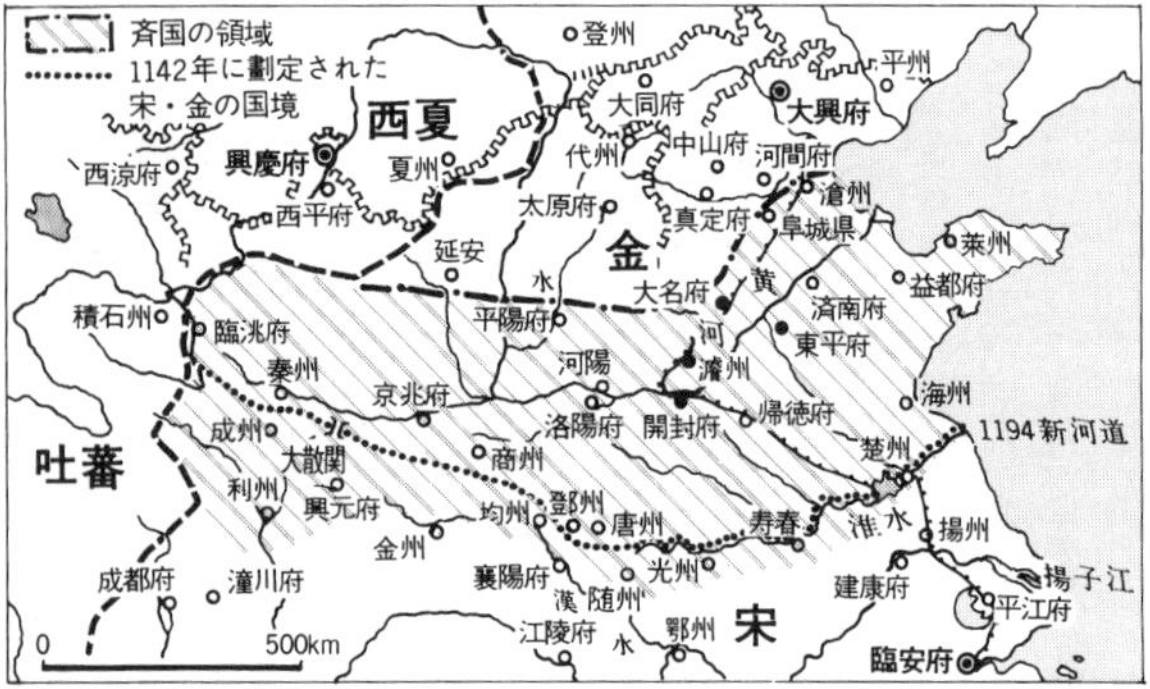

124　斉の領域図　1130年，金は劉豫を斉国皇帝に任命した。その領土として黄河（北流黄河）河道以南を与えた。南方と西方は金軍の勢力範囲が実際の領土であって，明確な国境線がきめられていたのではない。図はその大勢を示したものである

劉豫は尚書六部《しょうしょりくぶ》制を設けて政府首脳部を構成し、強壮の子弟を募って親衛隊を作るとともに、都市・農村の民を徴発して郷兵《きょうへい》とし、その給与費用は農民の仲間でまかなわせた。元来文官であった劉豫には一兵の手持ちもなかった。かれは、郷兵によって所要の兵数を調《ととの》え、しかも養兵の費用は民の自弁という方法を考案したのである。そして、一一三〇年十一月、阜昌《ふしょう》の年号を定め、三二年には北宋の都東京開封府《とうけいかいほう》に遷都《せんと》し、東京《とうけい》を改めて汴京《べんけい》とし、三三年には先王の法といわれる什一《じゅういち》の税法（十分の一税法）を施行し、法律を発布し、銅銭（阜昌元宝・阜昌通宝・阜昌重宝）を発行するなど、着々と新国家の体制整備に努めた。

金軍の南下と宋の臨安奠都

一一二七（建炎《けんえん》元）年五月、宋の帝位につ

いた高宗（在位一一二七～六二）は、主戦論者李綱《りこう》を宰相《さいしょう》とし、対金強硬策をとったが、しだいに和平の考えに傾き、南京応天府《なんけいおうてんふ》を棄てて南方の揚《よう》州への遷都を決し、李綱は宰相を罷免された。金軍はこのころから南征の軍を起こし、山東《さんとう》・河南《かなん》・陝西《せんせい》三道に破竹の勢いをもって進んだ。知開封府《ちかいほうふ》として金の進撃を食い止めることを期待された宗沢《そうたく》は病死して、金軍の南下をさえぎるものはなかった。

主和論者である黄潜善《こうせんぜん》・汪伯彦《おうはくげん》を宰相として武備を怠っていた高宗は金軍を邀撃《ようげき》する備えなどなく、揚子江を渡って鎮江《ちんこう》に走り、さらに杭《こう》州にのがれた。宗室宗弼《そうひつ》のひきいる金軍は江を渡って建康《けんこう》・杭州を陥れ、高宗を追う。高宗は定海《ていかい》から海船によって南の方温《おん》州にのがれた。水軍をもたない金軍は明《めい》州から引きかえし、江北に去った。高宗は越《えつ》州（紹興府《しょうこうふ》）に移り、ここに二年近く滞在したのち、一一三二年、杭州（臨安《りんあん》府）に帰った。以後臨安府は行《こう》在《ざい》と呼ばれ、南宋の都として定まった。

125　南宋初めの宋金戦争

劉豫《りゅうよ》の斉国は漢人の国で、民政はその自治に委ねられていたが、国内には金の大兵が駐屯して斉国を南宋の攻撃から守っていた。南宋に対し、国家を防衛するにはその主力の郷兵《きょうへい》ではと

126　斉（劉豫）の銅官印と印背文字拓本　「皐昌五年内作坊鋳」の８字がみえ，印文は欠損して不明。1137（紹興７）年斉軍は合肥に駐在したが，退軍にあたり，破壊して地中に埋めたものと推定される。印面一辺の長さ5.2cm。1962年安徽省合肥市出土

うてい力が及ばなかったのである。

斉国は金の傀儡国・前衛国であり、金はこれによって河北・河東地方の保境安民をはかり、斉の背後にあってこれを操縦し、南宋にあたらせた。斉国は南宋軍と戦う一方、南宋の人々を招誘して宋の内部の切り崩しに努めた。

陝西方面は金軍の席捲《せっけん》するところとなったのに反し、斉国の南方淮水《わいすい》方面の戦局は、宋斉双方が一進一退の状況であった。ところが斉は、河南洛陽《らくよう》付近に拠って忠義勤王軍の中心となっていた宋の河南鎮《ちん》撫使《ぶし》翟興《たくこう》を敗死させたことによって、汴京《べんけい》背後が安全となり、劉豫はここに遷都して宿望を達した。これは斉国の、したがって金国の勢力が宋に対して南進したことを意味した。以後、金は斉を促し、これと連合して宋を伐ち、江北を保持しようとすることになった。

一一三四年、金斉連合軍は大挙南進した。これに対し、宋は皇帝の親征の下に知枢密院事《ちすうみついんじ》（軍事大臣）張浚《ちょうしゅん》や宣撫使《せんぶし》韓世忠《かんせいちゅう》・劉光世《りゅうこうせい》・制置使《せいちし》岳飛《がくひ》らが淮南《わいなん》戦線で奮戦し、四川《しせん》方面では呉玠《ごかい》・呉璘《ごりん》兄弟が対戦し、淮南方面の形勢は予断を許さぬものがあったが、金帝太宗の

病篤《あつ》しという報が伝わって、金斉連合軍の撤退となり（一一三五年正月）、けっきょく金斉連合の南伐は成果なく終わった。

斉国廃絶とその背景

一一三七（紹興《しょうこう》七）年、斉《せい》は金によって廃止された。斉国廃止のおもな原因は、つぎのような金国内部の勢力関係の変化にあった。

斉国建設、劉豫《りゅうよ》後援にもっとも力を入れたのは、当時、金の宗室の最大勢力者で、西京大同《せいけいだいどう》府に元帥《げんすい》府を開く都元帥宗翰《そうかん》であった。この宗翰の勢力に快からぬ宗室に撻懶《ダラン》・宗磐《そうばん》があった。撻懶は久しく山東方面の軍事に従い、劉豫を手に入れ、これを操縦して漢地を統治し、自己勢力を扶植しようともくろんでいたのに、その功を宗翰に奪われ、自分の勢力範囲の大部分を占める黄河（旧流）以南を劉豫の斉国の領土に編入される憂き目をみ、いまや撻懶は劉豫を憎悪していた。

宗磐は太宗の嫡長子で、太宗の後継者として諳班勃極烈《アンバンボギレ》（皇太子）となることを望んだが、宗翰が宗峻《そうしゅん》の嫡長子で十四歳の亶《たん》を推し、太宗の下に国政処理にあたっていた太祖の庶長子宗幹《ちょうしそうかん》とともに、その実行を太宗に求めたので、太宗も不本意ながら亶を諳班勃極烈に任じた。

宗幹は亶の父宗峻の死後、宗峻の夫人（亶の母）を第二夫人として、幼少の亶を養育してきたという特別な関係があり、宗翰は亶のほうが宗磐よりも幼少で制しやすいと考えてこれを極力推したものである。帝位の後嗣の地位を逃がした宗磐は、亶・宗翰・宗幹に反感を抱くにいたった。

一一三五（金天会《てんかい》十三・宋紹興五）年正月、太宗が死んで亶が帝位についた。これが熙宗《きそう》（在位一一三五〜四九）である。十七歳であった。熙宗は宗幹に助けられて君主権確立をめざした。それには、まず外地にある将軍たちの勢力を削減する必要がある。熙宗は、最有力者宗翰を太保領三省事《たいほりようさんしようじ》にすえた。これは中央政府の高官であるが、兵権はもたず、都の上《じよう》京会寧府《けいかいねいふ》に在任しなければならないので、根拠地の西京大同府《せいけいだいどうふ》にある麾下《きか》の軍隊との縁が切れ、宗翰の実権は失われた。このとき宗幹・宗磐も宗翰とならんで領三省事として中央政府最高官に任ぜられ、兵権は宗弼《そうひつ》の握るところとなった。

宗翰の兵権が失われると、その後援をたのんでいた斉帝劉豫の地位はたちまち危ういものとなり、斉国廃止の動きは、宗磐・撻懶を中心として具体化し、熙宗や宗幹もその基本方針である中央集権確立の線に沿うものとしてこれに賛成した。そして一一三六年、宗翰が死ぬと斉国の廃止は決定し、金軍が汴京《べんけい》にはいり、劉豫は撻懶によって捕らえられ、翌年十一月、斉国は建国後八年にして廃止された。

金は行台尚書省《こうだいしようしよしよう》（尚書省の出張機関）を汴京に置いて、斉の旧領土を統治することとした。すなわち金は従来の河南間接統治をやめて、直接統治策に転換したのである。

斉国廃止は、直接には金国内部の勢力争いに主としてよるが、ここで直接統治にふみ切りえたのは、過去十年近い漢地統治の経験の成果として、河南の漢地漢人をみずから統治でき

金室系図

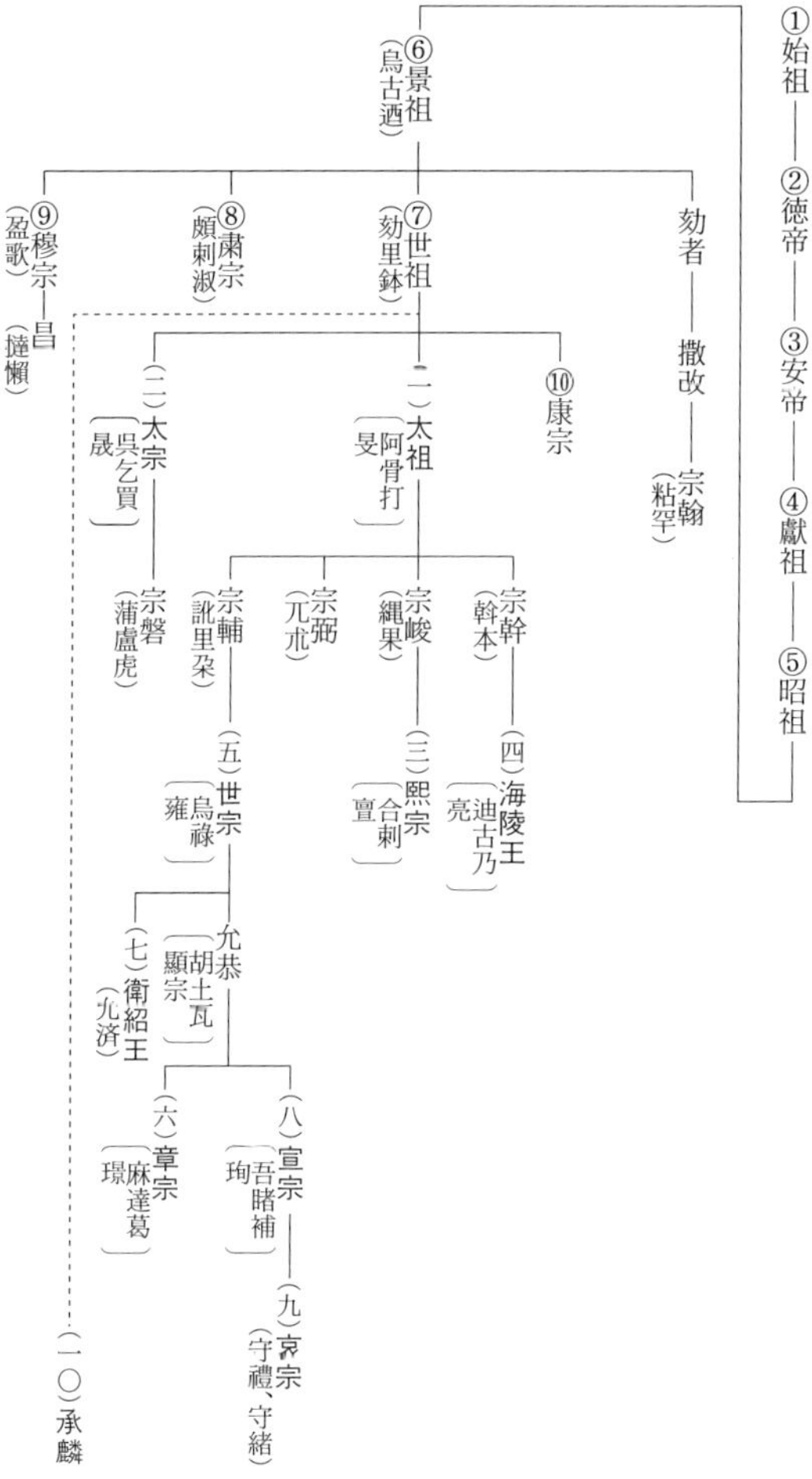
①始祖
②徳帝
③安帝
④献祖
⑤昭祖
⑥景祖（烏古迺）
⑦世祖（劾里鉢）
⑧粛宗（頗剌淑）
⑨穆宗（盈歌）
昌（撻懶）
劾者
撒改
宗翰（粘罕）
⑩康宗
（一）太祖（阿骨打 旻）
（二）太宗（呉乞買 晟）
宗磐（蒲盧虎）
宗幹（斡本）
宗峻（縄果）
宗弼（兀朮）
宗輔（訛里朶）
（四）海陵王（迪古乃 亮）
（三）熙宗（合剌 亶）
（五）世宗（烏祿 雍）
允恭（胡土瓦 顕宗）
（七）衛紹王（允済）
（六）章宗（麻達葛 璟）
（八）宣宗（吾睹補 珣）
（九）哀宗（守禮、守緒）
（一〇）承麟

るという自信をもつにいたったことを示すものといってよい。また、宋金両国間に介在した斉国が消滅したことは、両国が和好の道を開く一助ともなったのである。

二　南宋の対金臣従

和戦両派の抗争と名分論

宋の朝廷では、金に対する和親と抗戦との両論が行われていたが、南宋の初め以来、大金《だいきん》通問使《つうもんし》などの名称で使節が、年々大同《だいどう》の宗翰《そうかん》のもとに派遣され、宋二帝の安否を問い、その返還を求めてきた。通問使の多くのものは抑留されてなかなか帰ってこず、その願いは空しく却下されていた。ところが一一三〇年十月、秦檜《しんかい》が帰国してきた。

秦檜は一一二六年、金軍が開封《かいほう》を攻囲したとき強硬論を唱え、ついで御史中丞《ぎょしちゅうじょう》（御史台《ぎょしだい》長官）となったが、開封は金人の手に陥り、宋の二帝は捕虜となり、張邦昌《ちょうほうしょう》が皇帝に立てられたとき、秦檜はこれに反対して、金の怒りに触れ、二帝とともに北へ連行されていたもので、その帰国は撻懶《ダラン》の諒解の下になされたものらしい。

撻懶は宗翰のために劉豫《りゅうよ》を横どりされ、根拠地山東《さんとう》を斉国領土として失い、自己勢力の強化拡大に失敗していたが、今度は秦檜を宋に送還し、呼応して宋金講和を実現させ、金国政界の主導権を握ろうとしたものと推測される。

秦檜は金国抑留中にその考えが変化し、和親論者になっていたのである。靖康《せいこう》の変に北去した三千人中の帰還第一号であった。高宗はその帰還を大いに喜び、二帝や母后韋氏《いし》の消息を聞き、その和平説をいれて礼部侍郎《れいぶじろう》に任じ、ついで主戦論者の呂頤浩《りょいこう》とならぶ宰相《さいしょう》とした。

　しかし、失地を回復して都を開封に還し、二帝をとり返すまで徹底抗戦しようとする主戦論は、名分を立て華夷《かい》の分を明らかにすべしという宋学学派の主張に支えられて強く、その鋒先は、新帰朝の身でありながら廟堂《びょうどう》に位を得て講和派の領袖《りょうしゅう》となった秦檜に強く向けられた。秦檜は呂頤浩とも合わず、反対派の弾劾にあって、いったん相位を去らざるをえなかった。

　一一三七年正月、すなわち、斉国が廃止される十ヵ月前に、金に抑留されていた徽《き》宗の死去の情報が宋に伝えられた。徽宗の死は三五年四月であった。異境に抑留されること八年、望郷の念を胸に抱きつつ朔北《さくほく》の野に客死し、その訃報は一年九ヵ月を経て宋に達したのである。

　さきに述べたように、高宗は連年通問使を金に派遣して二帝以下捕らわれびとの返還を要請してきた。親子兄弟肉親の情として、この要請は当然であり、また儒教道徳の要請にかなうものであった。しかし、高宗の立場、

127　鎖につながれた秦檜夫妻像（杭州市岳飛廟）

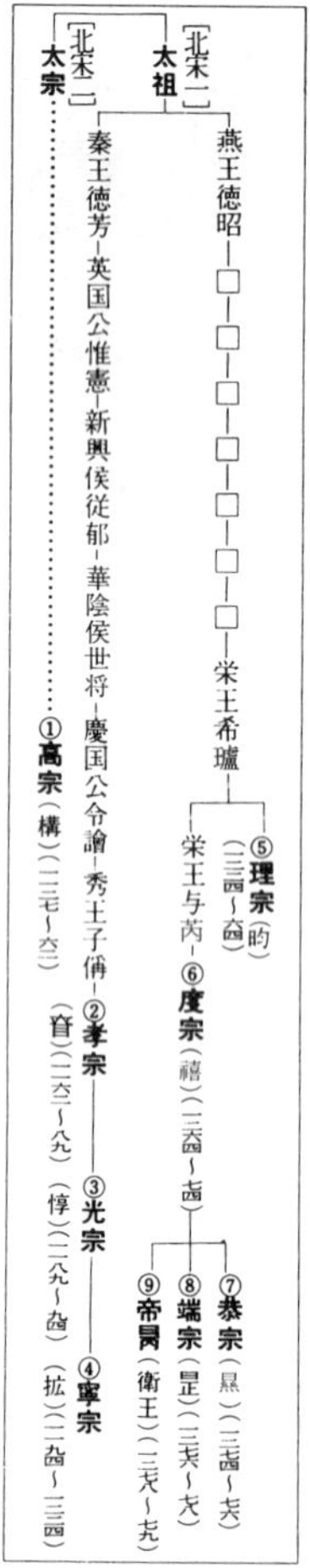

128　南宋系図

すなわち、その即位の事情からして、全面的に心の底から返還を願っていたかどうかには疑問がある。

高宗は、宋人の推戴《すいたい》をうけ、輿望《よぼう》をになって位についたのではあるが、かれは皇太子であったのでもなく、徽宗や欽《きん》宗から位を譲られたのでもなかった。これは、社稷《しゃしょく》危急のときの非常処置としてやむをえなかったのではあるが、なんとしても名分上の弱点であることを免れない。一一二九年三月、高宗が杭《こう》州へ遷った直後に起こった明受《めいじゅ》の乱にそのことが表れている。

この乱は、近衛《このえ》軍である御営前軍《ぎょえいぜんぐん》の統制苗傅《とうせいびょうふ》と副都統劉正彦《ふくととうりゅうせいげん》が起こした兵変であった。かれらはその長官である御営使王淵《ぎょえいしおうえん》に不満を抱いてこれを殺し、高宗の退位と隆祐《りゅうゆう》太后（孟《もう》氏）摂政の下に、当時三歳の皇長子旉《ふ》の即位とを要求した。このときの反軍のいい分は、

「陛下当《まさ》に大位に即《つ》くべからず、将来淵聖《えんせい》皇帝（欽宗）来帰すれば、皇帝はどうなるか分かったものではない」

ということであった。高宗即位の名分を問うていいがかりとしたものである。高宗はやむをえずこれをいれて退位し、幼帝が立ち、明受と改元したが、官軍が各地から杭州に攻め上り、苗・劉は逃走して捕らわれ殺され、四月高宗が復活した。

こうしてこの乱は、宋金交戦の間の一エピソードとして収まったが、たまたま反軍のいい分は、高宗即位の名分上の弱点を突いたものであった。とくに兄欽宗は皇帝の身分のままで現に金国に捕虜となっている。その帰還を高宗は真に願っていたかどうか。孝悌《こうてい》の道にそむかぬため、そむいたという非難を避けるために、いちおう両帝の返還を要求してきたにすぎないのではないか。そして徽宗が死去した今日、その梓宮《しきゅう》（ひつぎ）と生母韋《い》氏《し》の帰還を実現できれば、人の子としての面目も立つというものである。

和平交渉の曲折

高宗は、この条件がみたされるならば、なんとしても講和を実現したいと思った。そこで金の国情に明るく、人的つながりをも持っている秦檜《しんかい》を再起用して宰相《さいしょう》とし、和平交渉の局にあたらせた。

たまたま斉《せい》国が廃止され、宋金和平の一障害が除かれた。秦檜と黙契のある撻懶《ダラン》は宋との和議を自分の手で実現させ、金国政界にその勢力を張ろうと望んでいた。

秦檜は、金国に使いして金国事情に通ずる王倫《おうりん》を使節として往復させ、一一三八（宋紹興八・金天眷元）年十二月、和議が成立した（第一次和議）。金廷では宗幹《そうかん》らがこの和議に反対したが、撻懶・宗磐《そうばん》らの和平論が勝ったのである。その内容は、河南・陝西《せんせい》など旧斉領の大部分（撻懶の根拠地山東方面を除く）を宋に返還すること、宋帝は金帝に対し臣礼をとること、宋は歳貢銀二十五万両、絹二十五万匹を提供することなどであった。

一一三九年三月、約に従って河南・陝西地方は宋に返還されたが、和議はたちまちにして破れた。金国政界に異変が起こり、対宋外交路線が修正されたからである。

宗幹・宗弼《そうひつ》らは、熙《き》宗皇帝の地位を脅かす宗磐・撻懶らの勢力強化を抑止するために、謀反の企てありとして敵党を殺し、宗磐らの推進した宋との条約を破棄した。そして一一四〇年五月、宗弼を総司令官とする金軍は、宋に与えた河南・陝西地方の奪還をめざして進撃し、熙宗みずから燕京《えんけい》に行幸して将兵を督励した。

金軍は開封《かいほう》・長安《ちょうあん》を占領し、さらに軍を進めたが、韓世忠《かんせいちゅう》・張俊《ちょうしゅん》・岳飛《がくひ》・呉璘《ごりん》らのひきいる宋軍も奮戦してこれを食い止め、局地戦において随所に勝利を収め、淮北《わいほく》に進出した。しかし宋の高宗が諸将に召還命令を発したため、宋軍は揚子江沿岸に引き揚げ、淮北は金軍の占領に帰した。これは金との和親を実現するための秦檜《しんかい》の主張によるものであった。

宋《そう》金和約の成立

宋の韓世忠・劉光世・張俊・岳飛など当時の有力な将軍は、北宋滅亡にあたり、各地に起こった勤王義勇軍の出身で、私兵を集めて部隊を編成し、金軍と戦い、地方反賊を討伐して功を立て、宋朝から官位を与えられて高い地位に昇ったものである。

かれらは守備地域の軍事・財政を掌握し、域内の民政官にもその部下の武官をみずから任命して、民政まで支配する軍閥的勢力を形成していた。すなわち、中央政府の首脳を頼むに足らずとし、金を伐って領土を回復し、国恥を雪《すす》ぐのは自分たちの任務であると自負して、容易に中央政府の文官の命令に従わなかった。一面、かれら軍閥相互の争いもはげしく、そのため、対金勢力としての弱点もしばしば暴露した。

高宗の信任を得て和平をめざす秦檜にとって、これら将軍たちの存在は、和平への障害として放置できぬものであった。久しくつづいた中央政府内部における和戦両論の対立も、いまや秦檜主導の和平論に固まりつつあるのであるから、和議成立のためには、これらの将軍たちを中央政府の命令の下に帰一させることが残された課題であった。

そこで秦檜は、論功行賞を名目として将軍たちを臨安府《りんあんふ》に召還し、韓世忠と張俊を枢密使《すうみつし》に、岳飛を枢密副使に任じ、その部下の軍隊の中央移管をはかったが、これは、諸将間の不一致を利用したこともあって、意外に容易に成功を収めた（一一四一年四月）。そして、南宋初め以来、軍閥的勢力を形成して抗戦を主張し、とかく中央政府の命令に従わなかった武将の力は弱められ、文官による南宋の中央集権政治は回復された。とくに諸将軍中もっとも強硬であった岳飛は謀反を口実に獄に投ぜられ（四一年十一月）、和平への道の地ならしはできあがった。

金側にも和平を欲するいくつかの事情があった。熙《き》宗の補佐役として中央集権の推進と君主権確立に努力してきた宗幹《そうかん》が死ぬと、その後任としては、外征中の宗弼《そうひつ》があたらざるをえ

129　南宋と金

なかった。金では、功臣・名将は、あるいは死に、あるいは殺されて、適任者としては宗弼以外になく、宗弼は民政・軍事をあわせて総統しなければならなかった。

太宗以来の宗室将軍としては、宗弼を除いてはこれという将帥もなく、宋軍との戦いもとかく不利に陥るのを免れなかった。そのうえに、興安嶺《こうあんれい》西方の遊牧民族の侵入がようやくはげしくなり、国境防備のためにこの方面にも相当の兵力を割かねばならなかった。以上のような諸要素にもとづいて判断すれば、金の国力は淮水《わいすい》以北を確保することで限界に達していたのである。

両国使節の往来・折衝の結果、一一四一年十一月、宋からつぎの内容の誓書が金に提出された。

(1) 淮水《わいすい》中流（水流中央線）をもって境界とする。

(2)　宋は金に対して世々臣節を守る。
(3)　金帝の誕生日と元旦には使いを遣わして祝賀する。
(4)　歳貢として銀二十五万両・絹二十五万匹を毎春贈る。

翌年（宋紹興十二年・金皇統二年）、金は徽《き》宗・鄭《てい》后・邢《けい》后の梓宮《しきゅう》と韋《い》后とを宋に送還し、康《こう》王（高宗）を封じて宋帝となし、誓詔《せいしょう》を与えた。淮水以西は、商《しょう》州・秦《しん》州の半ばを金に割き、大散関《だいさんかん》をもって境界とすることで西部国境線も確定した。一一二五年の宋金開戦以来、靖康《せいこう》の変を経て十八年、曲折を重ねた両国和議はここに成立したのである。しかし欽宗は送還されず、一一五六年流配の五国城で淋しく死去した。欽宗が送還されなかったのは、宋側が送還を要求しなかったからである。

秦檜とその政治

秦檜《しんかい》は、一一五五年、六十六歳をもって死去するまで、宰相の位にあること前後二十年、その間、政権をほとんどその手に握ってきた。かれとともに宰相の位にあった者は二十八人を数えるが、いずれもいわゆる伴食《ばんしょく》大臣にすぎなかったといわれる。秦檜の力で講和は成って、高宗はこれを喜び満足し、秦檜を信頼することいよいよ深くなった。

しかし、この和平を屈辱的なものとして反対し、力をもって金に対抗して国土を回復することを唱える者も朝野に少なくなかった。秦檜は、かれの政治に反対する者を容赦なく弾圧し、民間著述の歴史書を禁止し、高宗信任の下に独裁政治を貫いた。その死後も講和派政治家が宰相となり、政局の主方向に変化はなかった。

　秦檜ほど後世悪評を浴びせられた政治家も少ない。秦檜を売国奴とし、岳飛《がくひ》を救国の英雄として称賛するのは、とくに民族主義的感情の高揚時期にみられる現象である。秦檜は和平実現のためには、あらゆる手段・術策をもあえてして、反対者を倒し葬らねばやまず、和平維持のためには永年の独裁政治を強行した。

130　岳　飛
「歴代功臣像」より

　しかしその和平の主張は、宋の国力の限界を高所から大観し、金国の内情を知りつくし、金・宋両国の力関係の評定の結論であり信念であった。そしてその結論の実現のために、かれはあらゆる政治力を傾注したのである。秦檜が一個有能な政治家であったことを否定することはできないだろう。

　紹興の対金和平後も文官の軍隊統制の力は維持された。軍隊の糧食費用を調達するためには、金との国境地帯を淮東《わいとう》・淮西《わいせい》・湖広《ここう》・四川《しせん》の四地域に分け、それぞれに総領財賦《そうりょうざいふ》（総領ともいう）を置き、文官をこれに任命した。総領財賦は数路にわたって財政上広範な権力を握り、軍事にも発言権をもっていた。大軍（対金国軍）の給養維持はもっぱらその手に握られ、文官コントロールにも役割を果たした。

女真人百万の中原移住

金は高麗《こうらい》・西夏《せいか》に臣礼をとらせていたが、いまや宋帝をも臣服させることとなり、東アジア最強国の地位に上った。しかし金の国力にも限界があり、その線は淮水《わいすい》ということになったのだが、淮水以北の漢人を統治することは金にとっての大事業であった。

遼《りょう》の漢地統治は燕雲《えんうん》十六州にとどまったから、その本拠は長城以北に置き、燕京《えんけい》地方の漢人や渤海《ぼっかい》人を使って統治すれば足りたが、金の支配する漢地はそれよりはるかに拡大して淮水の線にまで達し、この広大な華北の地を治めるには独自の方法を必要とした。

そこで金朝は女真《じょしん》人の漢地移住という方法を採った。すなわち一一四二年の講和後、淮水以北の土地・住民を直接統治するという新しい情勢に対応するため、女真人をかれら固有の猛安謀克《もうあんぼうこく》の組織のままに中原に移住させた。

さきに述べたように、女真の社会には古くから兵農一致の軍事組織・社会組織として猛安謀克の制度があり、阿骨打《アクダ》は即位前これを行政組織に拡大し、女真人を三百戸単位の謀克に分け、十謀克で一猛安を編成し、その長たる猛安・謀克は世襲とし、平時には、その支配下にある女真人を狩猟と農耕とに従事させ、一朝事あるときは壮者はすべて兵となり、武器兵糧を自弁して従軍させた。この兵制による軍隊をもって、金は遼を滅ぼし、宋を屈服させてきたのである。

その後、興安嶺《こうあんれい》東麓居住の契丹《きったん》人・奚《けい》人にもこの制度をしき、契丹や奚人の有力者を猛安または謀克に任じ、同じくこれを世襲させ、かれらを宣撫《せんぶ》するとともに、西北面のモンゴル遊牧民に備えさせたのである。また、遼東の漢人や渤海人にこの制度が適用されたこともある。

当時、女真人の中原に移住するもの前後百万を超えたといわれる。まさに大民族移動だったといえよう。かれらは主としていまの河北・山東、および河南の北部に移住し、一定の土地を支給され、平常は農業に従事し、軍事訓練を受け、一部は駐屯地・首都・国境地帯の警備に従った。これは女真人固有の兵農一致の制度を漢地漢民統治に活用したもので、金朝統治確立の上に効果をあげた。

しかし、高度に発達した中国文明社会の中で生活する間に、女真人たちはしだいに漢人士《し》大夫《たいふ》の生活を模倣し、国家の保護に慣れて奢侈安易の風を増長し、固有の質実剛健の気風を失っていき、女真人貧困化の問題もおこってくるのである。

三　戦争と平和——宋金関係の推移

金帝亮の討宋作戦

宋金講和後、金の熙《き》宗は過度の飲酒に害されて酒乱となり、皇后・皇弟・臣僚を殺すなど、行動に常軌を逸して人心を失った。宗室完顔亮《ワンヤンりょう》（太保領三省事《たいほりょうさんしょうじ》・海陵王《かいりょう》）は、このような熙宗を殺し、一一四九（金天徳《てんとく》元・宋紹興《しょうこう》十九）年代わって皇帝（在位一一四九〜六一）となった。

海陵王亮《りょう》は、阿骨打《アクダ》の庶長子として、太宗・熙宗両朝にわたって金の内政に重きをなした宗幹《そうかん》の次子である。すなわち熙宗とは従兄弟《いとこ》で、ともに太祖の孫にあたる。中原の戦いに従い、中京留守にもなり、宰相にもなった実力者である。

金帝亮（海陵王）は残忍な野心家で、自分にとって都合の悪い宗室諸王・元勲・功臣の子孫をあいついで殺した。また中国文化を愛好し、女真《じょしん》固有のものを捨てて中国的なものを積極的に取り入れた。

一一五三年、上京会寧府《かいねいふ》（黒龍江省阿城県白城《こくりゅうこうしょうあじょうけんはくじょう》）から燕京《えんけい》に遷都したのも、女真保守勢力が伝統的に残る旧都を捨てて、中国文化の本舞台に乗り出したものであり、それとともに宗室・猛安《もうあん》・謀克《ぼうこく》を大挙華北に移し、制度を改変して中国風の独裁君主権を確立しようとした。女真古俗を去って中国的国家をめざす方向は、すでに熙宗時代に採られていたが、亮はこれを徹底させたのである。

政治・軍事においては金は南宋と対抗したが、経済・文化の面ではとうてい相手になりえなかった。江南の開発は唐以来いよいよ進み、南宋期にあっては、江南の経済物資の力は華北を圧倒した。宋金貿易においては、金の輸入超過が常態であった。文化の点で南宋が金を凌駕《りょうが》していることはいうまでもない。野心家の亮にとってこのような状態は満足できることではなかった。

国内に独裁権力を樹立した今、南進して南宋をうち滅ぼし、中国全土を領有して、名実ともに四海の君となろうとした。軍をひきいて宋を伐ち、その君長を捕らえ、その罪を問うことがかれの志とするところであった。

131　宋金の戦い

大規模な計画の下に伐宋の準備を進めていた金帝は、一一六一（宋紹興三十一・金正隆《せいりゅう》六）年九月、大挙して宋を攻めた。大兵を三十二軍に分かち、浙東《せっとう》・漢南《かんなん》・西蜀《せいしょく》の三道都《さんどうと》統制《とうせい》（総司令官）に分統し、水軍は海道をとって直接臨安《りんあん》を攻め、一軍は運河を下って江蘇《こうそ》方面を襲うという計画である。その兵数は六十万人、号して百万と称した。

しかし、開戦準備のために大規模に壮丁《そうてい》を徴集し、兵船を建造し、武器・馬匹の徴発を強行し、徭役、徴税を強化したことは、そのまま人民の苦しみとなり、随所に反乱が起こり、社会不安を増大した。

とくに西北辺境在住の契丹《きったん》人は壮丁の根こそぎ徴集によってモンゴル遊牧民の侵寇にさらされることとなり、その不安から反乱を起こした。金帝亮（海陵王）はこれら背後の動揺をおし切って軍を進め、揚子江の要津瓜洲渡《かしゅうと》にいたったが、渡江の金軍を迎えて宋の虞《ぐ》允文《いんぶん》はおおいにこれを破り（采石磯《さいせきき》の戦い）、江に臨んで両軍が対峙した。

ときに、金国内には不平不安が鬱積《うっせき》していた。金帝亮は、反対勢力の中核となるおそれのある、遼・北宋の宗室の子孫や金の宗室をしきりに殺した。

戦いを厭って北帰した渤海《ぼっかい》人の一軍や、金帝亮によって弾圧迫害されている女真人・渤海人などが、ついに金の宗室とともに、東京《とうけい》（遼陽《りょうよう》）留守《りゅうしゅ》の烏禄《うろく》を推して帝位につかせた。烏禄は太祖阿骨打《アクダ》の子宗輔《そうほ》の長子で、亮とは従兄弟の関係であった。漢名を雍《よう》といい、世宗と呼ばれる。

瓜洲にあって渡江の機を窺っていた金帝亮は、腹背に敵を受けて進退に窮したが、強行渡江して一軍を江南に入れ、みずからは軍をひきいて北帰しようと企てたが、十一月、部将によって殺された。金軍は宋に和平を申し入れて軍を北にかえし、宋軍は金軍を追って江北に進み、さらに金の領土内に進出した。

宋金の新和約

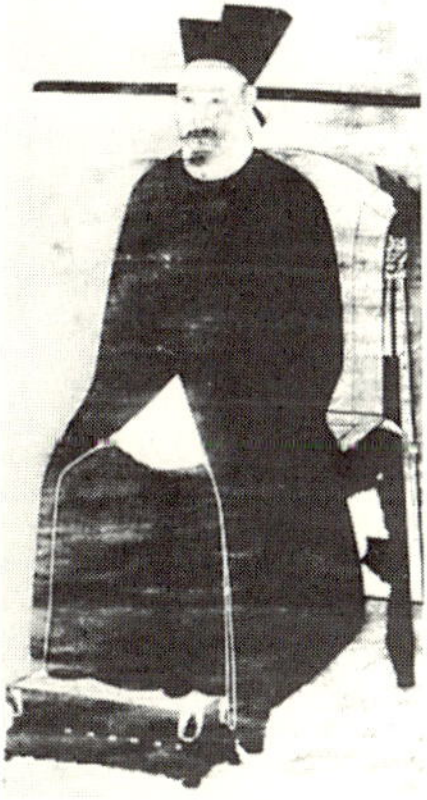
132　孝　宗
「歴代帝王像」より

宋の高宗の子は幼くして死に、継嗣がなかったので、太祖の子秦王徳芳《とくほう》の六世の孫を立てて太子とし、一一六二年六月、これに位を譲った。これが孝宗（在位一一六二〜八九）である。

孝宗は華北回復の志を抱き、張浚《ちょうしゅん》を枢《すう》密《みつ》使・都《と》督江淮東西軍馬《とくこうわいとうざいぐんば》（軍部大臣兼総司令官）に任じてその局にあたらせた。主戦派の勢いは強くなった。張浚は建康《けんこう》（南京市）に根拠を置き、江を渡って北伐し宿州《しゅく》（安徽《あんき》省宿県）をうばったが、その北方符離《ふり》においで大敗し、淮水《わいすい》を渡って南に退却した。ここにおいて講和派の勢いがもり返した。

金の新皇帝世宗は、金朝興起の地会寧府《かいねいふ》に執着する保守派の意見をしりぞけ、燕京《えんけい》に進出して都と定め、当面の問題である契丹《きったん》人の反乱の鎮定と金の領土に進撃して来る宋軍の防御に専念した。契丹人の反乱の鎮定はやがて成功を収めた。対宋戦争では防御に努めるとともに講和をはかった。上記のように宋側にも講和の気運が盛り上がってきていた。そして一一六五（宋乾道《けんどう》元・金大定《だいてい》五）年、宋金和約が成立した。

それによれば、国境線は一一四二年の和約のとおりとし、君臣の関係を叔姪《しゅくてつ》（叔父《おじ》と甥《おい》）の関係に改め、歳貢銀二十五万両・絹二十五万匹を歳幣銀二十万両・絹二十万匹と、五万ずつ減らした。すなわち、やや宋に有利のように改定されたのである。

その後一二〇六年、宋金が三たび戦うにいたるまで四十年の間、両国間に平和状態が続いた。宋の孝宗は、元来北方回復の志はあったが、その人と時とを得なかったため、内治に専念した。金の世宗も前帝亮《りょう》の後を受けて内政整備に力を傾けざるをえぬ国内状勢であったからである。金との和平の継続により、南宋は文化・経済の発展が著しく、金もその影響を受け、東アジアは太平繁栄の世を楽しんだ。

当時の南宋社会

南宋では揚子《ようす》江《こう》下流デルタ地帯を中心として開発が進み、農業生産がおおいに向上し、運輸交通が発達した。商工業が盛んとなり、都市は空前の繁栄を示した。都市を中心として活発な商業取引が行われ、貨幣は取引の具として大量に必要であった。

通貨の基準とされたのは北宋からひきつづいて銭であった。銭には銅銭と鉄銭とがあったが、鉄銭は北宋以来の四川《しせん》のほかに、金に接する国境地域の淮南《わいなん》と湖北《こほく》の諸路にも発行されて流通していた。しかし銭とくに銅銭の鋳造はまったく振るわず、北宋時代の盛大な鋳銭はすでに過去の夢となっていた。

北宋時代、数百万緡《びん》（貫）の銅銭歳鋳の実績をあげたのにくらべて、南宋の歳鋳額はわずか十万緡台にすぎない。このような状況は、主要材料となる金属とくに銅の産出が激減したことに最大の原因があろう。いまや銅銭は通貨の膨大な需要を満たすことはできない。銭に代わってこの需要に応じたのは紙幣の使用であった。

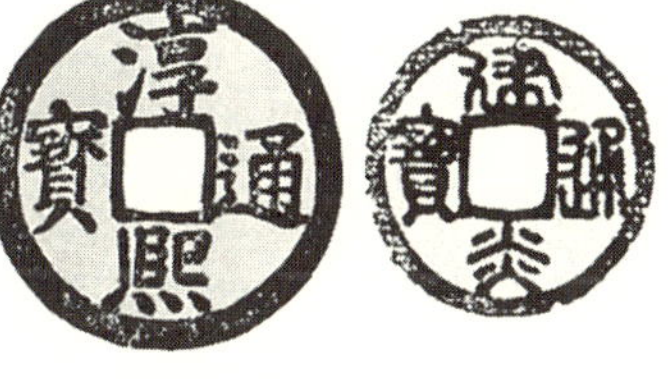

133　淳熙通宝（左）と建炎通宝（右）

前に述べたように、紙幣は北宋時代に四川で起こり、この地方での主要通貨となっていた。南宋においても四川では銭引《せんいん》と呼ばれる紙幣が通貨となっている。同じく鉄銭地帯である淮南と湖北にもそれぞれ淮南交子《わいなんこうし》、湖北会子《こほくかいし》が流通した。

南宋のもっとも枢要な地帯を含むその他の地域（東南）には臨安《りんあん》会子《かいし》が主要通貨となっていた。これは首都で中央政府が発行したもので、行在会子《こうざいかいし》とも東南会子《とうなんかいし》とも呼ばれ、銅銭に代わるものであった。これらの紙幣は、財政的必要からとかく濫発に陥りやすく、価格を維持することは歴代財務行政の難問となっていた。

紙幣の流通とならんで、銀を貨幣として使用することも南宋にはいっていよいよ盛んとなり、主として大量の取引、高額の支払いに用いられた。

金世宗の内政

金の内政は財政難に悩まされていた。対宋戦争や、契丹《きったん》人反乱の討伐に要した軍費支弁のためで、その切り抜けのために、入粟補官《にゅうぞくほかん》（富民に米粟を納めさせ、代償に官を与えること）を行い、また仏教の盛行に目をつけて、度牒《どちょう》（僧侶免許状）などの売り出しや物力銭の徴収を行った。物力銭は、民有財産を査定し（通検推排《つうけんすいはい》）、その多少に応じて賦課した税である。通検推排はだいたい十年ごとに実施された。

中原に移住した女真人《じょしん》は、二十年もたたないうちに早くも惰弱《だじゃく》化し、貧窮化しつつあった。かれらは国家の保護に慣れ、漢文明に惑溺《わくでき》して、怠惰《たいだ》奢侈《しゃし》に流れ、与えられた土地の耕作に努めず、漢人に小作させて遊食し、やがては給与地を手離さねばならなくなるものもあり、農耕技術の拙劣のために貧窮に陥るものもあった。その間には女真人権力者による土地の兼併《けんぺい》という現象もみられ、これも貧窮化の一因となった。

これに対して世宗は女真精神の作興をよびかけ、勤勉倹約を奨励して簡素質朴の女真人本来の姿に返そうと努めた。また、本来官地である猛安謀克《もうあんぼうこく》の田土であって、しかも漢人や女真権力者によって不当に占有されているものをとり上げて貧窮女真戸に給与し、生活をたて直そうと努めた。しかしこれらの努力は十分の効果をあげることができず、女真人の惰弱化・貧窮化を防止するにはいたらなかった。

宋の討金戦備

金の世宗は帝位にあること二十八年、励精して国家の難問題に対処し、明君と称すべき治績を残して、一一八九年死没した。皇太孫の璟《えい》が位を継いだ。これが章宗《しょう》（在位一一八九～一二〇八）である。

同じ年、宋では孝宗が皇太子に位を譲った。これが光宗（在位一一八九～九四）である。孝宗はそのとき六十三歳、前々年に死去した太上皇（高宗）の三年の喪に服するために退位し、四十三歳になる皇太子に位を譲ったものである。光宗は、一一九四年上皇（孝宗）の死に遭ったが心疾のため政務も十分にとれず、喪祭にも支障があったので、宰臣らの議によって、光宗の皇太子拡《かく》に位が譲られた。これが寧《ねい》宗である。

こうして、宋金両国ともに新皇帝の世となり、国内状況にも新しい展開があった。ここに和平の均衡は破れ、三度目の戦端が開かれることとなった。今回の戦端発起の立て役者は宋の韓侂冑《かんたくちゅう》である。

韓侂冑は北宋の名臣韓琦《かんき》五世の孫、母は高宗の皇后呉《ご》氏の妹であった。かれは寧宗の即位について功を立てた。ついで専権を手中に収める野心を抱き、党与をつくって邪魔者を政界から駆逐しようとした。そして、まず一番の敵手で宗室に属する宰相趙汝愚《ちょうじょぐ》を讒言《ざんげん》によって失脚させ、趙汝愚の信任をうけた侍講朱熹《しゅき》を罷免《ひめん》し、その学派（朱子学派）の人々を偽学《ぎがく》と呼んで、官に登用することを禁じた。これを当時の年号によって慶元《けいげん》偽学の禁という。

こうして韓侂冑は、反対者、批判者を弾圧・駆除し、腹心同志をもって政府の要路を固め、政権をもっぱらにしたが、このような無理非道によってつくり上げた権力は、これを維持してゆくためには、非常の大功を立てねばならなかった。それに価するのは宿敵金を伐って失地を回復し、祖宗以来の国恥を雪《すす》ぐことであった。それは南宋人にとって最大非常の功であるにちがいない。かれはこの大業に向かって突進した。

これには、章宗治下の金国の内情に関する韓侂冑の判断がからんでくる。金の章宗は祖父世宗の治国の大方針＝女真《じょしん》中心主義をうけついで努力はしたが、興安嶺《こうあんれい》西のモンゴル遊牧民の活動はいよいよ活発となり、しきりに金の西北辺に侵入した。

金は軍隊を派遣してこれを討伐するとともに、界壕《かいごう》を築いて侵入に備えた（今日、その界壕はチチハルの北方に起こり、興安嶺を斜めに横断して多倫《ドロン》の北を通り西走し、呼和浩特《フフホト》のはるか北方にいたる遺跡として残っており、成吉思汗《チンギスカン》城とか高麗《こうらい》城と呼ばれている）。

これら討伐戦や界壕構築は巨額の国費を要する事業であった。そのうえに、世宗のころからしばしば氾濫を起こしていた黄河は、一一九四年、河南陽武《ようぶ》で決潰《けっかい》し、東流して梁山濼《りょうざんはく》にはいり、さらに南清河《なんせいが》・北清河《ほくせいが》に分かれて海に注ぐという既述の大変化を起こし、出水は広大な田土を呑み、その損害および救済費もまた莫大な額となった。また、漢文明に同化する

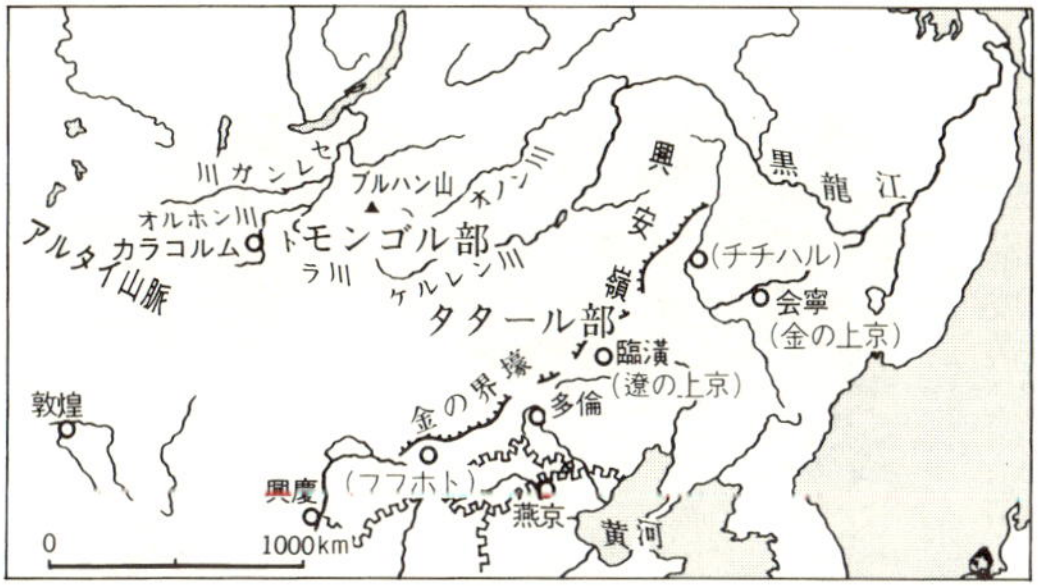

134　金の界壕

ことによってひき起こされた女真人軍隊（猛安謀克《もうあんぼうこく》）の質の低下もいっそう進んだ。

　このような金国の窮状、国力低下の情報を得た韓侂冑は、四十年続いた金との和約を破棄し、金を伐って国辱を雪ぐ大業を達成するための開戦の議を起こし、戦争準備を始めた。

宋金交戦と和約

　蜀《しょく》（四川）では、北宋末以来、呉玠《ごかい》・呉璘《ごりん》兄弟が金軍と戦ってしばしば功を立て勇名を馳《は》せ、以後、世々蜀の武将として辺防につとめた。その軍隊は呉家軍《ごかぐん》と号し、将兵は呉家《ごか》あることを知って朝廷あることを知らぬありさまで、世襲軍閥的勢力を形成していた。

　宋朝は、中央集権を守る立場から、その勢力を削るために呉璘の孫呉挺《ごてい》（利《り》州安撫使《あんぶし》）の死後は、その子曦《き》にその職を継がせず、他に転出させた。これに不満をいだいた曦は、韓侂冑に取り入って興《こう》州都《と》統制《とうせい》（司令官）を授けられ、蜀に帰る素志を達した。韓侂冑は恩を売ることによっ

135　金の界壕の現状

て蜀地をその勢力下に固めようとしたのである。

宋軍は一二〇四年以後、局地的に国境を侵していた。翌年、韓侂冑《かんたくちゅう》は平章軍国事《へいしょうぐんこくじ》（軍政・国政の最高責任者）となり、戦時国家の大権を掌握した。

金は和平を欲して容易に決断できなかったが、一二〇六（宋開禧《かいき》二・金泰和《たいわ》六）年五月、進撃を決し、両国は本格的全面戦争にはいった。戦局は各方面とも金軍の優勢裡に進行した。

いっぽう、蜀に異変が起こり、この戦局に大きな影響を与えた。すなわち金の誘いに応じて呉曦《ごき》（四川宣撫副使《しせんせんぶふくし》）が金に帰服し、金から蜀王に封ぜられ（一二〇六年十二月）、宋を離れて自立したのである。金は、軍費の増大を避けるという財政面への顧慮から、この蜀の寝返りを機会として、淮南に進出した軍を淮北に引き揚げた。しかし翌年二月、呉曦が宋の随軍転運使《ずいぐんてんうんし》安丙《あんぺい》らによって殺されると、蜀の戦線は逆転し、宋軍が勢いを盛り返して気勢をあげた。

このような戦局の展開変化の他面では、和平交渉も行われた。金としては、戦局は有利だが、戦費支弁という財政困難を顧慮してのことであり、宋としては、全面的に不利な戦況によるものであった。しかし、開戦首謀者として韓侂冑の首級を提出せよという金の要求は、韓侂冑としてはとうていのめない条件であった。和平交渉は停頓した。

宋では和議の成立をはばむ韓侂冑への非難が強まり、かれは平章軍国事をやめ、宰相の位置を去ったが、礼部侍郎史弥遠《れいぶじろうしびえん》らは韓侂冑殺害計画を進め、皇后楊《よう》氏の賛成の下に寧《ねい》宗の承諾を得てこれを殺し、その一味を処罰して廟堂から一掃した。

両国和約の条項は、韓侂冑の首を函に入れて金に送ることを前提として、一二〇八年、つぎのようにとりきめられた。

(1)　金軍占領下の淮南《わいなん》地方と大散関《だいさんかん》などを宋に引き渡す（一一四二年約定の国境線に還すこと）。

(2)　従来（一一六五年約定）の叔姪《しゅくてつ》関係を伯姪《はくてつ》の関係に改める。

(3)　一一四二年約定歳貢額を銀絹五万ずつを増し、歳幣を銀三十万両・絹三十万匹とする。

(4)　犒軍銭《こうぐんせん》（戦費賠償金）三百万貫を宋は金に提供する。

こうして韓侂冑を主動者とする宋金交戦は終わり、しばらくの和平状態が続くこととなったが、契丹《きったん》人軍隊の反乱にひき続く数年の対宋戦争によって、金国の財政難はいよいよはげしくなり、モンゴル部に興ったチンギス汗の攻撃を受けて、金はまったく窮地に追いこまれることになるのである。

四　理宗擁立と対金関係

さがし求めた皇帝候補

史弥遠《しびえん》は韓侂冑《かんたくちゅう》を殺して金との和平を実現した功によって、以後寧宗《ねい》の世十七年にわたって宰相の地位を保ち、擅断《せんだん》のふるまいが多かった。かれは、寧宗が一二二四年に崩御すると、次帝（理宗）を擁立して、その専権の維持をはかった。

三十一歳になった寧宗には、その子兗《えん》王が早世して、後嗣《こうし》がなかった。そこで太祖の子燕《えん》懿《い》王徳昭《とくしょう》九世の孫与愿《よげん》（当時六歳）を宮中で育て、一二〇七年、十五歳で皇太子とし、その名を詢《じゅん》と改めたが、これも一二二〇年二十八歳で死去した。

これよりさき、一二〇六年、寧宗にとって従兄弟《いとこ》にあたる魏《ぎ》恵献《けいけん》王愷《がい》の子柄《へい》（沂靖恵王《ぎせいけいおう》）に跡嗣ぎがなかったので、詔によって太祖十世の孫にあたる均《きん》を養嗣とし、名を貴和《きわ》と賜わった。ところが皇太子詢の死によって皇子となり、名を竑《こう》と改めた。竑は帝嗣候補となったのである。

史弥遠は、かねがね帝の後嗣として、自分の息のかかった者を探していた。当時、童子の師に余天錫《よてんしゃく》という者があり、謹直で史弥遠の信頼するところであった。この余天錫が郷里慶元府《けいげんふ》（浙江省《せっこう》寧波市《ニンポー》）に帰るにあたり、これに内緒話として、

「今、沂《ぎ》王に跡継ぎがいない。宗室の子で賢い者があったら、連れてきてもらいたい」

といいつけた。余天錫は銭塘江《せんとうこう》を渡り、紹興府《しょうこうふ》の西門にいたったとき驟雨《しゅうう》にあい、とある家の軒端《のきば》に雨やどりした。それは全保長《ぜんほちょう》の家であった。全保長は余天錫が丞相《じょうしょう》史弥遠の客であることを知り、家の内に招いてご馳走《ちそう》を供して歓待《かんたい》した。そのとき、二人の子供が侍立しているのを見て余天錫が問うと、全保長は、

「これは手前の外甥《がいせい》でございます。日者（うらないのもの）がこの児たちを相《み》て、将来尊貴を極めるだろうといいました」

と答えた。その姓名を問うと、年上を趙与莒《ちょうよきょ》といい、年下は与芮《よぜい》とのこと。この家は二人の母全氏の家で、二人の父は希瓐《きろ》といい、宋の太祖の子燕懿王徳昭の遠い後裔《こうえい》で、太祖十世の孫であったのだ。

余天錫は史弥遠のことばを思い出し、臨安《りんあん》に帰ってこの話をした。史弥遠は二人を呼びよせよと命じた。

全保長は大喜びで田地を売って資金をつくり、衣冠を整え、親族姻戚を集めて見送り、二人を都へたたせた。

史弥遠は人相見をよくした。かれは二人に会ってこれはよいと思ったが、事が泄《も》れてはまずいと考えてひとまず全保長のもとに送り還した。全保長は気に入らなくてさし戻されたと思い、おおいに恥じ入り、郷人たちも、かげでこれを笑い話にした。

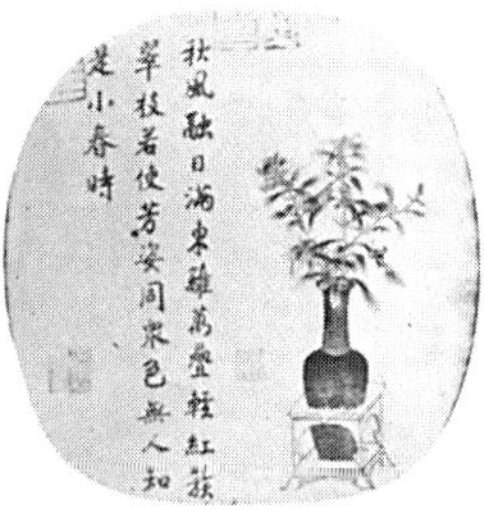

136　寧宗の書

何年かたって、ころあいよしと判断した史弥遠は、余天錫に二人を連れてこいと命じた。しかし全保長はさきの一事にこりて、子供を手離すことを固辞する。そこで史弥遠は余天錫に、

「二人のうち与莒《よきょ》はもっとも貴《けだか》いから、父の家に還して養育させよう」

と保長に話させた。父の家というのは宋の皇室のことであろう。そうきいて全保長もようやく承諾した。史弥遠は、こうして臨安に連れてきた与莒を貴誠《きせい》と改名し、沂《ぎ》王家の貴和が皇子に立てられたあとがまにすえた。貴誠は十七歳であった。

与莒に皇帝教育

皇子竑《こう》が古琴弾奏を好んだので、史弥遠《しびえん》は鼓琴のじょうずな女を求めて竑のもとに納れ、竑の動静をうかがうスパイとした。この女は賢くていちおう文学の心得もあり、竑の気に入って寵愛された。

当時、楊《よう》皇后の勢力が強く、史弥遠は久しくその下で国政をつかさどっていた。皇帝側近、政府の要路は史弥遠の引き立てた者、その息のかかった者ばかりで、だれ一人異議を唱える者はいない。皇子竑はこの二人が大嫌いであった。壁間の全国地図の瓊《けい》州島（海南島）を指さして、

「いつの日か志を得たら史弥遠をここへ流してやる」

といったという。スパイがはいっているから、竑の言動はたちまち史弥遠の耳にとどく。

この皇子はなんとか始末せねばわが身が危いと史弥遠は思った。宮教《きゅうきょう》（東宮教育係）の真徳秀《しんとくしゅう》は心配して、

「母上様に孝行で、大臣を敬えば天命はあなたの上に降りましょう。でないと憂うべきことになります」

と諌《いさ》めたが、竑は聴き入れようとしなかった。

史弥遠は国子《こくし》学録《がくろく》（太学学生主事）の鄭清之《ていせいし》に目をつけ、仲間に引き入れた。そしていった。

「皇子竑では皇帝は荷が勝ちすぎる。沂《ぎ》王府の跡継ぎははなはだ賢いそうだ。そこで君がこれを訓導してくれないか。事成就の暁は、わしの今の地位は君のものだ。だがこの話はわしの口から出て君の耳にはいっただけにして、絶対に口外してもらっては困る。ばれたら君もわしも一族皆ごろしに遇うぞ」

鄭清之は承諾して、魏恵献王《ぎけいけんおう》府学教授を兼ね、毎日貴誠を教育した。史弥遠は貴誠を皇帝の跡継ぎとする意志を固め、竑の失言を寧宗《ねいそう》に伝え、寧宗が竑を廃し、貴誠を立てるように し向けた。しかし寧宗は悟らなかった。真徳秀は宮教を辞退して去った。

一二二四（嘉定《かてい》十七）年八月、寧宗が病気となった。史弥遠は鄭清之を沂王府にいかせ、貴誠にいよいよ皇帝となるべき旨を伝えた。貴誠は黙して答えない。

「史丞相《しじょうしょう》は、わたくしとの永い誼《よし》みで腹の底をうち割っておられるのに、一言もお答えがなくては、わたくしはなんと丞相に申し上げてよいか判りません」

という鄭清之のたってのことばに、貴誠ははじめて拱手《きょうしゅ》しておもむろにいった。

「故郷の紹興《しょうこう》には老母が在《まし》ます」

鄭清之が史弥遠にこのことを報告すると、史弥遠はいよいよその非凡さに感嘆するのであった。それから六日ばかりたつと帝は危篤《きとく》に陥った。詔と称して貴誠を皇子とし、改めて昀《いん》と名を賜わり、成国公に封じた。

閏《うるう》八月、寧宗は死去した。史弥遠は皇后の兄の子楊谷《ようこく》らを皇后のもとに遣わし、竑を廃して他の人を帝位につけることを説かせたが、皇后はきき入れなかった。皇子竑は先帝の立てたところだからいまさらかってに変更はできないというのである。一夜に七回往復をくりかえして説いたが、皇后は頑として許さない。ついに楊谷らは、

「内外の軍民は心を寄せています。この人を立てないと変事が起こるは必定、楊氏もどうなるかわかりません」

と迫った。皇后は黙然しばらくの後、

「その人はどこにいるのか」

といわれた。この問いを渡りに舟と、さっそく快行《かいこう》（早使いの者）を昀のもとに走らせた。

「沂靖恵王府の皇子のところへ行くのだぞ。万歳巷《ばんざいこう》の皇子（竑を指す）ではないぞ。万一まちがえたら斬罪だぞ」

理宗登場

皇子竑《こう》は皇帝崩御の報を聞き、お召しを今か今かと待ったがいっこう音沙汰《おとさた》がない。墻《しょう》壁《へき》（土塀）のむこうを快行《かいこう》が通り過ぎていった。どうも変だと思っていると、やがて一人の者がつれられて急いでいった。しかし夜あけ前の暗さでだれともわからなかった。

昀はお召しをうけて宮中にはいり、皇后に謁見した。皇后は昀の背を軽く打って、

「そなたは今から吾が子ですぞ」

といった。史弥遠は昀をつれて柩前《きゅうぜん》にいたり哀悼《あいとう》の心をあらわし、おわって竑《こう》を召し出した。命令を聞くや、竑はすぐさま宮中に赴いたが、宮門を過ぎるたびに衛兵がその従者をとがめるのでどうしたことかと惑った。史弥遠は竑をつれて柩前にいたり哀悼をささげ、おわってこれを幕の外に出し、殿帥夏震《でんすいかしん》にこれを守らせた。百官居並んで遺制を聞く段になると、竑は従来の位置に戻された。竑は愕然《がくぜん》として、

「これはわたしの席ではない」

という。夏震は、

「いえ、宣制のないうちはここにいるべきで、宣制の後に位につくのです」

とごまかした。竑はそれもそうかと思ったが、はるかに殿上を見ると、燭の光をうけて玉座に坐ったものがいるではないか。昀がすでに即位したのである。ついで宣制がおわり、閤《こう》門使《もんし》の音頭《おんど》で万歳が唱えられ、百官の拝賀が行われた。竑はだまされたと知り、拝そうとしない。夏震がその首をおさえつけて下拝《かはい》させた。遺詔と称して竑を開府儀同三司《かいふぎどうさんし》済陽郡王《せいようぐんおう》判《はん》

137 理宗

寧国府《ねいこくふ》とし、楊皇后を尊んで皇太后といい、ともに政を聴くこととなった。ついで竑を済王に進め、湖州に移した。新皇帝は理宗と呼ばれる。

理宗の冊立は、上述のように、史弥遠の永年の陰謀による。自己の勢力保持のために廃立をあえてし、詔を矯《た》め、ほしいままに志を達したもので、史弥遠を非難する人士は少なくなかった。湖州の人潘壬《はんじん》は済王竑を立てようと謀り、李全《りぜん》と通じて事をあげたが、李全の兵がこない。潘壬は塩密売の徒千人を李全の兵とみせかけ、夜湖州城に進入し、済王を求めてこれを見つけ、州の役所に行って黄袍《こうほう》（天子の衣）をむりに着せ、これを皇帝に擁立しようとした。竑は号泣して、従おうとしなかった。それをむりにおどしすかし、竑のいう「楊太后の家を傷つけないなら」という条件をのむことで同意させた。それから、州の金庫を開いて兵士を犒《ねぎら》い、偽って李全の名で高札を立て、史弥遠廃立の罪をせめ、今二十万の精兵をひきいて水陸並び行くと声明した。知州謝周卿も部下をひきいて入賀した。

ところが夜が明けてみると、李全の軍とは偽りで、太湖の漁師や下級兵士たちであることがわかり、済王竑は事を朝廷に報告するとともに、州兵をひきいて壬《じん》を討った。壬は敗れて楚《そ》州に走り、一党ことごとく敗死した。壬は淮水を渡って金の領内に逃亡しようとして捕らえられ、臨安《りんあん》に送られて斬られた。

史弥遠は、竑を生かしておいては、いつ第二の潘壬が現れるかわからないとおそれた。そこで、竑は病気だと詐《いつわ》り、余《よ》天錫《てんしゃく》に医者をつれて湖州へいかせ、竑を毒殺させた。

ここにいたって、史弥遠のあまりの凶悪さに衆論は沸き立った。起《き》居郎《きょろう》魏了翁《ぎりょうおう》・考功員外郎《こうこういんがいろう》洪咨夔《こうしき》・礼部侍郎《れいぶじろう》真徳秀《しんとくしゅう》らはこもごも入奏して竑の冤《えん》をのべ、鄧若水《とうじゃくすい》は上書して史弥遠誅すべしと論じた。しかし、これらの反対論者は弾圧罷免され、史弥遠の専横はつづいた。こうして史弥遠は、寧宗時代に宰相を十七年、さらに理宗を擁立して専権を振るうこと九年に及んだ。

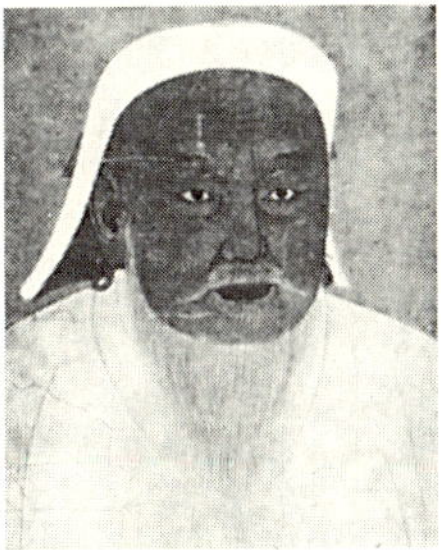
138　チンギス汗

討金の宋・夏連合

金では、一二〇八年、章宗《しょうそう》が死んで衛紹王《えいしょうおう》（廃帝允済）が立った。しかしこれは凡庸《ぼんよう》柔弱で、モンゴル地方を統一し、西夏《せいか》を服従させたチンギス汗の侵伐をうけ、また、契丹《きったん》人の反乱も各地に起こった。耶律留哥《やりつりゅうか》は東北地区で兵をあげ、モンゴルに服属して遼王《りょうおう》と号した。金の右副元帥《うふくげんすい》紇石烈胡沙虎《きっせきれつこしゃこ》はモンゴル軍と戦って敗れ、責罰されるのを恐れて反乱を起こし、衛紹王を殺し、一二一三年、章宗の兄を迎立した。宣宗である。

宣宗は即位後、胡沙虎を殺して後患を絶った。しかしモンゴル軍の進撃は支えられず、中都（北京）は囲まれ、河北・山東・山西はその手に委ねられ、金の本国である東北地区も、耶律留哥の導き入れたモンゴル軍に制圧された。

金帝は、衛紹王の女をチンギス汗に捧げ、金帛を奉じて和を乞い、モンゴル軍はこれをいれて引き揚げた。金は、中都がモンゴルに近く守りがたいので汴京《べんけい》に遷都した。チンギス汗はこの遷都をモンゴルに敵対するものだとし、開戦して中都を陥れ（一二一五年）金軍を完全に圧倒した。

宋では金の窮境に乗じ、これを伐つべしとの議論が起こり、真徳秀の上奏に従って、一二一三年以来、金への歳幣の銀絹の提供を停止した。金は一方でモンゴルの重圧をうけていたので、宋の態度をいかんともなしがたかったが、ついでチンギス汗の西征《せいせい》がおこされ、その金への攻撃が緩んだのを機会として、一二一七年、宋を伐って歳幣不提供を責め、領土を南方に獲得し、北方の失地の埋め合わせをしようとして戦端を開いた。両軍たがいに勝敗があったが、当時の金は、北方のモンゴル、南方の宋と戦いを交えるとともに、西方の西夏《せいか》からも攻められていた。

西夏はモンゴルに攻められても、金が援けないことを不満としていた。一二一四年には宋に使いを送り、金を夾攻《きょうこう》することを提議した。このとき宋は応じなかったが、一二一九年の再度の申し入れに対してはこれに応じ、金を夾攻することとなった。

金の立場は思わしくなかった。宣宗が没し、皇太子が即位（哀宗）すると、翌二四年、宋に和好を申し入れた。宋でも寧《ねい》宗が没して理宗が即位し、史弥遠《しびえん》は金の申し入れをいれて戦いをやめた。西夏も金と戦って十年になり、戦い疲れたところへ、モンゴルの攻撃が再興されたので、金と和を講じ、金に兄事し、おのおの自国の年号を用いることになった。

このようにして、宋・金・夏三国の和好は成った（一二二四年）が、西征から凱旋《がいせん》したチンギス汗の鋭鋒はふたたび東アジア諸国にくわえられ、平和はながくは続かなかった。

一二二五年、西方遠征から帰ったチンギス汗は、西夏を攻め、二七年、西夏王晛《けん》を降し、西夏は李元昊《りげんこう》以来、十世百八十九年で滅亡した。

チンギス汗没してオゴタイ汗は、一二三〇年、軍をひきいて山西を南下し、別軍は陝西《せんせい》にはいり、汴京《べんけい》を目標にして道を分かって進撃した。金は主力を河南に置き、北は黄河の線、西は潼関《どうかん》を固守する計画であった。モンゴル軍は潼関を避けて河南に殺到し、禹《う》山・鈞《きん》州の戦いに金軍を撃破して、金都汴京を攻囲した。

宋・モンゴル連合と金の滅亡

モンゴル軍の包囲攻撃に糧食つきた金の哀《あい》宗は、黄河を渡り河北にのがれようとして果たさず、引き返して帰徳《きとく》にのがれた。西面元帥崔立《さいりゅう》がモンゴル軍に内通したので、汴京《べんけい》は陥り、モンゴル軍は金の后妃宗室を捕らえ、二王と宗族を殺し、太后・皇后・皇妃らをカラコルムへ送った。哀宗は帰徳からさらに南へ走り、蔡《さい》州（河南《かなん》省汝南《じょなん》県）にはいった。ここは宋との国境にま近い。

金を攻めるさい、堅塞潼関を避け、路を宋に借り、唐《とう》・鄧《とう》二州を経て汴京を突く戦略は、

139　金の滅亡

チンギス汗の遺詔であったといわれる。オゴタイ汗は、汴京攻撃のため、宋の領土を通過することを申し入れたが、宋はこれを拒絶した。しかし翌年、モンゴルの使いが宋の襄陽《じょうよう》にいたり、宋とモンゴルが連合して金を夾攻《きょうこう》する提案をした。京西荊湖制置《けいせいけいこせいち》使史嵩之《しすうし》（史弥遠《しびえん》の甥《おい》）はこれを臨安《りんあん》に報告した。朝臣はみなこれを可とし、これによって復讐ができると喜んだが、趙范《ちょうはん》のみは喜ばず、

「宣和海上《せんわかいじょう》の盟（徽《き》宗のとき、金と同盟して遼を伐ったこと）ははなはだ堅かったが、結果は禍いに終わった。この前例を考えねばならない」

と反対した。ときに金も宋へ連合をよびかけたが、朝議はモンゴルとの連合に決し、成功をまって河南を宋に返すことを条件とした。

三三年、モンゴル軍の蔡《さい》州攻めには、史嵩之は将軍孟珙《もうこう》に兵二万人、米三十万石をもって夾攻させた。宋・モンゴル連合軍に包囲された蔡州は、糧食つきて三ヵ月、鞍《くら》や靴、破れ太《だい》

鼓《こ》の皮を煮て食い、人畜の骨を芹泥《きんでい》にまぜて食う、はては老弱者や敗軍者を殺し、その肉をもって飢えを凌《しの》ぐ惨状となった。哀帝は位を元帥承麟《しょうりん》に譲った。承麟は太祖の父世祖劾里鉢《がいりはつ》の後裔である。哀宗は、

「朕が卿に位を譲るのはやむをえぬことだ。朕はからだが肥満していて馬に乗って突撃するのに不自由だ。卿は日ごろ身が軽く将略がある。万一この包囲を突破できたら、金室の血統を絶やさずに済むだろう」

といって、辞退する承麟にしいて承諾させたのであった。

連合軍の攻撃はますますはげしく、つぎつぎに城門を破り、その刀刃は間近に迫った。哀宗は近侍の者に「死んだら火をかけよ」と命じ、自殺して果て、大臣・将軍・軍士五百余人みなあとを追って死んだ。

子城を保持していた末帝承麟は、哀宗の死を聞き、群臣をひきいて入哭したが、その間もあらばこそ城は陥り、承麟は乱兵の手にかかって殺され、金は太祖阿骨打《アクダ》が帝号を称して以来十世約百二十年をもって滅亡した。

第八章　南宋の滅亡

一　戦争と酷税

宋・モンゴルの開戦

金が滅亡（一二三四年）して、宋はモンゴルと国境を接することとなった。宋では、黄河《こうが》以南のもとの都三京《さんけい》（開封《かいほう》・洛陽《らくよう》・帰徳《きとく》）を収復すべしという議論がおこった。宋はモンゴルと連合して金を攻めるにあたり、河南の地を宋に復帰させることを条件としていたが、いま現実に金が滅亡したあと、モンゴルの合意をまたず、この機会に進んで河南の地を武力で一方的に占有しようというのである。これに対し、当面モンゴルとは和を保ち、内政の整備を先にすべきことや、いま河南の空城を得ても、以後、モンゴルとの戦争には財政的に耐えられないことなどをあげて反対する者も多かった。

しかし、宰相《さいしょう》鄭清之《ていせいし》は収復論に賛成し、宋軍は進んで、汴京《べんけい》（開封）にはいり、洛陽をとった。汴京にはモンゴルに降った崔立《さいりゅう》がいたが部下に殺され、また洛陽は空城にひとしかったので、容易に収復することができたのである。

これが一二三四（端平《たんへい》元）年の六月から七月にかけてのことであったが、八月にはモンゴル軍の来攻にあい、洛陽も汴京もあいついで奪還された。モンゴルは盟に背いたことを責めて、宋に対する軍事行動をおこした。

一二三五年六月、モンゴル軍は大挙南下した。一軍は今の河南省南部から江淮《こうわい》方面に進み、一軍は湖北省の漢水《かんすい》流域を侵し、一軍は陝西《せんせい》省南部から蜀《しょく》を突いた。中央アジア・西南アジアを席捲《せっけん》し、西夏《せいか》・金をあいついで撃滅したモンゴルの大軍はいまや疾風のように南宋に襲いかかったのである。

宋では対外交渉に功を立てた京西荊湖《けいせいけいこ》制置《せいち》使史嵩之《ししすうし》を淮西《わいせい》制置使に任じ、ついで宰相・枢《すう》密使《みっし》とし、蔡《さい》州攻陥に名声をあげた孟《もう》珙《こう》が代わって荊湖制置使となり、モンゴル軍の侵入に対抗することとなった。宋軍は各方面で善く戦い、ことに孟珙の奮戦がめざましかった。孟珙は四川宣撫使《しせんせんぶし》となり、屯田《とんでん》をおこして持久的戦備を堅めた。

140　六和(りくわ)塔　浙江省杭州市，南宋時代に再建された

モンゴルでは、一二四一年、オゴタイが没して皇后の摂政《せっせい》となり、四六年グユクが継いだが四八年に死んで、母

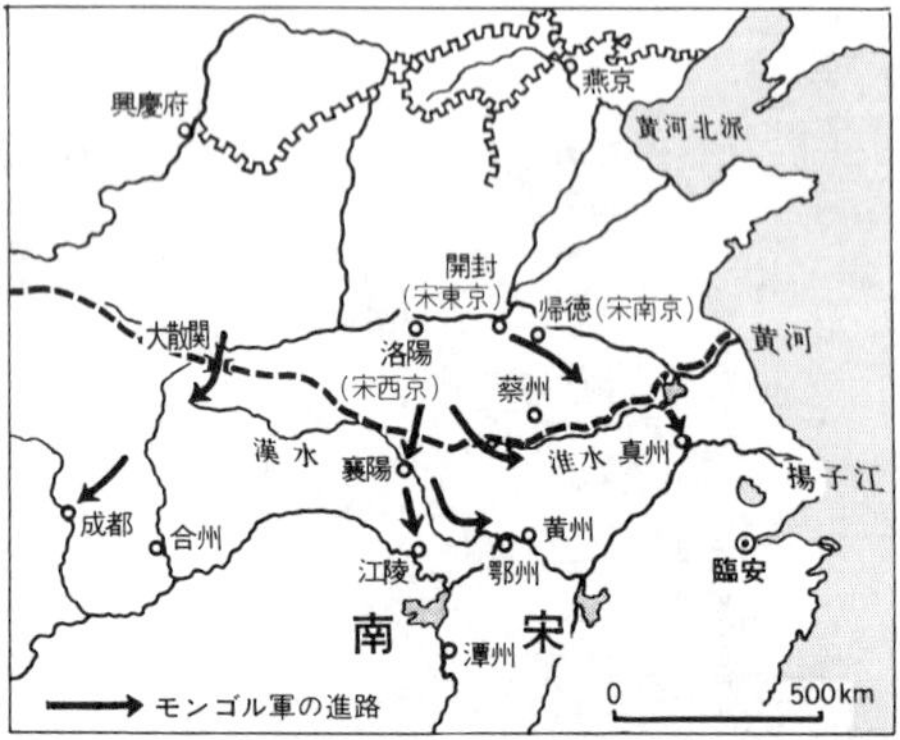

141　モンゴル軍の侵入　1235年

后の摂政が続いた。そして五一年、クリルタイによってグユクの従兄弟《いとこ》モンケが大汗位《だいかんい》をついだが、その間、太后の摂政に対する不平の空気があり、国内の状況はかならずしも安定しなかったので、宋に対する攻撃もいきおいにぶらざるをえなかった。

南宋の財政

従来、南宋は北に金という強敵を控え、東は江《こう》淮《わい》、西は蜀に連なる長大な防衛線を国境地帯に張らなければならなかった。その間両国間に戦火が交えられることもあり、平時から膨大な軍隊を養ってこれに備えねばならなかった。したがって、それに要する支出は、国家財政の大きな部分を占めた。

南宋時代には江南の開発が著しく進み、その生産力の伸張が著しかった。国土はおよそ半分に減ったが、江南地方を中心とする生産の拡大によって、国家の財力の総量において、南宋はむしろ北宋を凌いでいた。にもかかわらず、膨大な軍費の支出は南宋の財政を強く圧迫し、したがって、農民は苛酷な誅求《ちゅうきゅう》に苦しまなければならなかった。

かつて、北宋の国家財政収入の柱は両税収入と塩・茶・酒などの専売収入とであった。南宋は、加重した軍費をまかなうために、この専売価格を引き上げ、経制銭《けいせいせん》・総制《そうせい》銭・板帳《ばんちょう》銭・月椿《げっとう》銭などの新税目を設けて、財政の窮迫を救おうとした。これら新税は格別に新しい課税対象を設定したものではなく、従来からの課税を増徴した付加税的性格の諸税を主とし、これに瑣細《ささい》な余利をかき集めた諸税をくわえて構成内容とした税収項目として設定されたものであった。

	北宋		南宋	
国土面積（推定概数）		260万km²	170万km²	
戸数	10,307,640戸（1042年）	20,264,307（1102年）	11,575,733（1160年）	12,670,801（1223年）
人口数	22,926,101人（1042年）	45,324,154（1102年）	19,229,008（1160年）	28,320,085（1223年）
国庫歳入緡銭	3,680万緡（1060年頃）	6,000万緡（1080年頃）	6,004万緡（1160年頃）	3,500万緡（1215年頃）
酒専売収入	慶暦年間 1,710万緡		紹興年間 1,400万緡	
塩専売収入	慶暦年間 715万緡		紹興年間 2,100万緡	

142　北宋・南宋の国力比較

たとえば、経制銭という税収項目の内容は、はじめ量添酒銭《りょうてんしゅせん》（専売品である酒の価格の増加分）・量添《りょうてん》売糟銭《ばいそうせん》（酒糟《しゅそう》の価格の増徴）・増添田宅牙税銭《ぞうてんでんたくがぜいせん》（土地家屋の取引のさい徴収する牙税《がぜい》の増徴）・官員等請給《かんいんとうせいきゅう》頭子銭《とうしせん》（官員の給与の天引き分）・楼店務増添三分房《ろうてんむぞうてんさんぶぼう》銭《せん》（官有建造物の賃貸料の三分増徴分）の五種目で構成され、のちさらに諸路無額銭《しょろむがくせん》（諸路の収入の剰余）と鈔旁定帖銭《しょうぼうていちょうせん》（証書用紙の売上げ収入）の二種目が追加され、計七種目の内容で構成されることとなっ

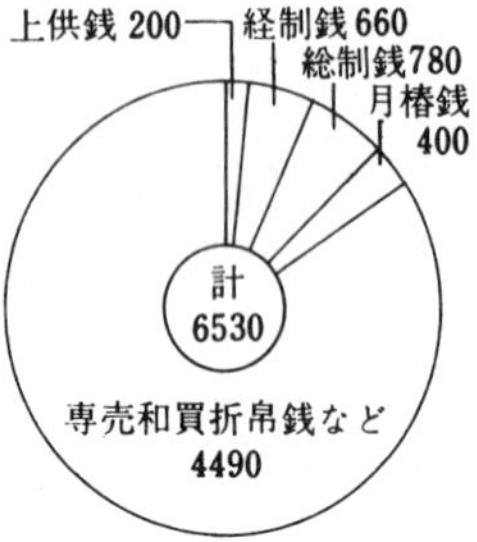

143　孝宗淳熙末（1189年）国庫歳入緡銭の内容（単位万緡）

た。

総制銭の内容はさらに雑多で、零細な官庁雑収入をかき集めたものである。十二世紀末ごろの東南諸路の経制銭収入は六百六十余万緡《びん》、総制銭七百八十余万緡に上った。このときの政府収入銭総額（両税・専売などの収入）は六千五百三十余万緡である。すなわち、経総制銭収入は全収入の二〇パーセント以上に達したのである。このほかに四川《しせん》における経制銭・総制銭あわせて五百四十余万緡があった。

南宋は、このような雑多な税目を設けて農民を誅求し、あらゆる余利遺財を網羅してかき集めなければ、軍費の急に応じ切れなかったのである。しかし、なんとかかとかやり繰りして凌《しの》いでいけたのには、いうまでもなく、南宋の生産力の増進という基盤があったからである。とはいえ、誅求される農民の負担は重く、苦痛は大きかった。

課税にひとしい和糴

農民の大きな負担となったものに、さきにもふれたように和糴《わてき》がある。すなわち政府が農民から軍糧などの米穀を強制でなく、合意の上で農民から買い上げる。合意というのはたてまえであって、政府という権力者が財政窮乏に迫られながら買い上げを行えば、とかく低価で強制買い上げをすることになることは避けられず、さらに進んでは、その安い代価も支払われなくなる。こうなれば実態は課税と違いはなくなるわけである。

南宋末、和糴数量は五百万石から八百万石という巨額に達し、人民の重い負担となっていた。しかし軍糧調達のために、和糴はやめられなかった。その和糴のために政府は買い入れ資金を必要とした。そこで、その資金として、会子《かいし》などの紙幣が大量に発行された。こうして紙幣乱発によるインフレーション現象がおこり、物価騰貴《とうき》を招き、財政難を助長するという悪循環に、南宋の悩みは深刻であった。

南宋においては、土地兼併《けんぺい》・大土地所有の傾向がますます進んだ。官戸《かんこ》・形勢戸《けいせいこ》は広大な田土を荘園として経営し、一般農民は所有地を失い、佃人《でんじん》として荘園に包摂されるものが多くなった。しかも、これら権勢をもった大土地所有者は和糴の適用を免れるありさまであった。これでは国防上必須の和糴も十分に行えなくなる。このような状態が南宋末期の実情であった。

すでに述べたように、北宋末以来、限田免役法《げんでんめんえき》が実施され、官戸の職役免除は一定額の田地に限り、限度以上の所有田地に対しては、民戸と同様に役をわりあてられるように

144　会子の銅版　長さ16cm，幅9cm。南宋の紙幣である会子の銅版といわれる。これで印刷し，紙幣ができる

なった。そして、南宋ではこの法が強化されたが、限外の土地を政府が買い上げるものではなかった。しかし南宋末、大土地所有がますます進むと、これら限外の土地を政府が買い上げ、諸弊を救治しようという意見が出てきた。

賈似道の公田法

理宗は皇帝の位にあること四十年の長きに及んだが、晩年には閻妃《えん》を寵愛して政を怠り、独断的な傾向が強く、姦人を近づけたといわれる。まず董宋臣《とうそうしん》や丁大全《ていたいぜん》などが権勢を振るい、ついで賈似道《かじどう》が国政を掌握して内外の政治に権勢をほしいままにした。

董宋臣は宦官《かんがん》である。帝意に迎合して権力を強め、民田を強奪し、賄賂《わいろ》をいれて国政を乱した。丁大全は外戚の婢の婿《むこ》であるが、閻妃や宦官にとりいり、ついに帝の寵愛を得て官途を進み、董槐《とうかい》を宰相の地位から追い落とし、ついに右丞相兼枢密使《うじょうしょうすうみつし》の位に上り、かってに賞罰を行って国家の規律を乱し、忠良の臣僚を陥れ、言論の路を塞《ふさ》いだ。しかし姦佞《かんねい》の両人に対する非難攻撃の声があがり、理宗は董・丁両人を退けて地方に流した。ところがこれに代わって賈似道が権力を握り、外戚の地位を利用していっそうの権力を振るい、次帝度宗《たくそう》の世に及んだ。

当時の財政難やその対策としての限田説についてはさきに言及した。南宋末には、その限田説からさらに公田説へ進み、賈似道の公田法が実現することになるのであるが、その間寧宗《ねい　そう》の嘉定《かてい》年間（一二〇八～一二二四）に葉適《しょうてき》の贍《せん》軍買田の説が出されている。

これは浙東路《せっとうろ》温《おん》州において民有田土を州当局が買い上げ、その土地の収入で州の養軍費をまかなおうというものであった。これは全般的に実施されるにはいたらなかったようであるが、理宗の初めごろ、四川の瀘《ろ》州ではわずか二年の短期間ながら実施されている。

賈似道の公田法はこれらの前例をふまえて、一二六三（景定《けいてい》四）年四月、富国強兵策の妙策として実施されたものである。それまで和糴《わてき》の行われていたおもな地域である浙東《せっとう》・浙《せっ》西《せい》・江東《こうとう》・江西《こうせい》・荊湖《けいこ》南《なん》の五路の官戸・民戸の田地に限田法を適用し、二百畝を限数とし、限外の田の三分の一を買い上げて公田とし、その収入をもって軍糧をまかなうというのであった。

軍糧の充足が公田によってできるから、和糴の害は除かれる。和糴がやむから和糴のために増発していた会子の発行高を抑制できる。会子発行高を収縮することによってインフレーションに歯止めをかけ、物価を安定させることができる。物価安定・和糴廃止によって民力を休養させることができる。これらが公田法の効果としてねらったところであった。

公田法はまず浙西路で実施し、さらに他路に及ぼそうと予定していたが、じっさいには浙西の六府州軍（湖《こ》・秀《しゅう》・蘇《そ》・常《じょう》の四州と鎮江府《ちんこうふ》・江陰軍《こういんぐん》）に施行され、同じ浙西路でも厳《げん》州は山国であり、臨安府《りんあんふ》は首都であるので除かれていた。

公田には、当時浙西地方の一般的な慣習であった荘園経営が行われた。すなわち、佃戸《でんこ》（このばあい官佃《かんでん》と呼ばれる）に耕作させて佃租《でんそ》（小作料）を納めさせる方法であり、これが公田の収入となるのである。公田の管理には荘官《しょうかん》を置いてこれにあたらせ、佃戸が租を滞納するとき、あるいは佃戸が逃亡したときは、もとの売り主に代納させることとした。
その後、荘官が佃戸を誅求《ちゅうきゅう》したので、荘官制度をやめ、上等戸を募集して経営を請け負わせることとした。上戸は種戸《しゅこ》（耕作農民）に耕作させて租を徴収し、その中から政府に規定の租額を納めた。この上戸は佃主《でんしゅ》と呼ばれる。こうして公田経営には、官—佃主—種戸の関係が生まれた。もとの売り主が経営を請け負うて、佃戸をして耕作させるばあいもあった。このばあい、官—元売り主（佃主）—種戸（佃戸）の関係となる。種戸がじっさいの耕作に従事し、直接労働者となるわけである。

公田法功罪

景定《けいてい》四年、公田法施行によって、浙西《せっせい》六府州軍で三百五十余万畝を買い上げ、常《じょう》州では田地総額の二割前後、鎮江府《ちんこうふ》では一割前後にあたった。同年、和糴《わてき》をやめ、会子発行高を縮減することができた。理宗のつぎの度《たく》宗朝になると、公田の租米収入は増加し、国庫である豊《ほう》儲倉《ちょそう》（臨安府）は拡張され、咸淳倉《かんじゅんそう》が新設され、米六百万石の備蓄をみるにいたった。

公田法は南宋の財政・社会の実情にもとづき、富国強兵の妙案として採用され、賈似道《かじどう》の強権をもって実施されたのであるが、これは官戸《かんこ》・形勢戸《けいせいこ》など権勢階層の既得権を侵害するものであったから、批判や反対も強かった。

実施の技術上の点でも問題は多かった。関係官が功を貪《むさぼ》って限度内の田地所有者から強制的に買い上げるばあいがあり、買い上げ代金の支払いには、主として会子《かいし》（紙幣）・度牒《どちょう》や官告《かんこう》（下級官の辞令書）を用いたが、これらは、じっさいの価値が低下している虚券ともいうべきもので、買い上げとはいっても没収に等しいと評されていた。

一二六四（景定五）年七月、彗星《すいせい》が出現した。これがなにを告げるものか、詔して臣下に直言を求めると、台諫《だいかん》の臣（御史・諫官）や士民の多くが上書して、公田法がよくないのだといい、彗星出現は公田法実施に対する民間の愁怨《しゅうおん》の結果であると論じた。

しかし賈似道は上書力弁して公田法を擁護し、宰相辞任を帝に請うたが、理宗は「公田法によらずして国計をいかにせん」といってその辞任を許さなかったので、世論も鎮まった。そして九月には、賈似道の請いによって経界推排《けいかいすいはい》法を諸路に実施した。これはあらためて耕地の測量調査を行い、課税の適正をはかるものであったが、実施の結果、尺寸の地もみな課税されることとなり、人民はますます苦しむにいたった。以後も、公田法反対の議論はやまなかった。しかし同法は南宋の滅亡にいたるまで継続施行され、元にまでもちこされることになった。それは賈似道や理宗の期待したほどの成功を現すことはできなかったが、ある程度の効果を生んだことは疑いなく、軍国多事の南宋末の財政の一時の支えとなったのである。

145　フビライ

二　対モンゴル戦の再開と臨安陥落

モンゴルの包囲態勢と宋の防衛

　さきに述べたように、モンゴルではオゴタイ没後、モンケ汗（憲宗）が立つまで、大汗《タイカン》の交代をめぐる国内状勢の不安定から、モンゴルの対宋攻撃も中絶していた。ところが、一二五一年モンケが大汗位につくと、モンゴルは宋への攻撃を再開した。モンケ汗は弟フビライに漠南《ばくなん》を総統させた。フビライは漢人姚枢《ようすう》を招聘《しょうへい》して顧問役とし、多くその説に耳を傾けた。姚枢はフビライに説いて経略司《けいりゃくし》（軍事機関）を汴京《べんけい》に置き、兵を分かって屯田《とんでん》し、防御施設を整えて宋に備える方策を採らせた。

　一二五二年、モンケ汗は漢地に宗《そう》族を分封した。このとき、フビライは関中・河南の地を領することとなり、華北にその根拠を固めた。そうしてさらに、南方の大理《だいり》・交趾《こうし》を伐ち、南宋に対する包囲態勢の形成を企てた。

　大理は今の雲南《うんなん》省にあった国で、唐代の南詔《なんしょう》ののちである。五代後晋《こうしん》の世、段《だん》氏が王となり、大理国と号したが、宋とはあまり交渉がなかった。フビライは、一二五二年、将軍ウリヤンハタイに命じてこの方面を征服させた。ウリヤンハタイ軍は四《し》川《せん》西境の山谷を南下して金沙江《きんさこう》を渡り、使者を大理に遣わして服従させようとしたが、大理は使者を殺した。モンゴル軍は大理城を攻め破り、大理王段智興《だんちこう》を捕虜として、大理国を滅ぼし、さらに付近の諸族を服属させ、進んで交趾を招いたが、これも従わなかった。そこで交趾征伐となった。

交趾（大越）はベトナム北部にあった国で、宋初から李氏が支配していたが、一〇七四年、第六代の李《り》天祚《てんそ》は宋の孝宗から安南《あんなん》国王に冊封《さくほう》された。しかしその後、権臣陳《ちん》氏の勢いが強く、一二二五年、陳煚《ちんけい》が王位についた。これが太宗で、宋に遣使して安南国王に封ぜられた。五七年、モンゴルのウリャンハタイは大理方面から進んで交趾城を攻めた。太宗は城を捨てて海島にのがれ、三年に一度朝貢することで降服した。

モンゴルはすでに華北・高麗《こうらい》・大理・交趾を征服して、南宋に対する包囲網を完成した。宋は全力を傾けてモンゴルの大軍と戦わねばならなくなった。モンケ汗みずから軍をひきいて四川にはいり合《ごう》州（四川省巴県）を囲み、ウリャンハタイ軍は交趾から広西《こうせい》を経て湖南《こなん》にはいり、潭《たん》州（湖南省長沙《ちょうさ》市）を囲み、フビライは河南から南下、淮水《わいすい》を渡って湖北にはいった。宋は賈似道《かじどう》が総帥となって、モンゴル軍の南進を防いだ。

ところがモンケ汗は、合州攻囲の陣中に没したので、その包囲は解けた。訃報《ふほう》はフビライのもとにいたり、北帰を促したが、フビライは「命を奉じて南来したのに、功無くして帰ることはできない」として、揚子江《ようすこう》の守りを強行突破し、鄂《がく》州（湖北省武漢《ぶかん》市）を包囲猛攻した。

宋では諸路に詔して軍隊をくり出しモンゴル軍を防がせ、賈似道を右丞相《うじょうしょう》兼枢密使《すうみつし》（宰相《さいしょう》兼軍部大臣）とし、漢陽《かんよう》（湖北省武漢市）に軍して鄂州を援けさせた。辺報しきりにいた

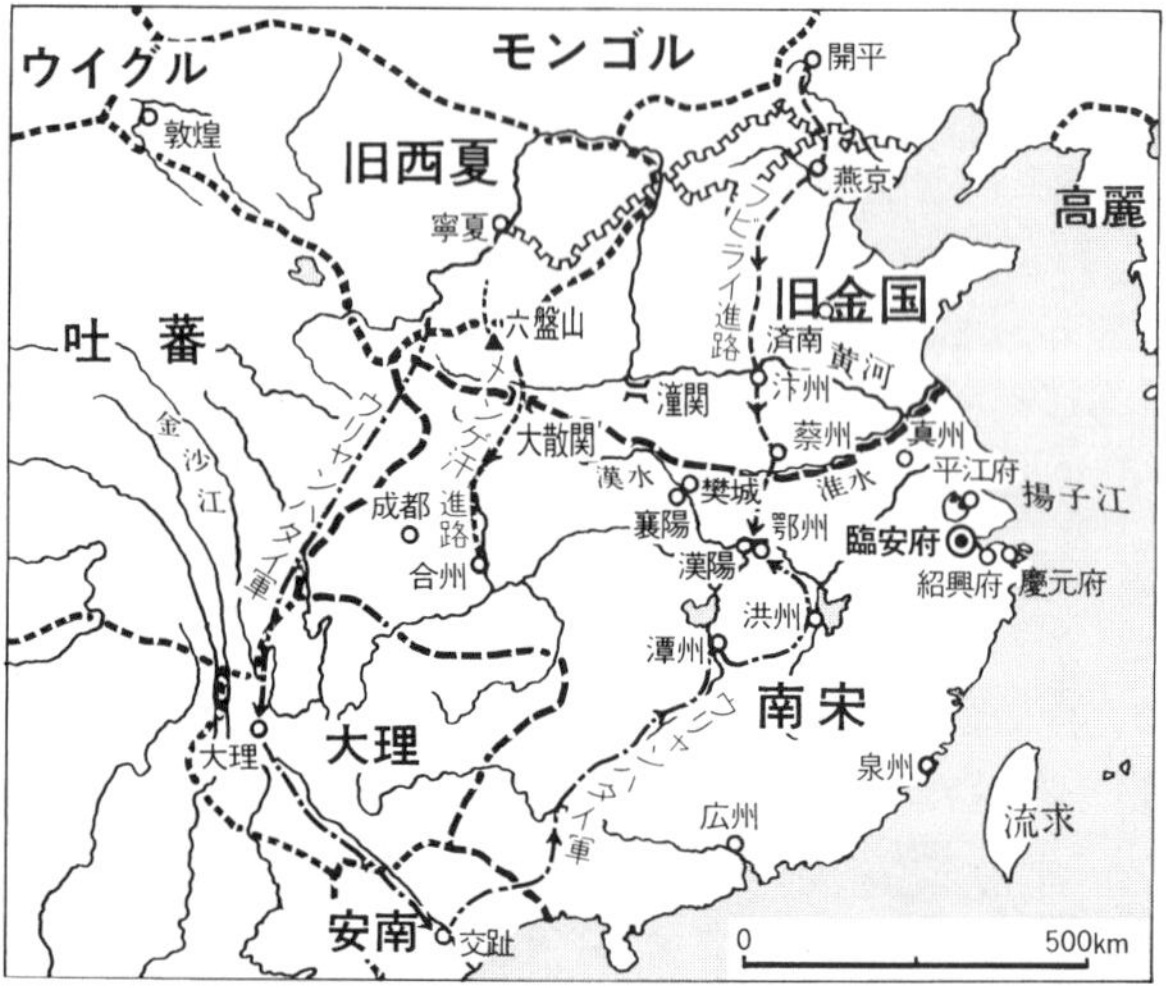

146　鄂州の戦いへ——モンゴル軍の進撃

り、首都臨安《りんあん》では住民の義勇軍を編成し、新兵を招募し、平江《へいこう》府（江蘇省蘇州《そしゅう》市）・紹興《しょうこう》府（浙江《せっこう》省紹興県）・慶元《けいげん》府（浙江省寧波《ニンポー》市）では城壁を増築するなど、朝野あげての大騒ぎであった。

内侍《ないじ》董宋臣《とうそうしん》は、慶元府へ遷都して敵の襲来を避けるよう請うたが、反対論が強く、皇后も、帝が臨安にとどまって、民心の安定をはかるべきだとしたため、遷都は行われなかった。

賈似道の独断講和

モンゴル軍の勢いに恐れた賈似道《かじどう》は、勅許を得ないでかってに、モンゴルに財物を提供し臣と称するという条件で和を申し入れていた。そこへ、たまたま合《ごう》州の宋軍からの連絡でモンケ汗の死去を知り、改めて左の条件で講和を申し入れた（一二五九年、開慶元年十二月）。

(1) 宋は臣と称すること。

(2) 長江以北の地をモンゴルに与えること。

(3) 毎年銀二十万匹・絹二十万匹をモンゴルに贈ること。

フビライは、大汗《タイカン》の死後、自分の末弟アリクブカを後継としようとする計画があることを知って北帰を急いでいた。そこで宋の申し出をいれて鄂《がく》州の囲みを解き、急遽軍を引き揚げた。

賈似道は講和の独断を隠蔽《いんぺい》して、戦いは大勝利で、鄂州の囲みが解けたと奏上した。賈似道を入朝させて勅を賜わり、官爵を進めて少師《しょうし》（元勲に授ける称号）・衛国公《えいこくこう》とし、諸将にもそれぞれ論功行賞を行った。

講和が賈似道の独断によるものであったことを知らないフビライは、郝経《かくけい》に国書を持たせ、宋に遣わして国交を開くこととした。しかし、郝経がくると、すべてはたちまちらばれる。賈似道は郝経を真《しん》州（江蘇省儀徴《ぎちょう》県）に抑留し、また、モンゴルの江淮大都督《こうわいだいととく》李壇《たん》が済南《さいなん》の地をもって宋に帰服したのをいれて斉郡《せいぐん》王に封じた。このような宋の出方に怒ったフビライは、翌一二六一年、征宋の詔を下し、戦いは三たび開かれた。

一二六四（景定五）年、理宗が死去し、その弟、栄王与芮《よぜい》の子忠王禥《き》が継いで皇帝となった。度宗《たくそう》（在位一二六四〜七四）である。これより先、理宗は自分に皇嗣がなかったので、忠王を皇太子の位につけようと望み、宰相呉潜《ごせん》に意見を聞いたところ、

147　元の大都出土の銅印　印面一辺 7 cm。印把両側に「威州軍千戸印」「中書礼部造至元十六年二月日」とあり，印面は八思巴文字で威州軍兵戸印の漢字対音を記す。1970年出土

「臣には史弥遠《しびえん》の才なく、忠王には陛下の福がありません」

と、推薦の意志のないことを密奏し、理宗の怒りを買った。賈似道はこれを聞いて、先輩の呉潜を凌いで権勢を握る好機と考えて忠王を推した。呉潜が宰相をやめたのち、賈似道はひとり宰相となり、忠王は皇太子となって理宗の跡を継ぐにいたったものである。

度宗は自分を推薦した賈似道にまったく頭が上がらず、これを太師《たいし》魏国公《ぎこくこう》に封じ、平章軍国重事《へいしょうぐんこくじゅうじ》とし、面と向かっては師臣と呼び、朝臣もへつらって賈似道を周公と称した。

西湖葛嶺《かつれい》の賈似道の賜邸には、政府の役人がつめかけて決裁を仰ぐ始末で、驕慢《きょうまん》増長、朝廷を無視した。正義の士人はことごとく退けられ、臣僚将軍たちが競って賈似道の邸に賄賂《わいろ》をもって伺候するようになった。

モンゴルとの戦いがはげしくなり、宋軍不利の状況のなかで、賈似道は葛嶺の邸に起居し、美女を集めて遊楽に耽り、博徒を招いて賭博《とばく》を事とし、戦争のニュースはいっさい皇帝の耳にはいらないように厳重に管制した。

襄陽の戦いと首都臨安の陥落

元の世祖フビライは大汗《タイカン》位につき、大都《だいと》（北京）を都と定めて南征の計画をたて、まず襄《じょう》陽《よう》を攻略することとした。襄陽は漢水南岸に位する南北交会の要衝で、対岸の樊城《はんじょう》を前衛とする重要な戦略地点である。

一二六八（元至元《しげん》五・宋咸淳《かんじゅん》四）年、元の大軍は襄陽と樊城に攻めかかった。襄陽の守りは呂文徳《りょぶんとく》の軍が堅めていた。同年、文徳の病死で、弟の文煥《ぶんかん》があとをひきついで奮戦した。

元軍ははげしく攻めたてたが、十年の兵糧を貯えた両城の宋軍は、孤立籠城してよく守った。宋は両城の救援に努めたが、元軍にはばまれて成功せず、元軍の火砲を伴う水陸からの猛攻を受けて、樊城は満四年にしてついに陥落した。前衛樊城を失っては、襄陽は保つことができない。呂文煥は城を開いて元軍に降った。

襄陽を手に収めた元軍は、漢水《かんすい》を下って揚子江流域へ進出することができることとなった。一二七四年六月、世祖フビライは対宋南伐の軍をおこし、バヤンを荊湖行省左丞相《けいこうこうしょうさじょうしょう》とし、南宋経略にあたらせた。

ときに宋では皇帝度宗《たく》が死去し、五歳の太子㬎《けん》が立った。これが恭帝《きょう》（在位一二七四～七六）で、謝《しゃ》太后が政を摂した。賈似道は都督諸路軍馬《ととくしょろぐんば》（国軍総司令官）となり、臨安《りんあん》に都督府を置いて軍を配置し、封椿庫《ほうとうこ》の金十万両・銀五十万両・関子《てがた》千万貫を支出して都督府の費用にあて、天下に詔して勤王の軍を募った。しかし元軍は大江に順《したが》って東進し、その沿道の宋軍は風になびく草のように降って元軍を阻止するものは少なかった。賈似道は十三万人

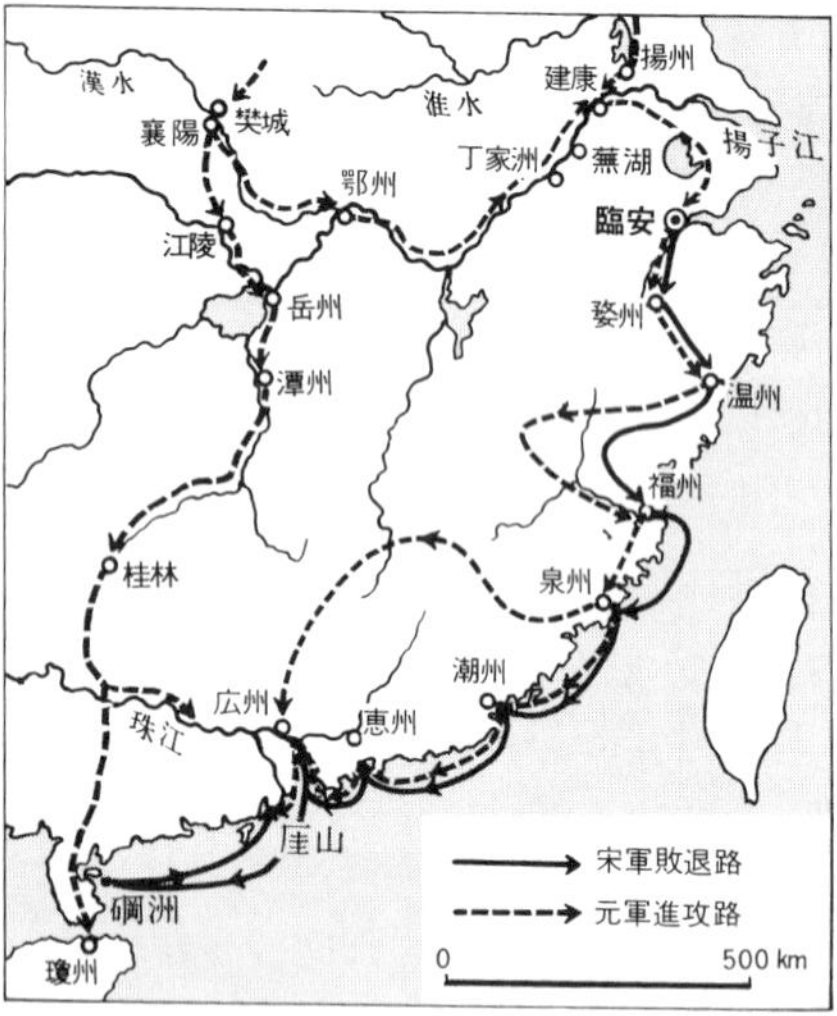

148　南宋軍の敗走と潰滅（1273〜79）

の兵をひきい、蕪湖《ぶこ》にいたって使節をバヤンのもとに送り、開慶《かいけい》の和約に従って講和を申し入れたが相手にされなかった。

元軍は進んで賈似道七万の宋軍を池《ち》州下流の丁家洲《ていかしゅう》（安徽省《あんきしょう》銅陵《どうりょう》県東北）に撃破し、ついに建康《けんこう》にはいった。宋廷は勤王の師を募ったが、応じたものは、わずかに張世傑《ちょうせいけつ》・文天祥《ぶんてんしょう》・李芾《りふつ》らにすぎなかった。

元軍が迫って臨安は戒厳したが、政府要路の大臣たちはひそかに都を脱出し、朝廷はひっそりとしてしまった。賈似道は敗戦の罪を問われて免職となり、陳宜中《ちんぎちゅう》がこれに代わって都督諸路軍馬となった。陳宜中は使いを元軍に送り、あるいは姪（おい）と称し、あるいは臣として歳幣《さいへい》をいれて和を結び、なんとしても国家を保持しようとしたがいれられなかった。

いっぽう、文天祥・張世傑らの主張する遷都・抗戦の議もあって、陳宜中は太后に遷都を説き、渋る太后をやっと納得させたが、これも手違いで実現せず、一二七六（宋徳祐《とくゆう》二・元至《し》元《げん》十三）年、万策つきて伝国の璽《じ》（皇帝位を象徴する印）をたてまつり、元軍に降服した。

元軍は臨安にはいり、政府の庫蔵を封じ、史館・宮中の図書と百官の符印・告勅を接収し、宋の官府・侍衛軍《じえいぐん》を廃止した。バヤンは、宋の母后・幼主恭《きょう》帝らを捕虜として上都に送った。世祖は帝を廃して瀛《えい》国公に降し、命じて僧とした。

こうして一二七六年をもって宋はいったん滅亡した。しかし、恭帝の兄弟の二王や勤王の遺臣がなお南方沿岸地方に転戦して元軍への抵抗を続けた。

三　宋末二王の活動

端宗と南宋の残党たち

伝国の璽《じ》と降表をバヤンのもとにさし出した日の夜、宰相陳宜中《ちんぎちゅう》は夜陰に乗じて臨《りん》安《あん》を脱出し、温《おん》州へ走った。度《たく》宗の二子昰《ぜ》と昺《へい》も温州にのがれていた。文天祥《ぶんてんしょう》・張世《ちょうせい》傑《けつ》・陸秀夫《りくしゅうふ》らも、二王のもとに馳《は》せ参じた。

149　方飯亭　文天祥は元将張弘範に海豊五坡嶺で午飯（ひるめし）中を奇襲され捕らえられた。後人亭を建てて方飯亭といった

まず閩《びん》（福建《ふっけん》）にはいり、福州に拠り、

益《えき》王昰を皇帝（端《たん》宗）にたてて回復をはかろうとした。陳宜中は左丞相《さじょうしょう》兼枢密使《すうみつし》都《と》督諸路軍《とくしょろぐん》馬《ば》となった。

このとき揚子江以北の宋の残存勢力はすでに一掃され、湖南の潭《たん》州（湖南省長沙《ちょうさ》市）を守っていた湖南鎮撫使《ちんぶし》李芾《りふつ》は元軍に囲まれ、奮戦をくり返していたがついに戦死し、江西・湖南も元軍によって平定された。福建・広東地方だけがわずかに宋軍に残された足場となった。元軍は広州を攻略する一方、江西から福建へ進入し、福州を攻めた。陳宜中・張世傑は端宗を奉じて海船に乗り、泉《せん》州にのがれた。

ときに泉州では大食《タージー》（アラビア）人の出である蒲《ほ》寿庚《じゅこう》が招撫使《しょうぶし》として勢力をもっていたが、宋軍のもとにきて端宗に謁し、ここに滞在されるよう願い出た。蒲寿庚は泉州の提挙市《ていきょし》舶《はく》に任ぜられて三十年間、南海貿易に従事して巨利を積んでいた。ところが宋軍は舟が足りなくなったので、蒲寿庚の船を捕獲して、その積み荷を没収したことから、怒った蒲寿庚は泉州在住の宋の宗室や士人兵士を殺して元軍に降った。

また、福州も元軍の手に落ち、端宗を奉じた陳宜中は、恵州・潮州をさまよった末、占《せん》城《じょう》（ベトナム南部）に遁入してついに行方不明になった。張世傑に奉ぜられた端宗は、元軍に追撃され、占城に赴こうとして果たさず、海上を流浪し、碙《こう》州（広東省呉《ご》川《せん》県南の海島）に滞在中に病没した。ときに十歳であった。

帝昺と厓山の戦い

端宗《たん》を失って、群臣はみな散じ去ろうとした。陸秀夫《りくしゅうふ》は、

「度宗皇帝の一子なおおわす。これをどうしようというのか。古人、一軍一城をもって中興した例もあるぞ。今、われわれには百官有司具わり、士卒も数万人ある。天もし宋を絶たんと欲するのでなければ、国を復興することができぬはずがない」

と人々をはげまし、ときに七歳の衛王昺《へい》を擁立して皇帝とし、楊《よう》太妃が政を聴き、張世傑《ちょうせいけつ》が政をとり、陸秀夫がこれを助けた。ついで硇《こう》州から新会《しんかい》県の厓山《がいさん》に移った。厓山は新会県の南八十里にある海島で、奇石山と相対し、両島屹立してその間は門のようになっており、潮流がはげしく出入りする天嶮《てんけん》で、扼《やく》してみずから固めることのできる形勝の地である。

張世傑・陸秀夫らはここに帝を移し、人を山に入れて木を伐らせ、行宮《あんぐう》三十間、兵舎三千間を造った。しかし、官民なお二十余万は多く舟中にいたという。そして一方では船を造り、武器を製造して軍備強化に努めた。

元の世祖は張弘範《ちょうこうはん》に、舟軍をもって海路から進ませ、李恒《りこう》に歩騎をひきいて厓山に迫らせた。一二七八年、張弘範・李恒の両軍は厓山にいたり、張世傑の舟軍を南北から挟撃した。

宋軍は長時間の死戦に疲れ、たまたま一舟の檣旗《しょうき》が倒れると、諸舟の檣旗もあいついでみな倒れた。世傑は戦いに敗れたことを知って精兵を抽出し、中軍に入れて守りを固めたところへ元軍が襲いかかった。日は暮れ果てて風雨いたり、暗霧におおわれた海上は一寸先も見えぬありさまとなった。

張世傑は小舟を遣わして帝の御座船にいたり、帝を迎え取って脱走しようとした。しかし、陸秀夫は帝が元軍に捕らえられることを危惧《きぐ》して従わず、まず自分の妻子を促して海に身を投じさせ、帝に、

「国事ここにいたりました。陛下お死になるほかありませぬ。徳祐《とくゆう》皇帝（恭帝）の辱しめを受けてはなりませんぞ」

といい、帝を背負い、海に投じて水死した。帝は八歳であった。後宮や諸臣これに従って入水して死ぬ者ははなはだ多く、死体の海に浮かぶものは十余万人あったという。

楊太后は帝の入水を聞き、胸をうって慟哭《どうこく》し、

「艱難《かんなん》を忍んできたのは、趙氏の一塊肉のためのみ。もう望みはなくなった」

といい、海に身を投げて死んだ。ときに一二七九（宋祥興《しょうこう》二・元至元《しげん》十六）年、宋は北宋・南宋を通じて十八世・三百二十年にして滅んだのである。

張世傑は脱出し、占城《せんじょう》に赴こうとしたが、人々が引き止めるので、広東沿岸に引き返し、敗兵を集めて広州を攻めようとしたが、颶風《ぐふう》が起こり、世傑は水に落ちて溺死した。

これより先、文天祥は江西を回復しようとはかったが、海豊《かいほう》の五坡嶺《ごはれい》で捕らえられた。かれは大都に送られて降服を勧められたが従わず、土牢に三年幽閉されたのち、斬《ざん》に処せられた。

第九章　宋代の農業の発展

一　稲作の発達

水利田の造成

宋代においては産業の発達が顕著であった。とくに農業の進歩が著しい。農業生産の向上は、水利田の造成による耕地面積の増加、これを経営する荘園制の普及、稲の品種改良、稲麦二毛作、農器具の改良普及などによってもたらされたものである。

水利田とは圩田《うでん》・囲田《いでん》・湖田《こでん》などの総称である。これらは江東《こうとう》（江南東路）・淮南《わいなん》・浙江《せっこう》東路など揚子江《ようすこう》下流デルタ地帯を中心とする江南地域に設置された。この地域は概して土地が低くて水湿の地であるので、堤を築いて四囲にめぐらし、内部を田とする。これを圩田という。堤の外部の水位は高いので、堤に斗門《ともん》を設け、これに水路を通じ、斗門を開閉して灌漑《かんがい》するのである。

圩田・囲田・湖田の名は異なるが、実体は区別しがたい。元来、圩田は大規模のもの、囲田は小規模のものであったらしいが、南宋時代にはその区別はなくなっている。ただ江東で

150　臼を挽く（宋初，敦煌第６号窟）

は、官有地のばあいは圩田と呼んでいて地目名となっている。

圩田には官有地のばあいと私有地のばあいがあり、荘園組織によって経営されたものが多い。官圩田には私圩田にくらべて規模の大きいものが多く、たとえば、太平《たいへい》州蕪湖《ぶこ》県の万春《ばんしゅん》圩は、周囲八十四里、堤岸の広さ六丈、高さ一丈二尺、田千二百七十頃《けい》あり、建康府《けんこうふ》溧水《りっすい》県の永豊《えいほう》圩は、周囲八十四里、田一千頃、八十四圩から成っていた。これにくらべると、民圩田は小規模であるが数は多かった。

江南の圩田開発はすでに五代の南唐で相当に行われていたようであるが、北宋中期以後、その構築はいよいよ盛んとなり、南宋初めには兵禍によって荒廃したものもあったが漸次《ぜんじ》修復され、別に新たに造られるものもあって、水利田の面積はおおいに増加し、江南地方の生産向上に貢献するところが大きかった。

圩田は「豊年あって水患なし」といわれた。その地味は江湖の泥土であるから肥沃であって、豊かな収穫をもたらした。しかし、水患のない状態を保つためには堤岸などの修復を怠ってはならなかった。だから、官は民圩《みんう》に対しては銭や米を貸して修復させていたし、毎年自治的に圩岸を修繕しているものもあった。

圩田のうち、官圩《かんう》は荘園をなして経営され、その佃戸《でんこ》は佃権を認められた。民圩には官戸《かんこ》形勢戸《けいせいこ》の所有するものが多く、同様に荘園組織で経営され、おもに佃戸によって耕作された。しかしなかには中小農民が耕作しているものもあり、このばあい、政府は銭や米を貸して圩岸修復に努めさせたのである。

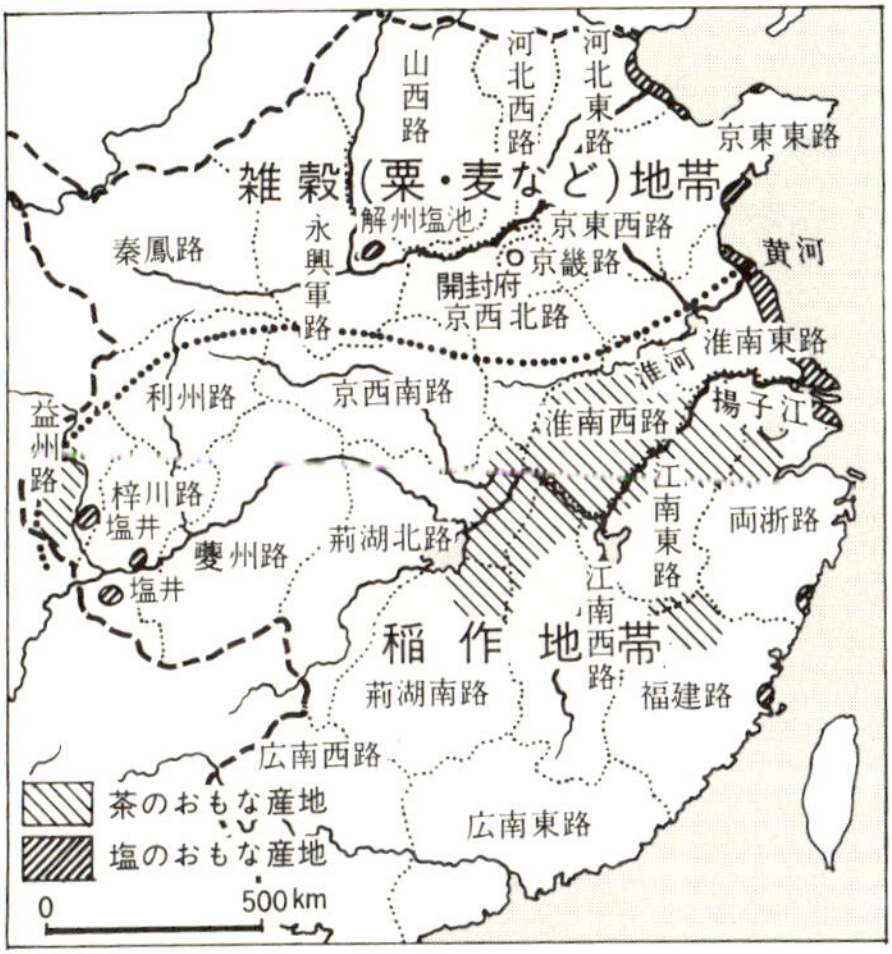

151　宋代の穀作と茶塩

稲の品種改良

中国では主として、稲は南方で作られ、麦などの雑穀は北方で作られるのが古今の大勢である。それは、降雨量・気温・水利などの諸条件によるものであることはいうまでもない。稲は主として揚子江沿岸以南で作られ、北方の黄河《こうが》流域では、陝西《せんせい》の渭水《いすい》・涇水《けいすい》など水利のある地域に作られるだけであった。黄河流域の主要栽培穀物は、黍《きび》・稷《しょく》（高粱《コーリヤン》）・麦・菽《まめ》などの雑穀である。

南方では水田が設けられて稲作が行

われ、北方では陸田によって雑穀が作られた。その境界はだいたい淮河《わいが》にあったとみられる。北方における水田の開発、南方における麦類の栽培は時代の下るとともに進みはするが、主要栽培穀物の分布の大勢は変わらない。

これに対して稲の品種には大きな変化・発展があった。その発展は唐から北宋・南宋にかけて著しく、南宋末には主要品種は出そろった感がある。

稲の品種分類の基準としては、穀粒が黏《ねん》（ねばる）するかどうかという点、成熟期が早いか晩《おそ》いかという点などがある。黏するもの黏しないものいずれも古くからあったが、南北朝時代までは播種《はしゅ》期は早く、したがって収穫も早かったようで、早稲に属するものであったようである。そのことは、後漢の農書『氾勝之書《はんしょうしょ》』、晋の郭義恭《かくぎきょう》の『広志《こうし》』、後魏の賈思勰《かしきょう》の『斉民要術《せいみんようじゅつ》』などに、稲は三、四月（陰暦）に種《う》え、七月に熟するものとされていることからうかがうことができる。

ところが宋になると、稲は早稲・晩稲に分けることが一般的となり、南宋も末近くなると、浙東路《せっとうろ》や臨安府《りんあんふ》では、早稲・中稲・晩稲に分かれ、中稲の品種は七、八月に成熟するもので、もっとも多く種えられ、重要なものとなっている。

明州《めいしゅう》（浙江省《せっこうしょう》寧波《ニンポー》）の地誌『宝慶四明志《ほうけいしめいし》』によると、

「明州の穀には早禾《そうか》あり、中禾《ちゅうか》あり、晩禾《ばんか》あり、早禾は立秋を以って成り、中禾は処暑を以って成る。中禾最も富み、早禾これに次ぐ。晩禾は八月以って成り、早にくらべて益々罕《まれ》なり」

152　農村風景　楊威「耕穫図」より

とあって、早稲は七月七日ごろ、中稲は七月二十三日ごろ、晩稲は八月ごろ成熟し、中稲がもっとも多く作られ、早稲がこれについだことが知られる。

ただし、中稲・晩稲の成熟期は地域によって異なっていたようである。早稲・晩稲の二稲に分けられる地域では、早稲のほうが多く種《う》えられるのが一般的であった。福建路《ふっけんろ》や広南東路《こうなんとうろ》などの南シナ海沿岸地帯では、早稲と晩稲とを組みあわせて二期作が行われたが、その他の地方では一熟がふつうで、山ぞいの田には早稲を、海よりの田では晩稲を種える地方もあった。

占城米の普及

真宗は一〇一二（大中祥符《だいちゅうしょうふ》五）年、使いを福建に遣わして占城《せんじょう》稲三万斛《こく》を仕入れさせ、これを干害《かんがい》に悩む江南《こうなん》・淮南《わいなん》・両浙三路《りょうせつさんろ》に分給して播種させた。占城稲はいまのベトナム南部にあたる占城（チャンパ）原産の稲米である。

占城稲は耐干《たいかん》（日照りに強い）の特性があり、耕地の肥瘠《ひせき》を問わずよく作られ、穀から米を得ることが比較的多いという諸利点を備えた優良品種であったから、真宗の試みは成功を収め、以後その栽培が普及し、南宋時代には江南東路《とうろ》西路《せいろ》では耕地の八、九割は占城稲を種えるようになり、両浙路でもその栽培が盛んであった。福建・広東方面は、真宗以前、宋初からすでに占城稲を作っていたと思われる。宋以後においても、占城稲系の諸品種が全国的にひろがり、稲作上重要な地位を占めることとなるのである。

占城稲は早稲に属し、三、四月に種え、三、四ヵ月にして成熟したから、晩稲と組みあわせて二期作が盛んとなり、また小麦と組みあわせて二毛作を普及させることに貢献するところが大きかった。

粘りのもっとも大きい糯《だ》（もち米）も各地で作られた。これは酒造の原料にあてられることが多く、政府は酒の専売のために醸造原料たる糯米を租税として徴収し、または和買《わばい》（買い入れ）した。

二　麦作の発達

麦作地域の拡大

麦は元来華北を主産地としたが、南北朝時代から唐にわたって、江南でも、陸田すなわち畑で作られることもあった。北宋にはいっても麦は各地で種《う》えられていたが、その中ごろになると、蘇《そ》州で麦を刈って稲を種え、一歳に再熟する（二毛作）という史料（元豊七年の朱《しゅ》長文《ちょうぶん》『呉郡図経続記《ごぐんずけいぞくき》』巻上物産）も見えてくる。

南宋になると、華北人が大量に江南に流入したので、北方麺《めん》食の風が江南にも一般化し、小麦の需要が増加し、麦の価格が騰貴《とうき》した。そのため江南での麦作が発達したといわれる。

南宋時代は北宋時代を受けついで、都市の発達が著しく、都市を舞台としてはなやかな消費生活が展開され、酒の需要がひじょうに増進した。宋では酒は政府の専売になっており、政府は酒務（官営酒醸造機関）を設けて収益をあげていた。南宋ではさらに贍軍酒庫《せんぐんしゅこ》を置いて、酒を醸造販売し、その利益を軍費にあてた。

酒の製造原料は糯《だ》米と小麦で、小麦は麹《こうじ》にして使う。酒務・酒庫の増設にともない、糯米と小麦が大量に消費された。この需要に応じるためにも麦作が盛んとなった。

大麦は軍馬の飼料としての需要が大きかった。南宋は金軍に対抗するために、馬軍が多く置かれていた。軍馬の飼料のおもなものは大麦で、政府は馬料用の大麦を調達しなければならなかった。そのために人民から大麦を買い上げたり、秋税を大麦で折納させたり、営田《えいでん》・屯田《とんでん》を設置して大麦を作ったりし、また、荒田を開墾するばあいに麦作を勧めたりした。

南宋では、北方人口の流入もあって人口がおおいに増加したので、飢饉《ききん》のばあい従来のように米だけで飢民を救済することは困難となった。そこで麦によって救済する政策がとられ、麦作は政府官憲によって奨励され、麦作の普及を刺激した。

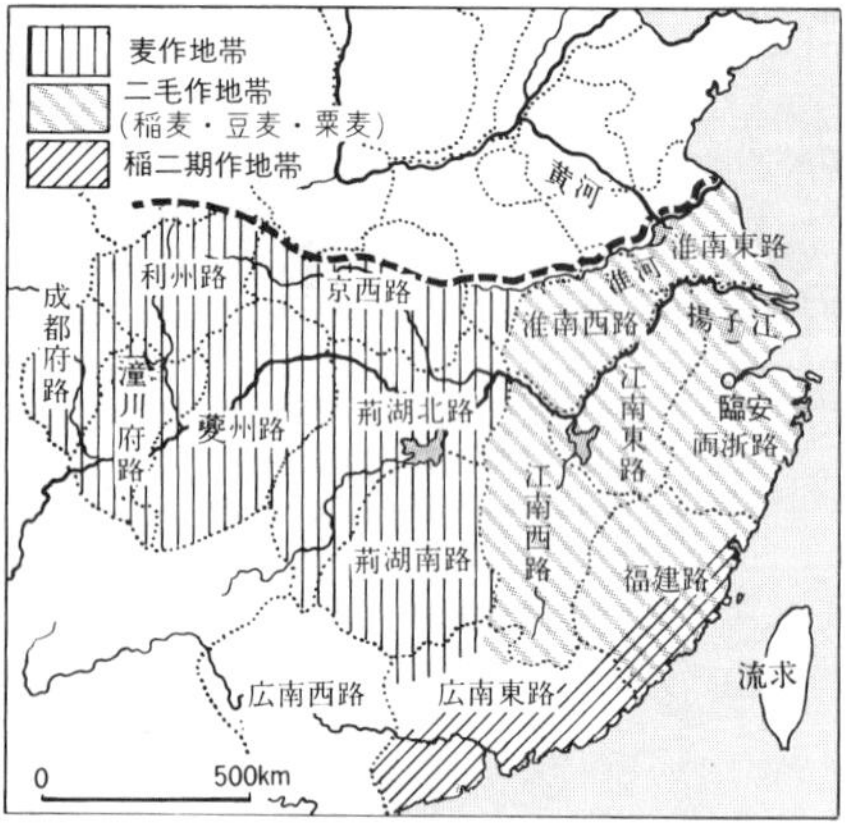

153　南宋の農業

稲—麦二毛作の普及

荘園内でも、田で米麦二毛作が行われた。民有荘園では一般に佃戸《でんこ》は稲米を分かって地主に租として納め、麦は自己の収入としていた。すなわち、麦作は佃戸の利益となったので、佃戸は進んで麦の二毛作を志した。地主も奴《ぬ》僕《ぼく》を使役して麦作の直接経営を行った（官有荘園では、佃戸は稲・麦を租として官に納めるのがふつうであった）。

　以上のような諸事情の下に、南宋では麦作が普及し、両浙《りょうせつ》・江南東西《こうなんとうせい》・福建《ふっけん》・荊湖南《けいこなん》の諸路において麦が作られた（広南東西路《こうなんとうせいろ》ではあまり作られなかったようで、これは気候の関係であろう）。

　また、江以北でも淮南東西《わいなんとうせい》・京西《けいせい》・荊湖北路《けいこほくろ》で作られ、四《し》川《せん》でも多く作られた。これらのうち、両浙・江東西・福建・淮南諸路では、水田では稲麦二毛作が相当行われ、畑では、豆—麦、粟—麦などの二毛作が行われ、生産力増進に貢献した。大麦・小麦は両税としても徴収されていた。

南宋では、地主・中小農民から佃戸にいたるまで、大麦・小麦を作り、自家消費や納税にあて、剰余は市場において売った。政府は米・麦に対しては商税を免じて、その流通を奨励し、商人はこれを商品として売買し、巨利を収めて財富を積む者も出現した。

麦作技術の進歩

南宋では麦作技術が進歩した。麦はおもに山地・陸田・砂地などの畑で作られ、麦―豆といった二毛作が行われた。水田でも麦が作られ、稲―麦二毛作が行われ、収穫時期の早い早田、土地の高い高田に稲―麦二毛作が行われることが多かった。当時、早稲の代表品種は占城稲《せんじょう》で、晩稲は粳稲《こう》であった。

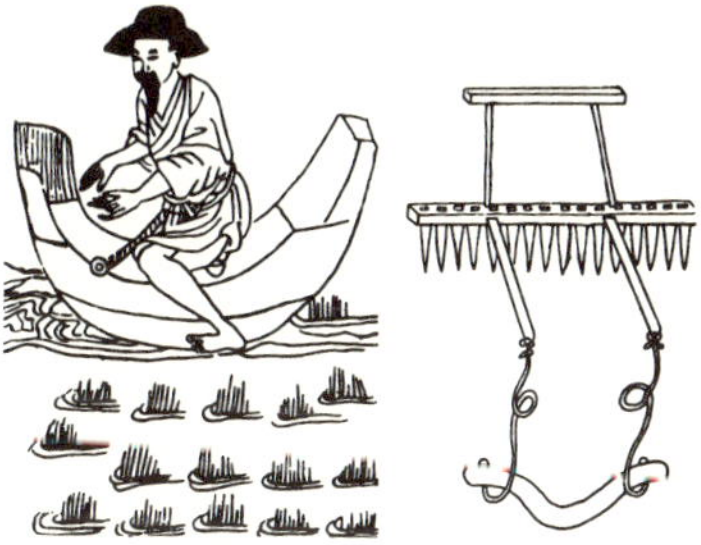

154　宋代の農具　右は牛にひかせる耖（まぐわ），左は田植え用の乗り物秧馬（おうば）　王禎『農書』より

　粳（秔《こう》）稲は肥沃な田に作られ、反当たり収穫量は多くないが、保存がきくので租税として徴収され、価格が高く、上戸の食料となった。占城稲は田の肥瘠《ひせき》を問わず作られ、収量も多く、価格が低廉で、中・下戸の食料となっていた。早田ないし高田では、早稲を作ったあとに、麦をつくる二毛作を行った。一般に麦の播種期は旧暦八・九月で翌年四・五月に収穫した。

　大麦の品種には早・中・晩の諸種や春麦があり、飯食に適するもの、醸酒用に適するものなど各種あり、小麦の品種にも、早・中・晩の諸種があった。麩《ふすま》の厚く麪《めん》の少ないもの、無芒《むぼう》のものがあり、春小麦もあった。大麦・小麦のほかに穬《こう》麦（裸麦）もあった。

南宋では麦は稲につぐ重要な作物となり、江南でも重要な食糧となった。麦作の発展は、江南の生産力発展の一翼をになうものであり、中国農業の発展に寄与するものとなった。

三　江南の開発

華北文化の江南移動

中国の文明は黄河《こうが》中流域におこり、その後、時代の移るとともに四方にひろがった。とくに南方の揚子江《ようすこう》下流域、すなわち江南地方への発展は、中国の歴史の上に大きな意義をもっている。

江南は、古く殷《いん》・周にわたり春秋時代にはいっても、中国文明の圏外にあり、いわゆる南蛮化外《なんばんかがい》の地であったが、黄河流域の華北にくらべてはるかに高温多湿で、農業生産の可能性をたぶんにもっていた。これが開発されて、華北の農耕に基礎を置く中国文明が移植され、全中国の主要生産地帯となり、文化の中心となるのが、中国史の大勢であり、江南開発の意義である。

江南の開発は秦漢以降しだいに進んだが、歴史上とくに画期的進展を示した時期が前後二

		路	州（府・軍・監）	戸数	口数	備考
北宋	太宗至道3（997）	15		4,132,576		全国統一980年
	仁宗天聖7（1029）			10,162,689	26,054,238	
	神宗元豊3（1080）	23	302	16,732,504	23,830,781	
	徽宗大観4（1110）			20,882,258	46,734,784	宋代最高記録
南宋	高宗紹興32（1162）			11,139,854	23,112,327	
	孝宗乾道2（1166）			12,335,450	25,378,648	
	寧宗嘉定16（1223）	15	196	12,670,801	28,320,085	

155　宋代戸口の変遷

回ある。前が六朝時代、あとが南宋時代である。この二つの時期は、ともに華北は北方民族のために占領支配され、漢族王朝は江南に移り、国都をここに定めて開発に努めた。

江南開発の進展は、大きな時代の流れであった。南朝時代の飛躍期をうけついで、隋・唐・北宋とその発展は継続され、南宋にいたって再度の飛躍の時を迎えたのである。

江南開発の考察については、早く桑原隲蔵《くわばらじつぞう》博士が「歴史上より観たる南北支那」と題する論文で、淮水《わいすい》・漢水《かんすい》の線を境界として、中国の南と北を戸口・生産力・文化などの諸点から比較して歴史の上から研究した。またその後、加藤繁博士はその論文「宋代の戸口」で、唐・宋の戸口の分布に論及している。

戸口の増大

いま、これらによって戸数の上から江南開発の進展状況を北と南との対比でみると、前漢元始二（西紀二）年に八対一、西晋太康《せいしんたいこう》元（二八〇）年に七対三、唐天宝《てんぽう》元（七四二）年には六・五対三・五で、古来人口は黄河流域地方が稠密《ちゅうみつ》で、揚子江以南においては稀薄であって、唐の中ごろまでは、この形勢が維持されていた。
ところが、北宋元豊《げんぽう》三（一〇八〇）年になると南北の比率は逆転して三・五対六・五となっており、唐の江南・嶺南《れいなん》両道にあたる揚子江以南の地域について比較すれば、北宋は唐の三倍の戸数となっている。また北宋元豊三年、全国戸数の半分がこの地域に存在した。すなわち、唐から宋にかけて揚子江以南の地域の人口が激増し、全国人口のなかばを占めるにいたったのである。

南宋は淮水以北を失って領土は半分近く減った。南宋の領土のうちでも、淮南路《わいなんろ》・荊湖北《けいこほく》路《ろ》のような国境地域は、金軍との戦場となったための損傷で人口が相当減少したが、揚子江以南の地、および四川《しせん》地方においては戸数が増加した。したがって口数も増したであろう。なかでも江南西路・福建路《ふっけんろ》・両浙路《りょうせつろ》および四川における増加が顕著であった。したがって国土は半減に近いにもかかわらず、北宋大観《たいかん》四（一一一〇）年の全国戸数二千八十八万戸に対し、南宋嘉定《かてい》十一（一二一八）年において千三百六十七万の戸数を保有しえたのである。

北をしのぐ経済・文化

古く江南未開発の時代においては、華北は食糧において自給自足であった。江南の開発が進み、農業生産が興ると、隋・唐以後、江南の産米が華北に送られ、政治の中心である首都の長安《ちょうあん》・洛陽《らくよう》や、軍事力の集中している国境地帯に送られることとなり、その輸送路として運河が造られ活用された。これを漕運《そううん》と呼び、唐時代には江南からの漕運米は年によって相違があるが、毎年平均二百万石程度であった。これが北宋時代には六百二十万石に達したことは沈括《しんかつ》の『夢渓筆談《むけいひつだん》』（官政）に見える。唐代にくらべて宋代江南の米の産額の躍進したことを物語るものといえよう。

このような漕運上供米《じょうきょうまい》の増加は、宋代の江南水利田開発による耕地面積の増加、稲・麦の品種改良、二毛作の実施などに基づく生産力の向上によるものである。南宋になると、この傾向はますます強く、また、麦作などの普及もあって、南宋の経済力は北宋を凌駕《りょうが》するものとなったのである。

道学		儒林		文苑	
北宋	南宋	北宋	南宋	北宋	南宋
遊酢　楊時	羅従彦　李侗　（朱熹）　黄幹　陳淳　李方子	林槩　王回　陳暘	林之奇　林光朝　劉子翬　蔡元定　蔡沉　胡安国　胡寅　胡宏　胡寧　鄭樵　真徳秀　廖徳明	銭熙　黄夷簡　黄亢　黄鑑　章望之　黄伯恩　王無咎　劉銑	熊克

156　福建出身の学者　『宋史』道学伝・儒林伝・文苑伝から抽出。道学22名中７名，儒林78名中15名，文苑75名中９名が福建出身である

経済的な進歩に支えられて、文化面においても江南地域の重要度が増してくる。古来文武両面において、史上有名の人物はたいてい華北出身であった。政治家・文人についても華北出身の人物がほとんど独占している観がある。この大勢は唐から宋初にかけても変わらなかった。

しかし経済的開発を追って、江南からも人材がしだいに出現するようになり、北宋中期以後、政治家や学者として南方

157　輿地図　向かって左上に南宋諸府州の解額の定員が記載されている。東福寺栗棘庵所蔵

人の進出がみられるようになった。このことに関してはすでに一一一ページ以下で言及した。とくに江南西路出身の王安石《おうあんせき》に始まる新法政治家には南方人が多く、ついで蔡京《さいけい》のような福建《ふっけん》出身者も輩出するようになった。

宋学の中心・福建地方

南宋における福建地方の開発は著しく、楊時《ようじ》（亀山）や朱熹《しゅき》が出て宋学の中心となった。朱子の学派が閩《びん》学とも呼ばれるのは、福建の異名である閩によって名づけたものである。宋学の大学者には福建出身者が多かった。

旧中国の学問・教育の主要目標は科挙《かきょ》にあった。科挙に合格して官途につくために、学問に励むのが実情であった。そして、科挙合格者の多寡はその地方の文化の程度を示す指標ともなるのである。

さきにもふれたように宋代の科挙は、地方の各州で行う試験（解試《かいし》）と、中央政府の省試《しょうし》と、天子が親試する殿試《でんし》の三段階から成っていた。すなわち、解試合格者が各地から中央に集まって省試を受け、省試の合格者が殿試を受けるのである。

各州の解試合格者数は、州解額《しゅうかいがく》といって定員が規定されていた。その定員数は、その地方（州）の受験生の数や、過去における合格者数の実績などを勘案して決められたものと思われるから、解額数は州の人材の多寡を示し、文化の程度の実情を示すものとしてすこぶる適切なものといえよう。

京都の東福寺栗棘庵《とうふくじりっきょくあん》所蔵の「輿地図《よちず》」は、南宋末の古地図として貴重なものであるが、この地図の向かって左上欄に、諸路州府解額と題して、南宋諸府州の解額の定員が記載されている。

これによれば、全国解額総数千九百七人のうち、福建路は三百二十五人で第一位を占め、江南西路・両浙路がこれにつぎ、府州別にみても、福建路に属する建寧府《けんねいふ》八十三人は全国第一で、福州・興化軍《こうかぐん》のような上位を占めるものが福建路に多いことがわかる。福建は南宋末期においては天下第一の文化の地であったのである。そしてこの福建の文運は、西隣の広南東路にもしだいに波及し、嶺南《れいなん》の道学に発展した。

第十章　商業の発達と都市の発展

一　「市」制の崩壊と「行」の変質

「市」制の崩壊

商業取引が主として都市において行われ、しかも、商業区域は原則として都市内部の限定された一区画で行われるという姿は、秦・漢から唐代にいたるまでの常態であった。この城内の限定された一区画は「市《し》」と呼ばれた。地域的に限定された「市」で、限定された時間のなかで、官の規制の下に商業活動が営まれてきたのである。

ところがこの制度は、唐末からしだいにゆるみ、五代を経て宋になると、これらの場所、時間についての束縛はまったくなくなった。「市」制は崩壊し、自由な商業活動が行われ、活発な取引が展開することとなり、そしてこの状勢は都市から農村へも波及することとなった。

唐初の制度によると、「市」制は坊《ぼう》の制度ともなっていた。坊とは都城内の大街によって四方を区切られた、四辺形の一区画である。坊の周辺は坊墻《ぼうしょう》と呼ぶ土塀《どべい》をめぐらし、東西南北の四つの坊門（または東西二門）を設けてあった。坊内の家は直接に大街に向かって自分の家の門を設けることは許されない。坊門は日没をもって閉ざされ、夜明けに開かれる。長《ちょう》安《あん》や洛陽《らくよう》などには街鼓《がいこ》の制度があって、坊門の楼上に鼓を置き、これをうって坊門の開閉の合図とした。

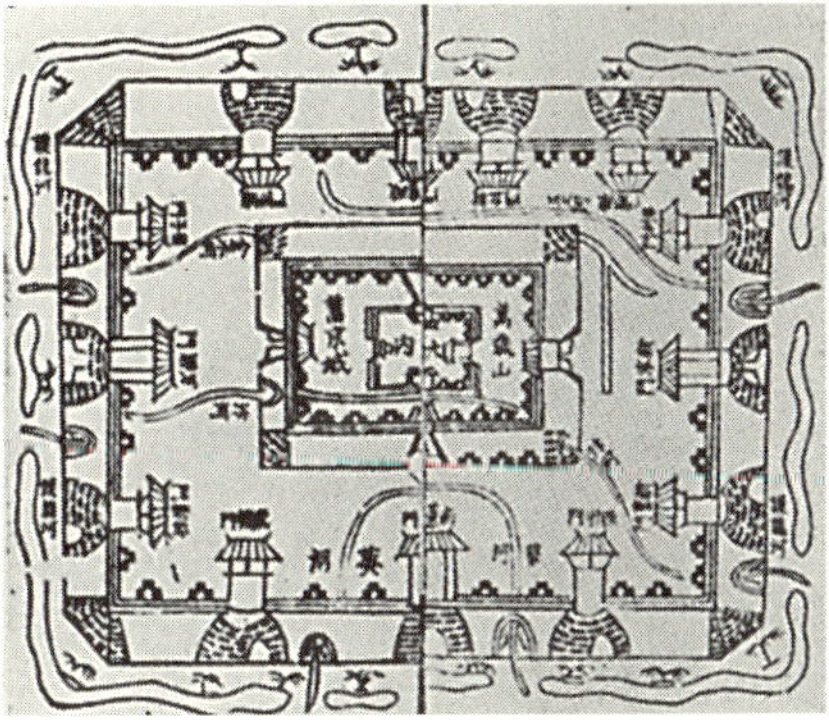

158　開封府内外城図　『事林広記』より

「市」の置かれた坊も、当然この坊制に対応した市制によって規制された。市の周囲には市《し》墻《しょう》がめぐらされ、市門が四方に設けられており、市門の開閉はきめられた時刻をもって行われた。市門の開いている間が営業時間であり、夜間営業は行われなかったのである。

夜間は城門も坊門も市門も閉ざされ、大街の一般通行は禁止され、これを犯夜の禁といった。夜間はまったくの休息睡眠のときで、活動は昼間に限定される。これが当時の都市生活の実態であった。

このような都市生活の規制は、前述のように唐の末ごろからしだいにゆるみはじめ、商店は市の区域外の諸坊にも多少設けられるようになった。しかし坊制はなお存在していたから、商店は坊門

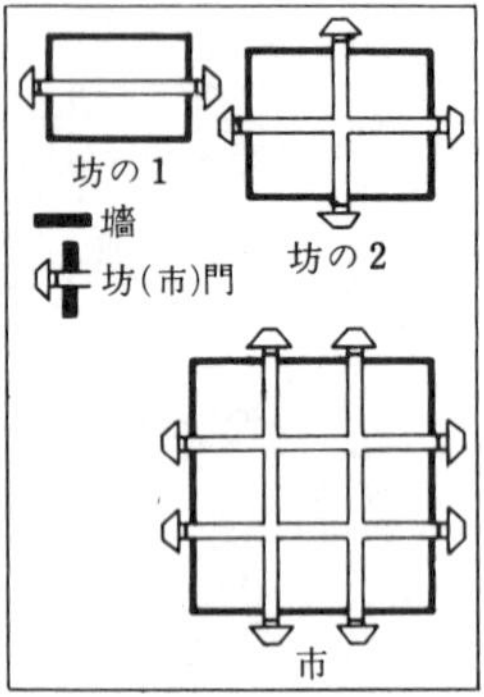

159　坊と市の構造

内、すなわち墻壁《しょうへき》の内に設けられていた。

しかし、北宋の仁宗の中ごろ、すなわち十一世紀の半ばになると街鼓の制もすたれ、坊の制度もまったく崩壊し、商店は街頭に進出、大街に店を開いて営業するようになり、さらに北宋末から南宋にわたっては、商店は各都市のいたるところに設けられ、街に臨んで店舗を張り、営業するようになった。また坊の制度の崩壊とともに夜間営業の禁も守られなくなり、昼夜を通じて営業が行われるようになった。

「行」の変質——同業商店街から同業組合へ

唐の首都長安や洛陽をはじめ、州治《しゅうち》・県治《けんち》などの地方都市においては、前に述べたような商業区域の「市」が置かれ、「市」のなかには多数の商店があり、同業商店が一団となって同業商店街を形成していた。これを「行《こう》」と呼び、「行」の入り口には札を立てて、それぞれの「行」の名称を標示した。金銀商の町は金銀行《きんぎんこう》であり、魚商の町は魚行《ぎょこう》であり、米穀商の町は米行《べいこう》と呼ばれるがごとくであった。

同業者は、市という特定区域内の、行という同業商店街区に集合して営業し、都市の当該商業を独占しているのであるから、共同の利益を追求するために、同業者相互間の協力をはかり、団結するのは当然である。行は同業商店街であるとともに、同業商人の組合の性格と意味をもあわせもっていたとみられる。

ところが唐末・五代の市制の崩壊によって、同業商店が集合している状態はかならずしも保持できなくなった。同業商店が同じ場所に集まる傾向は宋になっても存在するが、それは営業の利便のためであって、唐代以前の市のように官の規制のためにそうなったのではない。商店は同業商店街の形式をとるとともに、そうでないばあいも多く、また他種の商店を交えることも少なくなかった。商店の開設は無制限となったのである。

160　都市の城門　「清明上河図」より

従来、同業商店街＝「行」の制度に裏づけされた商業独占権は、ここにいたって危機に直面することとなる。そして、この形勢に対応して、行の組合的結合の性格が強化され明瞭にされて、新しい行が誕生した。それは同業商店街としての行から脱却して、同業商人の組合としての結束をはかり、市がすたれ、同業商店街の制度がなくなっても、同業組合としての行の結合によって、商業の独占権を維持しようとするものであった。

161　橋の上にならんだ露店　「清明上河図」より

行を同じくする商人間でも、利害はかならずしも共通ではない。富強な商人と貧弱な商人との間にはかならず矛盾が存在する。行は富強な商人の支配する場であり、行の組合的性格への移行も、富強商人の行内勢力維持に連なっているとみることができる。

行役——政府と行の関係

宋代、同業商人組合である行《こう》は、政府のために所用の物品を調達する義務を負わされていた。行に属する商人は、順番にしたがってこの任務に服した。これを行役《こうえき》という。官は調達された物品の代価を支払うが、市価にくらべて低廉であり、運送費は商人の自弁であって少なからぬ負担であった。しかも、官吏が行役として要求したのは官品の調達にとどまらず、官有物または官吏の所有物を払い下げるなど財物関係の種々の業務のばあいに利用された。その間に、官吏の誅求《ちゅうきゅう》は常例であったから、行の商人の苦痛はさらに大きなものであった。

官の側からみれば、行の存在意義は行政のためにあったのであるが、行の商人が行役という大きな負担をあえて負ったのは、商業の独占権を官に認めてもらう代償であったようである。すなわち、行は行役を負担することによって、商業独占権を官許されたものと考えられる。その一例証として四川益州《しせんえき》（成都《せいと》）の交子《こうし》（紙幣）舗《ほ》の行のばあいをあげることができる。

宋代の初期、益州の豪商十六戸は官から特権を認められて、連合して交子舗の行（組合）をつくり、交子を発行して民間の鉄銭携行の不便に応じたが、この交子組合は、毎年夏秋二季に両税として官に納められる米穀を計量する人夫、および糜棗堰《びそうえん》という灌漑《かんがい》用水の堰《せき》の修理人夫の費用を負担することになっていた。これは交子組合に課せられた行役で、交子発行の特権認許の代償として定められたものであると思われる。

宋代においては、同業組合としての行の組織の下に、多くの商人が業種別に結合して商業活動を行い、商業を発展させた。なお、同業組合組織は商人の間のみならず、手工業者の社会にもみられ、そのばあい「作《さく》」という名で呼ばれることが多かった。

二　地方商業都市の発達

草市

前述のように唐代においては、長安《ちょうあん》・洛陽《らくよう》の両京、地方の州治および県治に市が設けられた。その区域は特定の一区画に限定され、商店は原則としてここに設けるものとされていた。市内では商店はその取り扱う商品の種類によって一団を形成し、行《こう》（同業商店街）を成した。市におけるすべての営業は定められた営業時間の制限をうけていた。そして県以下の小都会ないし集落で市を置くことは禁ぜられていた。

しかしこれは州・県治の市以外での商業取引を禁じたものではなく、法で定めた市を州・県治以外に置くことを禁じたものである。法定の市は、場所と営業時間を制限され、行には行頭《こうとう》という町役人が置かれ、市令《しれい》、市丞《しじょう》以下の官を置いて官の規制下に運用し、市内の商人に対しては一定の税が課せられるものであった。県治以外の小都会や村落の商業区域には法定の市を置くことを禁ぜられ、市の法制の適用範囲外に置かれ、正式な、法定の市とはされなかったのである。

そうした小都会・村落の商業区域は草市《そうし》と呼ばれたようである。草市の名は古く東晋《とうしん》のころにさかのぼることができるが、その名称の原義は草料《そうりょう》（まぐさ）の市であろうと加藤繁博士はいう。州・県治城外で行われる草料売買からその名がおこり、のち草料以外の品物を商うようになってもこの名が用いられ、草を粗末の意にとって、正式の市でない粗末の市と解して一般に用いられたものであろうといわれた。

草市の開かれた位置は、州・県城壁から程遠からぬ地点のばあいもあり、州・県治から遠く離れたばあいもあったが、いずれも「市」制適用外におかれ、正式の市とはされないものであって、商人と農民、ないし農民相互間の売買取引の場とされたのである。

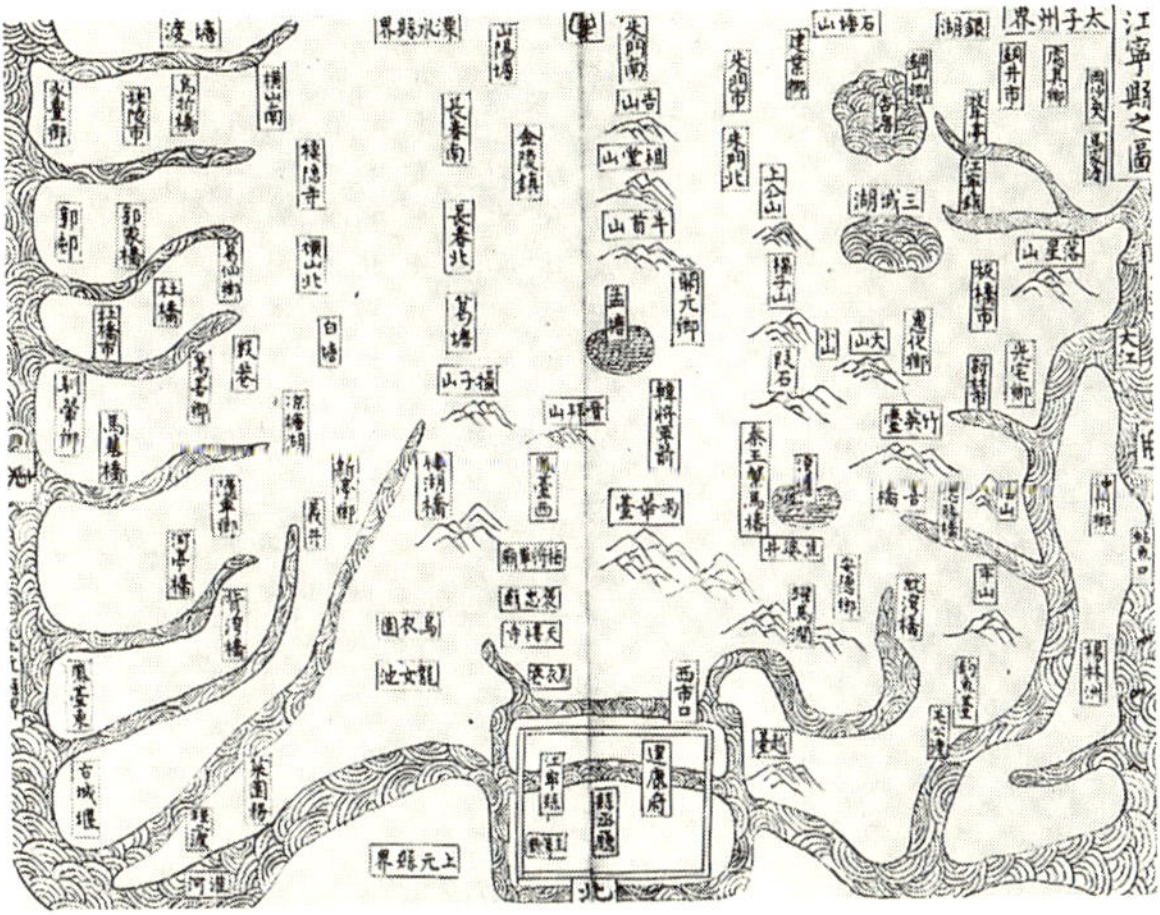

162　鎮市　建康府（今日の南京）付近の鎮市の場所がしるされている。南宋末の『景定建康志』より

鎮　市

唐末から五代を経て宋にわたり、商業の発展と並んで市制が崩壊し、商業の盛行が促進されたことは前節で述べたとおりであるが、これとともに草市の活動も旺盛となり、その数も増加した。そして宋代には、草市集落が発展して郷村《きょうそん》の小都市となるものが数多く見られるようになった。これら小都市は鎮《ちん》または市《し》と呼ばれ、地方制度の一単位を形成するにいたった。一般に鎮は市より大きい都市であった。

鎮という地名は後魏《こうぎ》のころから見えているが、それは大軍の駐屯する州・県に与えられた称号であった。その後、鎮という名はひきつづき用いられたが、その内容は変化した。すなわち、唐末五代のころ節度使はその管内に多くの鎮を設け、鎮使または鎮将を置き、部兵をひきいて兵粮武器の費用を民から徴収させた。そのため、地方行政の実権は州・県の長官である刺史《しし》・県令《けんれい》から鎮使・鎮将に移ることとなり、節度使の武人政治の基盤をなしたのである。

ついで宋の統一時代にはいり、太祖・太宗は節度使の権力を奪うにあたって、鎮使・鎮将を廃し、その職掌を知県に帰し、鎮は多く廃止したが、人口が多く商業の盛んな地にのみ鎮を存置し、監官を置いて、盗賊・火災の取り締まりと商税徴収・酒専売業務にあたらせることとした。

ここにいたって鎮は従来の軍事的・行政的意義を脱却して、純然たる地方小商業都市となったのである。交通の要衝を占め、商業・手工業の盛んな鎮はしだいに発達して地方都市を形成するようになった。鎮にいたらぬ小商業都市は市という名で呼ばれた。

定期市

日時を定め、売り手買い手が一定地区に集まって取引をする定期市も古くから行われ、唐代の「市」(両京および州・県治における限られた商業区域)においてもみられるものであるが、宋代にはいって場所・時間の制約から解放され、いよいよ盛んとなり一般化した。これは、たんに市とも呼ばれるが、市集・会集・墟(虚)・虚市などの名で呼ばれることが多かった。

定期市は州・県治のような比較的大きい都市で行われるとともに、鎮以下の小都市ならび

163　都市のにぎわい　「清明上河図」より

に農村においてもまた開催された。これら地方定期市は、地方住民の生産品と都市の商品を交換する役割を果たしたのである。

三　都市の発達

城壁

宋代における商業の発達は都市の発展を促した。古くから全国的な政治的・行政的機能をもって都市として存続してきた大都市や、各地方の政治の中心をなす州・県治は、この状勢下にあって、商業的の機能のゆえに新しい発展をとげることとなった。

いっぽう、前節に述べたように、草市《そうし》の発達によって生まれた鎮市《ちんし》などの小商業都市も各地に発生することとなった。都市を舞台として庶民の消費生活が進み、開放的な娯楽世界も展開した。

もともと中国の都市が城壁をめぐらすことは古

くからのしくみである。城壁は甓《へき》（れんが）または土石を積んで造られ、一重または二重にめぐらされた。五代から宋にかけては三重のものも出現した。二重のばあい、内部のものは子城《しじょう》・小城《しょうじょう》などと呼ばれ、外部のものは羅城《らじょう》・大城《たいじょう》などと呼ばれた。子城の内には、その都市の最も重要な建物（皇居・州庁・県庁など）が設けられ、子城の外、羅城の内には、民家・商店・寺院や、子城内に収容しきれない官庁などが収められた。

宋は東京開封府《とうけいかいほうふ》・西京河南府《せいけいかなんふ》・南京応天府《なんけいおうてんふ》・北京大名府《ほくけいたいめいふ》の四京を置いたが、少なくとも開封・応天の両府は三重城壁をめぐらしていた。開封府においては内部のものが皇城と呼ばれ、唐の汴《べん》州の子城を拡張したものである。つぎの中間の城壁は旧城（内城）と呼ばれ、唐の汴州の羅城に相当する。外部のものは新城（外城）と呼ばれ、五代末、後周《こうしゅう》の世宗が築造したものである。南京応天府のほか、金《きん》の中都燕山府《えんざんふ》（北京《ペキン》）も三重城壁であった。府・州治の城壁は二重が一般であるが、福州には三重城壁がめぐらされていた。これは五代の王氏（閩《びん》国）の都としての遺制であった。反対に、府・州でも城壁をもたないものもまれにあった。広《こう》州などは、その例である。県治の段階になると城壁のない県も相当あったようであるが、城壁をもつのが原則とされ、城壁のあるものが無いものよりも多かったが、通常、羅《ら》城のみの一重で、まれに二重構造のものもあった。臨安府《りんあんふ》は羅城の周回七十里、平江府《へいこうふ》（蘇州）のそれは四十七里、壮大を誇ったが、県治のそれはずっと小さく、通例二、三里であった。

城壁には城門が設けられた。羅城の門には往々にして甕《おう》城（甕門）と呼ばれる防御施設が設けられた。これは城壁に設けられた本門の外部に、さらに弧形に塁壁を張り出したもので、幾重にも造られることもあった。張り出した塁壁は円く上細りに造られ、形が甕に似ているので甕城と呼ばれたのである。羅城の外部には濠を開鑿《かいさく》するのを通例とし、子城も周囲に濠をめぐらしたものがあった（図版一五八・一六〇・一六四参照）。

坊と廂

子城と羅《ら》城の間の地域はすなわち市街であって、直角に交叉する大道路（街）が数多く造られていた。直角に交わる大道路によって四面を区切られた区画が坊《ぼう》で、羅城内部は多数の坊に区画される。唐の制度である坊制は、崩れながらも継続され、宋初にもなお存在したことは四一七ページに述べた通りである。唐以来の坊制崩壊後も、坊は城内の街区名としての意味をもって残った。

宋代では、都城の内部もしくは外部をあわせ、一括していくつかの大区画に分かち、これを廂《しょう》と呼び、廂を単位として都市行政を行うことがあった。北宋では首都開封《かいほう》で行われ、南宋では行都臨安《りんあん》のほか、おもな府・州にも実施された。

廂制は、宋代都市で坊制が崩れ、都市人口が増加する新状勢に対応して定められたもので、城内人口が城外に溢《あふ》れ出し、城壁外部にも多くの家屋や草市《そうし》が設けられるようになると、城内外を一体とした都市行政区画が必要となってきた。廂はこのような都市の発展に対応して生まれたものであった。

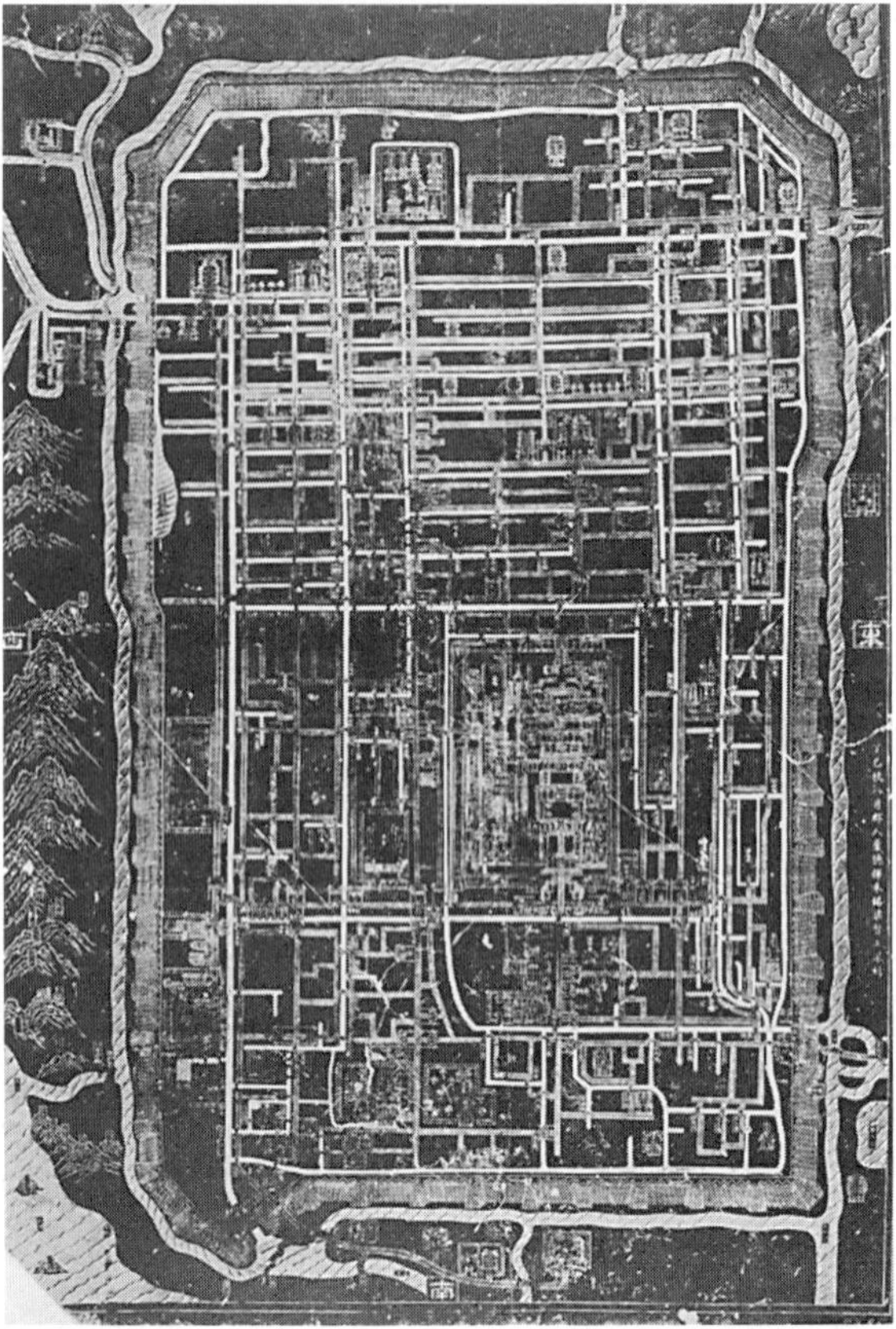

164　平江府図碑拓本　平江府はいまの蘇州市。碑は南宋理宗の紹定2（1229）年建立，南京府学にある。長さ約2 m，幅約1.4m。城壁・城濠・城門・子城・道路・掘割・官庁寺院など主要建築物・橋梁や坊名をしるした坊表など詳細にしるしてある

酒楼と瓦子

都市は商業取引の舞台であるとともに、消費・娯楽の場でもあった。『東京夢華録《とうけいむかろく》』は北宋末開封《かいほう》の繁栄の様相を描き、『夢粱録《むりょうろく》』は南宋の行在臨安《こうざいりんあん》府の盛況を物語っている。

宋の都城内には随所に多くの酒楼《しゅろう》が大街に面して堂々たる姿をみせていた。それには官営と民営の二種類があり、官営のものは官庫《かんこ》といい、民営のものは市楼《しろう》と呼ばれ、妓女を置き、酒食を供し、遊楽の場所として繁昌した。

165　酒楼　「十千脚店」という店名と２階で酒を飲む客の姿が見える。「清明上河図」より

戯場すなわち演芸場は勾欄《こうらん》と呼ばれ、それらの集合するさかり場を瓦子《がし》（瓦市）といった。『東京夢華録』によれば、開封には、新門《しんもん》・桑家《そうか》・朱家橋《しゆかきよう》・州西・保《ほ》康《こう》門・州北の六瓦子があり、『咸淳臨安志《かんじゆんりんあんし》』によれば、臨安に南瓦など十七の瓦子（うち一瓦子は廃止）があることを述べ、『武林旧事《ぶりんきゆうじ》』にはこのほかに嘉会《かかい》門など六つの瓦子名をあげている。

開封の桑家瓦子には大小の勾欄五十余座があり、蓮花棚《れんかほう》・牡丹棚《ぼたんぼう》は数千人の観客を収容する大きなものであった。勾欄では、雑劇や傀儡《くぐつ》・

166　雑劇の役者　1958年，河南省偃師県発見の北宋末期の墓の碑に刻まれた，雑劇の一場面

毬杖《きゅうじょう》踢弄《てきろう》・講史《こうし》・小説・小児相撲《すもう》・掉刀《ちょうとう》蛮牌《ばんぱい》・影戯《えいぎ》・弄虫《ろうちゅう》・諸宮調《しょきゅうちょう》・説諢話《せつこんわ》など諸種の演芸が上演され、市民に提供された。

瓦子には、勾欄のほかに諸種の飲食店・売卜者などの店舗も開かれ、南宋には酒楼も置かれたようであって、市民はここに遊べば日の暮れるのも忘れ、享楽の一日をすごすことができたのである。

四　外国貿易——陸路

北方国家との国境貿易

宋朝は外国貿易について積極的であった。それは四夷《しい》の来朝を歓迎して王化を宣布するという、伝統的な中華思想の理念に支えられつつ、実質的には貿易の利益によって国家財政を豊かにしようとしたものであった。だから外国貿易は政府の独占または統制の下に行われるよう厳重に規制された。

宋代の外国貿易は、陸路によるものと海路によるものの両者がある。国家財政に貢献することの大きかったのは、南海貿易を主とする海路貿易である。宋朝は西域経営はまったくできず、対立する隣接国家――遼《りょう》・金《きん》・西夏《せいか》――との間に国境地点において陸路貿易を行った。これはむしろ隣接する北方国家が宋に対して欲し求めるところであって、宋にとっては政治的、外交的な要素を多分にもつものであった。

ところで、人為による政治的境界を越えて物資が自在に流通するのは、社会自然の理である。遼・西夏・金と宋とが対立し、国境をつくって別国をなしていても、人民相互間に彼此有無相通ずることを求めて貿易が行われるのは当然の成りゆきである。しかし、民間の貿易の利は政府とは無縁である。そこで宋朝はこれを政府の統制下に置き、その利益をみずからの手に収めようとはかった。民間の貿易は密貿易として取り締まりの対象となった。

北方民族が中国の物資を欲求する度合いは、中国人が北方物資を求める度合いにくらべてはるかに強かった。したがって、両者間の貿易において、北方国家が能動的立場に立つのは自然であった。宋には政治的　外交的な考慮からこれに応ずるという立場があり、なおその間、貿易の舞台を利用し収益をあげ、宋朝の財政収入を確保することを怠らなかったのである。

宋は国境の要地に官営貿易場を置き、これを榷場《かくじょう》と呼んだ。貿易はすべてここで行われるべきものとされ、官みずから貿易するとともに、商人の貿易を統制し、課税して収入をはかった。

榷場は、遼に対して雄州《ゆう》（河北省雄県）・覇州《は》（同覇県）・安粛軍《あんしゅくぐん》（同徐水《じょすい》県）・広信軍《こうしんぐん》（同県西方）、西夏に対して鎮戎軍《ちんじゅうぐん》（寧夏回族自治区固原《こげん》県）・保安《ほあん》軍（陝西省志丹《したん》県）などの国

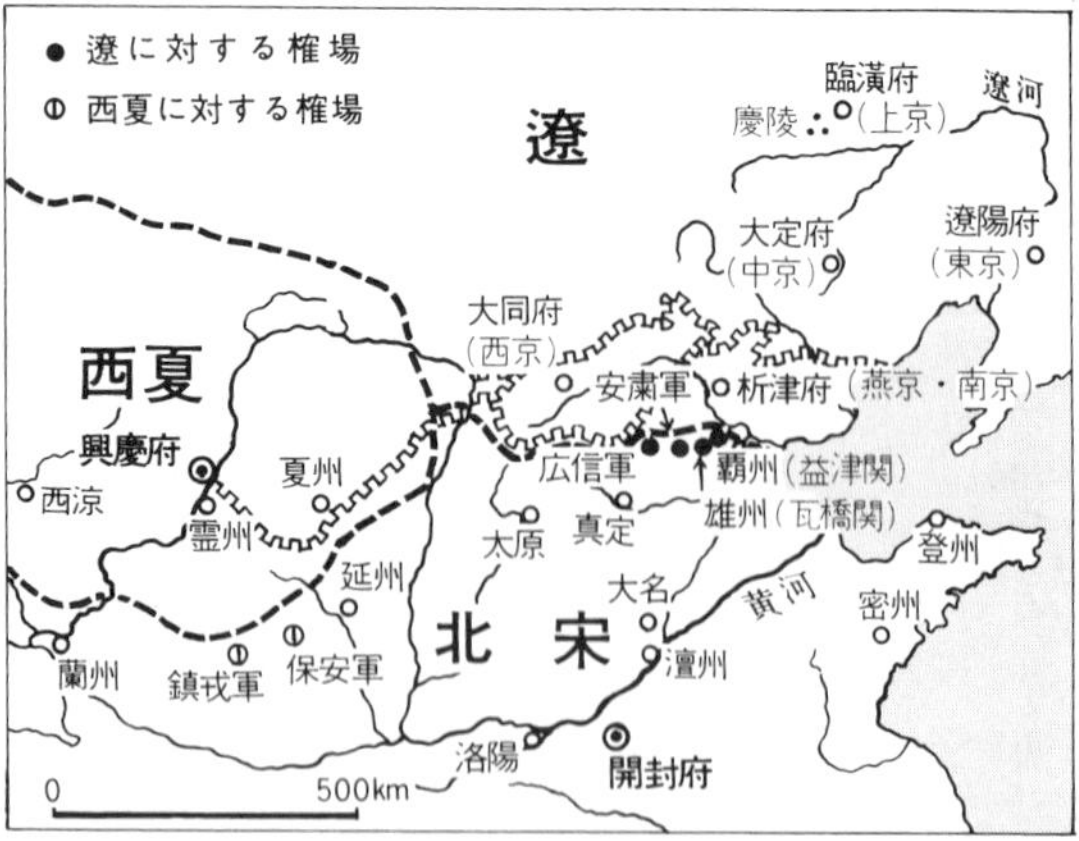

167　北宋の遼・西夏に対する榷場

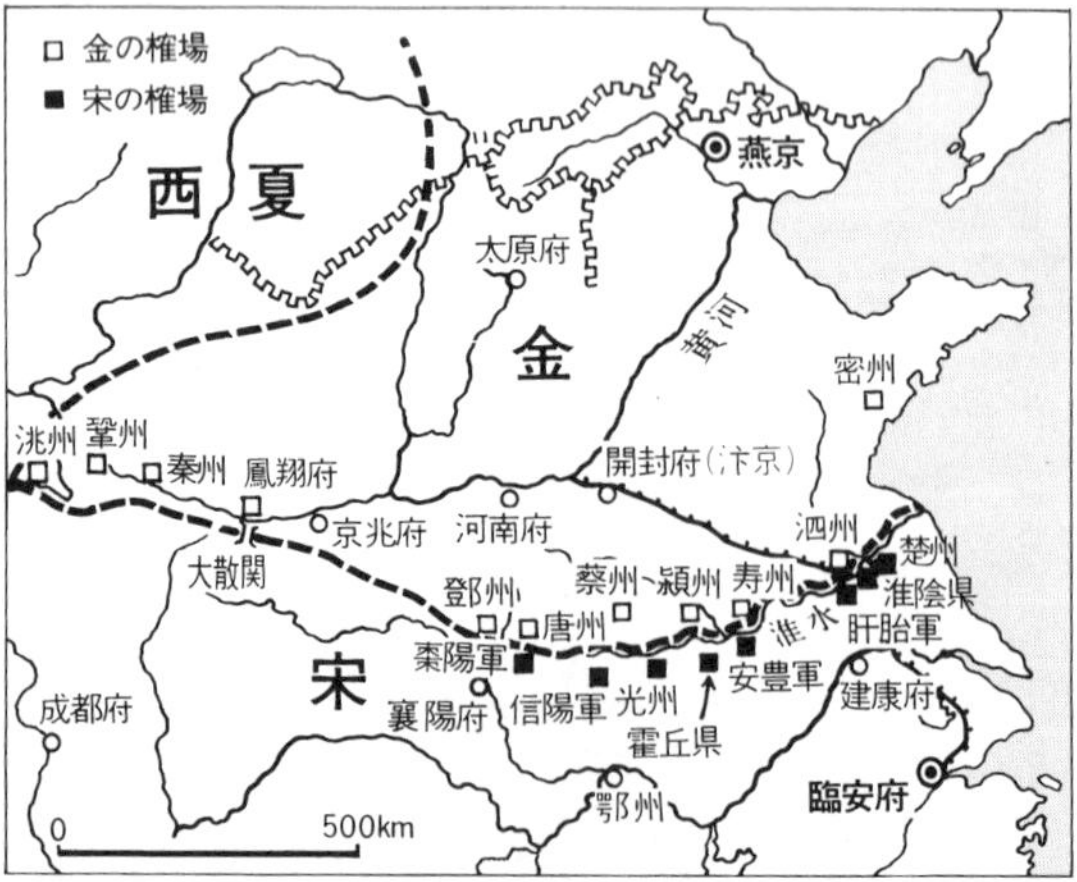

168　宋金榷場

境地方に置かれたが、貿易規模が大きく、制度がよく整ったのは宋金貿易のばあいである。以下宋と金国との間の貿易の状況を考察しよう。

宋金の場合

一一四二（宋紹興《しょうこう》十二）年、秦檜《しんかい》の推進によって宋金両国間に和議が成立すると、両国は国境線に沿う要地に榷場《かくじょう》を開設して貿易を公に行うこととなった。

宋側は盱眙《くい》軍（安徽《あんき》省盱眙県）をはじめとして、楚《そ》州北神鎮《ほくしんちん》・楊家寨《ようかさい》、淮陰《わいいん》県磨盤《まばん》・安豊《あんぽう》軍水寨《ぐんすいさい》・花靨鎮《かようちん》、霍丘《かくきゅう》県封家渡《ほうかと》、信陽軍斉冒鎮《しんようぐんせいぼうちん》、棗陽軍《そうようぐん》、光州の十榷場を置き、金側は盱眙軍と淮《わい》河を隔てて相対する泗《し》州をはじめとして、寿州・潁《えい》州・蔡《さい》州・唐州・鄧《とう》州・鳳翔《ほうしょう》府・秦《しん》州・鞏《きょう》州・洮《とう》州・密州膠西《こうさい》県の十一榷場を設けた（膠西県榷場のみは宋の商人の海路通商に備えたもの）。

宋の盱眙軍榷場の規制によれば商人を大商と小商とに分かち、貨物の価一百貫以下のものを小商、以上のものを大商とし、小商は貨物を携えて淮水《わいすい》を渡り、金の榷場（泗州）に赴いて貿易することを許し、大商は盱眙にとどまり、金国商人の来るを待って取引をする。金人と宋人とはおのお

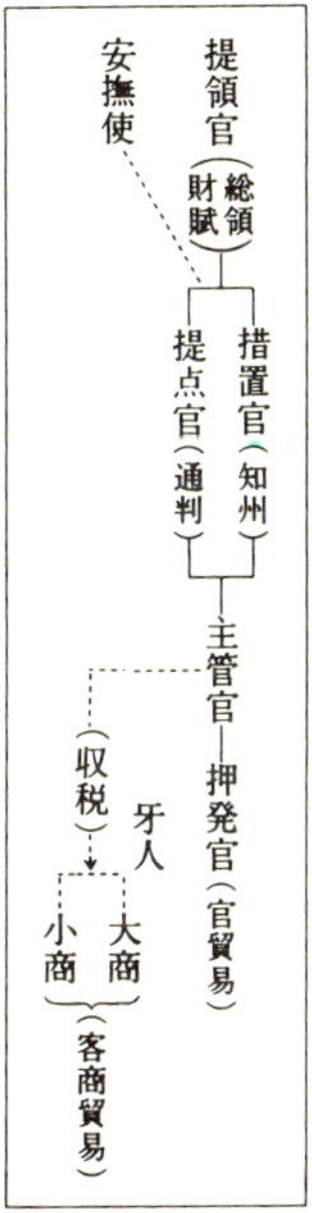

169　宋の榷場の官制と機能

の一廊に居り、牙人《がじん》（仲介人）をして両廊の間を往復斡旋《あっせん》させ、価を定めて取引を行い、直接取引は許されない。貨物の価に照らして、商税の一種である過税と息《そく》銭・牙《が》銭を徴収する。

これら盱眙軍権場の規則は、密貿易と脱税と禁制品の輸出とを防止し、かつ両国商人の接触を制限して事端の発生を阻止することを目的とするもので、他の権場の規則もだいたい同様であったと思われる。

権場には主管官《しゅかんかん》が置かれて事務をつかさどり、州（または軍）の知事は措置官として、通判《つうはん》は提点官《ていてん》として支配にあたり、総領財賦《そうりょうざいふ》は提領官《ていりょう》として監督し、安撫使《あんぶし》もこれに関係した。主管官は商人の貿易を管理するとともに、支給された本銭を運転してみずからも貿易を行った。

宋金の貿易品

宋金両国間の貿易品についてみると、宋から金国へ輸出された主要なものとして、茶・象牙《ぞうげ》・犀角・香薬（乳香《にゅうこう》・檀香等）・華南産の生薑《しょうが》・陳皮《ちんぴ》などの薬物、絹織物、漆器・竹木器・筆墨等の物品、銭・牛・米などがあげられ、金国から宋へ輸出されたものとしては、北珠・貂《ちょう》（てん）皮・人参《にんじん》・甘草《かんぞう》などの薬物・華北産の絹織物・馬などがあげられる。

茶は宋の最大の輸出品で、草茶・末《まつ》茶・臘《ろう》茶はすべて官の手を経て輸出された。象牙・犀角・香薬は南海諸国からの輸入品で次節に述べる海路貿易と結びつくものである。

絹織物の宋代の主産地は河北《かほく》・京東《けいとう》（今日の山東省方面）と両浙《りょうせつ》・江南《こうなん》（揚子江《ようすこう》下流地

方）と四川《しせん》の三地域で、そのうち河北は綿綺《きんき》鹿胎透背《ろくたいとうはい》・綾などの高級絹織物の屈指の産地であり、この河北・京東は金国領土となっていたのである。

一般に金国の絹の価格は宋のそれに比較して低廉であった。宋の乾道《けんどう》中（十二世紀後半）、絹一匹の価格は、宋では四貫文、金では二貫五百文であった。宋の価格は七十五文を百文と計算する勘定によったものであり、金国の価格は六十文を百文とする勘定だったので、実質的には金国の絹価は宋のそれの半分となる。そこで河北・京東の金国の絹織物は両国の貿易に用いられ、大量に宋に輸入されて、金の対宋輸出品のもっとも主要なものとなった。

宋→金

茶（臘茶・草茶・末茶）
香薬（乳香・檀香など）
象牙・犀角
薬物（生薑・陳皮など）
（以上 官貿易）
絹織物・木綿・漆器
竹木器・筆墨
牛*・米穀*・銭*・茶*

金→宋

北珠・貂皮
薬物（人参・甘草など）
絹織物（北綾・北絹）
馬*

*印は密貿易品

170　宋金貿易品一覧

北珠は中国東北地区の松花江《しょうかこう》や現在のロシア沿海《えんかい》州に産出する真珠《しんじゅ》で、東北産の貂皮とともに高価な物貨であるが、宋から輸入する香薬類の高貴なものには及ばなかった。宋は武器およびその製造原料品、経書以外の書籍とならんで銭・米穀を金に輸出することを禁じた。しかし金国では銭が欠乏していたので銭に対する要求が強く、禁止にもかかわらず宋銭は盛んに金国に流入し、その量は巨大であったとみられる。馬は金国の輸出禁制品であったが宋はこれを求めていたので、やはり密輸出された。宋から金への茶の密輸も少なくなかった。

両国貿易の大勢は、公許・非公許を通じて、宋の輸出超過、金国の輸入超過で、金国は茶その他の輸入物資の代価として銀をもって決済したこととなるとみられ、銀が盛んに金国から宋へ流入したのである。

五　外国貿易――海路

貿易港と市舶司

唐代、アラビア（大食《タージー》）人の活動を中心として、南海貿易が盛んとなり、貿易港として広《こう》州とならんで揚子江口に近い揚《よう》州が繁栄した。広州は南海貿易港の首座を占め、貿易事務をつかさどる市舶使《しはくし》が置かれた。江浙《こうせつ》地方の外国貿易の中心は揚州で、明《めい》州は日本・高麗《こうらい》などの東方諸国に対する港として重要であった。ところが揚州は唐末の動乱に破壊され、外国貿易の中心としての位置を失い、五代になると広州をはじめとして泉《せん》州・杭《こう》州などが、それぞれ南漢《なんかん》・閩《びん》・呉越《ごえつ》諸国の海口として栄えた。

宋代一統の世となると、海外貿易はいっそう盛大となり、外国商船の来航とともに、中国商船も南海に乗り出し、ジャワ、スマトラに達し、セイロンを経てペルシア湾に赴くものもあった。

宋は重要な海港に、市舶司もしくは市舶務という官衙《かんが》を置いて外国貿易事務を扱わせた。

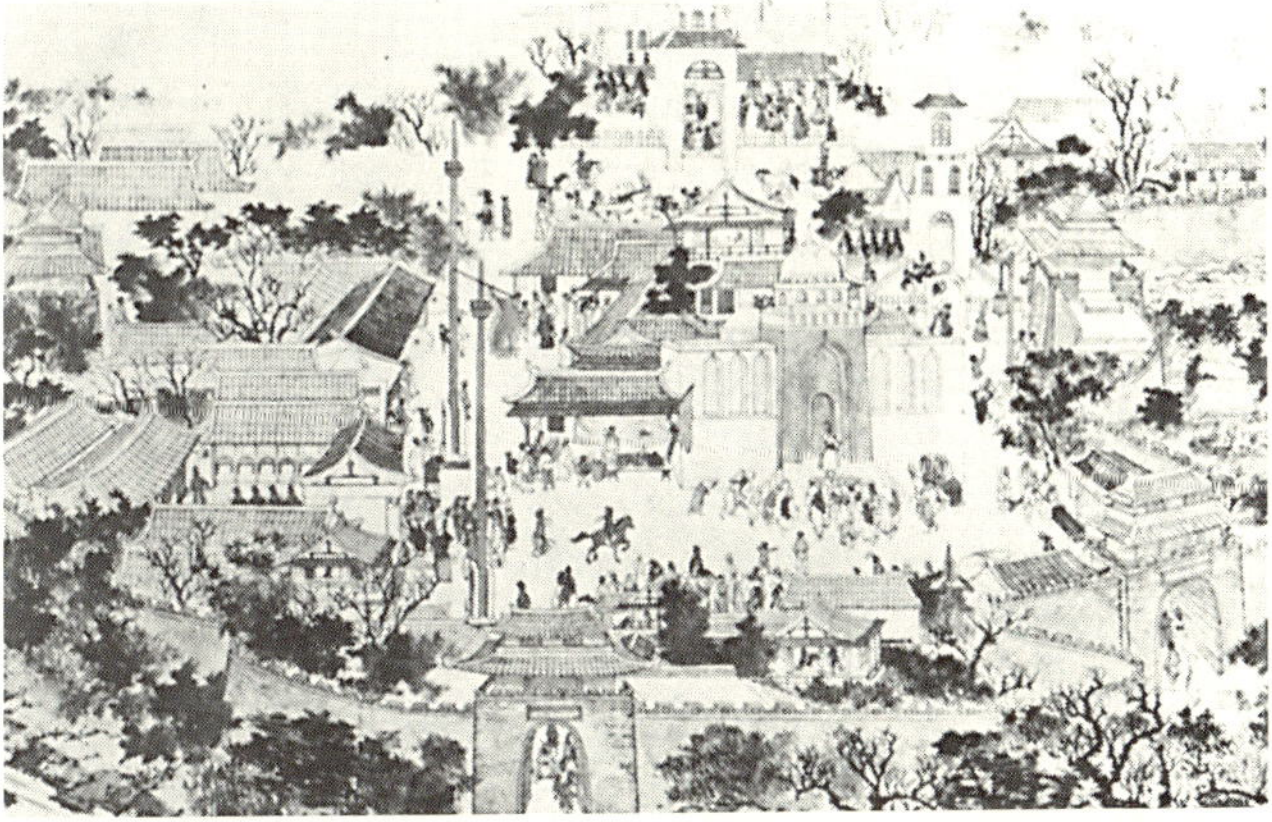

171　泉州の街　南海貿易の根拠地にふさわしく，イスラム風の寺院やそこで礼拝する人々の姿が描かれている。宋末元初，大食（タージー）商人・蒲寿庚がここで活動していた

市舶司が置かれたところとしては、広州・泉州・明州・温《おん》州・杭州・秀州・江《こう》陰軍《いんぐん》と山東半島の密州板橋鎮《ばんきょうちん》（膠西《こうせい》県）が数えられる。最盛の港は広州で、泉州がこれについだ。両者は南海諸国に対する貿易が主で、江浙方面諸港や密州板橋鎮は日本や高麗《こうらい》に対する東方貿易を主とした。

市舶条制

市舶司《しはくし》の官制は、時代によって変遷があるが、宋初には市舶司所在の州の長官（知州）が市舶使を兼ね、通判《つうはん》がこれを助け、一路の財政長官である転運使《てんうんし》とともに市舶のことをつかさどった。その下に、中央政府から京朝官《けいちょうかん》（文官）または三班《さんはん》使臣《ししん》（武官）・内侍《ないじ》（宦官《かんがん》）が派遣されて専任の市舶官となり事務に従った。

一〇八〇年の元豊官制改革後は、市舶司は知州・通判の手を離れ、まったく転運使の兼任となったが、さらにおそらく一一〇二（崇寧《すうねい》元）年にいたって提挙《ていきょ》市舶司という専任長官が置かれ、転運使から独立することとなり、以後おおむねその制によった。これは市舶行政の重要性の増大を反映するものといえよう。市舶司には提挙市舶を長官とし、その下に監官・専庫・手分などが置かれた。

市舶司の任務

海舶の積んできた物貨は市舶司《しはくし》によってまず抽解《ちゅうかい》される。抽は抽分の意、何分かを抽取する徴税のことで、だいたい十分の一の税率である。抽解の後、官の収買が行われる。禁榷《きんかく》貨物すなわち専売品は、市舶司が一手に買い上げる。

北宋初期、太平興国《たいへいこうこく》元（九七六）年には、真珠・瑇瑁《たいまい》・犀角象牙《ぞうげ》・鑌鉄《ひんてつ》・鼊皮《へきひ》・珊瑚《さんご》・瑪《め》瑙《のう》・乳香《にゅうこう》の八種が禁榷品とされ、その後、紫礦《しこう》・鍮石《ちゅうじゃく》が追加された。禁榷品目は時代によって変化がみられ、『萍洲可談《へいしゅうかだん》』によれば、

「真珠・龍脳のごとき細色（容積に比し価値の高いもの）は一割を、瑇瑁・蘇木《そぼく》のごとき麤《そ》色（容積の大なるもの）は三割を抽解した後、残余につき官が収買するが、物貨の種類によってその率はさまざまで、重さ三十斤以上の象牙と乳香は権貨として、抽解の残余全部を官が買い上げる」

とあり、南宋末の制度は宋初とはかなり相違することがうかがわれる。

禁権品のほかの物貨についても、官は良質のものを選んで買い上げ、残余は商人が買いつけることとなる。市舶司は官本《かんぽん》（買い入れ資本）として用意した金・銀・銭・鉛・錫《すず》・絹織物・陶磁器などをもって収買する。銭は重要な支払い手段であったが、後に述べるように銭は輸出禁制品であったから、主として中国の商人に対して使用されたと思われる。

海船を臨検し、積み荷に課税し収買する事務を主管するのが監官《かんかん》であり、抽解収買した物資や、収買のための官本の倉庫に保管されたものをつかさどるのが専庫で、監門官とも呼ばれたようである。市舶司庫に収管された物貨は、一定の期日に中央政府に送り出されるが、一部の物貨、とくに麤貨《そか》は市舶司現地において出売された。すべて市舶司の任務である。そのほか、海船出港の許可、禁制品の輸出の取り締まり、輸入品販売許可証の下付、外国および外国船の招来、その送迎、蕃坊《ばんぼう》（外国人居留地）に関する事務などは市舶司の業務で、提挙市舶司（または市舶使）が長官としてこれを総《す》べた。

銭禁と市舶の巨利

兵器および兵器製造材料は輸出禁制品であったが、とくに厳重な禁制品とされたのは銅銭である。銅銭の輸出禁止令（銭禁）は宋初から布《し》かれ、太祖は二貫にいたるものは徒一年、三貫以上は棄市《きし》（死刑）という極刑を規定して違禁を防止しようとした。しかし銅銭は外国商人の欲するところであり、有利な貿易品であったから、厳禁にもかかわらず密輸出が盛んであった。

一〇七四（熙寧《きねい》七）年、王安石《おうあんせき》の新法の下に銭禁が解除されると、銅銭は国外に盛んに流出し、「辺関重車《じゅうしゃ》して出で海船飽載《ほうさい》して回《かえ》る」（張方平《ちょうほうへい》の上奏）という状況となった。熙寧銭禁解除は、旧法時代にはいり、一〇九一（元祐六）年にやめられて再禁止となり、以後、銭禁は南宋末まで存続した。しかし密輸出はやまず、宋の国内では銭の不足（銭荒《せんこう》）状態が慢性化し、経済界に深刻な影響を及ぼした。そうして国外に流出した宋銭は、輸出先の国々の通貨として流通したものが多く、宋は東アジアの貨幣鋳造所の観を呈したともいわれる（曾《そ》我部《がべ》静雄《しずお》博士）状況となったのである。

市舶の利

宋の政府は、抽解および収買によって入手した物貨を、専売または商人に出売して巨額の利益をあげた。その収益は南宋初期の紹興《しょうこう》年間に百万緡《びん》から二百万緡に達した。その財政収入において占める役割はかなり大きなものであった。市舶司に期待されるところは多かった。外国使節・商船の招致は宋朝歴代不変の対外方針であった。来朝の使節・商人を優遇するとともに、積極的に自国の使節を海外に派遣し、あるいは国書を貿易商人に託して、諸外国の朝貢・通商を勧誘した。

日宋私貿易の発展

そのことは対外的積極策を採り、貿易振興を重視した北宋神宗朝において顕著であった。

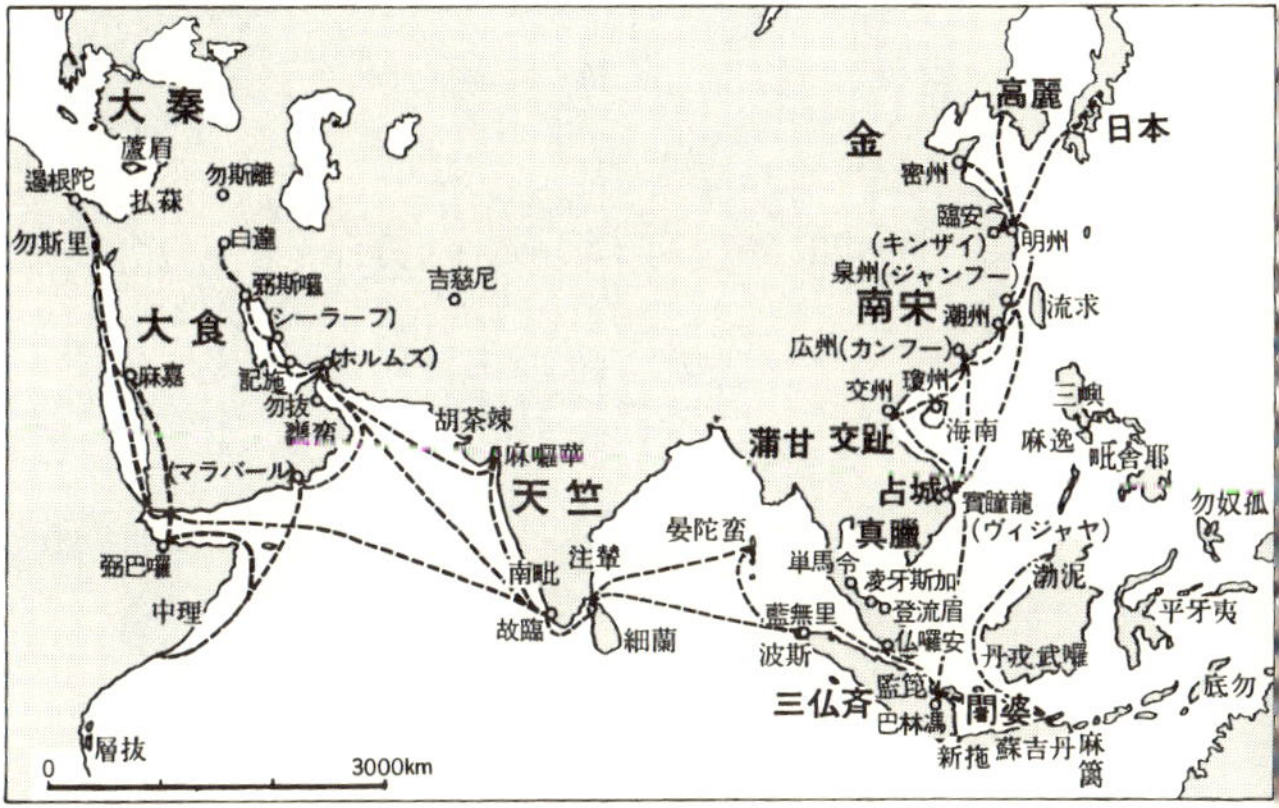

172　南海諸国（趙汝适，諸蕃志所載）と航路

その効果として高麗《こうらい》や仏泥国（ボルネオのブルネイ）との国交が回復再開され、新たに朝貢した諸国・諸部族も多かった。使節朝貢にともなってそれらの国との貿易も発展した。

日本に対しても頻繁《ひんぱん》に公文書が送られ、明《めい》州が日本・高麗との貿易港に指定されている。宋から日本へ輸出された物貨としては、絹織物・陶磁器・香料類・茶・経書・文房具などがあり、香料類は南海諸国から宋へはいったものが再輸出されて日本に渡来したものである。宋銭は大量に日本に輸入され、通貨として流通した。日本から宋へ輸出された品物としては、金・真珠・硫黄《いおう》・美術工芸品（螺鈿蒔絵《らでんまきえ》・扇子など）があり、南宋になると木材の輸出も多かった。

宋朝から日本に対して公文書を送ることはたびたびあったが、これに対する日本からの反応は積極的でなかった。国家間の公的使節派遣は

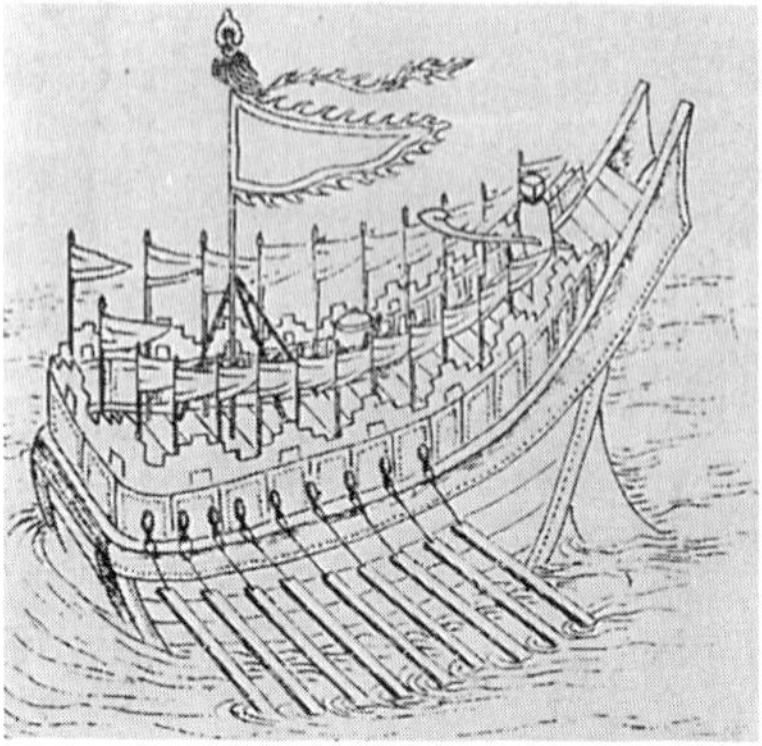

173　宋代の軍船　『武経総要』より

行われなかった。ときに日本から公文書・国信物の贈送はあったが、原則的には鎖国が日本の方針であった。しかし日宋両国関係はきわめて平穏で、両国民の私的貿易も平和のうちに発展推移したのである。

遠洋航行宋船の構造

宋代においてはアラビア（大食《タージー》）人などの外国商人の来航活躍とならんで、中国商人の中国船による往来が盛んであった。中国においても技術的進歩によって遠洋航行船（海船）が建造され、中国船は東アジア・東南アジア・インド洋にわたり活躍するようになった。磁針を航海に応用する羅針盤《らしんばん》の知識も実用化され、遠洋航海の発展に寄与した。

海船の建造は福建《ふっけん》・広東《カントン》方面に盛んで、技術が進んでいた。『宣和《せんな》奉使《ほうし》高麗図《こうらいず》経《けい》』はその規模をつぎのように述べている。

「船長十余丈、深さ三丈、幅二丈五尺、積載力二千石、船員六十人。船舷は全木の巨枋《きょほう》を積み上げて作り、船底は刃状に尖らせ、竹嚢を両舷に固定して、波浪に対する緩衝《かんしょう》として抵抗力を増大させる。船の前後は空けて浮力をつけ、中央を三倉に仕切り、前倉は甲板を施さず、底に竈《かまど》と水槽を置き、下層は水夫の船室に当て、中央倉は四室に区切り積荷用とし、後倉は船室で楼屋状の客室を設け、展望と居住性に便してある。船具としては船首に車輪を架設し、籐索《とうのなわ》をまき付け、錨型木《いかりがたき》鉤《かぎ》に石を挟んだ矴石《ていせき》を吊るし、左右に遊矴《ゆうてい》を具え、錨の用に当てる。船尾には大小二柁《かじ》を具え、棹《かい》と槳《かい》を推進用にもつ。しかし主推進具は帆で、檣《しょう》（マスト）は二本あり、頭檣は八丈、大檣は十丈、順風には五十幅の布颿《ふはん》を張り、偏風には操作容易な利蓬《りほう》（とま）を用い、微風時には大檣の頂上に小颿十副を掛けて風の抵抗を増す」

海船の大きなものでは五千石にいたるものがあり、積載能力が大きく、乗組員数も数百名から千人に及ぶものがあった。檣の数も、元代に中国へ来て海路を帰国したマルコ＝ポーロの『東方見聞録』によれば四本がふつうで、五本・六本の船もあるといい、同じく元代海路来朝したイスラムの旅行家イブン＝バットゥータは、最多のものは十二本に及ぶとしるしている。帆は蓆帆《せきはん》が多く用いられ、季節風（恒信風《こうしんふう》）を利用して帆走し、福建《ふっけん》・高麗《こうらい》間は五、七日ないし二十日、福建・浙江《せっこう》間は三日余、明州・密州間は三日を要した。

このように造船技術や航海法が進み、アラビア人とならんで中国人も遠い外国に航海して貿易に従事し、東海に南海に活躍した。

第十一章　宋代の文化

一　出版文化の隆盛

貴族文化からの訣別

五代分裂の世をうけて、宋朝は中国の統一をなしとげた。北方に強敵を控えてたえずその重圧に苦しめられたとはいえ、国内はおおむね平和が維持されていた。ときに農民反乱の勃発を見ることはあっても、局地的な一時の事件として鎮定され、全国の安寧《あんねい》は継続して維持された。首都開封《かいほう》府は政治の中心としてまた商業の活舞台として繁栄した。靖康《せいこう》の変は宋朝国家にとって死活を制する大波乱ではあったが、南宋の復興成って国家の経済力発展は北宋を超え、首都臨安の繁栄は北宋の首都開封を凌《しの》ぎ、人口百五十万を超える大都市に成長した。それは官僚・軍人を主とし、商人をくわえた一大消費都市であった。宋の文化は、このような平和繁栄の社会を基盤として開花した。

宋代文化の展開は、学術・思想・宗教・美術工芸・産業技術その他各方面にわたってみられる。それは、伝統の貴族的文化に対比して、新時代をになう官僚と士人層、および商業の繁栄を背景とする商人庶民層の文化である。

その新鮮な姿を宮崎市定《みやざきいちさだ》博士が西洋のルネサンスに対比されるのはすぐれた着想であった。しかし国家組織についてみれば、宋は皇帝の専制権力下の官僚制国家であり、ヨーロッパにおける政治権力と市民社会との結びつきという傾向はまったくみられない。類似の現象はみられたが、根底となる社会は違ったものだったのである。

174　文姫帰漢図　南宋　陳居中

隆盛の要因

宋代における学問の発達、思想の展開、宗教の活動に貢献したのは、印刷術の発達、出版事業の盛行である。唐代における仏経・暦本・字書などの出版をうけて、五代では四川《しせん》の成都《せいと》を中心とする『九経』『文選』などの出版が行われ、中央においても後唐以来、国子監《こくしかん》による官版『九経』が出版された。文教を重んじた宋朝においては一段の発展がみられた。その原因として長沢規矩也《ながさわきくや》氏は、その

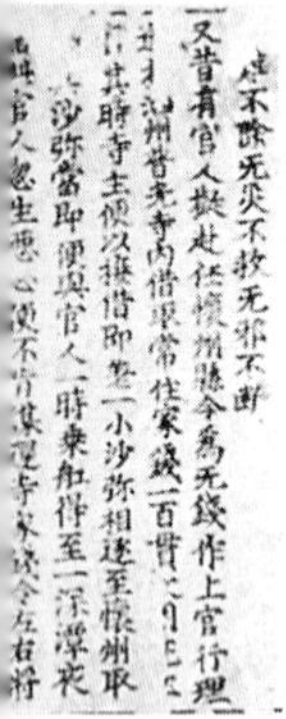

著『和漢書の印刷と歴史』において、つぎの七ヵ条をあげている。

(1)宋代の印刷術の隆盛、(2)宋朝の文治主義が、五代の経書の官刻をうけて、正経・正史の官刻を促した、(3)学問の興隆、(4)紙墨板木の十分な供給、(5)科挙《かきょ》の制度が受験準備書を要求し、出版事業が営利企業化された、(6)出版書籍業の独立、(7)仏教の隆盛が大蔵経《だいぞうきょう》など仏書の出版を促した。

官刻本には中央の官刻本と地方の官刻本とがある。中央の官刻本の重要なものは国子監刊本である。両宋にわたって国子監から多くの正経・正史が出版された。医書の出版も多く、一〇九六（紹聖《しょうせい》三）年には、『脈経《みゃくきょう》』『千金翼方《せんきんよくほう》』『金匱要略方《きんきようりゃくほう》』『補註本草《ほちゅうほんぞう》』『図経本草《ずきょうほんぞう》』などの医書・本草書が出版されている。国子監刊本すなわち監本は、紙墨の費用を納付すれば士人はこれを入手することができた。

地方の官刻本のおもなものは、各路の転運司《てんうんし》・安撫司《あんぶし》・提刑司《ていけいし》・茶塩司《ちゃえんし》などの官庁が、その公費である公使庫銭を用いて出版したもので、刊行地からいえば江浙《こうせつ》地方が多い。

私刻本には家刻本《かこくほん》と坊刻《ぼうこく》本とがある。家刻本は個人の出版で、岳珂《がくか》の相台《そうたい》家塾《じゅく》刊本がもっとも有名で、五経その他が出版され、教科書として用いられた。坊刻本は民間の出版業者が刊行したもので、建安《けんあん》の余《よ》氏、臨安《りんあん》の陳《ちん》氏・尹《いん》氏はもっとも著名である。

出版地では、宋初は五代をうけて蜀《しょく》（四川）が第一であったが、北宋末には臨安・

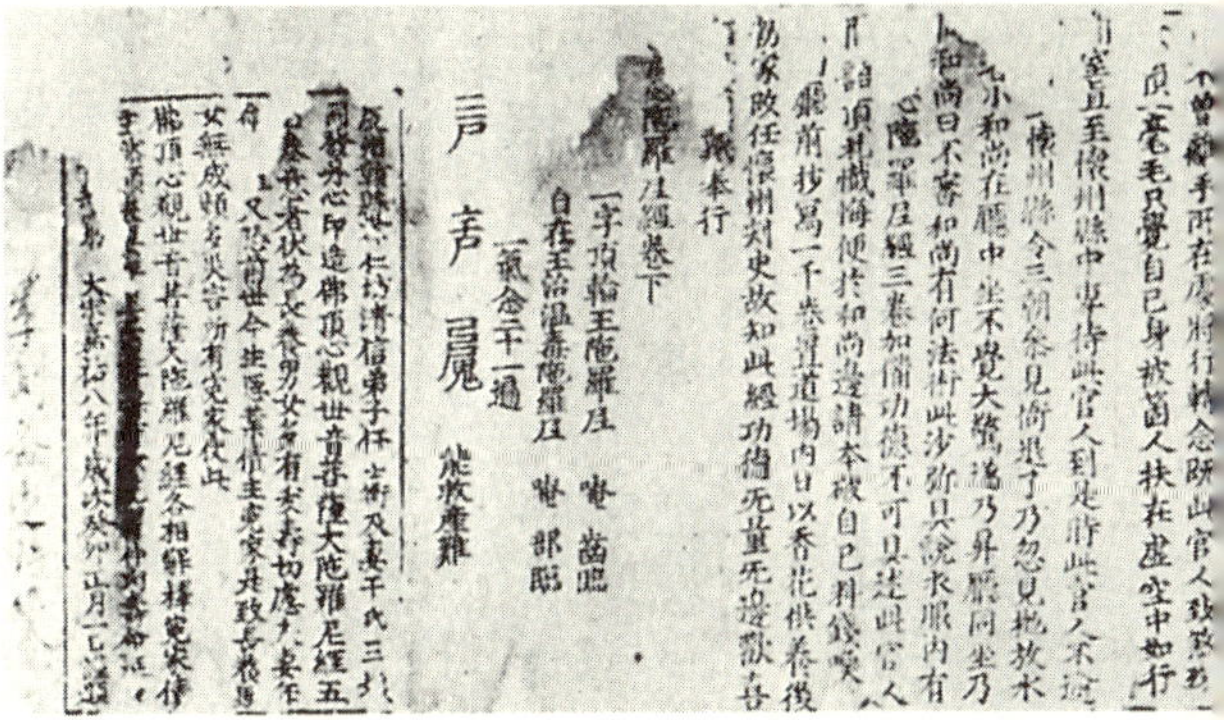

175　湖南省郴県旧市鳳凰山の仏塔から発見された仏教経巻　仏頂心観世音菩薩大陀羅尼経。図は巻３巻尾の部分。題記により嘉祐８（1063）年，江西省の贛県で印造されたことがわかる。宋代仏教・印刷史の重要な資料である

福建《ふっけん》が進歩し、臨安・四川・福建・開封が出版業の中心となった。南宋にはいると臨安の出版はますます栄えたが、量では建寧《けんねい》（福建）を第一とした。この地方には刻しやすい木（榕樹《ようじゅ》）を産し、大量出版に有利であったといわれる。刻しやすいのは木質がやわらかいからで、一面摩滅しやすいのは当然である。したがって、大量出版の反面には誤刻や不鮮明なものも多かった。

南宋では出版は営利企業化していた。科挙受験生の勉学のための書籍を提供することを目標として大量出版を行ったのである。福建路建寧府の建安県は民間出版業の中心で、そのうちでも建安県の麻沙鎮《まさちん》が有力であった。いわゆる麻沙本の産地である。しかし他面、麻沙本といえば粗悪本の代名詞ともなっている。

活字印刷に端緒

出版はおおむね木版で行われた。一枚の版木に文字を彫刻して版木を作り、手刷りで印刷したのである。北宋慶暦《けいれき》年間（一〇四一～四八）畢昇《ひっしょう》が活字を作って活版技術を開発したことは、文明史上有名な話である。

その技術については、同時代人の沈括《しんかつ》による『夢渓筆談《むけいひつだん》』に記載されている。すなわち、膠泥《こうでい》に文字を彫り、一字ごとに一印を作り、火で焼き固めて多数の活字をつくり、この活字を配列して印刷して大量の出版を可能にするものであった。しかし畢昇の死後、その活字はいたずらに宝蔵されて活用されずに終わったと沈括はいっている。

貴重な技術開発が十分に出版業に活用されずに終わったおもな理由を、吉田光邦氏はインクの問題であったろうと推測している。従来の木版用の墨は膠泥活字に吸収されやすく、一様にむらなくつきにくかった。また膠泥活字はやきものであるから収縮性が大きく、活字の形や大きさを揃えることの困難もあったであろうといっている（『中国科学技術史論集』第八章）。

こうして畢昇の膠泥活字は世界における活版印刷の元祖であったが、ひきつづいて発展することがなかった。しかしその後、木活字や金属活字が出現する端緒をなしたものとみることができよう。

二　思想界の革新

新儒学＝宋学の発生

宋代においては、儒仏道三教ともに革新気運が高まった。とくに儒教においては、宋学とよばれる新儒学が、思弁的宇宙観に基づく哲学として築き上げられた。宋学は、のちに日本・朝鮮・安南《あんなん》など周辺の東アジア諸国に伝えられ、それぞれの国の思想界や政界に大きな影響を与えることとなるのである。

唐代、儒仏道三教の間でしきりに教義上の論争がかわされた。当時の儒教は漢以来の訓詁《くんこ》を主とし、論理に弱かったから、仏・道の論理に学ぶところが多く、韓愈《かんゆ》・李翺《りこう》などが出て仏・道二教の議論を摂取し、新しい儒学を提唱して仏教を排斥した。そしてこのような論争と対立の反面、三教融合の現象も生まれてきた。

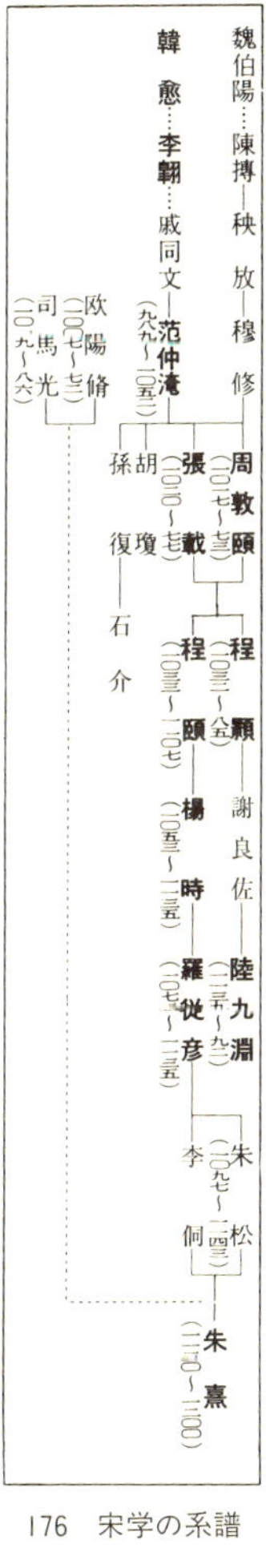

176　宋学の系譜

177 「太極の図」 宋儒はこのような図式を用いて、根本原理である太極からすべての物と現象とが生成発展する理法を説いた

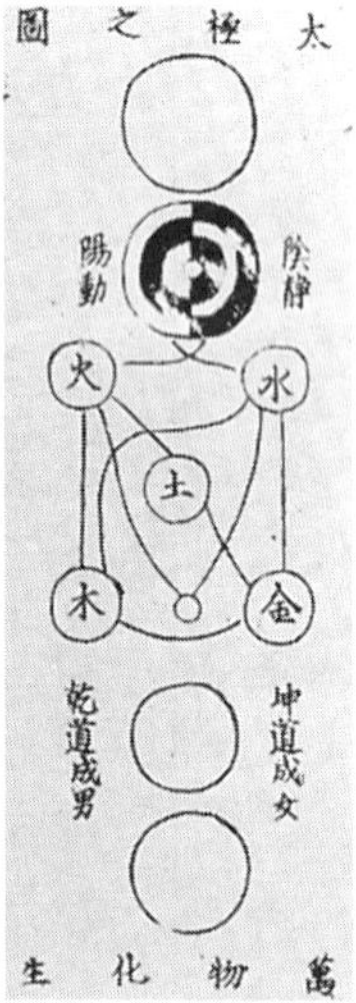

宋朝統一政治の世となって、文治主義の下に儒学は新生の気運に際会した。儒学本来の目的である経綸《けいりん》（道義に基づく政治）・正名《せいめい》（名分を正す）・修養の自覚を深め、儒学を国家の政治、個人の生活の実際に結びつけようとした。

すなわち、漢唐時代に流行した、経典の注釈に没頭する訓詁《くんこ》学《がく》を脱却し、仏教興隆の刺激を受けて哲学的思弁を深め、また、外敵による困難に対応して政治思想を振興し、正名論によって華夷の別を正す民族主義を鼓吹した。こうした新儒学は宋学とよばれ、天理や人性を明らかにしようとしたので性理学とも理学ともいい、また道学ともいう。

このような新儒学の展開は、宋の新しい政治支配体制と照応するものでもあった。既述のように、唐代の貴族政治体制は終わり、代わって皇帝の独裁権力の下に官僚政治が、社会的基盤を士人層にもつ官僚によって遂行されたのが宋の時世である。

この新時代の精神として新しい儒学――宋学は意義づけられるものである。したがって、それが独裁君主制を支える論理となるのも当然であった。

宋学の祖と仰がれるのは周敦頤《しゅうとんい》（濂渓《れんけい》）である。かれは范仲淹《はんちゅうえん》から道統を受けるととも

に、道士や禅僧の教えに影響されて『太極図説《たいきょくずせつ》』を著し、宇宙生成の原理を説いた。それは太極という宇宙の本体から陰陽《いんよう》の二気が生じ、さらに五行《ごぎょう》（木火土金水）が生まれ、五行の結合によって男女の二気が生じ、その交感調和の結果、いっさいの現象・万物が生ずるとした。そして人間道徳である仁義をこの宇宙生成の理によって説き、人間が道徳を実践することは、宇宙の生成調和の理に従うことであるとした。

178　欧陽脩

179　司馬光

いっぽう、周敦頤と同じく范仲淹に学んだ張載《ちょうさい》（横渠《おうきょ》）は、万物の生成を気の集散によって説く一元的宇宙観を展開した。

周敦頤に学んだ程顥《ていこう》（明道《めいどう》）と張載の説を発展させた程頤《ていい》（伊川《いせん》）の兄弟（二程子）は、道仏二教を取り入れて本体論・心性論をまとめた。

程伊川は宇宙の本体を「理」とし、「理」がはたらいてすべての現象が現れると考え、「理」と現象は不可分関係にあり、「理」をあらわすものが易《えき》であるとした。

周・程の学派は哲学的思索によって宇宙の本体を明らかにし、聖人の道を宣揚し、道徳の根源を究めようとする、いわば哲学派であるのに対し、経書《けいしょ》とくに『春秋』の研究によっ

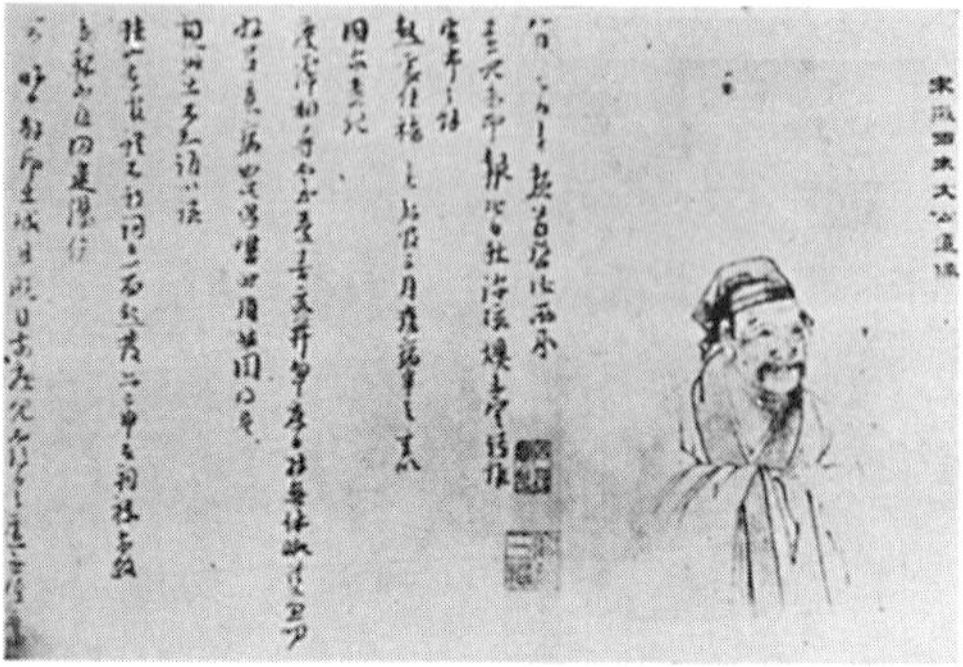

180　朱熹とその手紙

て名分を正し（正名）正しい歴史の確認の下に政治道徳を革新し、華夷を分かって中華を顕示しようとする、いわば歴史学派ともいうべき一派があった。

欧陽脩《おうようしゅう》はその開祖で、経書に大胆な批判をくわえ、また『新唐書』『新五代史』を編集した。その門に曾《そう》鞏《きょう》・蘇軾《そしょく》（東坡《とうば》）・蘇轍《そてつ》・王安石《おうあんせき》（介甫《かいほ》）などの俊秀が輩出し、文章と政治に活動した。

欧陽脩とならぶ歴史学派の雄は司馬光《しばこう》（温公）で、『資治通鑑《しじつがん》』を著した。それは『春秋』の体例にならって名分を正し、君臣の大義を明確にした史書として、現在の政治の指針を与えようとしたものである。

朱子学＝宋学の大成

北宋後期、王安石の新法実施を契機として起こった新旧両法の政争は、深刻な党争に発展して北宋末期の政界をゆり動かし、学者も多くその渦中にまきこまれた。程伊川《ていいせん》は追放されてその学問が禁止され、王安石の新義は反論をまき起こすなど、波乱万丈の観を呈し、宋学の発展も順調には進まなかったが、南宋にいたって朱熹《しゅき》が出てその道統を継ぎ、それまで分化発展してきた儒学の目的分野を統合整理して宋学を大成した。これが朱子学で、朱熹はその創始者である。

朱熹（晦庵《かいあん》）は本籍徽《き》州婺《む》源《げん》県（江西省に属す）、生地は福建《ふっけん》の尤渓《ゆうけい》県。一一四八（紹興《しょうこう》十八）年、十九歳のとき進士に及第した。高宗・孝宗・光宗の三代、地方官として政績をあげ、あるいは奉祠《ほうし》の官（国立道観の長官、名目的のもので実職はない）についていたが、一一九四年、寧《ねい》宗が即位し、趙汝愚《ちょうじょぐ》が宰相《さいしょう》となると、朱熹は侍講に任ぜられ、天子の顧問として政治理想実現の機会に際会した。

しかし外戚《がいせき》の権臣韓侂冑《かんたくちゅう》の策謀により、趙汝愚は位を追われ、朱熹も在職四十五日で罷免《ひめん》された。その後も韓侂冑一派による迫害はやまず、朱熹の学徒は官途につくことを禁ぜられ、その学は偽学として著述の流布を弾圧された（慶元偽学の禁）が、のち理宗の世、太師徽《き》国公を贈られた。

宋代新興の道学は朱子（朱熹）によって大成された。二程子の高弟楊時《ようじ》（亀山《きざん》）の門人に羅《ら》従彦《じゅうげん》があり従彦の門人に朱松《しゅしょう》・李侗《りとう》がある。朱松は朱熹の父である。朱熹は朱松・李侗らに師事して道学の正統を継承し、前述のように、これを統合整成して朱子学の祖となった。

181　道統相伝図　朱子学派がその道統の古代聖賢に淵源することを示したもの。李元綱「聖門事業図」

伏羲―神農―黄帝―堯―舜―禹―湯―文・武―周公―孔子―顔回／曽参―子思―孟子―周敦頤―程顥・程頤／張載―朱熹

朱子は、最高至上の倫理である「道」は、堯舜《ぎょうしゅん》禹湯文武周公から孔子《こうし》・孟子《もうし》にうけつがれ、宋朝にはいって周敦頤《しゅうとんい》が復興し、張載・二程子に継承されたものであり、この「道」の正統をみずからうけつぐものと自任した。

性即理と心即理

朱子は理・気の二元を建て、万物は気によって構成されるが、それを成立させる原理を理であるとした。理は超感覚的形而上のもので「道」であり、太極《たいきょく》である。人はこの理によって性を成し、気を受けて形を成す。理には善悪がないから、本然の性には善悪はないが、気には清濁があるから、気質の性には善悪がある。すなわち本然の性と気質の性の別がある、とした。本然の性の点からいえば人間は善であるが、気質の性すなわち情によって善悪の相違が起こる。情を去って理に帰るのが人間の道徳であるから、人は事物の理を窮めて徳を養わねばならぬ（格物致知《かくぶっち》）と説き、君臣・親子・兄弟の社会・家族倫理を絶対のものとした。それは宋の皇帝専制体制を支える原理となるものであった。

朱子は儒教の経典のほか、道・仏を含む群書にも広い知識をもち、その注釈や編集を行ったが、とくに「四書」の集注《しっちゅう》に精力を注いだ。四書とは、『大学』『中庸《ちゅうよう》』『論語』『孟子』で、『大学』と『中庸』とは、『礼記』から抜き出したものである。

朱子学は四書を重んじた。後世朱子学の流行とともに、四書は五経とならんで儒学の経典として尊重されるようになる。また、朱子の著した『資治通鑑綱目《しじつがんこうもく》』は、孔子の『春秋』にならって、綱と目とに分け、上代から五代までの史実を編年体に編集し、その間に道徳的評価を示し、華夷の別を明らかにしたものである。

これは道徳主義的歴史学の典型ともいうべきもので、その名分論と正統論は、日本の徳川期の史学に大きな影響を与えた。また、その体裁は後世に綱目体史書流行の端緒をなした。

朱子の学説は、孔子・四書を中心とし、仏・道二教に影響されつつも、これに対抗する護教的教説として、合理的思弁を徹底させた理論で、経綸と正名と修養とを総合大成したものであった。

しかし、同時代の人陸九淵《りくきゅうえん》（象山《しょうざん》）は、朱子学の窮理主知にすぎて空理空論に走ることを非難し、唯心論を唱えた。すなわち、宇宙の本体である理は心であるとし、心即理を説き、性即理とする朱子の説と対立した。そして、心を探り理を認識する方法として静坐《せいざ》を勧めたが、その説には禅に影響されるところが多いといわれる。

朱熹とは生涯の好論敵として活躍した。一一七五年、両者が鵝湖寺《がこじ》（江西省鉛山県《えんざん》）に会して討論した「鵝湖の会」は世に有名である。陸学は朱子学とともに、当時の思想界を二分する勢力をもっていた。

禅宗と浄土宗の盛行

唐の武宗（会昌《かいしょう》年間）ついで後周世宗の排仏にあって打撃を受けた仏教は、宋朝にはいり、帝室の保護の下に復興した。多くの宗派があったが、当時の宗教界の一般傾向として諸

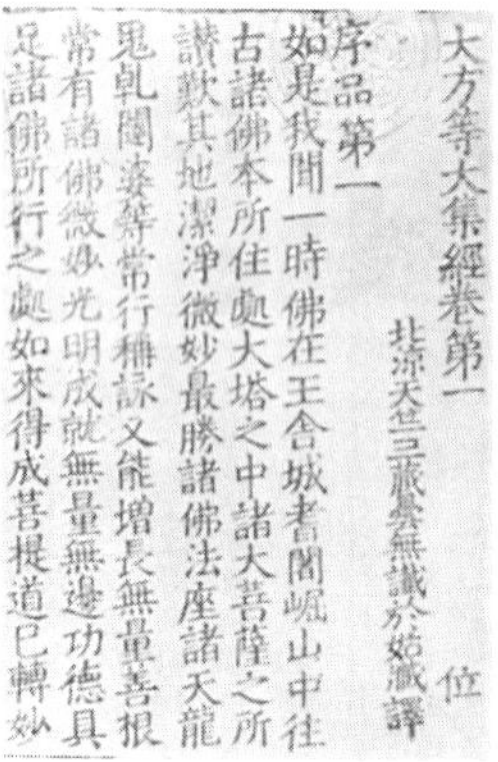
大方等大集經卷第一　北涼天竺三藏曇無讖於姑臧譯　位
序品第一
如是我聞一時佛在王舍城耆闍崛山中往
古諸佛本所住處大塔之中諸大菩薩之所
讃歎其地潔淨微妙最勝諸佛法座諸天龍
鬼乾闥婆等常行稱詠又能增長無量善根
常有諸佛微妙光明成就無量無邊功德具
足諸佛所行之處如來得成菩提道已轉妙

182　「大蔵経」

宗が融合調和する勢いが強かった。

　諸宗のうち、禅宗がもっとも盛んで名僧も輩出した。天台禅《てんだいぜん》・念仏禅《ねんぶつぜん》が盛んで文字禅《もじぜん》の傾向が強かったが、いっぽう、士人層に禅が行われて居士《こじ》禅が起こり、禅本来の姿としての修練を重んじ、士人の教養の形成にあずかって力があった。しかし民衆の間には浄土宗が普及し、阿弥陀《あみだ》信仰による念仏結社が起こった。禅宗と浄土宗の盛行は中国仏教の形成に契機を与えるものであった。

　宋代では『大蔵経』の出版がしばしば行われた。第一次は太祖の勅によって開宝年間以降に益州で開版されたもの（九七一～八三）、第二次は福州東禅寺本（一〇八〇～一一一二）、第三次は福州開元寺本（一一一二～五一）、第四次は一一三二年、湖州の王永従《おうえいじゅう》一族の発願により、思渓《しけい》の円覚《えんかく》禅院で刊行された思渓版、第五次は一二三一年から始まり、一三四九年にいたる宋元両朝百余年を費して、平江府《へいこうふ》磧砂《せきさ》延聖院で刊刻された磧砂《せきさ》本である。

　そのほか『釈氏要覧《しゃくしようらん》』『仏祖統紀《ぶっそとうき》』『景徳伝燈録《けいとくでんとうろく》』『僧史略《そうしりゃく》』など、仏教史研究上の要籍が出版されている。これら出版の盛行は当時の出版文化の一環を成すものであるが、仏教の弘《ぐ》通《ずう》を促進させた効果は大きかった。

道教革新の三派

道教は真宗《しんそう》皇帝が帰依して以来、帝室の手厚い保護を受けたが、教理的には前代を継承するだけで新しい発展はなく、教団の経済的発展とともに俗界の栄耀にとらわれて宗教的実践を忘れ、教界の腐敗を招いた。北宋末、徽宗《きそう》が道教をとくに保護したことは、その腐敗をさらに助長するものであった。

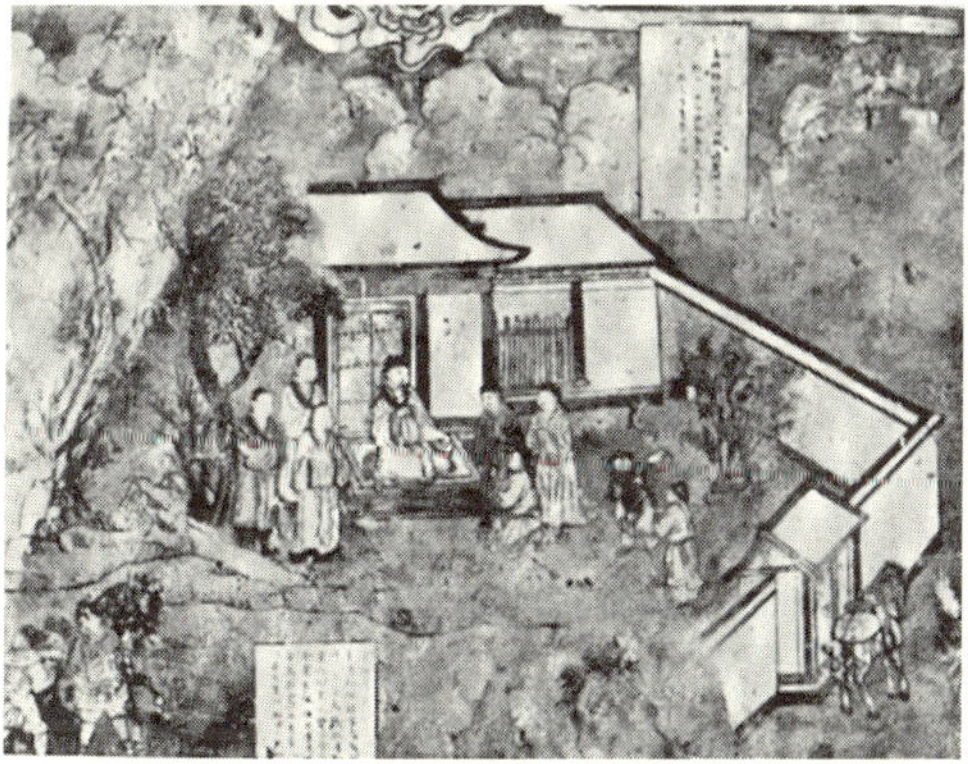

183　説教をする王重陽

道教界のこのような弊害を打開したのは、南宋時代、金の領内で王重陽《おうじゅうよう》（嚞《てつ》）（一一一二～七〇）の全真《ぜんしん》教、劉徳仁《りゅうとくじん》の真大道《しんだいどう》教、蕭抱珍《しょうほうちん》の太一《たいいつ》教が創始されたことである。

これら三派は儒仏道三教融合思想に立ち、実践的であり庶民的であった。とくに全真教は禅宗的な色が強く、不老長生に重点を置かない特徴をもち、この後大いに発展し、江南の正一《せいいつ》教とあい対して中国道教界を二分する大勢力となるのである。

仏教界で『大蔵経』が出版されたのにならって、真宗のとき『道蔵』が成立し、『雲笈七籤《うんきゅうしちせん》』

が編集され、道教の普及に貢献した。

仏教・道教の盛行とともに、教団の勢力が伸張し、寺院・道観は広大な田地と多数の佃戸《でんこ》を擁し、免税免役の特権を享受《きょうじゅ》して経済的の力を蓄え、高利貸などの営利事業を営んで肥大した。

政府は僧侶・道士の免許資格状である度牒《どちょう》の発行権を握っていたが、これを売って財政難を救おうとした。免税免役の特権にあずかろうとしてこれを買う者も多かったのである。しかしこれでは、教団は腐敗し堕落する一方である。

このような教界の状況に反対して、仏教界において白雲菜《はくうんさい》や白蓮教《びゃくれん》のような反体制的な宗教運動が起こされるが、政府はこれらを邪教として禁圧した。王重陽らの新道教の唱道も、このような旧来道教の弊風を打破改革しようとしたものであった。

三　史学・地理学・文芸

編年史と紀事本末体史・会要

宋の文治主義や印刷出版の盛行に支えられて、宋学以外の諸学術もおおいに盛んとなった。宋の史学は宋学と関連しつつ展開した。欧陽脩《おうようしゅう》の『新唐書』『新五代史』、司馬光《しばこう》の『資治通鑑《しじつがん》』の編述については前に述べた。

宋初には薛居正《せっきょせい》の『旧五代史』が作られ、正史の一つとされている。『資治通鑑』は、劉《りゅう》恕《じょ》・劉攽《りゅうはん》・范祖《はんそ》禹《う》らが戦国から五代にいたる期間を分担して執筆したものに、司馬光が刪《さく》修《しゅう》をくわえてなった編年史で、そのさい史実の異同を考証してなったのが『通鑑考異《つがんこうい》』である。『資治通鑑』は編年体政治史の模範とされ、後世これにならって数多くの史書が編纂されている。南宋にいたって李燾《りとう》の『続資治通鑑長編』や、李心傳《りしんでん》の『建炎以来繫年要録《けんえんいらいけいねんようろく》』、徐夢莘《じょむしん》の『三朝北盟会編《さんちょうほくめいかいへん》』が編集された。

李燾の書は北宋九代、李心傳のものは高宗一代の編年史、徐夢莘のものは徽宗・欽宗・高宗三代にわたる宋・遼・金三国の外交関係を中心とする編年史であり、いずれも膨大な著作で、南宋史学の巨峰をなすものである。朱熹《しゅき》が『資治通鑑』を基礎として編成した『資治通鑑綱目』については前に述べた。

編年史が盛んに作られる一方、南宋になると紀事本末体の史書が現れた。これは記事の内容を類別してその本末を記述するもので、史書の新体裁となった。

	書名	編著者	叙述年代
編年史	旧五代史	薛居正	五代
	五代史	欧陽脩	〃
	唐書	〃	唐
	資治通鑑	司馬光	戦国～五代
	続資治通鑑長編	李燾	北宋九代
	建炎以来繫年要録	李心傳	高宗一代
	三朝北盟会編	徐夢莘	徽宗・欽宗・高宗三代
	資治通鑑綱目	朱熹	戦国～五代
紀事本末	通鑑紀事本末	袁枢	戦国～五代
	春秋左氏伝事類始末	章冲	春秋時代
	続資治通鑑長編紀事本末	楊仲良	北宋
会要	宋会要	官撰	北宋・南宋
	西漢会要	徐天麟	前漢
	東漢会要	〃	後漢
	唐会要	王溥	唐代
	五代会要	〃	五代

184　宋代のおもな史書

袁枢《えんすう》の『通鑑紀事本末《つがんきじほんまつ》』は『資治通

鑑』を、章冲《しょうちゅう》の『春秋左氏伝事類始末《さしでんじるいしまつ》』は『左伝』を基とした紀事本末史である。楊仲《ようちゅう》良《りょう》は『続資治通鑑長編』に基づいて『続資治通鑑長編紀事本末』を著した。

紀事本末体史書とは別の一体裁をなす「会要《かいよう》」も北宋以来の歴代にわたって官撰によって作られた。総称して『宋会要《そうかいよう》』の名でよばれている。個人の著作としては、北宋初に王溥《おうほ》は『唐会要』『五代会要』を著し、南宋では徐天麟《じょてんりん》が『西漢《せいかん》会要』『東漢《とうかん》会要』を著している。

各種の地誌類書編集

地理学の分野では、全国地誌としては、北宋の太宗時代に、全国統一にさいして楽史《がくし》の『太平寰宇記《たいへいかんうき》』があり、神宗時代に『元豊九域志《げんぽうきゅういきし》』が作られ、徽宗時代には欧陽忞《おうようびん》の『輿地《よち》広記《こうき》』が現れている。南宋時代には、王象之《おうしょうし》の『輿地紀勝《よちきしょう》』や祝穆《しゅくぼく》の『方輿勝覧《ほうよしょうらん》』が著された。また、全国地誌とならんで、府州を単位とした地方誌も作られるようになり、明清時代の地誌盛行の先駆をなしている。

宋代初期には、多数の学者を動員した大規模な編纂事業が起こされ、『太平御覧《たいへいぎょらん》』『冊府元《さっぷげん》亀《き》』『太平広記』『文苑英華《ぶんえんえいか》』などの大部の類書（百科全書の類）や文集が作られ、宋朝文化の盛運を開くことに貢献している。

このような文運の隆昌は、出版文化の発展と結びついたもので、科学技術の進歩とも無関係ではない。前に述べたように、活版印刷が発明され、世界にさきがけて羅針盤《らしんばん》が航海術に利用され、火薬が武器として開発されるなどの科学技術の発達のみられた宋代が、このような文化の興隆を示したのは怪しむに足りぬものであった。

言文一致の文体

宋代新興の士人官僚は、唐以前の貴族の間にもてはやされた形式的・装飾的な駢儷《べんれい》体の文章を捨てて、思うところを表明伝達することを主とする新しい文体を重んじた。それは、唐代すでに韓愈《かんゆ》や柳宗元《りゅうそうげん》によって唱道された古文を発展させることであった。

宋初、柳開《りゅうかい》は韓柳の文を継ぎ、欧陽脩《おうようしゅう》が出て古文復興の旗印を打ちたてた。ついで曾鞏《そうきょう》・王安石《おうあんせき》・蘇洵《そじゅん》・蘇軾《そしょく》・蘇轍《そてつ》の諸大家が出て、宋代文章の大道を堅めた。明代にいたって、欧陽脩以下の六人を韓・柳とあわせて唐宋八大家と呼ぶことになる。かれらの文章は、政治上の意見を表明するに足る明意通快のものであり、時代を代表する文章となった。

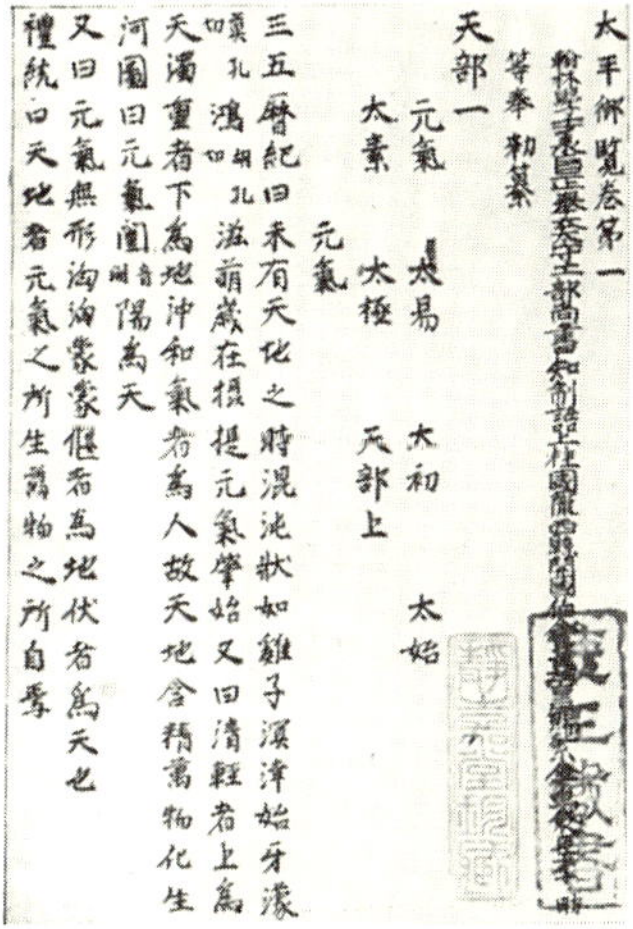

太平御覽卷第一
等奉 勅纂
天部一　元氣　太易　太初　太始
太素　太極　天部上
元氣
三五暦紀曰未有天地之時混沌狀如雞子溟涬始牙濛
鴻滋萌歲在攝提元氣肇始又曰清輕者上為
天濁重者下為地沖和氣者為人故天地含精萬物化生
河圖曰元氣闓陽為天
又曰元氣無形洶洶隆隆偃者為地伏者為天也
禮統曰天地者元氣之所生萬物之所自焉

185　『太平御覧』

明意通快という眼目はさらに進んで、白話《はくわ》すなわち言文一致の口語体文章への道に結びついている。白話文は従来仏教宣伝のために用いられていた。ところが宋代になると、それが儒家の間にも行われるようになり、師儒の言説がそのまま記録編集され、語録が作られた。『朱子語類《しゅしごるい》』はその有名なものである。こうした白話文の流行は、都市の商人層による庶民文化の向上とも密接な関連がある。

歌唱文学＝宋詞

漢の文、唐の詩、元の曲とならぶ宋代の代表的文学は詞《し》である。詞は中唐に起こり、五代に栄え、宋において流行した。詞は絶句に発源する歌う文学である。絶句は五言または七言の四句の短章で、変化に乏しく歌唱に趣のうすい憾《うら》みがある。よってこれを縮め、あるいは伸ばして抑揚緩急を与え、一定の譜式を作り、譜に従って字を塡《う》め、長短句を配列して作るのが詞である。塡詞《てんし》とも詩余《しよ》ともよばれる。

五代の詞家の作品を集めたのが『花間集《かかんしゅう》』である。韋荘《いそう》・李煜《りいく》（南唐の後主）が有名で、蜀と南唐は詞の中心であった。宋にいたって、優雅を主とする南派と、豪放を特色とする北派とに分かれた。宋の文人・政治家には詞を作る者が多く、北宋末には徽《き》宗・李清照《りせいしょう》などの名手が出、南宋では辛棄疾《しんきしつ》・陸游《りくゆう》などが名を著した。

詞は宋代のような庶民文化発展の時運に照応して栄えた歌唱文学で、民間芸能としての色彩の濃いものであった。したがって、士女の愛好するところ、歌妓の口誦するところとなったのは当然で、酒席の間に俗語を駆使して人情の機微を歌うものであった。

しかししだいに音律美辞に傾き、生気を失って衰え、元代にはいると文学の主座を戯曲

（元曲）に譲ることとなる。

民間芸能の発展

宋代において、都市商人を中心とする庶民階層の文化的向上は、民間芸能の発展を促した。民間芸能としては、唐末五代、敦煌《とんこう》出土の文献中に俗曲・変文のごときものがある。変文は韻文・散文を混えた、仏典の故事を対象とする一種の語り物として起こり、民間伝説を説くものともなった文芸である。宋代の語り物としてうけつがれ、書写印刷されて小説となった。語り物は宋代都市の娯楽センターである、前述の瓦子《がし》で上場された。説話演芸のテキストが話本である。『大《だい》唐三蔵法師《とうさんぞうほうし》取経記《しゅけいき》』は現存する話本の一つで、小説『西遊記《さいゆうき》』の原型と考えられている。

186　曲芸の図　敦煌第72洞の宋画。宋の都市の瓦子の勾欄や路上では，各種の演芸や曲芸が演ぜられた。図は，上竿とよばれる曲芸

また、瓦子で上演された芸能として講《こう》史《し》・説経・合生《ごうせい》などがある。講史は今日の講談で、歴史に題材を取った語り物である。とくに『三国志』と『五代史』が喜ばれ、『新編五代史平話《へいわ》』や『全相《ぜんそう》平《へい》

話《わ》』は当時の講史のテキストの姿を偲《しの》ばすに足るものである。説経は仏経に取材した語り物で、合生はかけ合い噺《ばなし》の類であろう。

語り物の脚色上演されたものが戯曲である。唐代の参軍戯のような戯劇が発展し複雑化して、当意即妙その場だけの滑稽《こっけい》を演出するにとどまらず、脚色され、場面を備え、唱曲《うた》や説白《せりふ》をともなうものに発達した。それは瓦子のうちの勾欄《こうらん》（劇場）で演出され、庶民大衆の娯楽として提供された。そして、南宋にはいっていよいよ発達する一方、金国治下の華北においては院本となって発展する。院本とは、行院《こういん》（俳優・歌妓の勤める場所）で用いられる戯曲のテキストである。金の院本はさらに元にひきつがれて元曲となって大成することとなるのである。

四　美術工芸の画期

中国史上最高の絵画界

中国絵画史上、宋代の絵画は歴朝を通じて最高峰を形成しているといわれる。宋代のその盛況は五代の間に用意された。五代紛乱の世には、唐の絵画の伝統は中原を離れて四川《しせん》（蜀）・江南《こうなん》（南唐）に維持された。

すなわち、前後両蜀や南唐は、唐制にならって画院（翰林図画院《かんりんとがいん》）を置き、絵画の名手を集めて官を授け、絵画を保護奨励した。後蜀の孟昶《もうちょう》、南唐の李璟《りえい》・李煜《りいく》などの芸術愛好の君

187　「桃鳩図」　徽宗

主がこれをすすめたのである。蜀に僧貫休《かんきゅう》・石恪《せきかく》・黄筌《こうせん》、南唐に周文矩《しゅうぶんく》・徐熙《じょき》・董源《とうげん》・僧巨《きょ》然《ねん》などがあって、題材も花鳥・人物・山水にわたり、総じて自由闊達《かったつ》なものが多い。

宋では国初から画院が設けられ、後蜀や南唐の画院画家を収容し、官を置いて画学生の養成を行わせた。宋の天子は代々芸術愛好者が多く、その保護をうけた画院の盛況は風流天子徽《き》宗の世に極まった。徽宗は従来、技術官には与えられなかった緋紫《ひし》服・魚袋《ぎょたい》の着用を、画院・書院の官のみには許し、宮中席次では画官を技術官の首位に置いて優遇した。また画生養成のために画学を設け、画家の入院、画生の入学には、科挙《かきょ》に準ずる試験を実施し、画官の昇進も試験によることとし、天子みずから出題選考にあたる熱心さであった。

このような保護奨励によって画院は隆盛となり、多数のすぐれた画家を出し、院体画が形成された。これを受けて南宋の画院も繁栄をつづけ、天下の名画家はほとんど画院から出る状況となった。

北宋時代の絵画は寺観宮殿の壁画として、仏教・道教の人物を描くものが多く、太宗時代の董羽《とうう》から神宗時代の郭熙《かくき》らにいたるまで、画院の作家は雲のごとく輩出した。徽宗自身天才的画家で、中国歴代帝王中第一の名家であり、とくに花鳥に長じ「桃鳩図」のような名品を残している。北宋時代には、院人でない画家として山水の范中正《はんちゅうせい》や花鳥の徐崇嗣《じょすうし》のような勝れた人々も出た。

南宋は画院の最盛期で、初期には宣和期にひきつづいて李唐《りとう》・李迪《りてき》・李安忠《りあんちゅう》らがあり、光宗時代から寧宗時代にかけては、劉松年《りゅうしょうねん》・梁楷《りょうかい》・夏珪《かけい》・馬遠《ばえん》らの名人が出た。李唐・劉松年・夏珪・馬遠は南渡後の四大家とよばれる。

院体画は緊密な構図と洗練された技法をもって画技の頂点に達したが、一面アカデミックで気力を活写するに欠ける弊も出てきた。また壁画の工匠的風気に対する反動もあって、山水竹石などの自然観照に託して風雅の心境を表現し、逸俗の気韻を吐露しようとする一派が生まれた。これは、文人雅士が水墨をもって描くものであり、唐画に対して宋画の特徴をなすものである。北宋のころに文同《ぶんどう》（与可《よか》）・蘇軾《そしょく》（東坡《とうば》）・米芾《べいふつ》（元章《げんしょう》）・米友仁《べいゆうじん》などがあり、南渡後は禅宗文化と結びつき、画院を去った梁楷や牧谿《もっけい》・玉澗《ぎょくかん》などが現れた。牧谿・玉澗に「瀟湘《しょうしょう》八景図」がある。この水墨画法は南宋の院体画にも影響を与えるところが少なくなかった。

絵画の興隆にともない、画史・画論の著述編集も盛んであった。郭思《かくし》の『林泉高致《りんせんこうち》』、郭《かく》若虚《じゃくきょ》の『図画見聞誌《とがけんぶんし》』、米芾の『画史』、鄧椿《とうちん》の『画継《がけい》』があり、徽宗は古画を蒐集編纂して『宣和画譜《せんながふ》』を作らせた。

画院とならぶ書院――書道の繁栄

宋代では画院と同様、翰林院《かんりんいん》に御書院が置かれ、書道も帝室の保護を受けて繁栄した。太

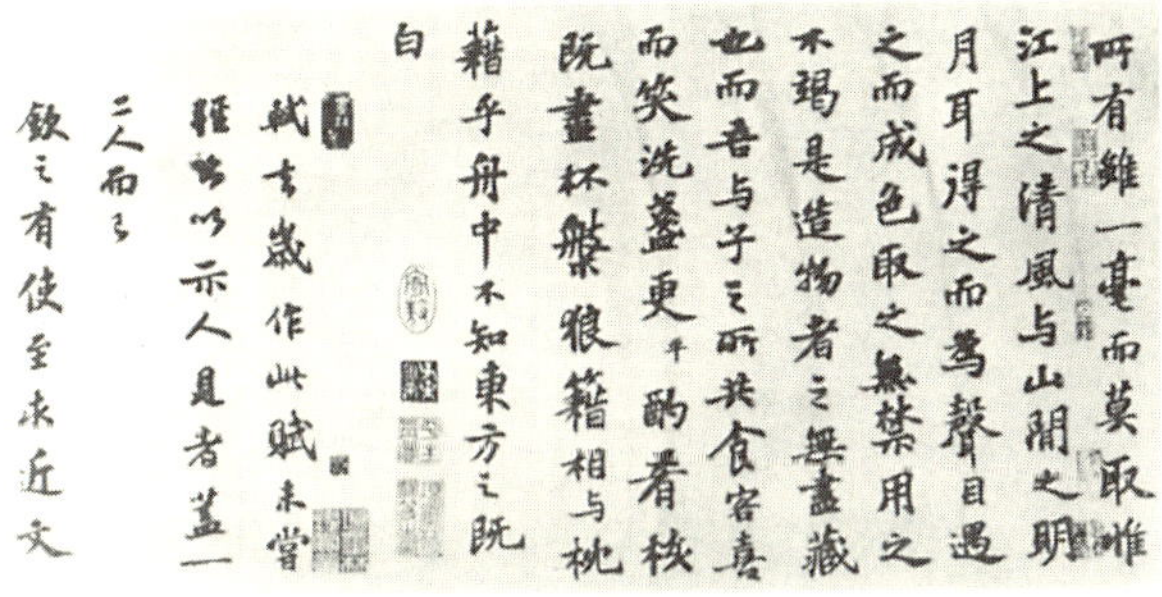

188　赤壁賦　蘇軾

宗の淳化《じゅんか》三（九九二）年には、古代から唐までの名筆を集めて十巻とし、秘閣に石刻を立てさせた。これが『淳《じゅん》化《か》閣帖《かくちょう》』で、現存最古の法帖とされている。以後南宋にいたるまで、法帖の作があいつぎ、古人の筆跡を集め、多くは石に刻した。宋は法帖最盛の時代となった。

北宋の能筆家としては、蔡襄《さいじょう》（君謨《くんぼ》）・黄庭堅《こうていけん》（山《さん》谷《こく》）・蘇軾《そしょく》・米芾《べいふつ》の四人があげられる。絵画における水墨画の方向と同様に、書道においても、自由にして個性的な表現が見られるのは宋の特色で、とくに禅僧の墨跡に顕著であり、絵画と緊密な関連の下に発達した。

建築、彫刻、漆芸

建築についていえば、哲宗の勅を奉じて李誠《りせい》（明仲《めいちゅう》）が編修した『営造法式《えいぞうほうしき》』は、現存する最古の建築書である。これは、古典中から建築関係の文献記事を収集し、総例的事項の説明、諸工事の仕様書、その手間・材料の見積もりを述べ、絵図をつけたものである。

仏像彫刻は、禅宗の栄えた宋ではあまり熱心ではなく、観音《かんのん》・羅漢《らかん》・祖師《そし》の諸像を造る程度であり、北魏から唐代にいたる造像の盛況と精秀とには及ばない。

漆器製作には、彫刻が重きをなす剔紅《てきこう》が宋代において進歩した。剔紅は、木胎《もくたい》の上に朱漆を数十層塗り重ね、それに人物・楼台《ろうだい》・花鳥などを彫刻するもので、金胎・銀胎・錫胎の高級品もあり、漆《うるし》は朱ばかりでなく、黄漆の地に朱漆を重ねるものがあり、五色の漆を重ね、彫りの深浅によって種々の色彩と文様を表し、その技術は精巧をきわめた。また、螺鈿《らでん》にも名品が造られた。浙江《せっこう》の温《おん》州を中心とする地方は漆器の主産地であった。

陶瓷器――量質ともに歴代に冠

宋代工芸のうち、歴代に冠たるものは陶瓷《とうじ》（磁）器《き》である。宋代に見られる瓷器の盛況は、喫茶の流行により茶器の需要が増大したことによって促進されたと考えられるが、また、銅禁によって銅器の製造が禁止された結果、従来の銅器にとって代わって陶瓷器が需要されたことも、その原因の一としてあげることができよう。

五代では後周の柴窯《さいよう》（鄭《てい》州）、呉越国の秘色窯（越《えつ》州）が有名であるが、宋代にはいって定窯《ていよう》と汝窯《じょよう》とができた。定窯は定州で焼いたもので白瓷《はくじ》を主とする。汝窯は河南の汝州で造られ、色は淡青を主とし、厚い釉《うわぐすり》が堆脂《たいし》のようであり、蟹爪紋《かいそうもん》と称するひびの有るものと無いものとがある。首都開封《かいほう》の官窯は、徽《き》宗時代に窯を開いて青瓷《せいじ》を焼いたもので、体も釉も薄く、色は月白・粉青《ふんせい》・大緑を尊び、天子御用の優良品を造った。南渡後、臨安《りんあん》の宮中の修内司《しゅないし》（宮中の営繕官庁）や郊壇《こうだん》（郊外の祭天の壇）下で焼いたものも官窯と呼ばれ、いずれも青瓷である。

以上の官営の窯に対し、哥窯《かよう》・龍泉《りゅうせん》窯などの民窯があった。いずれも浙江《せっこう》省龍泉県にあり、章兄弟の経営で、兄の章生一の窯を哥窯（硫田窯）といい、弟の生二のものを龍泉窯

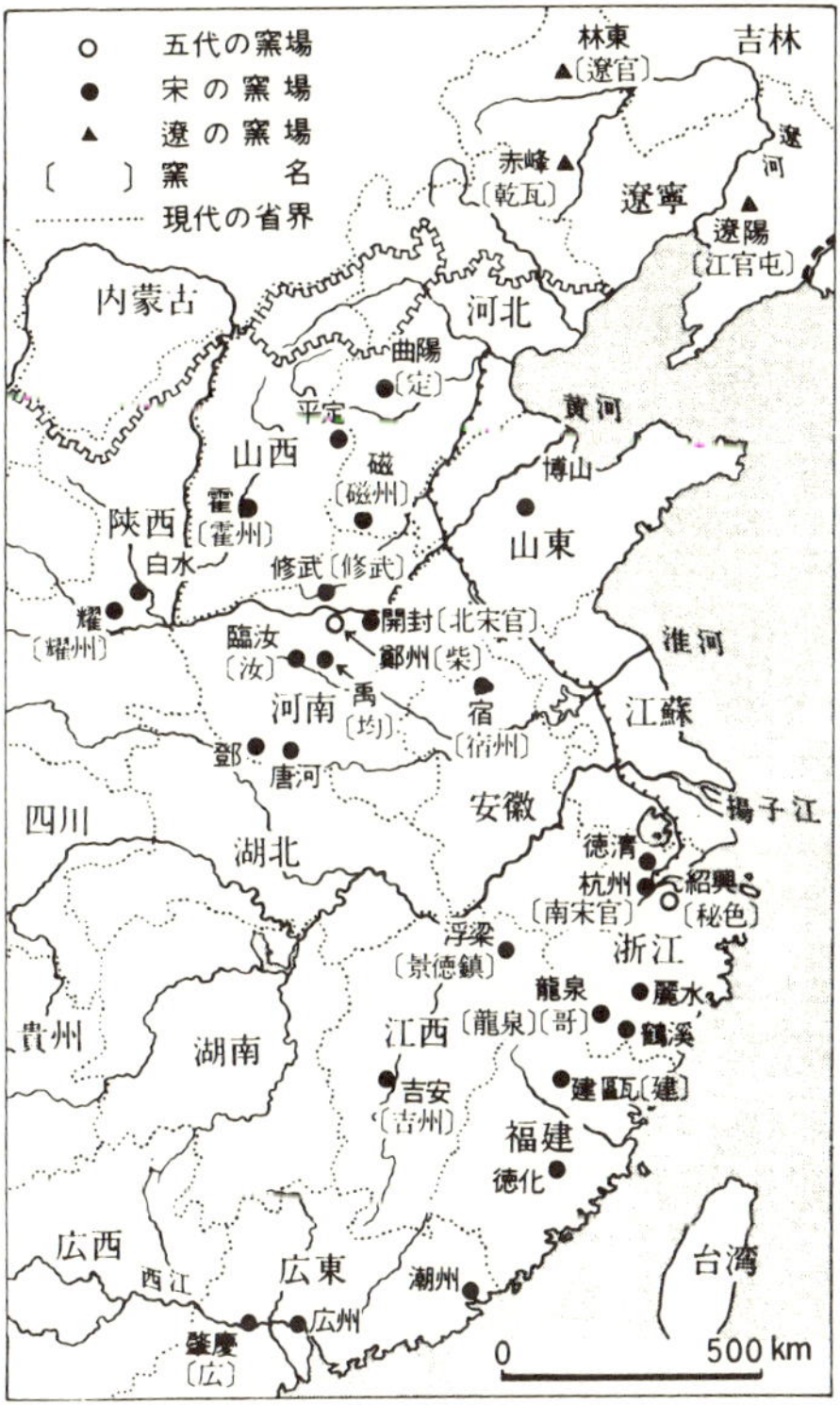

189　宋代の窯跡

（弟窯《てい》・章窯）という。哥窯は官窯に似てやや及ばずとされ、色は淡白（米色）・豆緑などである。龍泉窯は断紋のない点が哥窯と異なり、色は粉青と翠青《すいせい》とがあった。

均窯《きんよう》は宋初均州（河南省禹《う》県）で焼いたもので上記諸窯が青瓷系であるのと異なり、釉色は五彩に変化した美しいものである。吉州窯《きつ》は江西省盧陵《ろりょう》県永和鎮《えいわちん》にあり、定窯にならって白瓷の器を出し、磁州窯は河北省磁《じ》県に置かれ、また定窯にならって白瓷を出し、劃花・凸花・墨花を描いた。ときに墨釉のものもある。霍《かく》州窯は山西省にあり、これまた定窯にならった。耀《よう》州窯は陝西《せんせい》省にあり、汝窯にならった。建窯は福建省建甌《けんおう》県にあって、紫黒・烏泥などの雑器を出し、広窯は広東省肇慶《ちょうけい》（高要）にあって南渡後起こり、均窯にならった。

江西省景徳鎮《けいとくちん》は北宋真宗の景徳年間に鎮を置いて瓷器を焼造した。しかし景徳鎮が産地として重要さをくわえるのは次の元代にはいってからのことである。高麗《こうらい》では康津《こうしん》で、凸花・墨花の絵高麗の白瓷を送り、ついで細花文を象嵌《ぞうがん》した青瓷を作っている。

このような宋代陶瓷の盛行は、宋代文化の一つの象徴をなすものであり、民窯が官営窯とならんで栄えたのは、宋代庶民層の文化と経済力の伸張をその背景にもったからである。また、陶瓷が宋代の有力な貿易品として、盛んに海外に輸出されたこともとくにしるしておく必要がある。

錦織と刻絲

錦は宋代においておおいに発達した。錦は六朝以来唐代を通じて成都《せいと》を本場としてつくら

磁州窯

耀州窯（花瓶）

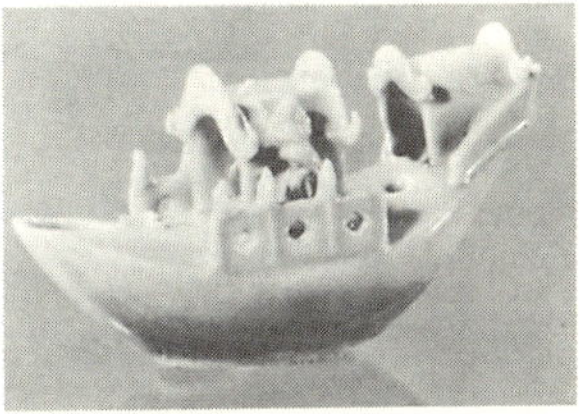
龍泉窯（水注し）

定窯（香炉）

官窯（瓶）

190　宋代の陶瓷器

191　刺繍白鷹図

れ、蜀錦《しょくきん》の名をもって知られていた。宋はこれをうけて、一〇八三年には錦院《きんいん》をここに置いた。錦院は官営の製造所で、織匠五百人と監官を置いて錦をつくらせた。さらに南宋になってからは茶馬司《ちゃばし》（四川の茶で西方異民族の産馬を買い入れる貿易官庁）にも錦院を置き、従来の転運司《てんうんし》錦院とならんで操業した。徽《き》宗の世には、蘇《そ》州・杭《こう》州に官局を置き、織物や牙角犀《ぞうげさいのつの》玉金銀竹木の工芸品をつくらせ、天子の御用にあてさせた。錦のほか、綾や繍などの高級絹織物も発達した。

剋《こく》絲は隋唐の織成錦《しょくせいきん》で、宋代にいたって発展し、画図を織るようになった。定州はその名産地であった。南宋にいたって剋絲の技術はますます精妙となり、楼閣山水を細密に織り出し、これを挂軸《かけじく》にもして鑑賞し、また表装用にも用いた。後世のものは宋の剋絲に及ばないとされている。

美術工芸の各領域にわたって、宋代は著しい進歩と発展を遂げた。その背景として、一つは専制君主権の確立による豪奢《ごうしゃ》な宮廷生活があり、他の一つとして都市の商人層の財力の充実がある。絵画における画院、陶瓷における官窯や、高級絹織物における錦院などの作品は、宮廷や高級官僚層の要望を満たすものとして高度の精巧を誇る一方、富裕な士人・庶民層の趣味生活を豊かにするものとして、量質ともに十分な発達を遂げたのである。

おわりに——十一の章の内容

以上、章を重ねること十一、第一章では、五代十国期の一般政治状勢の推移を中心にして、その時代の節度使を頂点とする武断政治の体制を述べ、ついで、それが宋の統一の世において専制君主権下の官僚政治体制に移行する状況を第二章において説いた。第三章においては、両宋を通じて中国にとって国家的重大問題となる外国関係を遼《りょう》・西夏《せいか》・高麗《こうらい》について概観した。

第四章においては、官僚体制の社会基盤を成す官戸《かんこ》形勢戸《けいせいこ》の土地所有の問題を扱い、仁宗朝を中心として貨幣経済が伸張し、財政が拡大し、国家活動が量と質の両面にわたって発展したことに説き及んだ。一面、国初以来うっ積した国家的矛盾の解決のための王安石《おうあんせき》新法と、これに基因する党争について第五章・第六章において明らかにした。

南宋時代については第七章・第八章において、金国との関係を軸として説述し、その滅亡の過程は第八章で扱った。農業の発達、商業の振興については第九章・第十章にそれぞれ一門を立てた。文化美術工芸の発達については第十一章に述べるところである。

このように、十一の章に分かって宋の時代相を明らかにし、中国史上の位置を解明しようと意図したのであるが、その意図がどれだけ実現したか、顧みて確信をもつにいたらない。

それは著者の非力のいたすところで、未解明の問題はなお多い。今後の努力を期する次第である。

本書の編述には、先賢諸学者の業績に負うところは数え切れない。逐一その芳名を記すにいたらないところが多いが、諒承をお願いする次第である。

（中嶋記）

再刊に際して

講談社版『中国の歴史』（全十巻、一九七四〜七五年）は装を改め、学術文庫として続刊され、今や近代以降を除く中国歴代「五代・宋」を余すのみとなった。近ごろ、出版書肆よりこの部の出版を求められた。「五代・宋」の共著者・周藤吉之氏は、一九九〇年既に道山に帰して年歳久しく、ともに協議すべくもない。検するに周藤氏担当分は碩学多年苦心の成す所、浅学が徒らに修正を施すを憚かるべきものである。よって周藤氏執筆分には手を加えぬこととする。中嶋執筆分について見るに、必ずしも万全を誇り得るものではないが、中嶋自身は目下生涯をかけた編述を事としているので、即刻修正着手の余裕時間がない。よって出版社の意見に従って修正は最小限に止めて文庫化することとした。

晩近三十年、宋代史学研究には著しい進歩が見られた。いま成書のものに限っても左記の書名が頭に浮かぶ。

曾我部静雄『宋代政経史の研究』（吉川弘文館、一九七四年）
梅原　郁『宋代官僚制度研究』（同朋舎出版、一九八五年）
柳田節子『宋元郷村制の研究』（創文社、一九八六年）

斯波義信『宋代江南経済史の研究』（東京大学東洋文化研究所叢刊、紀要別冊）（汲古書院、一九八八年）
寺地　遵『南宋初期政治史研究』（溪水社、一九八八年）
島居一康『宋代税政史研究』（汲古書院、一九九四年）
宮澤知之『宋代中国の国家と経済』（創文社、一九九八年）
竺沙雅章『宋元仏教文化史研究』（汲古書院、二〇〇〇年）

研修に志有るの士、これら諸研究に就いて学の雲際を求めらるれば、著者の欣快これに過ぎるものは無い。

平成十六年七月

中嶋　敏

参考文献

時代区分論・通史

「はじめに」の項で扱った、唐宋間の歴史的変革期に関する問題については、

(1)『内藤湖南全集』第十巻　筑摩書房　一九六九
(2)『東洋的近世』宮崎市定　教育タイムス社　一九五〇
(3)『アジア史研究』第二　宮崎市定　東洋史研究会　一九五九
(4)『元朝史の研究』前田直典　東京大学出版会　一九七三
(5)『中国史の時代区分』鈴木俊・西嶋定生　東京大学出版会　一九五七

(1)の『支那近世史』第一章「近世史の意義」は、内藤博士が一九二二年に雑誌『歴史と地理』に載せた「概括的唐宋時代観」の趣旨による講義ノートにもとづいている。(3)の「東洋のルネッサンスと西洋のルネッサンス」は、雑誌『史林』に一九四〇年から四一年にかけて発表されたものである。(4)には、一九四七年、雑誌『歴史』に掲載された「東アジアに於ける古代の終末」が別篇に収められている。

(6)『東洋史統』巻二・三　市村瓚次郎　冨山房　一九四〇・四二
(7)『アジア史研究』第一・第二　宮崎市定　東洋史研究会　一九五七・五九

第一には「北宋史概説」・「鄂州の役前後」など第二には「南宋政治史概説」・「南宋末の宰相賈似道」などの関係論文が収録されている。

(8)『北宋全盛期の歴史』吉田清治　弘文堂　一九四六
(9)岩波講座『世界歴史』9　中世3　岩波書店　一九七〇
(10)『東洋中世史』和田清・守屋美都雄・村上正二　有斐閣　一九五二
(11)『中国史』世界各国史IX・第四章　山川出版社　一九六九（改訂新版）
(12)『岳飛と秦檜』外山軍治（支那歴史地理叢書）冨山房　一九三九

第一章　②は第二章にも関連するものである

(13)「五代節度使の支配体制」『宋代経済史研究』周藤吉之　東京大学出版会　一九六二　②
(14)「五代宋初における禁軍の発展」堀敏一『東洋文

化研究所紀要』四　②
(15)「五代鎮将考」日野開三郎『東洋学報』二五―二
(16)「唐五代の仮父子的結合の性格」栗原益男『史学雑誌』六二―六
(17)「五代における均税法」周藤吉之『中国土地制度史研究』東京大学出版会　一九五四
(18)「南唐・北宋の沿徴」周藤吉之『宋代経済史研究』②
第二章　④⑥は第四・六章にも関連するものである
(19)「宋代」『支那官制発達史』第六章　和田清編　中華民国法制研究会　一九四二（汲古書院　一九七三再版）
(20)「宋代官制序説」宮崎市定『宋史職官志索引』（東洋史研究叢刊之十一）佐伯富編　東洋史研究会　一九六三
(21)「宋代の皇城司について」『中国史研究』第一（東洋史研究叢刊之二十一）佐伯富　東洋史研究会　一九六九
(22)「宋代」『中国政治制度の研究―内閣制度の起原と発展』（東洋史研究叢刊之十八）第十章　山本隆義　東洋史研究会　一九六八
(23)『宋代官僚制と大土地所有』周藤吉之「社会構成史体系」第二部・「東洋社会構成の発展」日本評論社　一九五〇　④⑥
(24)「北宋における三司の興廃」・「北宋の三司の性格」周藤吉之『宋代史研究』東洋文庫　一九六九
(25)「北宋における提挙在京諸司庫務司と提点在京草場所の興廃」周藤吉之『白山史学』一四
第四章
(26)『中国土地制度史研究』周藤吉之　東京大学出版会　一九五四
(27)「宋代以後の土地所有形態」宮崎市定『アジア史研究』四（東洋史研究叢刊四之四）東洋史研究会　一九六四
(28)『宋代財政史』曾我部静雄　生活社　一九四一（大安　一九六六再版）
(29)「中国社会の封建とフューダリズム」「中国の農奴・雇傭人の法的身分の形成と変質」「中国社会の農奴解放の段階」仁井田陞『中国法制史研究　奴隷農奴法・家族村落法』第一部第四・五・六章　東京大学出版会　一九六二
(30)『支那経済史考証』下　加藤繁　東洋文庫　一九五三
(31)『紙幣発達史』第一「宋の紙幣」曾我部静雄　印

刷庁　一九五一
(32)『五代宋初の通貨問題』宮崎市定　星野書店　一九四三
(33)『唐宋時代に於ける金銀の研究』加藤繁　東洋文庫　一九二五〜二六

第五章　⑥は第六章にも関連するものである
(34)『王安石新法の研究』東一夫　風間書房　一九七〇
(35)『王安石』佐伯富（支那歴史地理叢書）冨山房　一九四一
(36)「王安石の青苗法の起源について」周藤吉之『東洋学報』五三—二
(37)「王安石の登場——宋朝政権の性格」中村治兵衛『歴史学研究』一五七
(38)「王安石の青苗法の施行過程」周藤吉之『東洋大学大学院紀要』八
(39)「宋代の役法」曾我部静雄『宋代財政史』第二篇⑥
(40)「宋代州県の職役と胥吏の発展」周藤吉之『宋代経済史研究』⑥
(41)「王安石の免役銭徴収の諸問題」周藤吉之『宋代史研究』
(42)「宋代郷村制の変遷過程」周藤吉之『唐宋社会経済史研究』東京大学出版会　一九六五　⑥
(43)『中国及び古代日本における郷村形態の変遷』曾我部静雄　吉川弘文館　一九六三　⑥
(44)「王安石の保甲法」曾我部静雄『東北大学文学部研究年報』八
(45)「北宋における方田均税法の施行過程」周藤吉之『中国土地制度史研究』⑥
(46)「王安石の淤田法」佐伯富『中国史研究』第一
(47)『江南文化開発史——その地理的基礎研究』第二編別説　岡崎文雄・池田静夫　弘文堂書房、一九四〇
(48)「宋代浙西地方の囲田の発展」周藤吉之『宋代史研究』⑥
(49)「宋代の陂塘の管理機構と水利規約」周藤吉之『唐宋社会経済史研究』
(50)「王安石の市易法」式守富司『歴史学研究』六一一〇
(51)「北宋中期における戸部の復立」周藤吉之『東洋大学文学部紀要』二二　⑥

第六章
(52)「宋代の圩田と荘園制」周藤吉之『宋代経済史研

究』
(53)「北宋末の均糴法」小沼正『東洋学報』二五―一
(54)「北宋末の公田法と華北の諸叛乱」周藤吉之『唐宋社会経済史研究』
(55)「宋江は二人いたか」宮崎市定『東方学』三四
(56)「宋代の均産一揆とその系統」重松俊章『史学雑誌』四二―八
(57)『金代女真社会の研究』『金代政治制度の研究』『金代政治・社会の研究』三上次男『金史研究』一・二・三　中央公論美術出版　一九七〇〜七三
(58)『金朝史研究』（東洋史研究叢刊之十三）外山軍治　東洋史研究会　一九六四
(59)「金の盛衰」三上次男『世界史大系』八　誠文堂新光社　一九五七

第七・八・九・十章　（法制・社会経済）

(60)『中国法制史研究』四冊　仁井田陞　東京大学出版会　一九五九―六四
(61)『唐宋法律文書の研究』仁井田陞　東方文化学院東京研究所　一九三七（大安、一九六七再版）
(62)『支那身分法史』仁井田陞　東方文化学院　一九四二
三書いずれにも、宋代に関する法制史的研究が収録されている。
(63)『宋代科挙制度研究』荒木敏一　東洋史研究会　一九六九
(64)『支那経済史考証』上　加藤繁　東洋文庫　一九五二
(65)『支那経済史概説』加藤繁　弘文堂　一九四四
(64)には、宋代の都市・市など、(30)には紙幣・商業・外国貿易・戸口などに関連する論文が収録されている。農業に関しては、(65)に扱われているが、とくに周藤吉之のつぎの書に収められている。
(66)『宋代経済史研究』周藤吉之　東京大学出版会　一九六二
これには、南宋の農書・稲作・麦作・苧麻生産などの諸論文が収録されている。囲田・圩田などの水利田開発については、(52)のほか、
(67)『宋代史研究』周藤吉之　東洋文庫　一九六九に(48)が収められているが、さかのぼって、
(68)『支那社会経済史研究』玉井是博　岩波書店　一九四二
に「宋代水利田の一特異相」が収められ、(47)もこの問題を扱っている。江南の開発に関連する桑原隲蔵「歴史上より観たる南北支那」は、『白鳥博士還

暦記念東洋史論叢』一九二五年に掲載されたが、のちに、

(69)『東洋文明史論叢』桑原隲蔵　弘文堂　一九三四

(70)『桑原隲蔵全集』第二巻　桑原隲蔵　岩波書店　一九六八

に収録されている。なお、同全集第一巻には、「歴史上より観たる南支那の開発」が収められている。

宋代の戸口問題については、加藤繁氏の論文が(65)に収められているが、統計上一戸の平均口数が二人前後となっている、宋代特異の現象の原因についてはいろいろ議論がある。宮崎市定氏の説は、(7)の第一冊「読書劄記」に、日野開三郎氏の漏口詭戸説は『史学雑誌』四七—一（一九三六年）に、曾我部静雄氏の説は(28)や、「宋代の戸口統計に就いての新研究・同続・同続々」（『東亜経済研究』二六—三・四、二七—三、一九四二・四三年）にみえる。主客戸の問題については、柳田節子「宋代の客戸について」（『史学雑誌』六八—四、一九五九年）、中川学「唐・宋の客戸に関する諸研究」（『東洋学報』四三—三　一九六〇年）などがある。

(28)は宋代財政一般、役法、月椿銭・紙幣・和買絹折帛銭・身丁銭と戸口数問題・雑徭・官戸と限田問題を扱っている。

貨幣については(30)(31)(32)があり、(30)には紙幣についての諸論文が収められている。また貨幣としての金銀に関する研究としては(33)がある。

(71)『日宋金貨幣交流史』曾我部静雄　宝文館　一九四九

は宋の鋳銭を中心とする東アジアの日宋金三国の銅銭の動きを明らかにする。

(72)『宋代商業史研究』斯波義信　風間書房　一九六八

は、宋代の商業発展を政治・社会経済・文化全般にわたる時代的転換の中でとらえ、解明したものである。交通に関しては、

(73)『唐宋時代の交通と地誌地図の研究』青山定雄　吉川弘文館　一九六三

(74)『蒲寿庚の事蹟』桑原隲蔵　岩波書店　一九三五（桑原隲蔵全集第五巻　一九六八）

(75)『東西交渉史の研究』南海篇　藤田豊八　岡書院　一九三二

(74)は大食人を主とする南海交通・貿易を究明し、(75)は、市舶司貿易・南海・日本との貿易に関する諸論文を収めている。

第十一章　（文化）

(76)『和漢書の印刷とその歴史』長沢規矩也　吉川弘文館　一九五二
は、五代・宋の出版文化について適確な知識を提供する。
(77)『中国思想史』武内義雄　岩波書店　一九三六
(78)『朱子学と陽明学』島田虔次　岩波書店　一九六七
(79)『儒学の目的と宋儒慶暦至慶元百六十年間の活動』諸橋轍次　大修館書店　一九二九
(77)によって、宋代儒学についての大体をうかがうことができる。
(80)『東洋美術史』上・下　大村西崖・田辺孝次　平凡社　一九三〇・三三
五代は上巻に、宋は下巻に収められている。
(81)『書道全集』巻十・五代　巻十五・十六宋　平凡社　一九五四〜五六
(82)『世界陶磁全集』巻十宋・遼　小山富士夫編　河出書房　一九五五
(83)『宋元時代の科学技術』藪内清編　京都大学人文科学研究所　一九六七
(84)『中国科学技術史論集』吉田光邦　日本放送出版協会　一九七二
(83)は自然哲学（宋学）・数学・天文学・医療・本草・軍事技術・生産技術・酒造の諸論述よりなる。

第三章　（外国関係）

(85)『契丹古代史の研究』愛宕松男　東洋史研究会　一九五九
(86)『遼代社会史研究』島田正郎　三和書房　一九五二
(87)『中国征服王朝の研究』上・中　田村実造　東洋史研究会　一九六四・七四
契丹（遼）については上巻に、金朝については中巻で述べられている。なお(58)には宋金関係史研究上重要な論文がふくまれている。
(88)『タングート古代史研究』岡崎精郎　東洋史研究会　一九七二（改訂して『日華文化交流史』冨山房　一九五五）
唐代五代期のタングート研究、西夏建国前の李継遷・徳明時代、タングート・ウイグル交渉史などの研究を収める。
(89)『安南史研究』山本達郎　山川出版社　一九五〇
(90)『日支交通史』上下　木宮泰彦　金刺芳流堂　一九二六・二七

北宋との交通は上巻に、南宋との交通は下巻に述べられている。（改訂して『日華文化交流史』冨山房　一九五五）
(91)『日宋貿易の研究』森克己　国立書院　一九四八
(92)『日宋文化交流の諸問題』森克己　刀江書院　一九五〇
(93)『満鮮史研究』中世第一冊　池内宏　岡書院　一九三三、中世第二冊　座右宝刊行会　一九三七、中世第三冊　吉川弘文館　一九六三
(94)『朝鮮史』旗田巍　岩波書店　一九五一
(95)『朝鮮中世社会史の研究』旗田巍　法政大学出版局　一九七二
(96)「高麗初期の官吏制度」周藤吉之　『東洋大学大学院紀要』一一
(97)「高麗兵制管見」内藤雋輔『朝鮮史研究』（東洋史研究叢刊之十）東洋史研究会　一九六一
金（女真）に関しては(57)(58)(59)にあげた。

西暦	皇帝・年号	中国
八七五	唐僖宗　乾符二	王仙芝、黄巣の乱起こる
八八四	中和四	黄巣死し、反乱平定
九〇三	昭宗　天復三	宣武軍節度使朱全忠、長安にはいって宦官を殺す
九〇四	天祐元	朱全忠、宰相崔胤らを殺し、昭宗を殺害。哀帝即位
九〇七	後梁太祖　開平元	朱全忠、唐朝を滅ぼして帝位につき（後梁の太祖）、汴京（開封）に都す。晋王李克用らと争う
九二三	後唐荘宗　同光元	晋王李存勗、帝位につく（後唐の荘宗）。後梁を滅ぼす。洛陽に都す
九二六	明宗　天成元	均税法を行う（↓九二七）
九三〇	長興元	三司使を置く
九三六	後晋高祖　天福元	石敬瑭、契丹の援助によって後唐を滅ぼす（後晋の高祖）。契丹に燕雲十六州を割譲
九四六	少帝　開運三	遼の太宗、後晋を伐ち、少帝を捕らえて後晋を滅ぼす

西暦	東アジア諸国
八九四	日本、遣唐使を停止
九一六	契丹の耶律阿保機、皇帝を称す
九一八	王建、高麗を建国。松嶽（開城）に都す
九二六	契丹が渤海国を滅ぼす
九三五	新羅、高麗に帰順して滅亡。日本で承平・天慶の乱起こる（↓九四一）
九三六	高麗、朝鮮半島を統一
九三七	契丹、国号を遼と称す。雲南に大理国が興る

九四七	後漢高祖	天福一二	後晋の河東節度使劉知遠、帝位につく（後漢の高祖）。開封に都す
九五〇	隠帝	乾祐三	後漢の隠帝、殺害される
九五一	後周太祖	広順元	天平軍節度使郭威、開封に帝位につく（後周の太祖）
九五五	世宗	顕徳二	世宗、排仏を断行。後周、後蜀・南唐を伐つ
九五六		三	丁夫十余万を使役して開封の羅城を築く
九五八		五	南唐、江北十四州の地を後周に献じて帝号を去る。均田法を行う（→九五九）
九六〇	宋太祖	建隆元	殿前都点検趙匡胤、後周の恭帝を廃して帝位につく（宋の太祖）
九六三		乾徳元	宋、荊南・楚を滅ぼし、湖北・湖南の地を併す
九六五		三	後蜀を攻めてこれを降し、四川を併合する
九七〇		開宝三	便銭務を置き、送金手形を発行させる
九七一		四	南漢を降して、広東・広西の地を併合。はじめて広州・杭州に市舶司設置
九七三		六	太祖、はじめて講武殿にて覆試を行う。殿試、これよりはじまる
九七五		八	南唐を降し、江蘇・安徽・江西の地を併合
九七八	太宗	太平興国三	銭俶が入朝、呉越の地を宋に献ず
九七九		四	太宗北漢を降し、天下を統一。遼を征して高梁河に敗れる
九八〇		五	差役法をさだめる

九六三	高麗、宋に服属
九六九	安和の変
九八〇	党項の李継捧が定難軍節度使を継ぐ
九八二	李継捧が所領を宋に納れ、族弟継遷が宋に叛す。契丹の聖宗立つ

九九二	淳化三	常平倉を置く。淳化閣帖を刻立。このころ江南では早稲と晩稲の区別があった
九九七	至道三	全国を十五路に分かち、各路に転運使を置く。私下便銭の禁
一〇〇四	真宗　景徳元	親征して契丹軍と対陣し、澶淵の盟を結ぶ
一〇一二	大中祥符五	使を福建に遣わし、占城稲を求め、江南・淮南・両浙三路に分給播種させる
一〇二二	仁宗　乾興元	限田法を施行し、官戸形勢戸の土地所有を制限した
一〇二三	天聖元	益州交子務を設置して、官営交子を発行
一〇三九	宝元二	以後、西夏の李元昊、連年入寇
一〇四三	慶暦三	千歩方田法の実施
一〇四四	慶暦四	西夏の李元昊を夏国主に封じ、宋夏和約なる

九八三	遼、国号を契丹に
九九四	高麗、契丹に服属
九九五	このころ、高麗で従来の官制を改む
一〇〇二	党項の李継遷霊州を取る
一〇〇三	李継遷死し徳明が継ぐ
一〇〇六	宋、李徳明を定難軍節度使西平王に封ず
一〇一〇	安南に李朝が成立。契丹の聖宗、高麗に侵入
一〇一六	藤原道長、摂政となる
一〇一九	刀伊の賊、九州に来寇
一〇二〇	契丹・高麗の平和回復
一〇三一	党項の李徳明死去し、元昊継ぐ。契丹の聖宗没して興宗継ぐ
一〇三八	李元昊、大夏皇帝を称す

一〇四九	皇祐元	嶺南で儂智高の乱起こる	一〇四九 高麗、両班の功蔭田柴法を制定 一〇五一 前九年の役始まる（→一〇六二）
一〇六〇	嘉祐五	王安石、「万言書」をたてまつる	一〇六六 契丹、国号を遼に復す
一〇六九	神宗 熙寧二	王安石、参知政事となる。制置三司条例司を設置。青苗法・免役法・農田水利法・均輸法・淤田法などの新法を施行	
一〇七〇	三	保甲法を開封府で施行。吏禄法の施行。秦州に市易務設置	
一〇七一	四	免役法を全国に施行。各種農地改良と開墾の実施	
一〇七二	五	方田均税法の実施。郟亶による両浙路での水利興修。保馬法の施行、市易法を京師に施行。王韶、吐蕃の地を征す（熙河路経略）	
一〇七三	六	保甲法を河北・河東・陝西など五路で施行。免行法施行。周敦頤没す	
一〇七四	七	銭の対外輸出禁止（銭禁）を解除。王安石、下野す	
一〇七五	八	王安石、また宰相となる。交趾が入寇する	
一〇七六	九	王安石、辞職す。市舶司を広州一ヵ所に統一	一〇七六 高麗、官制を改革する
一〇七九	元豊二	集教法を施行、大保長を開封に集め武芸を教練す	

一〇八〇	三	団教法を施行、保丁の武芸を教練させる。戸馬法の施行。官制の大改革を行う（→一〇八二）。三司を廃して、三省六部九寺五監を復活させる。元豊庫の設置	
一〇八一	四	李憲、西夏を遠征して敗る	一〇八三 後三年の役はじまる（→一〇八七）
一〇八四	七	司馬光が『資治通鑑』を著し、皇帝に献上	
一〇八五	八	神宗死去し、哲宗即位。宣仁太皇太后高氏が摂政となり、司馬光らを用い、保甲法を改正し、方田均税法・市易法・免行法をやめる。元祐の治の開始	
一〇八六	哲宗 元祐元	司馬光・呂公著が宰相となり、保馬法・吏禄の法・免役法・青苗法をやめ、提挙常平司を廃止	一〇八六 白河上皇の院政始まる
一〇八七	二	洛蜀朔三党の党争始まる	
一〇九一	六	銭の輸出を再禁止	
一〇九三	八	宣仁太皇太后死去、哲宗親政	
一〇九四	紹聖元	章惇が宰相となり、新法を復活す。また提挙常平司を設置。	
一〇九六	三	『脈経』『補註本草』など、医書、本草書の出版。西夏入寇す	
一〇九九	元符二	宋、西夏と通好	

一一〇〇	三	哲宗死去、徽宗即位。向太后が摂政し章惇をやめさせ曾布と韓忠彦を宰相とし新旧両党の融和図る
一一〇一	徽宗　建中靖国元	向太后死去、徽宗親政
一一〇二	崇寧元	蔡京、宰相となる。講議司を設けて新法を行う。旧法党を弾圧し、元祐姦党碑をたてる。専任の提挙市舶司設置
一一〇五	四	西夏侵入。朱勔、花石綱を領す
一一〇七	大観元	四川で交子に代わって銭引を流通せしむ
一一一二	政和二	限田免役法を施行
一一一八	重和元	金に馬政を派遣し、遼を挟撃することを議す
一一二〇	宣和二	方臘の乱起こる。方田均税法をやめる
一一二一	三	方臘の乱鎮定。梁山濼の宋江降る。西城所の宦官李彦、公田を管轄して、民田を多く没収
一一二二	四	燕山の役、童貫、燕京を攻撃して失敗。金が燕京を陥れる
一一二三	五	宋、燕京を回復

一一〇七	高麗で尹瓘が女真を伐つ
一一一三	女真完顔部の阿骨打が部長を継ぐ
一一一四	阿骨打が反遼の兵を挙げる。猛安謀克の制を定める
一一一五	阿骨打、帝位につき、金建国。遼帝の親征軍を混同江畔に破る
一一一九	金国、女真大字を制定
一一二二	金が遼の中京を陥れ、遼帝西に走る
一一二四	西夏が金に臣事

一一二五		七	金軍、開封を攻撃、西城所の公田・花石綱をやめる。徽宗退位し、子欽宗即位	一一二五	金、遼の天祚帝を捕らえて遼を滅ぼす
一一二六	欽宗	靖康元	金軍、ふたたび大挙入寇し、開封陥落	一一二六	高麗で外戚李資謙の乱。高麗、金に服属
一一二七	高宗	建炎元	金軍、徽宗・欽宗らを捕らえて北帰し、北宋滅亡。金、張邦昌を皇帝とし、楚を建国。高宗、南京応天府で即位		
一一二九		三	苗傅・劉正彦の兵変（明受の乱）、金軍が江南にはいり杭州を破る	一一二九	鳥羽上皇の院政開始
一一三〇		四	宋帝は南下する金軍を逃がれ、温州にいたる。鍾相・楊幺の乱起こる（↓一一三五）。金は劉豫を立てて斉国皇帝とする。金に捕らわれていた秦檜が帰国し、礼部尚書に任ぜられる		
一一三一		紹興元	秦檜、宰相となる。金が陝西地方を征服して斉国に与える		
一一三二		二	高宗が臨安に帰る。劉豫が開封を斉の都とする	一一三二	耶律大石、中央アジアに西遼を建国
一一三四		四	宋軍が金斉連合軍と戦う		
一一三五		五	徽宗皇帝が金に捕虜となったまま死す	一一三五	金の太宗が死んで熙宗立つ。三省の制度を設ける。高麗に妙清の乱起こる（↓一一三六）
一一三七		七	金が斉国を廃止し、華北を直接に統治する	一一三八	金、女真小字を制定

一一四一	一一	秦檜政権が軍閥の勢力を抑えることに成功、岳飛を捕らえ殺す
一一四二	一二	金との和議なり、宋は金に臣事することとなる。徽宗らの梓宮・皇太后、金国より還る。宋・金各国境地点に榷場を設ける
一一五五	二五	秦檜没す
一一五六	二六	欽宗が捕虜となったまま五国城で死す
一一六一	三一	金軍大挙南侵し、宋将虞允文これを采石磯に撃破
一一六五	孝宗　乾道元	宋金和約

一一四二	金、宋の康王構を宋の皇帝に封ず
一一四九	海陵王亮が金の熙宗皇帝を殺して帝位につく
一一五三	金帝亮が都を会寧府より燕京に移す
一一五六	保元の乱
一一五九	平治の乱
一一六一	金帝亮、親征して宋領に侵入、揚州にいたるも部下に殺さる
一一六四	金、通検推排（第一回）を行う
一一六七	平清盛、太政大臣となる
一一六八	日本僧栄西、入宋す
一一七〇	高麗で武臣鄭仲夫ら、文臣を殺す。庚寅の乱
一一七三	宋の明州より日本に方物・牒書を送る

一一七五		淳熙二	朱熹と陸九淵、鵝湖寺に会論す
一一九四	光宗	紹熙五	黄河が氾濫して、南流新河流（南北二派）ができた
一二〇〇	寧宗	慶元六	朱熹没す
一二〇六		開禧二	韓侂冑主導により宋金開戦、蜀の宋将呉曦反す
一二〇七		三	韓侂冑殺さる
一二〇八		嘉定元	宋金和約なる。史弥遠宰相となる
一二一三		六	金への歳幣の提供を停止
一二一七		一〇	金の侵入軍を迎えて戦う

一一七三	高麗で癸巳の乱。文臣大虐殺
一一八五	平家滅亡
一一九二	源頼朝、征夷大将軍となる
一一九六	高麗で崔忠献が権力を掌握、崔氏政権時代始まる
一一九七	金、西北辺に界壕を構築してモンゴリア遊牧民の侵入に備う
一二〇六	金、呉曦を蜀王に封ず。モンゴルのテムジンがチンギス汗を称す
一二一一	チンギス汗が金に向かって進撃、耶律留哥が東北地区で金に反す
一二一五	金が都を中都より汴京に遷す。モンゴルが金の中都を陥れる

一二二五	理宗	宝慶元	湖州の人潘壬、済王竑を皇帝に立てようとしたが失敗
一二三三		紹定六	史弥遠死す
一二三四		端平元	宋が金の汴京・洛陽を占領したが、モンゴル軍に奪われる

一二一九	源実朝殺害、北条氏の執権政治はじまる。チンギス汗の中央アジア遠征
一二二〇	宋・夏連合して金を夾攻
一二二一	承久の乱
一二二三	日本僧道元入宋
一二二四	宋・金・夏三国和約成立
一二二七	西夏王李晛がモンゴル軍に降り、西夏滅亡。モンゴルのチンギス汗没す
一二三一	モンゴル軍、高麗に侵入、高麗降伏
一二三二	高麗、江華島に遷都。これよりモンゴル軍が連年にわたって侵入
一二三四	金はモンゴル・宋連合軍に攻められ、蔡州で滅亡

一二五七		宝祐五	モンゴル軍、路を分かって宋領に侵入す
一二五九		開慶元	モンゴルのフビライが鄂州を攻囲、賈似道は和を申し入れ、フビライ囲を解いて北去
一二六三		景定四	賈似道の公田法実施
一二七三	度宗	咸淳九	樊城・襄陽、元軍の手に陥る
一二七六	恭帝	徳祐二	元軍が臨安に迫り、宋帝出で降る。二王出走す
一二七七	端宗	景炎二	泉州の蒲寿庚、在州の宋宗室、兵士を殺す
一二七八	衛王	祥興元	端宗、碙州に没す。衛王、匡山に遷る
一二七九		二	匡山にて元軍の猛攻を受け、帝、入水して宋滅亡す

一二三五	モンゴル軍大挙南下、宋を侵す
一二五一	モンゴルのモンケ汗が大汗となる
一二五三	モンゴルのウリャンハタイが大理国を遠征
一二五七	モンゴルのウリャンハタイが交趾を攻めて服属さす
一二五八	高麗で崔氏政権倒れる
一二五九	モンゴルのモンケ汗が宋の合州を攻囲中に没す。高麗、モンゴルに服属
一二六一	フビライ汗、征宋を令し、宋と戦いを再開す
一二七四	文永の役
一二八一	弘安の役

126 ㉕ 1963年第5期
127 ⑬ p. 38
128 著者作成
129 著者作成
130 ㉗
131 著者作成
132 ㉘
133 ⑳
134 著者作成
135 京都大学人文科学研究所提供
136 ⑭ p. 59
137 ㉘
138 ㉘
139 著者作成
140 周達生氏提供
141 著者作成
142 著者作成
143 著者作成
144 ⑭ p. 418
145 ㉘
146 著者作成
147 ④
148 著者作成
149 ②
150 ㉖ 1956年2月
151 著者作成
152 「耕穫図」より
153 著者作成
154 「農書」より
155 著者作成
156 著者作成
157 東福寺蔵
158 「事林広記」より
159 著者作成
160 ⑩
161 ⑩
162 ③
163 ⑩
164 著者提供
165 ⑩
166 ㉕
167 著者作成
168 著者作成
169 著者作成
170 著者作成
171 ②
172 著者作成
173 ㉓
174 ㉕ 1960年第10期
175 ㉕ 1959年第10期
176 著者作成
177 「太極図説」より
178 ⑭ p. 49
179 ⑭ p. 51
180 ⑭ p. 194
181 著者作成
182 増上寺蔵
183 ⑭ p. 186
184 著者作成
185 ⑲ 静嘉堂文庫提供
186 ㉖
187 ㉑
188 ㉕ 1960年第10期
189 著者作成
190 ㉔ほか
191 ㉕ 1960年第10期

15 著者作成
16 ⑤
17 ⑧ 1961年2月
18 著者作成
19 ⑭ p. 37
20 著者作成
21 著者作成
22 ㉖ 1956年2月
23 ④
24 ⑦
25 ㉘
26 ⑱静嘉堂文庫提供
27 著者作成
28 ㉕ 1973年第11期
29 ④
30 ㉘
31 ④
32 ⑰
33 著者作成
34 著者作成
35 著者作成
36 著者作成
37 「建康府志」より
38 「明状元図考」より
39 著者作成
40 著者作成
41 ㉕ 1962年第9期
42 著者作成
43 著者作成
44 ⑭ p. 47
45 ⑭ p. 46
46 著者作成
47 著者作成
48 ㉑
49 著者作成
50 京都大学人文科学研究所提供
51 ㉕ 1961年第9期
52 ㉕1972年11月
53 ㉗
54 著者作成
55 ㉑
56 著者作成
57 ㉑
58 脇田信氏提供
59 著者作成
60 ⑬ p. 338
61 ⑬ p. 128
62 脇田信氏提供
63 脇田信氏提供
64 ⑥
65 「耕織図詩」より
66 「耕織図詩」より
67 「明状元図考」より
68 著者作成
69 「耕織図詩」より
70 ⑬ p. 63
71 ⑬ p. 59
72 「耕織図詩」より
73 「耕織図詩」より
74 ⑳
75 ⑳
76 ⑳
77 ㉒
78 ⑩
79 ⑭ p. 176
80 京都大学人文科学研究所提供
81 ⑭ p. 46
82 著者作成
83 著者作成
84 著者作成
85 ⑭ p. 51
86 ㉑
87 ㉑
88 ㉘
89 ⑭ p. 112
90 ㉒
91 河出書房新社提供
92 ⑮ p. 82
93 ㉖ 1956年2月
94 「農書」より
95 ① 静嘉堂文庫提供
96 「五馬図巻」より
97 「農政全書」より
98 「洪武蘇州府志」より
99 著者作成
100 京都大学人文科学研究所提供
101 周達生氏提供
102 ⑭ p. 67
103 ㉘
104 河出書房新社提供
105 ⑭ p. 53
106 「帝鑑図説」より
107 ⑯
108 ⑬ p. 54
109 中国通信社提供
110 ㉘
111 ⑨ 静嘉堂文庫提供
112 「元曲選」より
113 ⑫ 静嘉堂文庫
114 著者作成
115 ㉑
116 ㉕1961年第9期
117 ㉕
118 著者作成
119 ㉑
120 須貝博氏提供
121 著者作成
122 ㉕
123 ㉕ 1972年4月
124 著者作成
125 著者作成

図版引用一覧

① 「歐陽文忠公文集」
② 「錦繡中華」　香港華夏出版社　1972
③ 「景定建康志」
④ 「考古」　考古出版社
⑤ 「新五代史」
⑥ 「新中国的考古収穫」　中国科学院考古研究所編　1963
⑦ 「新中国出土文物」　外文出版社　1973
⑧ 「人民中国」　人民中国雑誌社
⑨ 「水滸伝」
⑩ 「清明上河図」　張択端　文物出版社　1958
⑪ 「前蜀王建墓発掘報告」　中国科学院考古研究所編輯　文物出版社　1964
⑫ 「宣和遺事」
⑬ 「世界史大系」　第8巻　鈴木俊編　誠文堂新光社　昭和32
⑭ 「世界文化史大系」　中国Ⅲ　宮崎市定編　角川書店　昭和34
⑮ 「世界歴史シリーズ」　13　世界文化社　昭和38
⑯ 「宋会要」
⑰ 「宋史」　百衲本
⑱ 「続資治通鑑長編」
⑲ 「太平御覧」
⑳ 「東亜銭志」　奥平昌洪　岩波書店　昭和13
㉑ 「東洋歴史参考図譜」　石田幹之助編　東洋文庫　大正15
㉒ 「白沙宋墓」　文物出版社　1957
㉓ 「武経総要」
㉔ 「文化大革命期間出土文物」　文物出版社　1972
㉕ 「文物」　文物出版社
㉖ 「文物参考資料」　文物出版社
㉗ 「歴代功臣像」　国立北平故宮博物院　民国24
㉘ 「歴代帝王像」　文物出版社　1958

1　㉕　1959年第11期
2　著者作成
3　六波羅蜜寺蔵
4　須貝博氏提供
5　⑭　p. 39
6　㉔
7　㉗
8　著者作成
9　㉘
10　著者作成
11　著者作成
12　⑩
13　㉕　1963年第3期
14　⑪

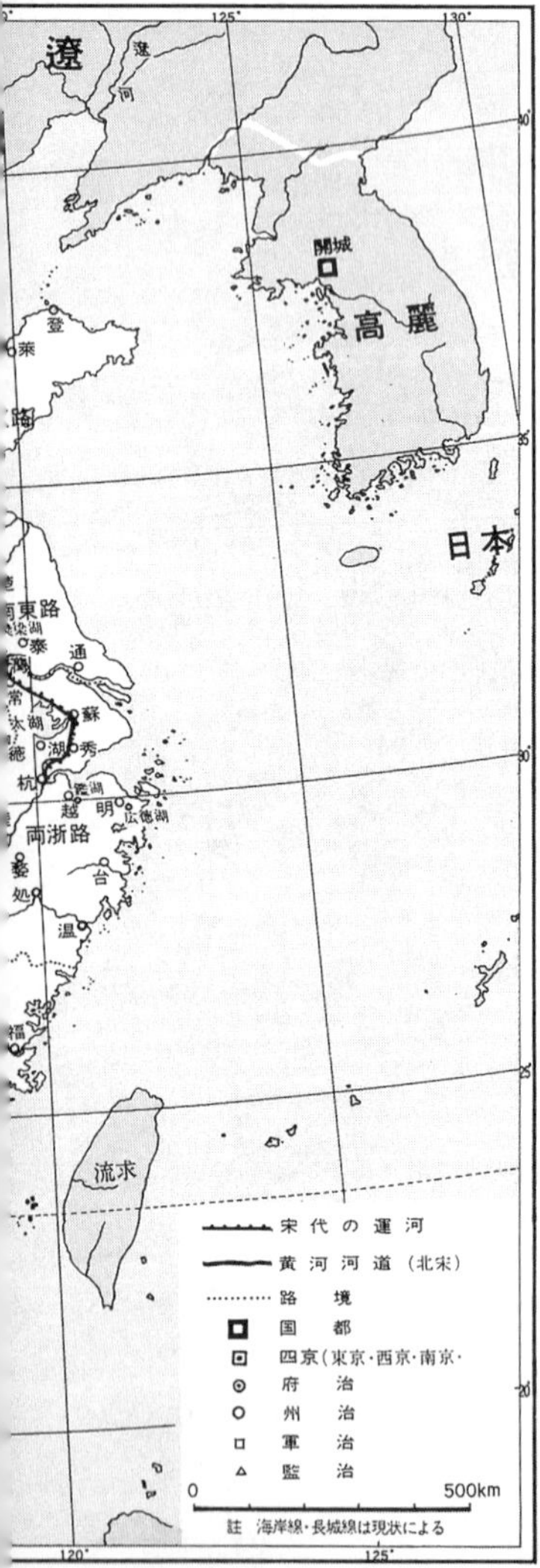

「中国の歴史」関係年表

年代	北アジア	中国
10000		旧石器時代
6000		新石器時代
3000		
2000		（仰韶・龍山文化）
1500		殷
1000		西周
800		
600		春秋時代（東周）
400		戦国時代
200		秦
100	匈奴	前漢
B.C. A.D.		新
100		後漢
200	鮮卑	三国時代
300	柔然	五胡十六国／東晋
400		（北魏）
500	高車	南北朝時代
600	突厥	隋
700		唐
800	ウイグル	
900	キルギス	五代十国
1000	契丹	宋（北宋）
1100	（遼）／西夏	
1200	（金領）／西夏	南宋／金
	モンゴル	
1300		元
1400	北元	
1500	カシュガル汗国／オイラート／タタール	明
1600		
1700		
1800		清
1850		
1900		
		中華民国
1950	モンゴル人民共和国	中華人民共和国
1991		

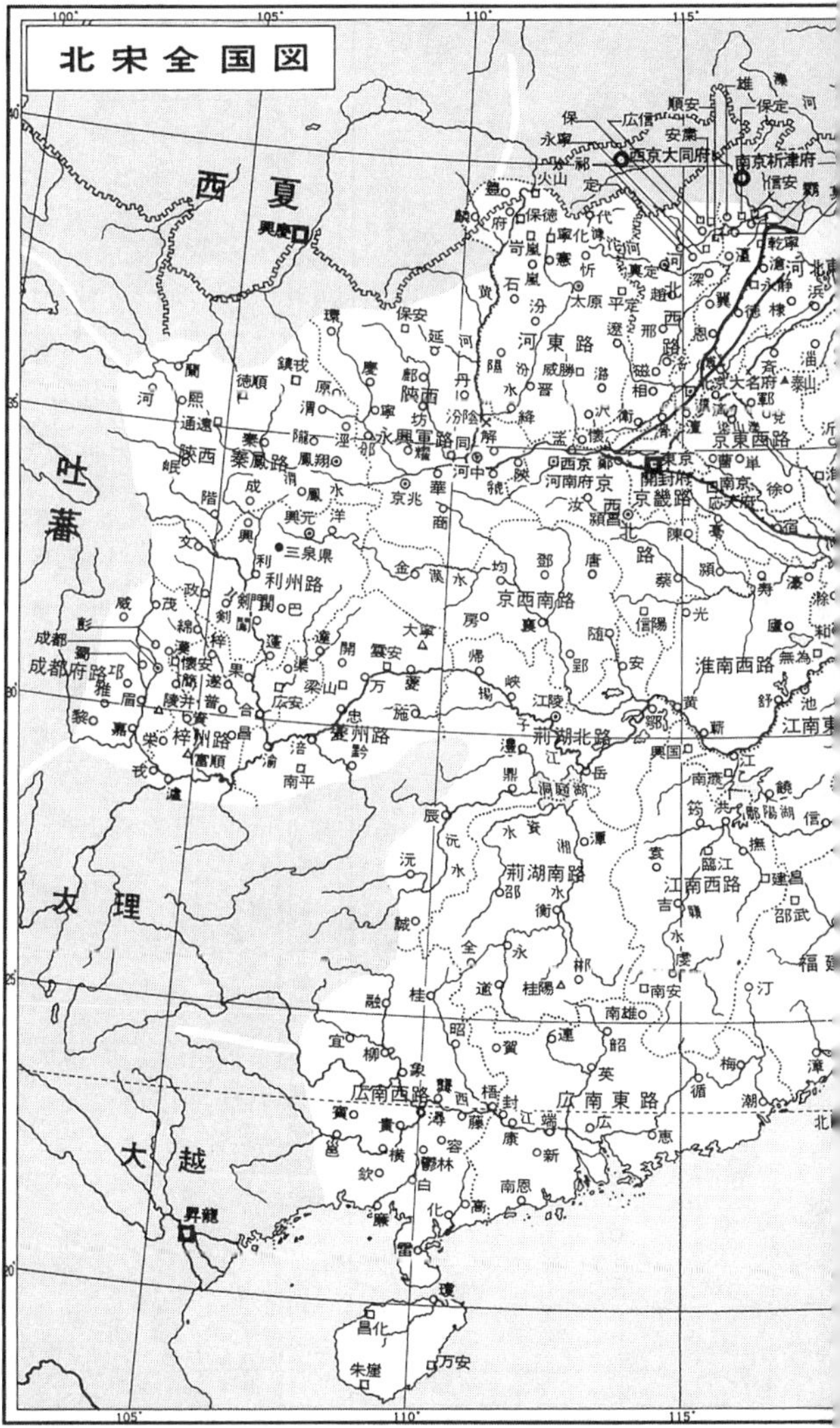
北宋全国図
西夏
興慶
吐蕃
大理
大越
昇龍
西京大同府
南京析津府
河東路
陝西
永興軍路
秦鳳路
利州路
京西南路
淮南西路
京東西路
京畿路
開封府
河南府
西京
南京
応天府
大名府
太原
京兆
河中
成都府路
成都
梓州路
夔州路
荊湖北路
荊湖南路
江南西路
江南東
広南西路
広南東路
江陵
鄂
岳
洞庭湖
鄱陽湖
泰山
三泉県
興元
鳳翔
富順
南平
大寧
雲安
梁山
広安
陵井
桂陽
南安
南雄
韶
英
広
恵
潮
梅
循
端
新
康
封
梧
藤
容
鬱林
白
化
高
雷
瓊
昌化
朱崖
万安
欽
横
貴
邕
賓
柳
宜
象
融
桂
昭
賀
連
道
永
全
衡
邵
郴
吉
虔
撫
洪
袁
筠
信
建昌
邵武
汀
漳
福
興国
南康
江
黄
蘄
舒
池
無為
廬
和
滁
濠
寿
光
信陽
随
郢
安
襄
房
均
鄧
唐
蔡
穎
陳
許
汝
潁昌
虢
陝
解
絳
晋
汾
石
隰
嵐
憲
忻
代
寧化
保徳
府
麟
豊
火山
定
真定
趙
邢
洺
磁
相
衛
懐
孟
鄭
滑
澶
濮
鄆
曹
単
徐
宿
亳
斉
淄
浜
棣
徳
滄
乾寧
瀛
深
冀
恩
祁
永寧
保
広信
安粛
順安
雄
保定
信安
延
鄜
坊
丹
慶
原
渭
涇
邠
寧
環
保安
鎮戎
徳順
蘭
熙
河
通遠
秦
隴
鳳
階
成
岷
文
龍
剣
閬
巴
蓬
渠
開
達
万
忠
涪
渝
黔
施
帰
峡
金
洋
商
華
同
耀
果
合
遂
普
資
昌
栄
嘉
眉
雅
黎
邛
蜀
彭
漢
綿
茂
威
戎
瀘
辰
沅
誠
鼎
澧
潭
永静
衡
105°
110°
115°
100°
40°
35°
30°
25°
20°

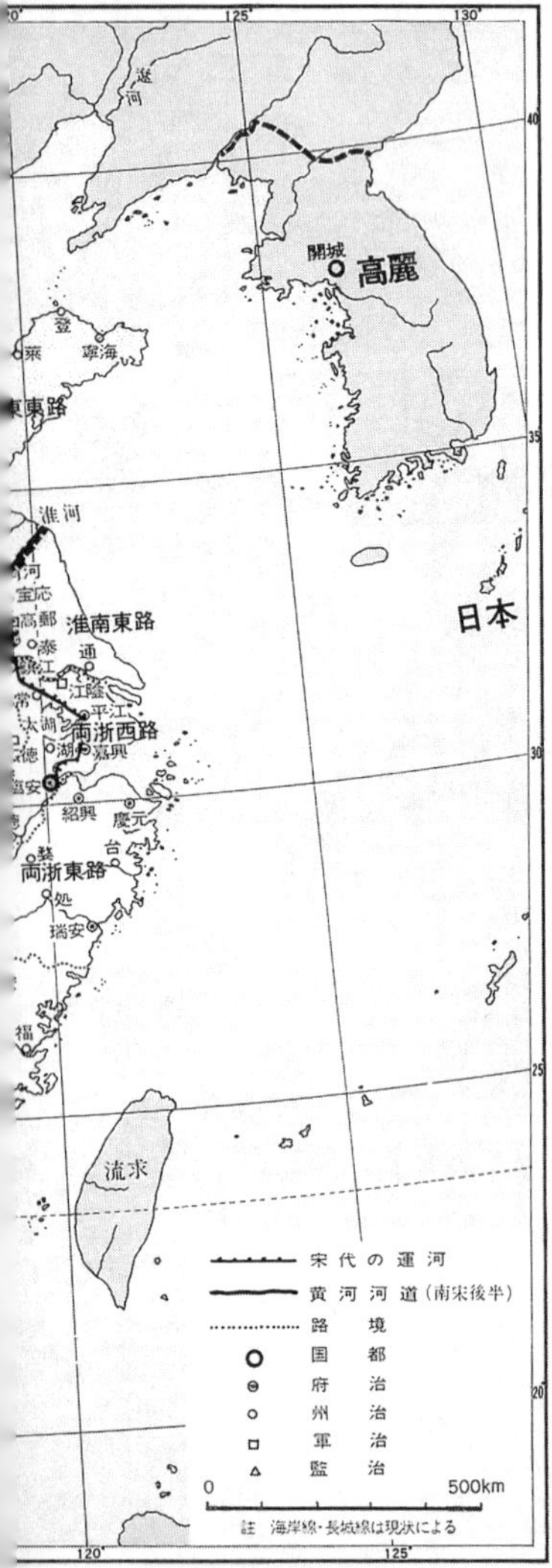

「中国の歴史」関係年表

年代	北アジア	中国
10000		旧石器時代
6000		
3000		新石器時代（仰韶・龍山文化）
2000		
1500		殷
1000		西周
800		
600		春秋時代
		（東周）
400		戦国時代
200		秦
100	匈奴	前漢
B.C. / A.D.		新
100		後漢
200	鮮卑	
300	柔然	三国時代
400		五胡十六国 / 東晋
500	高車	（北魏） 南北朝時代
600	突厥	隋
700		唐
800	ウイグル	
900	キルギス	五代十国
1000	契丹	宋（北宋）
1100	（遼） 西夏	
1200	（金領） 西夏 / モンゴル	南宋 / 金
1300		元
1400	北元	
1500	カシュガル汗国 / オイラート / タタール	明
1600		
1700		
1800		清
1850		
1900		
		中華民国
1950	モンゴル人民共和国	中華人民共和国
1991		

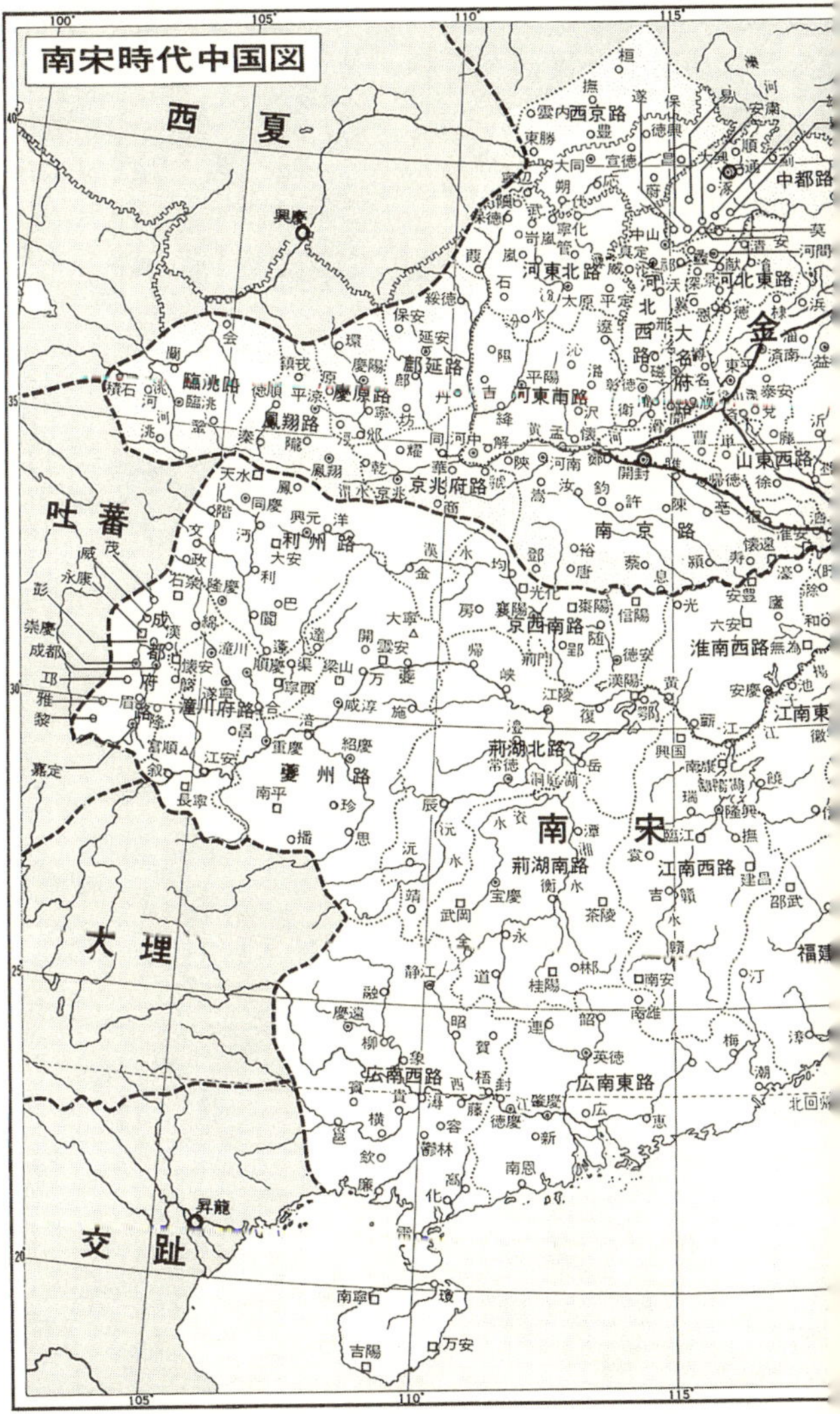
南宋時代中国図
西夏
金
吐蕃
大理
交趾
南宋
興慶
中都路
西京路
河東北路
河北東路
河北西路
大名府路
河東南路
鄜延路
臨洮路
慶原路
鳳翔路
京兆府路
山東西路
南京路
利州路
京西南路
淮南西路
成都府路
潼川府路
夔州路
荊湖北路
江南東
荊湖南路
江南西路
広南西路
広南東路
福建
開封
大同
太原
平陽
延安
天水
興元
襄陽
鄂
江陵
洞庭湖
隆興
長寧
南平
播
思
珍
重慶
紹慶
靜江
英徳
広
肇慶
昇龍
瓊
南寧
万安
吉陽
100°
105°
110°
115°
40°
35°
30°
25°
20°
北回帰

サ　行

索　引

本書は小社刊『中国の歴史』第五巻「五代・宋」（一九七四年刊）を底本としました。

周藤吉之（すどう　よしゆき）
1907年島根県生まれ。東京大学文学部東洋史学科卒業。東京大学文学部教授を経て，東洋大学教授。主な著書に『中国土地制度史研究』『宋代経済史研究』など。1990年没。

中嶋　敏（なかじま　さとし）
1910年石川県生まれ。東京大学文学部東洋史学科卒業。東京教育大学教授，大東文化大学教授，東洋文庫研究員を歴任。2007年没。
主な著書に『東洋史学論集』などがある。

講談社学術文庫

定価はカバーに表示してあります。

五代《ごだい》と宋《そう》の興亡《こうぼう》

周藤吉之《すどうよしゆき》／中嶋《なかじま》　敏《さとし》

2004年10月10日　第1刷発行
2014年10月10日　第7刷発行

発行者　鈴木　哲
発行所　株式会社講談社
東京都文京区音羽2-12-21 〒112-8001
電話　編集部（03）5395-3512
販売部（03）5395-5817
業務部（03）5395-3615

装　幀　蟹江征治
印　刷　株式会社廣済堂
製　本　株式会社国宝社

ISBN4-06-159679-9

「講談社学術文庫」の刊行に当たって

これは、学術をポケットに入れることをモットーとして生まれた文庫である。学術は少年の心を養い、成年の心を満たす。その学術がポケットにはいる形で、万人のものになることは、生涯教育をうたう現代の理想である。

こうした考え方は、学術を巨大な城のように見る世間の常識に反するかもしれない。また、一部の人たちからは、学術の権威をおとすものと非難されるかもしれない。しかし、それはいずれも学術の新しい在り方を解しないものといわざるをえない。

学術は、まず魔術への挑戦から始まった。やがて、いわゆる常識をつぎつぎに改めていった。学術の権威は、幾百年、幾千年にわたる、苦しい戦いの成果である。こうしてきずきあげられた城が、一見して近づきがたいものにうつるのは、そのためである。しかし、学術の権威を、その形の上だけで判断してはならない。その生成のあとをかえりみれば、その根は常に人々の生活の中にあった。学術が大きな力たりうるのはそのためであって、生活をはなれた学術は、どこにもない。

開かれた社会といわれる現代にとって、これはまったく自明である。生活と学術との間に、もし距離があるとすれば、何をおいてもこれを埋めねばならない。もしこの距離が形の上の迷信からきているとすれば、その迷信をうち破らねばならぬ。

学術文庫は、内外の迷信を打破し、学術のために新しい天地をひらく意図をもって生まれた。文庫という小さい形と、学術という壮大な城とが、完全に両立するためには、なおいくらかの時を必要とするであろう。しかし、学術をポケットにした社会が、人間の生活にとってより豊かな社会であることは、たしかである。そうした社会の実現のために、文庫の世界に新しいジャンルを加えることができれば幸いである。

一九七六年六月

野間省一